U0596392

刘梦溪——著

国学与经学

中 华 书 局

图书在版编目（CIP）数据

国学与经学/刘梦溪著. —北京：中华书局，2021. 5
ISBN 978-7-101-13868-9

Ⅰ. 国…　Ⅱ. 刘…　Ⅲ. ①国学–研究②经学–研究
Ⅳ. Z126. 27

中国版本图书馆 CIP 数据核字（2019）第 076762 号

书　　名	国学与经学
著　　者	刘梦溪
责任编辑	孟庆媛
出版发行	中华书局
	（北京市丰台区太平桥西里 38 号　100073）
	http://www.zhbc.com.cn
	E-mail：zhbc@zhbc.com.cn
印　　刷	北京瑞古冠中印刷厂
版　　次	2021 年 5 月北京第 1 版
	2021 年 5 月北京第 1 次印刷
规　　格	开本/920×1250 毫米　1/32
	印张 16　插页 2　字数 304 千字
印　　数	1-5000 册
国际书号	ISBN 978-7-101-13868-9
定　　价	78.00 元

目　录

附 录

序 论
六经的价值论理

一

二十年前，我在《中国现代学术要略》中曾经提出："学术思想是人类理性认知的系统化，是民族精神的理性之光。"以我多年研习中国文化的心得，于今思之，中华文化能够贡献给人类的，我认为是人之为人的、群之为群的、家之为家的、国之为国的一整套精神价值论理。

这些价值理念的精神旨归，是使人成为健全的人，使群体成为和谐的群体，使家成为有亲有爱有敬的和睦的家，使国家成为讲信修睦、怀柔远人的文明礼义之邦。

中国文化的最主要的价值理念都在"六经"。"六经"指《易》、《诗》、《书》、《礼》、《乐》、《春秋》六种文本经典。《乐》这一经没有文本传下来，是为"五经"。但也有一种说法，认为《乐》本来就没有文本，它是跟《礼》结合在一起的，所以

"礼乐"并称。尽管后来看到的是"五经",可是学者们习惯上仍然称为"六经",直到清代还是如此。"经"是晚些时候的说法,开始的名称叫"六艺"。

孔子教学生,就是以"六艺"作为教材。但当时有两种"六艺",《易》《诗》《书》《礼》《乐》《春秋》是文本经典的"六艺",另一种是"礼、乐、射、御、书、数",我称之为实践课。这里的"书",指汉字构成的方式,包括象形、指事、会意、形声、转注、假借,后称为"六书",是为识字课。"数"是计算,"射"是射箭,"御"是驾车。

文本经典的"六艺"又称"六经",孔子之前就有了。《周易》,相传是伏羲画卦,文王演易,孔子作传。所以《论语》里记载孔子的话,说"五十以学《易》,可以无大过矣"。《诗经》是周代的诗歌,最早有三千多篇,经过孔子的删订,存留 305 篇,所以《诗经》也称"诗三百"。《书》是《尚书》,是虞、夏、商、周在上古文告、文献汇编。《礼》有三礼,包括《周礼》《仪礼》和《礼记》。《春秋》是鲁国的一个大事纪,应该是孔子所作。如果不是孔子的原创,也是孔子在原有的一个大事纪基础上加工润色而成。因为记事简,措辞晦,寓意深,由此形成史家称道的所谓"春秋笔法"。

"六经"都经过孔子删订,是中国现存的最原初的文本经典,是古人智慧的结晶,也是现代人做人和立国的基本精神依据。上世纪大儒马一浮称"六经"为中国文化最高的特殊的形态。大哲学家熊十力则说,"六经"是现代人做人和立国的基本精

神依据。这些大判断，时至今日也没有过时，反而愈见其见解
独到。

二

我近年从"六经"里面，也包括后来成为"十三经"的《论
语》《孟子》《孝经》里面，抽绎出几组价值理念，包括诚信、
爱敬、忠恕、知耻、和同（"和而不同"）五组概念。我觉得这
些概念范畴，是中国文化中具有永恒性、普世性的价值理念，
既适用于古代，也适用于今天，不仅适用于中国人，也适用于
全世界所有的人，是中国文化贡献给人类的价值论理。

1　诚信

诚信是中国文化里面非常重要的价值理念。孔子讲，"民
无信不立"，"人而无信，不知其可也"。孟子说，"朋友有信"。
老子也讲，"信言不美，美言不信"。中华文化的原初经典把"信"
放在非常高的位置。

信和诚是连载一起的，内里面有诚，外面才有信。无诚，
便不可能有信。讲"诚"讲得最多的是《中庸》，其中说，"诚"
是"天之道"，是"物之终始，不诚无物"。而想要"立诚"，是"人
之道"。《中庸》把"诚"视作"天道"和"人道"的核心问题。

明代思想家王阳明的一个学生，跟随王阳明问学的时间很
长了，最后需要离开老师，回到自己的家乡去。辞行的时候他
对王阳明说："下次见面不知何时，老师可有什么嘱托，让我

一生受用？"王阳明说："立诚。"这是个年龄比较大的弟子，他说天下万事万物太多了，需要解决的问题无穷无尽，难道光一个"诚"字就可以应对一切？还有没有其他的东西？王阳明回答说："立诚。"后来这个弟子终于体验到了"立诚"的确是应该终生以之的立德之本。

"立诚"的理念，早在《易经》里就提出来了。《易经》乾卦的文言引孔子的话写道："忠信，所以进德也；修辞立其诚，所以居业也。"这里的"修辞立其诚"，就是明确提出的"立诚"。试想，人活在世界上，究竟何欲何求？仔细想来，《易经》乾卦这两句话全包括了。人生在世，无非是想把自己变得更好一些，使自己成为一个有修养的人，成为受人尊敬的人。而要做到这一点，首要的是要讲诚信，这就是乾卦文言说的"忠信，所以进德也"。"进德"的核心价值理念是"忠信"。"忠"字的直接义涵是把自己的心放正，成为一个诚实的人，讲信义的人。这是人生的第一层要义。人生的第二层要义，就是事业有成，在某一方面的专业上有自己的建树，能够安居乐业。而"居业"的前提是"立诚"，所以是"修辞立其诚，所以居业也"。

"立诚"是"居业"的前提，"忠信"是"进德"的前提，兹可见诚信这个价值理念的重要。"诚信"二字，是人一生成败得失的关键，可以视为中国文化的核心价值理念，也是人类应该共守的公德。

2　爱敬

中国文化的另一个核心价值理念是"爱敬"。"爱敬"是《孝经》里面的话，其中引用孔子的话说："爱亲者，不敢恶于人；敬亲者，不敢慢于人。爱敬尽于事亲，而德教加于百姓。"（《孝经·天子章》）

"爱敬"是从家庭秩序中衍生出来的。父子、夫妇、弟兄之间的关系，都有爱和敬存在。如果一个人对自己的尊长亲人能做到有爱有敬，对家庭以外的其他人便不至于太不好，至少不会轻慢别人。因此《孝经》还说，"生事爱敬，死事哀戚，生民之本尽矣，死生之义备矣"（《孝经·丧亲章》）。

这是把"爱敬"看作人生之本和生死的大义。人的哀愁和悲痛的情感，最初也是从家庭亲人的困厄、不幸中因感同身受而产生的。夫妇之间，一般以为有爱就行了，其实光有爱是不能持久的，还须有敬，既亲密无间，又相敬如宾，才是典范的夫妇关系。

对"爱敬"这个价值理念，魏晋时期刘劭的《人物志》解释得最为恰切。《人物志》是一部很特别的书，既是相人之书，又是论理之书，还是哲学之书，或者说是一部特殊的"人论"。只有魏晋时期的人，能写出如此奇书。刘劭在《人物志》里写道：

> 盖人道之极，莫过爱敬。是故《孝经》以爱为至德，以敬为要道。（刘劭《人物志·八观》）

5

把"爱敬"看成是人道之极,可见"爱敬"这个价值理念在中华文化中的位置。

"敬"当然可以包括尊敬师长、尊敬前贤、尊敬长辈,但"敬"的价值论理的哲学义涵,是指人作为生命个体的"自性的庄严"。"敬"是人的性体、本性的精神安顿之所,传统文化中很多道德规范都跟"敬"有关系。

譬如"孝",《论语》的一个例子说,一次子游问老师,到底什么是"孝"。孔子回答说,现在的人们以为"能养"就是孝,如果"能养"就是"孝",那么犬马也"能养",没有"敬",何以别乎?所以人跟犬马的一个区别在于,在"孝"这个问题上,人有"敬",犬马不会有敬。由此可以看出,"孝"的精神内核是"敬"。所以人们通常把对老人的"孝",称作"孝敬",甚至泛称为"敬老"。中国传统社会对官员的察选,如果不孝敬父母,就没有做官的资格。忠敬、诚信的人,一定孝敬父母;能孝敬父母,才能成为忠于职守、仁爱天下的贤者。

举凡一切礼仪,都必须有"敬"的精神。所以《孝经》里面说:"礼者,敬而已矣。"孔子一段有名的话是:"为礼不敬,临丧不哀,吾何以观之哉?"礼是需要有人看的,因此有"观礼"之说。但礼仪如果没有"敬",就不值得看了。孔子还有一句话,认为"祭神如神在"。他的意思是说,在祭祀的时候,要相信神是在场的,只有这样,才能使祭祀者保持诚敬之心。

祭祀在古代是头等重要的事情。《左传》里的一句话说:"国之大事,在祀与戎。"祀就是祭祀,戎则是军事行动。但无论祭祀还是军事行动，都不能没有"敬"。军事行动也要懂礼仪。《左传》《国语》有很多记载，很多战事的发生，都是由于"不敬"或"大不敬"，引起强者一方的军事行动。现代社会，处理国家与国家的关系，涉及外交事务，讲礼仪、懂敬，同样重要。

礼仪、敬，是文明的指标；文明与不文明的重要分野，在于文明讲礼仪，有敬。

3　忠恕（"己所不欲，勿施于人"）

"忠恕"是孔子的重要思想。一次孔子说："吾道一以贯之。"曾子（曾参）说，是的。后来孔子离开了，其他弟子问曾参："此话怎讲？"曾子说："夫子之道，忠恕而已矣！"这说明，"忠恕"在孔子那里是通贯全体、贯彻始终的思想。忠和诚可以互训，诚者必忠，"主忠信"是孔子的至高的道德律令。弟子樊迟问什么是"仁"，孔子回答说："居处恭，执事敬，与人忠。"可知"敬"和"忠"也是仁的构件。

"忠"和"信"更为密切。取信的要道是"忠"。曾子"吾日三省吾身"的一、二两项内容，第一是"为人谋而不忠乎？"第二是"与朋友交而不信乎？"忠和信是与人交往随时需要反省的问题。

孔子还说："言忠信，行笃敬，虽蛮貊之邦行矣。言不忠信，行不笃敬，虽州里行乎哉？"如果做到了"忠信"，而在行为上又能体现出庄重和礼敬，即使走到不那么文明的异邦，也能立得住脚跟。反之，如果言不由衷，对人不能以诚相待，得不到交往对象的信任，行为上又轻慢无礼，即使处身自己的家乡，也照样吃不开。

至于忠恕的"恕"，其重要性更是显而易见。按孔子的解释，恕就是"己所不欲，勿施于人"。"恕"这一价值理念所含蕴和所要求的义涵，通俗地说，就是设身处地，将心比心，换位思考，自己不喜欢不希望的东西不要强加于人。我认为"恕"这个价值理念，彰显了中华文化的"异量之美"。这是中国文化贡献给人类的一个伟大的思想。世界人文学界非常重视孔子的这一思想，把它奉为人类共同遵行的道德金律。

4 知耻（"行己有耻"）

《礼记·中庸》有一段讲修身，引用孔子的话写道："好学近乎知，力行近乎仁，知耻近乎勇。知斯三者，则知所以修身。"这等于把好学、力行、知耻，当作了修身的三要素。一个人的修为，自然离不开吸取知识，这也就是《礼记·大学》所说的"格物致知"。因此"学"是修身的第一要素。

学了以后何为？如果成为装知识的器皿，或者从知识到知识，那是学了等于不学。学的要义在于用，在于践行。此即古人常讲的"知行合一"。所以修身的第二要素是"力行"。学习了，也践行了，离"仁"就不远了，至少是走向通往"仁"的道路上。

但人无法保证所做的每一件事都正确无误，难免会出现失误，发生错误。出了错误怎么办？要能够反省，善于反思，找出原因，知错改错，力戒重犯错误。当认识到错误的时候，人的良知会让自己感到羞愧，感到后悔，感到不好意思。能做到这一层，就是"知耻"的表现。"知耻"是改过的前提。所以修身的第三要素是"知耻"。

智、仁、勇在古代被称作"达德"。具有了智、仁、勇的德品，就可以做到大的判断不致发生错误，遇到困难不会感到忧虑，面对威胁也无所畏惧。这就是孔子所说的："知者不惑，仁者不忧，勇者不惧。"（《论语·子罕》）子贡认为，他的老师孔子就是兼有不忧、不惑、不惧特点的人。

修身的三要素中，第三要素是"知耻"，尤不可轻视。我给学生讲课，多次讲：修身应该从知耻开始。耻感是人成为人的一个文明指标，人的文明的表现之一是有羞耻心，孟子称之为"羞恶之心"。孟子说，恻隐之心、羞恶之心、辞让之心、是非之心，是人的"四端"。"端"是开始的意思，意即"四端"是做人的开始，或者说是起码的人之为人的标志。若果没有羞恶之心，孟子说就不是人了。同样，没有恻隐之心、没有辞让之心、没有是非之心，也不是人。恻隐之心是不忍，也就是同情心，也就是"恕"，也就是己所不欲，勿施于人；辞让之心指文明礼貌，是非之心指社会的公平正义，而羞恶之心则是"知耻"。修身的第三要素"知耻"，在《论语》中称作"行己有耻"，是有知识有修为的人即士君子必须具有的德品。

"耻"跟"廉"构成一个组合概念，曰"廉耻"。管子的一个著名论述，是提出："礼义廉耻，国之四维。"管子认为，礼义廉耻没有了，国家的处境就危险了。欧阳修在《新五代史》

冯道传的叙论中写道："礼义，治人之大法；廉耻，立人之大节。盖不廉，则无所不取；不耻，则无所不为。"明清之际的大学者顾炎武还说过："士大夫之无耻，是为国耻。"这些都是深切著明的至理铭言。

5 和同（"和而不同"）

跟诚信、爱敬、忠恕、廉耻一样，"和同"也是中华文化最基本也是最重要的价值理念。中国文化倾向于不把人与人之间的关系搞得那么不可调和，"和而不同"是中国人面对这个世界的总原则。

"和同"的思想来源于《易经》。《易》的"同人"一卦所演绎的就是关于"与人和同"的理念。《易》的系辞概括为："天下同归而殊途，一致而百虑。"这是说，人们的不同，常常表现为途径和方法的不同，终极目标往往是相同的，所以最终会走到一起。人类社会的存在形态，人们的生活方式和风俗习惯，彼此之间是不同的，但生活的价值追求，人的心理结构和心理指向，往往有相同的一面。孟子对此说得很明白：

> 口之于味也，有同耆焉；耳之于声也，有同听焉；目之于色也，有同美焉。至于心，独无所同然乎？心之所同然者何也？谓理也，义也。（《孟子·告子上》）

孟子这段话是说，好吃的食物、好听的音乐，多彩的颜色，人们都会喜欢，在这点上人和人是相同的。既然在这方面有同样的感受，那么人的"心"是不是也有相同的东西呢？回答是肯定的。人心所相同者，是"理"和"义"，所谓人的理之所同然者。

孟子讲的"心"，也可以做"心理"解。恰好大学者钱锺书先生说过："东海西海，心理攸同；南学北学，道术未裂。"以此，人与人之间的不同，远没有想象的那么多，夸大人类的不同，是文化的陷阱。而且在人类的不同之中，也有"同"的一面。正因为如此，人和人之间、族群和族群之间、文化和文化之间，才可以沟通，不同也能够共存于一个统一体中。

不同文化之间可以共存、沟通、融合，是中国文化的一个固有的理念。这个理念基于中国文化的"和"的观念。"和"是由诸多的"不同"构成的，没有不同，便无所谓和。所以孔子的著名论断是："君子和而不同。"宋代思想家张载有名的"四句教"是："为天地立心，为生民立命，为往圣继绝学，为万世开太平。"张载字横渠，所以这四句话又称"横渠四句教"。但他还有另外的"四句教"，是这样的四句话——

> 有象斯有对，
> 对必反其为，
> 有反斯有仇，
> 仇必和而解。

我把张载的这四句话称之为"哲学四句教"，因为他是对整个宇宙世界发言的。大意是说，这个世界是由一个一个的生命个体组成，有人类的、动物的、植物的，这些生命个体都是不同的。古人有一句话，叫"佳人不同体，美人不同面"。西方也有一个说法：世界上没有完全相同的两个个体。这些不同的个体都是一个个的"象"。这些"象"是流动的，不是静止的。但"象"的流动方向是不同的，有的甚至相反。这就是张载"哲学四句教"第一、第二两句讲的"有象斯有对，对必反其为"。由于"有对"，甚至"反其为"，就会发生彼此之间的纠结，从而形成"有反斯有仇"的局面。

这个"仇"字，古写作"雠"，左边一个隹，右边一个隹，中间是言论的言字。"隹"是一种尾巴很短的鸟。试想,这个"雠"字，其象征意涵，不就是两只短尾巴鸟在那里叽叽喳喳地说话吗？我们还可以推测，尾巴短的鸟往往叫的声音很高，那么它们就不是一般的说话，而是在讨论、争论、辩论，甚至是在斗嘴、吵架。讨论的问题我们无法得知，但它们经过计较、辩驳、讨论、争论的结果，并不是这个鸟把那个鸟吃掉，而是或达成共识，或求同存异，彼此妥协，总之是互相和解了，也就是"仇必和而解"。

张载"哲学四句教"给我们的启示是深远的。反观现实，我们可以得出一个总括性的看法，就是：这个世界有差异，但差异不必然发展为冲突，冲突不必然变成你死我活，而是可以"和而解"的。有了这个观念，很多事情都会得到更为恰当的处理。

大文豪鲁迅有一首诗，这首诗是关于战后中国和日本的关系的，其中有两句："渡尽劫波兄弟在，相逢一笑泯恩仇。"人与人之间、群体与群体之间、族群与族群之间、国与国之间，都不应该培养仇恨。"仇"是可以化解的，应该走向"和而解"。

三

上述价值论理，我分别写有专论。其实还有狂狷，也是中国文化的极为重要的价值理念。

孔子说："不得中行而与之，必也狂狷乎！狂者进取，狷者有所不为。"（《论语·子路》）我认为，在春秋时期，孔子的这一思想具有革新的甚至革命的意义。本来孔子在人的质性品格的取向上，主张以中道为期许，以中庸为常行，以中立为强矫，以中行为至道。但这一思想，在他所生活的春秋时期，并不行于时。相传为孔子的孙子子思所作的《中庸》，频繁引录孔子的原话，一则曰：中庸是很高的思想境界，一般的人很难做到，即使做到，也难于持久（"中庸其至矣乎！民鲜能久矣。"）二则曰：很多人都认为自己聪明，可是如果选择中庸作为人生的信条，大约连一个月也坚持不了。（"人皆曰'予知'，择乎中庸，而不能期月守也。"）所以孔子非常失望地承认："道之不行也，我知之矣。"尽管如此，孔子仍然不愿放弃中庸理念所包含的人生价值和人生理想，认为"依乎中庸"，是君子必须具备的品格，即使"遁世不见知"，也不应后悔。

然则，什么样的人有可能达至中庸的品格呢？孔子说："唯圣者能之。"这样一来，无形中提高了能够躬行中庸之道的人群的层级，不仅社会上的普通人，甚至道德修为可圈可点的"君子"，也难以达到此一境界。孔子失望之余的一线期许是，看来只有圣人才能做到"依乎中庸"。问题是，盘查春秋时期各国的实况和"士"阶层的状况，能看到几个可以称得上"圣人"的人呢！连孔子自己不是也说："若圣与仁，则吾岂敢"（《论语·述而》）吗？而且，有一次他感慨至深地说："圣人吾不得而见之矣！得见君子者，斯可矣。"（同前）这等于说，在孔子的眼里，现实中并没有"圣人"，能够见到"君子"，已经很不错了。结果，如此美妙的中庸之道，在人间世，竟成为没有人能够践履的期许。我们的孔子，终于明白了这个矛盾重重的问题，为何不能最终显现出解套的光亮。他不得已只好愤愤地说："天下国家可均也；爵禄可辞也；白刃可蹈也；中庸不可能也。"（《中庸》）孔子是说，治理国家是非常困难的事情，但实现"治平"并非没有可能；高官厚禄的诱惑尽管大得不得了，也可以做到不为所动，坚辞不就；刀刃虽然锋利，必要时也还有人敢于在上面踏行；只有守持中庸，却无论如何没有谁能够做到。

正是在此种情况下，孔子提出了打破原来宗旨的新的人的质性建构方案："不得中行而与之，必也狂狷乎。"中庸不能实现，中行不得而遇，只好寄望于"狂狷"。狂者是一种精神，狷者是一种气度。"狂者"精神的特点，是勇于进取，行为比一般人超前；"狷者"气度的特点，是守住自己，不随大流，不人云亦云。"狂者"和"狷者"的共同特征，是独行自立，富于创造精神。

我通过对狂狷在中国历史上各朝各代呈现状况所作的梳理发现，凡是"狂者精神"和"狷者气度"得以张扬发抒的历史时刻，大都是中国历史上创造力喷涌、人才辈出、艺术与人文的精神成果集中结晶的时代。而一旦"狂者"敛声，"狷者"避席，社会将陷于沉闷，士失其精彩，知识人和文化人的创造力因受到束缚而不得发挥。

我想，这也许就是西方思想家何以要把狂癫和天才联系在一起的缘故。希腊的圣哲柏拉图说："没有某种一定的疯癫，就成不了诗人。"亚里士多德也说："没有一个伟大的天才，不是带有几分疯癫的。"德国哲学家叔本华更是对这种现象作了专门研究，详析古往今来各种天才与疯癫的案例，最后得出结论："天才"无一例外都具有某种精神上的优越性，"而这种优越性，同时就带有些轻微的疯狂性"。他援引伯朴的话说："大智与疯癫，诚如亲与邻，隔墙如纸薄，莫将畛域分。"并且补充道："这样看起来，好象是人的智力每一超出通常的限度，作为一种反常现象就已有疯癫的倾向了。"（《作为意志和表象的世界》中译本，商务印书馆，1982年，页266）是的，天才的思维特点，恰恰在于与众不同，在于"反常"。"反常"和"反中庸"，可以作语义互释。因为复按各家义疏，大都认同"庸者，常也"的诠解。

不过，孔子的寄望"狂狷"，实带有不得已的性质。孟子

15

对此看得很清楚，当一次面对万章的提问："孔子在陈，何思鲁之狂士？"这是指孔子在陈之时，一次发为感叹："回去吧，回去吧！我们那些年轻同道，虽然狂简，但很有文采，过当之处，多加'裁之'就是了。"（《论语·公冶长》）孟子针对万章之问，回答说："孔子岂不欲中道哉？不可必得，故思其次也。"（《孟子·尽心下》）可见，"狂狷"在孔子心目中，是退而求其次的选项，也可以说是被困境"逼"出来的思想。然而人类在学理上的发明，大多数情况下都是因"逼"而获得突破。

孔子把人的质性品相，分为中行、狂者、狷者、乡愿四个阶次。他最不能容忍的是"乡愿"，称之为"德之贼"，即正义与德行的败坏者和虐害者。"乡愿"的特征，是"同乎流俗，合乎污世，居之似忠信，行之似廉洁"，总之是"阉然媚于世也者"（《孟子·尽心下》），这是孟子的话。以现实来参照，"乡愿"显然是小人的性体属性，君子则反"乡愿"。孔子所以深恶乡愿，在于乡愿具有"似是而非"的诡异之貌。正如孟子引孔子的话所说："恶似而非者"，"恶乡愿，恐其乱德也。"（《孟子·尽心下》）可见"乡愿"之立义，其乔装伪似、阉然"乱德"之罪也大矣。难怪孔子不仅蔑称乡愿为"德之贼"，而且取譬为说："譬诸小人，其犹穿窬之盗也与。"（《论语·阳货》）将乡愿与偷偷摸摸穿墙越货的盗贼为比，可见圣人之恶乡愿已经到了无以复加的地步。

然则"乡愿"所"似"者为何耶？在人的质性的四品取向中，乡愿与哪一取向最为相似呢？很不幸，与乡愿最相似的，竟是孔子最为期许却又无法践履的"中行"。事实证明，"乡愿"和"中行"极有可能发生"不正常"关系。不是由于有什么隐衷，而是乡愿的质性品相"貌似中行"。而"乡愿"和"中行"，在对待"狂者"、"狷者"的态度上，不可避免地会结成联盟。此正如《文史通义》的作者章学诚所说："乡愿者流，貌似中行而讥狂狷。"(《文史通义·质性》)因此人的质性的"四品取向"，如果以往是以中行、狂者、狷者、乡愿为排序，那么经笔者分疏之后，这个顺序也可以改为：狂者、狷者、中行、乡愿。

"狂者"和"狷者"，对思想革新和社会进步所起的作用，犹如翱翔天空的雄鹰之于大地，涛头的弄潮儿之于大海，绝非其他选项所能比拟。人类文化人格的精彩，其要义就在于不"媚于世"。中国现代史学大师陈寅恪说的："士之读书治学，盖将以脱心志于俗谛之桎梏，真理因得以发扬。"就是这个意思。所谓"媚于世"，就是通常所说的"曲学阿世"，乃是学问人生的大忌、大桎梏也。

历史的哲学命题原来是这样：如果一个社会的狂者精神和狷者气度成了稀罕物，那么这个社会的创新机制将大大削弱。但狂者和狷者如果完全置中行之道于不顾，也会失去方向。人的质性的四品取向中，哪一项质性最有资格充当对狂狷进行"裁之"的大法官呢？是为中道。正是在此一意义层面，中庸、中道、中行，可以成为节制狂狷的垂范圣道。它可以发出天籁之音，警示在陷阱边冥行的人们，左右都有悬崖，前行莫陷渠沟。太史公岂不云乎："虽不能至，然心向往之。"其实，宇宙人生的至道，都是可参可悟而不可躬行的绝对。然而，中行如果没有狂者的风起云涌和狷者的特立独行作为比照和激励，更容易与乡愿同流合污于不知不觉中。

我论证孔子为何寄望狂狷，还原狂狷精神对中国文化的创新机制所可能起的特殊作用，并不意味着不重视中庸、中道、中行作为圣道的至高无外的哲学义涵。

2017 年 7 月 9 日竣稿

原刊《文汇报》"文汇学人"
2017 年 9 月 29 日，收入本书时有增补

第一章　敬义论

一、"敬者，人事之本"

"敬"与诚相连接，不"诚"固然无以取信，但如果离开了"敬"，"诚"便不会立得坚牢而有力量。诚是自然而然如此，敬是无论如何必须如此。故大程子明道先生说："诚者，天之道；敬者，人事之本。敬则诚。"[①]笔者视"敬"这个价值理念具有终极的性质，就和"敬"为"人事之本"有关。盖信仰非天道，而是人事之道的根本所在。小程子伊川也说："诚则无不敬，未至于诚，则敬然后诚。"[②]此语实际上是认为，"敬"乃是进入"诚"的通道，是"思诚"的途径，亦即诚之达道。《中庸》所谓"思诚"是人之道，可以理解为，欲诚者不妨从"持敬"开始。所以伊川又说："主一者谓之敬。一者谓之诚。主则有意

---

① 《河南程氏遗书》卷第十一，《二程集》上册，中华书局 1981 年版，第 127 页。
② 《河南程氏粹言》，《二程集》下册，第 1170 页。

在。"①"诚"由于是"天之道",所以应该成为人的"宗主"。而"主"也者,已经有人之所欲为的意思在内了。但此处的所欲为,仅指向单一的目标"诚",所以二程子所谓的"主一",即是对"诚"的坚守而不发生动摇。孔子说:"三军可以夺帅也,匹夫不可以夺志也。"(《论语·子罕》)此处之"志",即是"敬"义。也就是属于人的性自体的"敬",不应移易,不可动摇,不能被褫夺。

孟子说:"夫志,气之帅也;气,体之充也。夫志至焉,气次焉;故曰:'持其志,无暴其气。'"(《孟子·公孙丑上》)此所论与孔子的"不可以夺志"说实相呼应。人体为气所充,是中国古代的一种哲学认知,先秦诸家均各有说。《老子》第十章:"专气致柔,能婴儿乎。"《庄子·外篇·知北游》:"人之生,气之聚也;聚则为生,散则为死。"《荀子·王制》:"人有气、有生、有知,亦且有义,故最为天下贵也。"各家之说义趣殊异,独孟子的以"志"为"气"之"帅"的断判,益显刚健有力,突出了"志"不为"气"所移的旨归。赵岐注云:"志,心所念虑也。气,所以充满形体为喜怒也。志帅气而行之,度其可否也。"②赵注的意思,如无"志"的统领,则形体之气,容易为喜怒情绪所左右,只有由"志"来统帅"气",才能知道所"行"的是非得失。故赵注又云:"志为至要之本,气为

①《河南程氏遗书》卷第二十四,《二程集》上册,第315页。
②焦循撰、沈文倬点校:《孟子正义》上册,中华书局1987年版,第196页。

其次。"①焦循疏解《孟子》及赵注最见功力，其引《论衡·无形篇》："形气性，天也。生之舍，生之充，生之制，生即性也。性情神志，皆不离乎气，以其能别同异，明是非，则为志以帅乎气。万物皆有喜憎利害，而不能别同异，明是非，则第为物之性，而非人之性，仅为气而已。故喜憎、利害、视听、屈伸，皆气也。骨肉，则形体也。"②意谓，"喜憎利害"是为万物共有的性质，只有"别同异，明是非"是人所区别于万物的独特之性，原因在于"人有志而物无志"，人能够"志以帅乎气"，因而使得"喜憎、利害、视听、屈伸"种种情绪表现，也就是使得"气"具有了可控的选择方向。

孟子在提出"以志帅气"之后，继而强调，要"持其志，无暴其气"。此处的"暴"为惑乱意，就是不要让"气"来乱其所为，所以需要"持其志"。"持"为"守"意，即对"志"要坚守而不动摇。孟子论大丈夫的品格，曰："富贵不能淫，贫贱不能移，威武不能屈，此之谓大丈夫。"(《孟子·滕文公下》)所"不淫"、"不移"、"不屈"者，即"志"也。焦循解"志"，引毛奇龄说，将"志"与"心"联系起来："但持其志，力求之本心，以直自守，而气之在体，则第不虐戾而使之充周已耳。是不求于心者，谓之不持志。"③兹可见所谓"志"，实即心志。所不动摇者，是为心志也。马一浮先生说："心之所之谓之志。"

---

① 焦循撰、沈文倬点校：《孟子正义》上册，中华书局1987年版，第196页。

② 同上，第196页。

③ 同上，第197页。

就是要保持心志的独立和自由。又说："何以持志？主敬而已矣。"马先生又引小程子伊川的"涵养须用敬"的导示，提出伊川所言即是"持志之谓"。并进而分疏道："以率气言，谓之主敬；以不迁言，谓之居敬；以守之有恒言，谓之持敬。"[1]马先生可谓将"敬"之义理掘发无遗。何谓"敬"？马先生明确给出结论："敬"即"持志"之谓。倘予分疏，又有"主敬"、"居敬"、"持敬"的分别。"主敬"就是以"志"帅"气"，是"志"为主，亦即"敬"为主。"居敬"，是不迁不移之意。"持敬"，则是坚守不变者也。

孟子论何为大丈夫之义，还穿插着讲了几个故事。起因是他的学生陈代，对老师不去见诸侯感到不可理解，认为当时的诸侯，大可以称霸，小可以称王，见一见也许不无好处。况且有的记载不是说，"枉尺而直寻"亦不失为一种人生的态度。孟子不然其说，给弟子讲了齐景公打猎，传唤苑囿管理者虞人同往，而虞人不去的故事。此故事见于《左传》昭公二十年，原文为："十二月，齐侯田于沛，招虞人以弓，不进。公使执之，辞曰：'昔我先君之田也，旃以招大夫，弓以招士，皮冠以招虞人。臣不见皮冠，故不敢进。'乃舍之。仲尼曰：'守道不如守官，君子韪之。'"[2]虞人拒不应召的理由，是齐侯没有待之

---

[1] 马一浮：《复性书院学规》，《马一浮集》第一册，浙江古籍出版社和浙江教育出版社 1996 年版，第 108 页。

[2] 《春秋左传正义》下，《十三经注疏》标点本，北京大学出版社 1999 年版，第 1400 页。

以礼。按以往田猎礼仪的规定，召唤大夫同往，需要用旗帜；召唤士同往，需要用弓；召唤虞人，需要赐之以皮冠。如今给虞人的是弓而不是皮冠，礼错了对象，很是不敬。所以虞人宁可被抓被杀，也绝不屈己以应招。孟子讲这个故事的时候，将招之以弓变成招之以旌，即以旗帜来召唤，同样违背招礼，所以虞人拒之。孟子说："志士不忘在沟壑，勇士不忘丧其元。"盖志士所追求的是"道"，勇士所维护的是"义"，他们所以堪当此称号，是由于早已将生死置之度外了，即使葬身沟壑或被斩首，亦在所不辞。此即孔子所谓"志士仁人，无求生以害仁，有杀身以成仁"（《论语·卫灵公》）之意。孟子在讲了这个故事之后问道："孔子奚取焉？"仅仅为了"利"就"枉尺而直寻"，孔、孟均所不取焉。虞人的精神所以值得赞赏，就在于他没有屈己徇人，而维护了自己的尊严。

为了进一步证明"志"不可"夺"这一价值理念的重要，孟子还讲了另外一个故事。从前齐国的大夫王良是驾车的能手，因善御而名扬天下。《淮南子》有记载云："昔者王良、造父之御也，上车摄辔，马为整齐而敛谐，投足调均，劳逸若一，心怡气和，体便轻毕，安劳乐进，驰骛若灭，左右若鞭，周旋若环。"① 可知其御道之高妙。一次晋国的卿相赵简子让王良为他的宠幸者奚驾车去打猎，结果一无所获。嬖奚怒而称王良为

---

① 《淮南子·览冥训》，刘文典撰：《淮南鸿烈集解》上册，中华书局1989年版，第203页。

"天下之贱工"。其实是王良按规范驾车，嬖奚因不懂射道，才无所获。王良请求再次出行，这次他故意不按规范驾车，嬖奚一个早上就捕获十只禽鸟。嬖奚转而赞王良是"天下之良工"。但当赵简子让王良专门为奚执御，王良一口回绝，说："我不习惯为小人驾车。"孟子由此故事得出一个看法，说道："连御者都羞与射者比，即使捕获的禽兽堆如小山，也不肯'枉道而从彼'，这是为了什么呢？"孟子的结论是："枉己者，未有能直人者也。"①也就是在道义与尊严面前，不能委屈迁就，不能打折扣。内心的持志和持敬，是任何力量也无法使之改变的。屈己徇人与大丈夫的精神适相反对，为君子所不取。赵岐注"大丈夫"为"守道不回"②，可谓正解。论者或云，当女子出嫁之时，母（有时也有父）送之于门，频频告诫说："往之女家，必敬必戒，无违夫子。"这里使用的也是"敬"字，该如何解释呢？孟子坚定地说：这不过是"以顺为正"的"妾妇之道"③而已，与大丈夫的"持志"何可同年而语。我们不要忘了前面援引的马一浮先生的话，他可是说"持志"就是"持敬"呵。其实朱子也讲过："人之为事，必先立志以为本，志不立则不能为得事。虽能立志，苟不能居敬以持之，此心亦泛然而无主，悠悠终日，亦只是虚言。立志必须高出事物之表，而居敬则常存于事物之中，令此敬与事物皆不相违。言也须敬，动也须敬，坐也须敬，

---

① 焦循撰、沈文倬点校：《孟子正义》上册，第411—415页。
② 同上，第419页。
③ 同上，第417页。

顷刻去他不得。"① 此处的"苟不能居敬以持之"一语，力有万钧。"居敬以持之"，就是"持敬"。可见朱子已经把持敬和立志看作是一而二、二而一的精神旨归。

　　而小程子伊川对此一问题阐释得尤为深在。他说："学者先务，固在心志。"② 而"心志"贵在专注不纷，也就是要"心有主"。怎样才能做到"心有主"？伊川又说："如何为主？敬而已矣。"③ 则"敬"是心之"主"的标识和护持。有"敬"在，心才能有"主"。如果无"敬"，则"主"已失却，人的精神难免散漫无所归处。伊川担心我们不能通晓他的初意深心，于是进而设譬为说，从学理层面加以论述，写道：

　　　　有主则虚，虚谓邪不能入。无主则实，实谓物来夺之。今夫瓶罌，有水实内，则虽江海之浸，无所能入，安得不虚？无水于内，则停注之水，不可胜注，安得不实？大凡人心，不可二用，用于一事，则他事更不能入者，事为之主也。事为之主，尚无思虑纷扰之患，若主于敬，又焉有此患乎？所谓敬者，主一之谓敬。所谓一者，无适之谓一。④

---

① 《朱子语类》第二册，中华书局 1986 年版，第 419 页。
② 《河南程氏遗书》卷第十五，《二程集》上册，中华书局 1981 年版，第 213 页。
③ 同上，第 213 页。
④ 同上，第 213—214 页。

小程子此段论述的核心观点,是为心志须要由"主于敬"来固定。而"敬"则是"主一",则是"无适",亦即不发生动摇。此即如《法句经》所说:"譬如厚石,风不能移,君子意重,毁誉不倾。"[①]"意"就是"志",即人的心志。此偈语中,最重要的是"风不能移"四字,而尤以"不移"为句意的着力点。换一个说法,如果能够做到心志专主于"一",而不移不迁,即使遇到风雨如晦,狂风大作,也不动神色,不为之改变,就是"主敬"了。据记载,小程子伊川被贬涪州的时候,一次渡汉江,中途遭遇风浪,船有倾覆的危险,满船的人不禁为之号哭,独伊川"正襟安坐如常"。到得岸边,同船的一位老人问道:"当船危时,君正坐色甚庄,何也?"伊川回到说:"心存诚敬耳。"[②]兹可见一旦真正具有了"主于一"的诚敬精神,其能够坚定人的心志,而使之不随风随浪随势所动,是为真实不虚。

孔子说:"居处恭,执事敬,与人忠。虽之夷狄,不可弃也。"(《论语·子路》)伊川关于"主敬"的论说,与孔子之教是完全一致的。"执事敬"就是以"敬"为人事之本。马一浮先生对此解释道:"居处不恭,执事不敬,与人不忠,则本心汩没,万事堕坏,安在其能致思穷理邪?故敬以摄心,则收敛向内,而攀缘驰骛之患可渐祛矣。敬以摄身,则百体从命,而威仪动作之度可无失矣。敬则此心常存,义理昭著;不敬则此

---

① 《法句经》卷上《明哲品第十四》,金陵刻经处本,第十六页。

② 《河南程氏外书》卷第十二,《二程集》上册,中华书局1981年版,第423页。

心放失，私欲萌生。敬则气之昏者可明，浊者可清。气既清明，义理自显，自心能为主宰。不敬则昏浊之气展转增上，通体染污，蔽于习俗，流于非僻而不自知，终为小人之归而已矣。外貌斯须不庄不敬，则慢易之心入之；心中斯须不和不乐，则鄙诈之心入之。未有箕踞而心不慢者。视听言动，一有非礼，即是不仁，可不念哉？今时学者通病，唯务向外求知，以多闻多见为事，以记览杂博相高，以驰骋辩说为能，以批评攻难自贵，而不肯阙疑阙殆。此皆胜心私见，欲以矜名哗众，而不知其徇物忘己，堕于肆慢，戕贼自心。故其闻见之知愈多者，其发为肆慢亦愈甚，往而不返，不可救药。苟挟是心以至，而欲其可与入理，可与立事，可与亲师取友，进德修业，此必不可得之数也。"[1] 马先生这番话，是 1939 年当复性书院在四川乐山开讲之时，向来学诸生讲示的，此一节的题目作"主敬为涵养之要"。当然所取资的是二程和朱子的"主敬"说，但就中不无他自己的深切体悟。

马先生说："今于诸生初来之日，特为抉示时人病根所在，务望各人自己勘验，猛力省察，无使疮疣在身，留为过患。须知'敬'之一字，实为入德之门，此是圣贤血脉所系，人人自己本具。德性之知，元无欠少，不可囿于闻见之知遂以为足，而置德性之知任其隐覆，却成自己孤负自己也。"又说："圣人动容周旋莫不中礼，酬酢万变而实无为，皆居敬之功也。常人'憧

---

[1] 马一浮：《复性书院学规》，《马一浮集》第一册，第 109—110 页。

憧往来，朋从尔思'，起灭不停，妄想为病，皆不敬之过也。"[1]
接着又引小程子的话："此正如破屋中御寇，东面一人来未逐
得，西面又一人至矣，左右前后，驱逐不暇。盖其四面空疏，
盗固易入，无缘作得主定。"[2] 马先生认为伊川的比喻最为确切。
盗寇所以能入，是由于内中空虚，作不得主；如果"中有主"，
则"外患自不能入"。

马先生引喻至此，直接道出题旨。他说："主者何？敬也。"[3]
盖"敬"这个价值理念，毫无疑问应该成为生之为人的心中之
"主"，有了"敬"这个心中之"主"，人就会不为外物所摄，
变得无所畏惧，乃至御敌制寇亦有所不辞。所以马一浮先生在
归结"敬"的学理价值时，不禁满怀激情地写道："唯敬可以
胜私，唯敬可以息妄。私欲尽则天理纯全，妄心息则真心显现。
尊德性而道问学，必先以涵养为始基。及其成德，亦只是一敬，
别无他道。故曰，敬也者，所以成始而成终也。"[4]

"诚"是不间断，"敬"也是不间断。"诚"间断则不诚；"敬"
间断则失敬。所谓成始成终者，其义在此。马一浮先生是将"敬"
的价值理念提升至人的精神世界最高点的现代学者。

---

[1] 马一浮：《复性书院学规》，《马一浮集》第一册，第 110 页。

[2] 《河南程氏遗书》卷一，《二程集》上册，中华书局 1981 年版，第 8 页。

[3] 马一浮：《复性书院学规》，《马一浮集》第一册，第 110 页。

[4] 同上，第 110 页。

二、"敬义立而德不孤"

"敬"这个价值理念的重要，还表现在"六经"的文本里面"敬"字出现得非常集中。仅粗略统计，《诗经》的敬字凡二十一见，《尚书》凡六十六见，《周礼》凡九见，《仪礼》凡十三见，《礼记》凡二百一十三见，《周易》凡八见，《左传》凡一百十二见，《公羊传》凡二见，《穀梁传》凡十见。另《论语》二十一见，《孟子》四十三见，《孝经》二十三见。可以说"敬"之一字，在殷周社会已成为惯用语词，特别当涉及到社会秩序和人伦关系，以及祭祀和礼仪的时候，常常有敬字出现。

《周礼·天官冢宰第一》提出的驭民"八统"，第二统即为"敬故"①；而对"群吏之治"的要求："一曰廉善，二曰廉能，三曰廉敬，四曰廉正，五曰廉法，六曰廉辨。"②其中"廉敬"居第三项。《尚书·虞书·皋陶谟》记载，舜的高级顾问皋陶给大禹讲述治理邦国必须遵循的九种德行，依次为："宽而栗，柔而立，愿而恭，乱而敬，扰而毅，直而温，简而廉，刚而塞，强而义。"③是为"九德"。其第一德"宽而栗"，已有敬义在。至第四德"乱而敬"，则直言敬可以为治。孔颖达正义将第三德"愿而恭"和第四德连类作解，云："有能治者，谓才高于人也，堪拨烦理剧者也。负才轻物，人之常性，故有治而

___

① 《周礼注疏》上册，十三经注疏标点本，北京大学出版社1999年版，第31页。
② 同上，第60页。
③ 《尚书正义》，十三经注疏标点本，北京大学出版社1999年版，第104页。

能谨敬乃为德也。'愿'言'恭','治'云'敬'者，恭在貌，敬在心。愿者迟钝，外失于仪，故言恭以表貌。治者轻物，内失于心，故称敬以显情。恭与敬，其事亦通，愿其貌恭而心敬也。"① 可知"心敬"之义立，其作用有多大。后来皋陶还提出一条更为严峻的训诫，曰："达于上下，敬哉有土。"② 按上古之义，有土即可为君，而前提则是执敬立敬。如果不敬，则会受到天的惩罚。因此孔氏之正义解释说："天所赏罚，达于上下，不避贵贱，故须敬哉。"③ 这是说，即使贵为君主，如果所行不德，也会受到灾祸的报应，所以需要敬慎敬惧，一丝不苟。三复皋陶对禹所作的训示，可以说在义理上将"敬"置于极为重要的位置。对此二孔（孔安国、孔颖达）之注疏掘发甚详博，兹不具。

特别引起我们注意的，是《易经》对"敬"的价值伦理的凸显。坤卦《文言》有云："君子敬以直内，义以方外，敬义立而德不孤。"④ 试想"敬义立而德不孤"是何等重大的判断。这是我们所能看到的对"敬"作为义理概念的最早表述。《文言》的作者尽管说法不一，但以笔者之见，即使不是孔子所作，时间也不会晚于战国时期，而不大可能是汉人后来所加。"敬以直内"，突显"敬"的精神内涵的内在性质，犹如"诚"为内

---

① 《尚书正义》，十三经注疏标点本，北京大学出版社 1999 年版，第 105 页。

② 同上，第 110 页。

③ 同上，第 110 页。

④ 王弼撰、楼宇烈校释：《周易注校释》，中华书局 2012 年版，第 14 页。

一样。而"义以方外",又如诚信之"诚"主内,"信"以行动见诸于外一样,"义"是在与外面世界的交往中始能见出。故孔子说:"德之不修,学之不讲,闻义不能徙,不善不能改,是吾忧也。"(《论语·述而》)又说:"主忠信,徙义,崇德也。"(《论语·颜渊》)所谓"徙义",就是以"义"为趋而可从者。而"敬"则是内立之于内的"直"道。直即正也。"敬以直内"意即"敬以正内"。故孔疏云:"言君子用敬以直内,内谓心也,用此恭敬以直内理。义以方外者,用此义事,以方正外物。"孔疏又说:"'敬以直内'者,欲见正则能敬,故变'正'为'敬'也。"[1] 而"敬义立"者,则为立敬即是立德之意。但敬不是一般的德,而是天地之正德。此正如伊川所说:"敬义夹持,直上达天德自此。"[2] 做到了"身有敬义",则邪不能侵,躁不能扰,"不习无不利"。"不习无不利"是坤卦的象辞,王弼注云:"居中得正,极于地质。任其自然,而物自生。不假修营,而功自成。故不习焉,而无不利。"[3] 王氏此注可与其注《老子》第五章所说"天地任自然,无为无造"[4] 合看。"不假修营"不过是"无为无造"的互语。

然则为何又说"敬义立而德不孤"?此"德不孤"三字是何所取义?伊川解释说:"君子主敬以直其内,守义以方其外。

---

[1]《周易正义》,十三经注疏标点本,北京大学出版社1999年版,第31—32页。

[2]《河南程氏遗书》卷一,《二程集》上册,第78页。

[3] 王弼撰、楼宇烈校释:《周易注校释》,第13页。

[4] 王弼:《老子道德经注》,《王弼集校释》上册,中华书局1980年版,第13页。

敬立而内直，义形而外方。义形于外，非在外也。敬义既立，其德盛矣，不期大而大矣，德不孤也。"[1]此则谓"德不孤"乃是状德之盛大之意。因《易》坤卦爻辞六二有"直方大，不习无不利"之谓。故伊川又说："直、方、大，孟子所谓至大至刚以直也。"[2]此是以"气"说，即孟子之"我善养吾浩然之气"（《孟子·公孙丑上》）。孟子的以"志"帅"气"的思想，前已略及。但须明了，亚圣对"气"的作用亦不小觑，认为当"志一"的时候，"气"会为之动，而当"气一"的时候，气也可以"动志"。"志一"是专心致志，无有动摇。此正如焦循《孟子正义》所引证，《说文》壹部云："壹，专一也。"《左传》文公三年云："与人之壹也"，注为"壹无贰心"。焦循于是归结说："持其志使专一而不二，是为志一。"又说："曾子'自反而缩，虽千万人吾往'，是志一也。"又引毛奇龄说："且志亦不容不一者，不一则二三，安所持志？"[3]"志一"就是"主一"，故须"无适"、不二。这也就是"敬"这个价值理念的精义所在。但如果是"气一"，将出现适得其反的情况，以至于"志"将被其所动。所以需要"养气"，以使之不居于"一"的地位。毛奇龄说："若气一动志，则帅转为卒所动，反常之道，故须善养，使不一耳。"[4]其实孟子在讲"以志帅气"的时候，已经提出了"志

① 程颐：《周易程氏传》卷第一，《二程集》下册，第712页。
② 同上，第708页。
③ 焦循撰、沈文倬点校：《孟子正义》上册，第198页。
④ 同上，第198页。

至焉，气次焉"的问题，明确"气"不能僭越而处于"一"的位置。

然则如何才能使得"气"不与"志"争主，而自甘处于"次"的位置？这关涉到"集义"的问题。孟子"养气说"的义理关键，在于"气"需要与"义与道"相配合。此即孟子所说："其为气也，至大至刚，以直养而无害，则塞于天地之间。其为气也，配义与道。"[①] 赵岐、阮元、焦循诸家解"义"为仁义之"义"，"道"则为阴阳大道，实即天道。毛奇龄疏而通之曰："配义与道，正分疏直养。无论气配道义，道义配气，总是气之浩然者，借道义以充塞耳。无是者，是无道义。"[②] 但须弄明白，可以与"气"相配的道义，并非是外来户，即不是悄悄地从外面"袭"取而来，而是与"浩然之气"相杂而生。焦循引《方言》"杂，集也"之义，得出结论说："古杂、集二字皆训合。与义杂生即与义合生也。与义合生，是即配义与道而生也。"[③] 孟子本文所谓浩然之气"是集义所生者，非义袭而取之也"，其义理内涵实在此，而不在彼。而"养"是当"生"之后，因为已经配义而生，自然是"善养"了。如此这般养成的"气"，由于是配以道义的集义所生，按孟子的说法，应该具有"至大至刚"的特点，因此与"持志"、"持敬"、"主敬"便不相夺，而是合而共相生了。

职是之故，此种情况下所立之"敬义"，已经是和仁义、

---

① 焦循撰、沈文倬点校：《孟子正义》上册，第 200 页。

② 同上，第 201 页。

③ 同上，第 202 页。

天道"集义"所生所养者，可以"塞于天地之间"，舒之幎六合，卷之不盈握，足以成为人的立德之本。"立"这样的"敬义"，实际上就是"立德"本身。而这种"德"是"集义"所生之德，不仅"至大至刚"，而且《易》坤卦爻辞的"直方大"亦不足以形容。试想，此"敬义"之立，"德"还能孤单吗？孔子岂不言乎："德不孤，必有邻。"（《论语·里仁》）明代易家来氏知德深明此理，著论而言之曰："如知其敬乃吾性之礼存诸心者，以此敬为之操持，必使此心廓然大公，而无一毫人欲之私，则不期直而自直矣。人事惟有私，所以不方。如知其义乃吾性之义见诸事者，以此义为之裁制，必使此事物来顺应而无一毫人欲之私，则不期方而自方矣。德之偏者谓之孤，不孤则大矣。盖敬之至者外必方，义之至者内必直，不方不直，不足谓之敬义，是德之孤也。"又说："今既有敬以涵义之体，又有义以达敬之用，则内外夹持，表里互养，日用之间，莫非天理之流行，德自充满盛大而不孤矣。"[①]而伊川将此义又与"与物同"联系起来，写道："敬以直内，义以方外，与物同矣，故曰敬义立而德不孤，推而放诸四海而准。"[②]伊川此论颇得《易》之精髓。盖《易》以"同"为至理，故《易》的《序卦》有云："与人同者，物必归焉。"[③]"同"，乃能成其大，"异"，是自小也。

  "六经"的"敬"义，不仅在能大、不孤、无不利，而且

①来知德撰：《周易集注》上册，九州出版社，2012年，第143页。
②《二程粹言》，《二程集》下册，第1174页。
③王弼撰、楼宇烈校释：《周易注校释》，第262页。

还在于"敬"可以减少失措，少出过错，避免损失。《易》于此理多有举证。需卦的象辞写道："需于泥，灾在外也。自我致寇，敬慎不败也。"[1]"需"有"须"意，即必须待而后之乃可。故朱子解云："以乾遇坎，乾健坎险，以刚遇险，而不遽进以陷于险，待之义也。"[2]本来需是"光亨贞吉"之卦，"利涉大川"，纵然有险情，也不致陷而不拔，因此照样可以刚健前行。问题是不能莽撞行事，需要备足相应的条件，方能确保无虞。最重要的条件是让"信"占据中正的位置。所以需卦的卦辞开篇即云"有孚"。"孚"即信，是为建立信任之义。伊川以"诚信充实于中，中实有孚"[3]为解，恰切至极。反之，如果不能取信，则此卦的原本贞吉之兆就不好预期了。具体说，还有种种特定情况，宜分别对待之。譬如"需于郊"，即身处旷远之地所应采取的态度。地处旷远，距险川尚有距离，正确的做法是恒常不变，以待时机。故初九爻辞曰："需于郊，利用恒，无咎。"王弼注云："居需之时，最远于难，能抑其进。以远险待时，虽不应机，可以保常也。"[4]初九的象辞也说："需于郊，不犯难行也。利用恒，无咎，未失常也。"此处的"未失常"即王注的"可以保常"之义，总之是利用时间，恒守以待之。而做到能待能守，其中必有敬义存焉。因为自性之"敬"，即是恒常

① 王弼撰、楼宇烈校释：《周易注校释》，第26页。
② 朱熹撰：《周易本义》，中华书局2009年版，第56页。
③ 程颐撰：《周易程氏传》，中华书局2011年版，第31页。
④ 王弼撰、楼宇烈校释：《周易注校释》，第26页。

自守，不驱不动之意象。

至于"需于泥"，情境则比较危险。因为"泥"已近"川"，是未能恒守的结果，属于地地道道的因冒进而"自我致寇"，怨不得别人。处此灾患逼于眼前的险境，欲退不能，何所施焉？只有"持敬"可以延缓或消解危难。故需卦九三的象辞写道："自我致寇，敬慎不败也。"另一种情况是"入于穴"，上六爻辞给出的结论是："有不速之客三人来，敬之终吉。"[①]上六是阴爻，故拟之以"穴"。但上六已是需卦的终点，也即是险情解除的时候，那些守恒以待的乾阳们，主要是初九、九二、九三，经过审时度势，可以安全地挺进了。所以是不招自来。此种情形下，阴爻之"上六"，如果不想惹是生非，只好"敬"而待之了。伊川在《易传》中写道："阴止于六，乃安其处，故为'入于穴'。穴，所安也。安而既止，后者必至。不速之客三人，谓之下三阳。乾之三阳，非在下之物，需时而进也。需既极矣，故皆上进。不速，不促之而自来也。上六既需得其安处，群刚之来，苟不起忌疾忿竞之心，至诚尽敬以待之，虽甚刚暴，岂有侵陵之理，故终吉也。"[②]此即需卦的象辞所说："不速之客来，敬之终吉。虽不当位，而未至于大失也。"[③]

又离卦之初九爻辞亦云："履错然，敬之无咎。"离卦主以柔为正，内顺外刚，方能亨而利贞。朱子认为"履错然"

① 王弼撰、楼宇烈校释：《周易注校释》，第26页。

② 程颐撰：《周易程氏传》，第34—35页。

③ 王弼撰、楼宇烈校释：《周易注校释》，第27页。

是"志欲上进"①，同于孔颖达的"将欲前进"之解。王辅嗣注则以"错然"为"警慎之貌"②。都是将动须慎之意。"慎"者何？敬也。"履错之敬"以此成为《易》理的名典。故离卦之《象辞》归结为："履错之敬，以辟咎也。"③"履错之敬"可以辟咎，就是敬而无失。

兹可见"敬"之为义也大矣，不仅可以聚盛德而不孤，而且能够将欲动而少咎，临危难而不败。难怪当子路问何谓君子的时候，孔子直接以"修己以敬"（《论语·宪问》）作答。而司马牛发为感叹，说"人皆有兄弟，我独亡"，子夏振振有词地告诉他："君子敬而无失。与人恭而有礼，四海之内皆兄弟也，君子何患乎无兄弟也？"（《论语·颜渊》）子夏所说，即《易》理之"敬义立而德不孤"。而"敬而无失"这句警言，便成为中华文化背景下的人生规范的道德典则。

三、"礼者，敬而已矣"

《荀子》"礼论篇"有一句无法不让人格外关注的话："孰知夫恭敬辞让之所以养安也，孰知夫礼义文理之所以养情也。"④《史记·礼书》迻录了荀卿此篇的大部分文字，因此"恭敬辞让"

① 朱熹撰：《周易本义》，中华书局 2009 年版，第 125 页。
② 王弼撰、楼宇烈校释：《周易注校释》，第 115 页。
③ 同上，第 115 页。
④ 《荀子·礼论》，王先谦撰，沈啸寰、王星贤点校：《荀子集解》，中华书局 2012 年版，第 340 页。

一语,赫然分明地出现在行文之中。荀、迁所说的"恭敬辞让",可以视作敬义的全提,兹可见"敬"这个价值理念,已经不仅仅局限于士君子个人修为的范围,还可以与家国天下的和谐安定联系起来。因此《礼记》的"曲礼"精要地写道:"毋不敬,俨若思,安定辞,安民哉。"[1]特地赋予"敬"以"安定辞"的义理换称,对敬之为义的可以安民以致安定整个社会的深涵,作了突出到极致的彰显。

而所以如是,在于敬直接关乎礼。包括"六经"在内的早期经典,对敬与礼的关系有众多论述,汗牛充栋不足以形容。《礼记·哀公问》托孔子言直接标明斯义:"所以治礼,敬为大。"[2]《礼记·乐记》亦云:"庄敬恭顺,礼之制也。"《礼记·经解》又说:"恭俭庄敬而不烦,则深于《礼》者也。"《大戴礼记》也引孔子的话说:"所以治礼,敬为大"[3]、"不敬无礼,无礼不立。"[4]《墨子·经上》的措辞更为直截了当:"礼,敬也。"[5]可见,礼的精神内核实际上是敬,失却敬的精神,礼便不成其为礼。此即所谓"无敬不成礼"是也。也就是孔子所说的:"居上不宽,为礼不敬,临丧不哀,吾何以观之哉?"(《论语·八佾》)离开了敬的礼仪,孔子认为便没有什么看头了。

---

[1] 孙希旦撰:《礼记集解》,中华书局 1989 年版,上册,第 3 页。

[2] 同上,下册,第 1260 页。

[3] 《大戴礼记·哀公问于孔子》,方向东撰:《大戴礼记汇校集解》上册,中华书局 2008 年版,第 74 页。

[4] 《大戴礼记·劝学篇》,方向东撰:《大戴礼记汇校集解》下册,第 782 页。

[5] 《墨子·经上》,吴毓江撰:《墨子校注》上册,中华书局 1993 年版,第 461 页。

拜天和祭祖是中国古代的两大礼仪，前者是朝廷的大礼，后者是家庭和家族的大礼。拜天即敬天，祭祖即"禘"或"祫"，是为"敬宗"之义。《礼记·大传》写道："尊祖故敬宗，敬宗，尊祖之义也。"又曰："亲亲故尊祖，尊祖故敬宗，敬宗故收族，收族故宗庙严，宗庙严故重社稷，重社稷故爱百姓，爱百姓故刑罚中，刑罚中故庶民安，庶民安故财用足，财用足故百志成，百志成故礼俗刑，礼俗刑然后乐。"[①]《诗·小弁》："维桑与梓，必恭敬止。"亦是斯义。礼为敬之施，敬为礼之魂。只有敬义立才能够起到养安和安民的作用。故《孝经》引孔子的话说："教民亲爱，莫善于孝。教民礼顺，莫善于悌。移风易俗，莫善于乐。安上治民，莫善于礼。礼者，敬而已矣。"[②]可谓直标全提，无缝无漏，礼与敬在义理上完全合一。为了让人们清晰无误地明了礼与敬的关系，孔子并进而阐释说："敬其父，则子悦；敬其兄，则弟悦；敬其君，则臣悦；敬一人，而千万人悦。所敬者寡，而悦者众，此之谓要道也。"[③]斯又将"敬"提升到"礼"的要道不二的地位。难怪《孝经》此章以"广要道章"立名。此章无疑是在揭示，敬义之立可以使满家、满朝廷、满天下从君臣到父子到兄弟，无不欢悦舒畅，甚至由于对一人的"敬"，可以使千千万万人都欢悦起来。试想，家国天下能不因

① 孙希旦撰：《礼记集解》，中华书局 1989 年版，中册，第 914、917 页。
② 《孝经·广要道章》，十三经注疏本标点本，北京大学出版社 1999 年版，第 42—45 页。
③ 同上，第 44 页。

之而形成和谐安定的秩序吗？"礼者，敬而已矣"是此章的点睛撮要，具有"一言以蔽之"的全体大用。盖礼是人伦的规约，礼是社会的秩序，礼是文明的指标。家国天下文明秩序的建立，有待于人人之敬。

"国之大事，在祀与戎"，这是《左传》里的话，见于成公十三年，出自刘康公的一段说辞。祀即祭祀，原典的上下文对祭祀与敬的关系有直接论述。事情的起因是晋侯要攻打秦国，派特使郤锜向鲁成公借兵，但这位郤锜在行事的过程中，不够恭敬有礼，因此遭到孟献子的非议。孟献子是鲁成公的高级副手，遇有朝拜周王等重要事宜，每与之同行。该孟氏批评郤锜说："礼，身之干也。敬，身之基也。郤子无基。且先君之嗣卿也，受命以求师，将社稷是卫，而惰，弃君命也。不亡何为？"[①]等于说郤氏的失礼不敬有负君命，无异于找死。因为在孟氏看来，礼的重要相当于人的躯干，而敬则是人的立身之地，失礼不敬将导致无以立足。何况这位特使郤锜是晋景公的上卿之子，现在又作景公的儿子晋厉公的上卿，是为"嗣卿"，地位不可谓不显要。越是地位显要的官员做事不敬，后果越严重。

而当同年三月鲁成公与晋侯朝拜周简王，会同刘康公、成肃公准备一起伐秦的时候，成肃公在社庙接受祭品，也发生了失礼不敬的行为，这引起了刘康公的强烈不满，大发议论说："吾闻之，民受天地之中以生，所谓命也。是以有动作礼义威

---

① 《春秋左传集解》第二册，上海人民出版社 1977 年版，第 721 页。

仪之则，以定命也。能者养以之福，不能者败以取祸。是故君
子勤礼，小人尽力，勤礼莫如致敬，尽力莫如敦笃。敬在养神，
笃在守业。国之大事，在祀与戎。祀有执膰，戎有受脤，神之
大节也。今成子惰，弃其命矣，其不反乎！"①这段议论的名句
便是"国之大事，在祀与戎"。值得注意的是，刘子以及前面
孟氏对郤锜的批评，都把"敬"提到"礼"与"不礼"的原则
高度。"戎"即军事行动，出征时"受脤"是"神之大节"，不
敬的行为既不符合戎典，又有悖于祭礼。"祀与戎"两件国家
大事，都因不敬而遭到破坏。

　　事实上，《左传》里有不少战例，都是因为国与国之间的
失礼不敬而构成兵戎相见的导火索。例如桓公二年："秋七月，
杞侯来朝，不敬。杞侯归，乃谋伐之。"同年九月："入杞，讨
不敬也。"宣公十二年，潘党曰："古者明王伐不敬，取其鲸鲵
而封之，以为大戮，于是乎有京观，以惩淫慝。"成公二年，"晋
侯使巩朔献齐捷于周，王弗见，使单襄公辞焉，曰：'蛮夷戎狄，
不式王命，淫湎毁常，王命伐之，则有献捷，王亲受而劳之，
所以惩不敬，劝有功也。'"定公六年，范献子言于晋侯曰："以
君命越疆而使，未致使而私饮酒，不敬二君，不可不讨也。"盖"国
之大事，在祀与戎"，不仅"祀"与敬直接相关，"戎"也常常
关乎是否有敬存焉。国与国之间交往中的失敬，极易导致交恶，
以至走到极端，犹不思转圜，忍无可忍，便只好兵戎相见，是

---

① 《春秋左传集解》第二册，上海人民出版社1977年版，第721—722页。

为大不敬也。则敬为"安定辞",小则可令人之身心安适,中则可使家庭和睦,大则可以安国安民,岂虚言哉,岂虚言哉!

祭祀之礼所呈现的敬的精神,在中国文化背景下尤具有特殊的义涵。因为此一题义涉及到中国文化对信仰问题的判定。换言之,在祭祀这个"国之大事"的问题上,是祭祀的对象重要,抑或是祭祀者在祭祀的时候,所采取的态度和怀抱的精神重要?照说应该是祭祀对象重要,所祭之对象如不重要,祭又何为?然而在中国文化的话语里,是又不然。的的确确是祭祀者所具有的"敬"的精神,比祭祀对象还要重要。《周礼·地官司徒第二》具列出如何对民须施以"十二教",其第一教便是:"以祀礼教敬,则民不苟。"[①]《礼记·少仪》亦云:"宾客主恭,祭祀主敬。"[②]此处的"祭祀主敬"一语,可以说是对"祀"与"敬"关系的最精要的概括。郑玄注云:"恭在貌也,而敬又在心。"孔疏则说:"宾客轻,故主恭。祭祀重,故主敬。"[③]都是得义有见之言。敬和诚一样,是需要"无为"的,其大忌是刻意地操持饰作。《礼记·祭统》说得好:"贤者之祭也,致其诚信与其忠敬,奉之以物,道之以礼,安之以乐,参之以时,明荐之而已矣,不求其为。"[④]忠敬和诚信是存在于内心世界的精神性体,所谓"内尽于己"者,不是着意而为的外在动作。

---

① 《周礼注疏》上册,十三经注疏标点本,第 246 页。
② 孙希旦撰:《礼记集解》,中册,第 943 页。
③ 《礼记正义》,十三经注疏标点本,北京大学出版社 1999 年版,第 1038 页。
④ 孙希旦撰:《礼记集解》,下册,第 1237 页。

　　因此最高的致祭境界，应该是本乎自然，"不求其为"。故《祭统》又说："诚信之谓尽，尽之谓敬，敬尽然后可以事神明，此祭之道也。"[①] 然则祭道之"敬"，以诚信之"尽"来标识，说明"敬"这个价值理念已经超乎语词环境，具有了绝对的性质。《礼记·檀弓》的一句话，更可以说道出了此一题义的全部谜底。这句话是："祭礼，与其敬不足而礼有余也，不若礼不足而敬有余也。"[②] 几乎将"敬"视为祭礼的全部义涵。"祭礼"之礼，是由于存在祭祀对象而产生的，因而施礼的方式亦因对象的不同而有别。有祭祀对象，才有祭祀的礼仪。《礼记》此篇却说，"礼"不足尚不能算是祭礼的大问题，"敬"不足，才是祭礼所绝对无法容忍者。我想这样诠释"祭礼与其敬不足而礼有余也，不若礼不足而敬有余也"这句话，应不致有误。这句话，子路说是"闻诸夫子"，但《礼记》诸篇托孔子现身说法的事例多有，此处的引述是否即为孔子话语之所原出，似不好确指。

　　而《论语·八佾》的"祭如在，祭神如神在"一语，则真真切切地是出自孔子之口。此处，孔子等于对祭祀对象作了一个假设，即在祭祀的时候，要假设"神"是存在的，或者说是"在场"的。因为只有祭祀时相信"神"是"在场"的，祭祀的人才可能守持得住纯洁的诚敬之心。反之一面祭祀，一面心里却在怀疑"神"到底"在"还是不"在"，敬的精神便无以树立了。

---

① 孙希旦撰：《礼记集解》，下册，第 1238 页。
② 同上，上册，第 202 页。系子路援引孔子之说，故首句云"吾闻诸夫子"。

显然孔子强调的是"敬"这个价值理念在祭祀现场的发用，而未及其他。至于非祭祀情况下"神"是否依然存在的问题，孔子没有回答，也不想回答。应该是两种可能：一是"在"，一是不"在"。事实上孔子对"神"的存在与否，并不特别关心，这有他的众多相关言论可证。《论语·述而》辑录孔子的说话，有"子不语怪、力、乱、神"的记载。同一篇的另一条，还记载孔子说过："务民之义，敬鬼神而远之，可谓知矣。"而当有一次，弟子直接向他请教如何事"鬼神"的时候，孔子近乎抬杠似地回答说："未能事人，焉能事鬼。"（《论语·先进》）口气显得颇不耐烦。

祭祀的时候，只是假定"神"是存在的，不祭祀的时候"神"存在不存在则不在追问探寻的范围，这应该是孔子对待"神"的本然的态度。因此"神"在孔子眼里并没有成为信仰的对象。试想，对信仰对象还能够如此假设吗？但对于祭祀者必须具有的敬的精神，孔子却一点都不马虎。他认为祭祀者的"敬"的主体价值，远比对祭祀对象的斟详要重要得多。这里不妨以《红楼梦》中反映贾宝玉对祭祀的态度的两个情节，再略作补证。

第一例是《红楼梦》第五十八回，回目作："杏子阴假凤泣虚凰，茜纱窗真情揆痴理。"写贾府专事演戏的十二个女伶中的藕官，在大观园烧纸钱去祭死去的菂官，原因是两个人经常饰演夫妻，故存一份同性相爱之情。宝玉得知个中缘由，不禁视为同调，"又是欢喜，又是悲叹，又称奇道绝"。但又特地请芳官带话给那个烧纸钱的藕官：

以后断不可烧纸钱。这纸钱原是后人异端，不是孔子遗训。以后逢时按节，只备一个炉，到日随便焚香，一心诚虔，就可感格了。愚人原不知，无论神佛死人，必要分出等例，各式各例的。殊不知只一诚心二字为主。即值仓皇流离之日，虽连香亦无，随便有土有草，只以洁净，便可为祭，不独死者享祭，便是神鬼也来享的。你瞧瞧我那案上，只设一炉，不论日期，时常焚香。他们皆不知原故，我心里却各有所因。随便有清茶便供一钟茶，有新水就供一盏水，或有鲜花，或有鲜果，甚至荤羹腥菜，只要心诚意洁，便是佛也都可来享，所以说，只在敬，不在虚名。以后快命他不可再烧纸。

贾宝玉虽然平时有"毁僧谤道"的言动，但对祭祀的事情却极为严肃认真。他此番言论核心题旨，是关于祭者所应秉持的"诚心二字"，以及"心诚意洁"的态度，认为"一心诚虔，就可感格"。贾宝玉还说："只在敬，不在虚名。"无非是反复强调诚敬而已。

第二个例证是《红楼梦》第七十八回，贾宝玉在晴雯蒙冤死后，撰写《芙蓉诔》并为之祭奠。这一情节，书中是这样写的：

独有宝玉一心凄楚，回至园中，猛然见池上芙蓉，想起小丫鬟说晴雯作了芙蓉之神，不觉又喜欢起来，乃看着芙蓉嗟叹了一会。忽又想起死后并未到灵前一祭，如今何不在芙蓉前一祭，岂不尽了礼，比俗人去灵前祭吊又更觉别致。想毕，便欲行礼。忽又止住道："虽如此，亦不可太草率，也须得衣冠整齐，奠仪周备，方为诚敬。"想了一想，"如今若学那世俗之奠礼，断然不可，竟也还别开生面，另立排场，风流奇异，于世无涉，方不负我二人之为人。况且古人有云："潢污行潦，苹蘩蕴藻之贱，可以羞王公，荐鬼神。"原不在物之贵贱，全在心之诚敬而已。

贾宝玉这段关于祭奠的心理独白，也都是围绕"诚敬"二字。而且对祭者如何诚敬有所提示，比如"衣冠整齐，奠仪周备，方为诚敬"。而提出祭奠之物，不在贵贱，是为祭礼勿奢之意，也是孔子思想。向被认为具有"反儒"思想的《红楼》一书，却在祭祀之道上为孔子提倡的思想正名背书，简直是在宣讲孔子的祭祀之道了。岂不异哉，岂不异哉！是呵，贾宝玉在第一个例证中不是同时还说，烧纸钱不是孔子遗训，而是后人不明祭祀之理而走入的"异端"吗！向被认为是"异端"的宝玉公子，也在反对"异端"了。问题不在于异端不异端，而是究竟何者为异端，何者是正理？《红楼梦》作者一定自信地认为，他所阐释的才是孔子的至理真道。

要之，连作为经典名著的稗史说部都可以出来证明，在孔子那里，敬已经具有了可以超离对象的独立的精神本体价值。

四、"人道之极，莫过爱敬"

孔子对"孝"的解释，可为本文之立说提供别一角度的证词。《论语·为政》记载，子游问什么是孝，孔子回答说："今之孝者，是谓能养。至于犬马，皆能有养。不敬，何以别乎？"这是将"敬"视作了孝的基本精神内核。所以人们通常把子女对父母的孝，称作孝敬，对尊长也往往以敬老称。《孝经》引孔子的话也说："孝子之事亲也，居则致其敬，养则致其乐，病则致其忧，丧则致其哀，祭则致其严。"（《纪孝行章》）"严"即敬也。可知事亲之道，要在一个"敬"字。

《大戴礼记》"哀公问于孔子"章，对事亲与敬亲问题作了更为详尽的叙论。其引孔子之言曰："昔三代明王之政，必敬其妻子也有道。妻也者，亲之主也，敢不敬与？子也者，亲之后也，敢不敬与？"[1]妻和子自是其亲，但须敬而待之。所以如此，在于必如此方是"敬身"。何谓"敬身"？孔子回答说："君子言不过辞，动不过则，百姓不命而敬恭。"则言而有当，行不逾矩，即为敬身矣。"敬身"其实就是有地位有身份的人，垂范示典，以身作则，使百姓知所遵循。故此章接下去写道："君子无不敬也，敬身为大。身也者，亲之枝也，敢不敬与？不能敬其身，是伤其亲；伤其亲，是伤其本；伤其本，枝从而亡。三者，百姓之象也，身以及身，子以及子，配以及配，君

---

[1] 孔广森撰：《大戴礼记补注》，中华书局2013年版，第29页。

子行此三者，则惇乎天下矣。"①意谓敬身即是敬亲，敬亲就是回归到敬的本体，能够为此，便可以激励天下之人。否则将由于事亲而失敬，导致既伤亲又伤本，结果亲、本与枝俱亡，天下不复为天下了。兹可见事亲之敬义，可谓惟斯为大。难怪《诗三百》亦三致斯义："凡百君子，各敬尔身。"(《诗·小雅·节南山之什》)

然则事亲亦有爱乎？当然有。《孝经》给出一特殊的语词，曰"爱敬"。《孝经》第二章引孔子的话写道："爱亲者，不敢恶于人；敬亲者，不敢慢于人。爱敬尽于事亲，而德教加于百姓。"②第十八章又说："生事爱敬，死事哀戚，生民之本尽矣，死生之义备矣，孝子之事亲终矣。"③这是说，事亲的敬和通常所谓敬，宜有分别。通常之敬，是守一不易，是志不被夺，是自性的庄严。事亲之敬，则是在敬之中有爱存焉，也可以说，是在爱的感情里面含蕴有敬的精神。此种特有的爱敬，在事亲的过程中表现得最为充分彻底，所以称作"爱敬尽于事亲"，而且认为是"尽"了"生民之本"。所谓"本"，其实就是敬的"体"。亦即刘邵的《人物志》所说的："礼以敬为本，乐以爱为主。"

《孝经》是孔子的得意大弟子曾参所作，所叙以孔子之言为主，因此又有孔子口授而曾子为之录之说。此说的依据，一为《史记·仲尼弟子列传》："曾参少孔子四十六岁，孔子以为

①孔广森撰：《大戴礼记补注》，第29页。
②《孝经注疏》，十三经注疏标点本，北京大学出版社1999年版，第5页。
③同上，第61页。

能通孝道者,故授之业,作《孝经》。"二是《汉书·艺文志》:"《孝经》者,孔子为曾子陈孝道也。"言之凿凿,应属可信。注《孝经》者先后有几十家,早期的孔(安国)注、郑(玄)疏颇受疵议,而韦昭、王肃、虞翻、刘邵诸家,鲜有异词。《孝经》传播史的大事件,是唐玄宗的御撰《孝经注》的诞生。与此同时,儒臣元行冲受命为御注撰《孝经疏义》,注疏同时行世,影响甚大。到了宋真宗时期,又有邢祭酒昺奉诏撰写《孝经正义》三卷。阮元主持的《十三经注疏》所收的《孝经》,即为李注、邢疏本。

我讲这些,一是想说明《孝经》的重要,二是想说明在为《孝经》作注疏的各家中,刘邵是不可轻视的人物。刘邵是三国时期魏国人,字孔才,曾为魏文帝曹丕辑《皇览》一书,类似群经选粹类编,非博极群书不能为此。他还著有《律略论》、《乐论》等著作。当然最让我们感到兴趣的是他的奇书《人物志》。正是在《人物志》一书中,这位《孝经》专家前无古人地提出在我看来真正是中国思想史的经典名句:

> 盖人道之极,莫过爱敬。是故《孝经》以爱为至德,以敬为要道。

视"爱敬"为"人道之极",我认为这是中国古代哲人对人的情性的极为深刻入微的观察,也是对人的性体与人伦所作的一次具有形上意味的义理概括。只此一点,刘邵其人便足以不朽,其所著《人物志》便足以不朽。《人物志》还说:"人情之质,有爱敬之诚，则与道德同体，动获人心，而道无不通也。"亦即爱敬可以称作人情的本质，或作为人情本质的必然组成，与人伦道德同体同构。以情感人，常常收到意想不到的效果，包括理亦能通，道亦相融。此无他，盖由于人性是自然生成，如同刘邵之自注所说："方在哺乳，爱敬生矣。"而是书之开篇，作者开宗明义已经揭明："盖人物之本，出乎性情。"可以认为这是刘邵"爱敬说"的义理根据。

爱敬虽系一单独的语词，但爱与敬亦各有取义。只是就作为亲情伦理的爱敬而言，爱与敬是一体而不能分离。《礼记·哀公问第二十七》载孔子答哀公之问而言之曰："古之为政，爱人为大。所以治爱人，礼为大。所以治礼，敬为大。敬之至矣，大昏为大，大昏至矣。大昏既至，冕而亲迎，亲之也。亲之也者，亲之也。是故君子兴敬为亲，舍敬，是遗亲也。弗爱不亲，弗敬不正。爱与敬，其政之本与。"①《大戴礼》此篇个别文字有异，全篇内容基本相同。要之，爱、亲、礼、敬是此段文字的关键词。"治礼，敬为大"，前引甚夥，叙论亦详，此不多具。斯为何又说"敬之至矣，大昏为大"？古写昏、婚相同，婚指妇家，事涉男女之合。故当哀公不解而追询时，孔子回答说："天地不合，万物不生。大昏，万世之嗣也。"盖男女之合关乎子孙传衍，况上述语境所言之婚，固是国君和诸侯之婚，礼须冕服亲迎，岂不大哉，岂不大哉！婚姻亦称婚媾，其肌肤交合之意

---

① 孙希旦撰：《礼记集解》下册，第1260页。

甚为明显。阴阳合，肌肤交，是为亲。亲则有爱生矣。爱而无尽，不知所之，至有变生不测发生。故爱须有敬提导，方能够得以升华。爱而无敬，易致淫邪。爱而有敬，能得其正。本来是爱由亲生，升华后的爱又返归为亲。亦爱亦亲亦礼亦敬，是为爱的至境，是为天地之合。以此《礼记》有"君子兴敬为亲，舍敬是遗亲"的说法，有"弗爱不亲，弗敬不正"的断判，以至于将"爱与敬"归结为"政之本"，其谁曰不然欤？

　　"爱敬"作为中国文化的一个独立的价值理念，爱与敬之两造是一体而不能分离者。爱而无敬固然不能成其为正爱，敬而无爱更是既遗其爱而又遗其亲，将直接导致不仁。仁是爱心之施于他人，故樊迟问仁，孔子的回答直截了当，曰"爱人"（《论语·颜渊》）。孟子也说："仁者爱人。"宋儒周敦颐亦云："爱曰仁。"[1]反之如不能爱人，也就是不仁了。这里不妨以《红楼梦》中宝玉、黛玉、宝钗几个人物之间的关系，作为爱敬释义的例子，以为参证。《红楼梦》中宝玉和黛玉两位主人公之间，自是青春儿女的爱情关系，但开始一段时间，他们主要表现为亲密亲厚，爱情的因素朦胧而不明确。第十九回"情切切良宵花解语，意绵绵静日玉生香"、第二十三回"西厢记妙词通戏语"之后，两人进入了实质性爱情境界，并不时有因忘情而"动手动脚"的肢体接触。但第二十七回"埋香冢飞燕泣残红"的美艳悲凄的场面，使热烈的宝黛爱情为之一转，而走向诗意的升华。这

---

[1] 周敦颐：《通书》，《周敦颐集》，中华书局1990年版，第16页。

表现在当听完了黛玉《葬花吟》的悲泣吟唱，宝玉的感受是：
"真不知此时此际欲为何等蠢物，杳无所知，逃大造，出尘网，
便可解释这段悲伤。"斯为由世俗的爱情升华到诗意的爱情的
特笔。

所谓诗意的爱情的标志，是在爱与情之中注入了敬的成分。
《红楼梦》中的宝玉之于黛玉，不仅有爱，而且有敬。初相遇
就有敬，随着故事情节的发展，宝黛爱情中的敬的成分越来越
增多，直到最后爱敬交并，难解难分，形成爱敬。而宝玉对宝
钗的态度，则是由开始的敬大于爱，到渐渐的有敬无爱，再到
后来的爱敬全消。至于宝钗对宝玉的态度，由于所追求在婚姻
本身，故敬和爱都不曾有真实的表现。但宝玉对宝钗的有敬无
爱，并未走向不仁，因为宝玉本身除了爱情的追求，还有泛爱
众生的思想取向，故宝玉始终是个仁者，而与不仁绝缘。宝钗
则不可避免地走向了不仁。你看她对金钏之死的态度，始而劝
王夫人不要在意此事，不过多给几件衣服就打发了；继而说金
钏本不是要跳井自尽，而是想到井里面去住住也是有的。此话
一出，就是典型的不仁了。无爱则不仁，《红楼梦》里的宝姑娘，
是为不仁的显例。

爱敬既是家族亲情伦理的归约指向，又是婚姻与爱情升
华后的道德境界。古人以相敬如宾来形容夫妇之间相处的雍容
和洽，其题义就是因此而来。故朱子有言曰："凡礼有本有文，
自其施于家者言之，则名分之守，爱敬之实，其本也。"又说："大

抵谨名分、崇爱敬以为之本。"① 此是认为爱敬是家礼之本。而《礼记·文王世子》则写道："圣人之记事也，虑之以大，爱之以敬，行之以礼，修之以孝养，纪之以义，终之以仁。是故古之人一举事，而众皆知其德之备也。"② 斯可见爱敬在古代德论系统中所占之位置。

五、"敬字工夫，乃圣门第一义"

"六经"以及孔孟诸子的著作中所陈之敬义，可谓车载斗量，不可胜数。但对"敬"之为义的系统阐述，还是首推宋儒的义理分疏。先秦两汉的思想家，特别是《易经》、《诗经》、《礼记》、《孝经》以及《论语》等原典宏撰，事实上把"敬"这个价值理念视作了社会人伦乃至生之为人的基本精神价值取向，也可以说已经进入了中华文化的信仰之维。看来宋儒深悟此理此道，周（敦颐）、张（载）、二程（程颢、程颐）、朱（熹）诸子，直承先儒，大张旗鼓地提出了"主敬"的学说。宋儒的集大成者朱子说："敬字工夫，乃圣门第一义，彻头彻尾，不可顷刻间断。"③ 又说："'敬'之一字，真圣门之纲领，存养之要法。一主乎此，更无内外精粗之间。"④ 可知朱子事实上将"敬"之立义置放到了儒家义理的至高无上的地位。

---

① 朱熹：《家礼序》，《朱熹集》第七册，四川教育出版社 1996 年版，第 3940 页。
② 孙希旦撰：《礼记集解》中册，第 579 页。
③ 《朱子语类》卷第十二，第一册，中华书局 1986 年版，第 210 页。
④ 同上，第 210 页。

但宋儒中首倡"敬"义的是程颢、程颐，特别是小程子伊川把敬义发挥得最为系统完善。"主一之谓敬"①就是小程子首次提出来的。下面让我们看看二程子围绕敬义此外都有一些什么样的相关论说，兹以中华书局1981年版《二程集》的编辑次序，逐一选录其比较典要的案例。②

1．圣贤论天德，盖谓自家元是天然完全自足之物，若无所污坏，即当直而行之；若小有污坏，即敬以治之，使复如旧。（第1页）

2．"必有事"者，主养气而言，故必主于敬。（第12页）

3．学者不必远求，近取诸身，只明人理，敬而已矣，便是约处。（第20页）

4．"思无邪"，"无不敬"，只此二句，循而行之，安得有差？有差者，皆由不敬不正也。（第20页）

5．谓敬为和乐则不可，然敬须和乐，只是中心没事也。（第31页）

6．敬而无失，便是"喜怒哀乐未发之谓中"也。敬不可谓之中，但敬而无失，即所以中也。（第44页）

7．执事须是敬，又不可矜持太过。（第61页）

---

① 《二程集》上册，中华书局1981年版，第169页。
② 以下随正文注出页码。

8．忘敬而后，无不敬。（第66页）

9．入道莫如敬，未有能致知而不在敬者。（同上）

10．君子之遇事，无巨细，一于敬而已。简细故以自崇，非敬也；饰私智以为奇，非敬也。要之，无敢慢而已。（第73页）

11．敬义夹持，直上达天德自此。（第78页）

12．圣人修己以敬，以安百姓，笃恭而天下平。惟上下一于恭敬，则天地自位，万物自育，气无不和，四灵何有不至。此体信达顺之道，聪明睿智皆由是出。（第80页）

13．发于外者谓之恭，有诸中者谓之敬。（第92页）

14．"天地设位而易行乎其中"，只是敬也。敬则无间断，体物而不可遗者，诚敬而已矣，不诚则无物也。（第118页）

15．敬胜百邪。（第119页）

16．操约者，敬而已矣。（第126页）

17．子曰："语之而不惰者，其回也与！"颜子之不惰者，敬也。（第127页）

18．天地之间，亭亭当当，直上直下之正理，出则不是，唯敬而无失最尽。（第132页）

19．敬即便是礼，无己可克。（同上）

20．"出门如见大宾，使民如承大祭"，只是敬也。敬则是不私之说也。才不敬，便私欲万端害于仁。（第153页）

21．有人旁边作事，己不见，而只闻人说善言者，为敬其心也，故视而不见，听而不闻，主于一也。主于内则外不入，敬便心虚故也。（第154页）

22．敬则自虚静，不可把虚静唤做敬。居敬则自然行简。若居简而行简，却是不简，只是所居者已剩一简字。（第157页）

23．人心不能不交感万物，亦难为使之不思虑。若欲免此，唯是心有主。如何为主？敬而已矣。有主则虚，虚谓邪不能入。无主则实，实谓物来夺之。（第168—169页）

24．严威俨恪，非敬之道，但致敬须自此入。（第170页）

25．"舜孳孳为善"，若未接物，如何为善？只是主于敬，便是为善也。（同上）

26．敬是持己，恭是接人。与人恭而有礼，言接人当如此也。近世浅薄，以相欢狎为相与，以无圭角为相欢爱，如此者安能久？若要久，须是恭敬。君臣朋友，皆当以敬为主也。（第184页）

27．问："'出门如见大宾，使民如承大祭。'方其未出门、未使民时，如何？"曰："此'俨若思'之时也。当出门时，其敬如此，未出时可知也。且见乎外者，出乎中者也。使民出门者，事也。非因是事上方有此敬，盖素敬也。如人接物以诚，人皆曰诚人，盖是素来诚，非因接物而

始有此诚也。俨然正其衣冠，尊其瞻视，其中自有个敬处。虽曰无状，敬自可见。"（第184—185页）

28．敬是闲邪之道。闲邪存其诚，虽是两事，然亦只是一事。（第185页）

29．涵养须用敬，进学则在致知。（第188页）

30．才说静，便入于释氏之说也。不用静字，只用敬字。（第189页）

31．学者须恭敬，但不可令拘迫，拘迫则难久矣。"（第191页）

32．昔吕与叔尝问为思虑纷扰，某答以但为心无主，若主于敬，则自然不纷扰。（同上）

33．学者莫若且先理会得敬，能敬则自知此矣。（第202页）

34．敬只是持己之道，义便知有是有非。顺理而行，是为义也。若只守一个敬，不知集义，却是都无事也。（第206页）

35．君子无不敬，如有心去藐他人，便不是也。（第255页）

36．居敬则自然简。"居简而行简"，则似乎简矣，然乃所以不简。盖先有心于简，则多却一简矣。居敬则心中无物，是乃简也。（第294页）

37．教人者，养其善心而恶自消；治民者，导之敬让而争自息。（第411页）

38．敬有甚形影？只收敛身心便是主一。且如人到神祠中致敬时，其心收敛，更著不得毫发事，非主一而何？（第433页）

39．大抵与近习处久，熟则生亵慢，与贤士大夫处久，熟则生爱敬。此所以养成圣德，为宗社生灵之福。（第538页）

40．礼主于敬，丧主乎哀。（第1137页）

41．"晏平仲善与人交，久而敬之。"人之交久则敬衰，久而能敬，所以为善与人交也。（第1140页）

42．纯于敬，则己与理一，无可克者，无可复者。（第1171页）

43．敬则无间断，文王之纯如此。（第1174页）

44．敬而无失，所以中也。凡事事物物皆有自然之中，若俟人为布置，则不中矣。（第1177页）

45．敬则虚静。而虚静非敬也。（第1179页）

46．一不敬，则私欲万端生焉。害仁，此为大。（同上）

47．无不敬者，对越上帝之道也。（同上）

48．识道以智为先，入道以敬为本。（第1183页）

49．敬为学之大要。（第1184页）

50．敬，所以涵养也。（第1188页）

51．敬，所以持守也。（同上）

52．入德必自敬始，故容貌必恭也，言语必谨也。（第1194页）

53．当大震惧，能自安而不失者，惟诚敬而已。（第1227页）

54．有为不善于我之侧而我不见，有言善事于我之侧而我闻之者，敬也，心主于一也。（第1255页）

55．一心之谓敬，尽心之谓忠，存之于中之谓孚，见之于事之谓信。（第1256页）

56．上下一于敬，则天地自位，万物自育，气无不和，四灵何所不至。此圣人修己以安百姓之道也。（第1271页）

以上只是二程子论敬的语要选录，远非其论述的全部。要之在包括宋儒在内的中国思想文化史上，对敬义的阐述与分疏，以二程子的著论最具学理的系统性。首要者自是明确提出了"主敬"的概念，而且三复其义，一再申论，强调敬是"内"，是"中"，是心中所立之主。因此主敬亦即"主一"，主一就是不之二不之三，不之上不之下，不之东不之西。

对于敬义既立的功能相，二程子也作了具体厘定：一是敬为入道之本，即所以集虚也，盖集虚是"道"的特征；二是"入德必自敬始"；三是"敬"为进学之"大要"；四是"敬"可以"胜百邪"，人的德性污损，可以通过立敬来加以修补。质而言之，"敬"即是"圣人修己以安百姓之道"。当然此一思想并非程子的创发之见，而是来源于《礼记·曲礼》的"毋不敬，俨若思，安定辞，安民哉"一语。"敬"对于进德、入道、为学的作用，二程子最有名的话是："涵养须用敬，进学则在致知。"又说："入道莫如敬，未有能致知而不在敬者。"这两句话的义理旨归向为后世儒者所尊奉。故朱熹特别加以提撕，说程先生说的"涵养须用敬，进学则在致知"，是"最切要"①的论断。

程子关于"素敬"的提法亦不失孤明先发之见。《论语》记载，孔子的弟子仲弓一次请教老师，到底应该怎样理解"仁"。孔子回答是："出门如见大宾，使民如承大祭。己所不欲，勿施于人。在邦无怨，在家无怨。"（《论语·颜渊》）孔子给出的分支项类甚多，历来都以"敬恕"为解，是为得义。分而言之，当然"己所不欲，勿施于人"是"恕"，"出门如见大宾，使民如承大祭"是为"敬"。倡导主敬学说的程子自然不会放过孔门论学的这一案例，也以之为题与弟子们讨论。不料一位弟子提出问题说：那么没有出门、未使民的时候，情形又如何呢？"程子回答道：

> 此"俨若思"之时也。当出门时，其敬如此，未出门时可知也。且见乎外者，出乎中者也。使民出门者，事也。非因是事上方有此敬，盖素敬也。如人接物以诚，人皆曰诚人，盖是素来诚，非因接物而始有此诚也。俨然正其衣冠，尊其瞻视，其中自有个敬处。虽曰无状，敬自

①《朱子语类》卷第一百一十八，第七册，第2855页。

可见。[1]

程子的回答可谓机智之至，如同正中下怀，反而深化了对敬义的诠解。盖"敬"跟"诚"一样，都应该是不间断的，绝非此一时敬，彼一时不敬，或此事上敬，他事上却又不敬。因此程子以"俨若思"回应弟子之问，可谓睿智而高明。妙的是他以"素敬"、"素诚"两个人们不常闻见的概念出之，无异是对敬义学理阐述的一种发明。朱子颇赞赏程子的回答，写道："敬未尝间断也。且如应接宾客，敬便在应接上；宾客去后，敬又在这里。若厌苦宾客，而为之心烦，此却是自挠乱，非所谓敬也。故程子说：'学到专一时方好。'盖专一，则有事无事皆是如此。程子此段，这一句是紧要处。"[2] 又说："二先生所论'敬'字，须该贯动静看。方其无事而存主不懈者，固敬也，及其酬酢不乱者，亦敬也。"[3]《礼记·曲礼》"毋不敬"的思想贯穿于程朱敬义论的始终。

　　这里还涉及到"敬"、"静"的分别问题。因为周子敦颐在讲"诚"时，同时也讲"静"，佛氏、老氏也都讲"静"。然则"敬"与"静"如何分别？二程子一则说："才说静，便入于释氏之说也。不用静字，只用敬字。"二则说："敬则虚静，而虚静非敬也。"这一区分十分重要，使人明了"敬"不

① 《二程集》上册，第 184—185 页。
② 《朱子语类》卷第十二，第一册，第 213 页。
③ 《答廖子晦》，《朱熹集》卷四十五，第四册，第 2161 页。

是静坐禅修之道，而是人的自我精神的庄严觉照。朱熹在此一问题上不像程子那样决绝，他并不排斥作为功夫的静坐所起的敛心养性的作用，但对敬、静的区分也是很严格的。当弟子发为疑问，说人总是"静时少，动时多"，很容易发生"挠乱"，此种情况该如何处置？此问显然有以"静"为"敬"的嫌疑。朱子在回答说："如何都静得？有事须著应。人在世间，未有无事时节。要无事，除是死也。自早至暮，有许多事。不成说事多挠乱，我且去静坐。敬不是如此。若事至前，而自家却要主静，顽然不应，便是心都死了。无事时敬在里面，有事时敬在事上。"[①]"敬"、"静"的分别，在朱子那里是严格的，回答是严厉的。要之，"敬"不是静，不是静止不动，而恰好是要体现在视听言动之中。"敬"不是外加的，而是自生自存的心中事中之"主"。此正如朱子所说："今所谓持敬，不是将个'敬'字做个好物事样塞放怀里，只要胸中常有此意，而无其名耳。"[②]马一浮岂不云乎？包括诚敬在内的各种理念，其实也只是"名言"而已，真正化为一心，融入自我的精神主体，有此名无此名一也。

朱子特别强调"敬"须在"事"上见出。因此将《易·坤·文言》的"君子敬以直内，义以方外"，解释为以"敬"来立定脚跟，见于物事是"义"。因此提出了"敬"的"死"、"活"问题。他说：

---

① 《朱子语类》卷第十二，第一册，第212—213页。

② 同上，第212页。

"敬有死敬，有活敬。若只守着主一之敬，遇事不济之以义，辨其是非，则不活。若熟后，敬便有义，义便有敬。静则察其敬与不敬，动则察其义与不义。"[1] 如果要想保持敬、义的统一，则需要"敬、义夹持"，合动静一体来看。此说创自程子，原文为："敬、义夹持，直上达天德自此。"[2]《易》教"敬以直内，义以方外"合其德，自是天德。故朱子说："敬义挟持，循环无端，则内外透彻。"[3]

另一与此相关的是话题是"居敬"与"行简"问题。题义本诸孔门师弟子论学议政。孔子一次说，弟子仲弓具备当官作宰的条件。仲弓因此联想到桑伯子这个人，问此人做官做得怎么样。孔子说做得不错，因为他施政临民尚简，不折腾百姓。仲弓于是发为感想，若有所悟地说道："居敬而行简，以临其民，不亦可乎？居简而行简，无乃大简乎？"(《论语·雍也》) 为官需要敬恕，是大家都知道的道理，故孔子只讲"行简"，省略了"居敬"。仲弓的感想等于补充上了敬的立义。但同时也提出，如果没有敬立定脚跟，而是"居简而行简"，未免"简"得太过分了吧。孔子对弟子的这一看法表示赞许，说仲弓讲的是对的。程子和朱子疏论敬义，势必关涉此一经典话题。程子的看法是："居敬则自然简。"[4] 理由是，当一个人达到了"居敬"

① 《朱子语类》卷第十二，第一册，第216页。

② 《二程集》上册，第78页。

③ 《朱子语类》卷第十二，第一册，第216页。

④ 《二程集》上册，第294页。

的境界，已是"心中无物"，所以自然就简而不繁了。如果是"居简"，无异于在"行简"之外又多出了一个"简"，其结果就不是"简"而是繁了。

程子之说就其突出敬义而言自有其道理。但朱子则认为，居敬和行简是两件工夫，按之人群世相，居敬而不能行简者有之，行简而不能居敬者亦有之。故朱子申论说："居敬固是心虚，心虚固能理明。推著去，固是如此。然如何会居敬了，便自得他理明？更有几多工夫在。若如此说，则居敬行简底，又那里得来？如此，则子桑伯子大故是个居敬之人矣。世间有那居敬而所行不简。如上蔡说，吕进伯是个好人，极至诚，只是烦扰。便是请客，也须临时两三番换食次，又自有这般人。又有不能居敬，而所行却简易者，每事不能劳攘得，只从简径处行。如曹参之治齐，专尚清静，及至为相，每日酣饮不事事，隔墙小吏酣歌叫呼，参亦酣饮歌呼以应之，何有于居敬耶！据仲弓之言，自是两事，须子细看始得。"[1]兹可知朱子为学对理则物事探究之细，几乎到了毫发不遗的地步。亦见出程朱对敬之为义的知行两造是何等重视。

朱熹是二程"主敬说"的热烈呼应者，其文章书信以及平日讲话论学，未尝离开此一"敬"字。就言谈话语的体量而言，朱子论敬的篇幅实在程子之上，对程子主敬说的提出给予极高的评价。此处且举数例，以见朱子的高情至理。例一是，朱子

---

[1]《朱子语类》卷第三十，第三册，第 762—763 页。

认为"敬"是程子的一项发明。当然是就观念的学理分疏而言，而非此前不曾有敬义提出。朱子写道："圣贤言语，大约似乎不同，然未始不贯。只如夫子言非礼勿视听言动，'出门如见大宾，使民如承大祭'、'言忠信，行笃敬'，这是一副当说话。到孟子又却说'求放心'、'存心养性'。《大学》则又有所谓格物，致知，正心，诚意。至程先生又专一发明一个'敬'字。"①把敬义学理发掘的发明权直截归于程颢、程颐兄弟。为避免误会，朱子同时说明，此一"敬"字并非往圣前贤不曾使用过，但已往任何学者都没有程子看得重。因为为学要有一个"大要"，所以程子推出一个"敬"字，学者如果能将"敬"字收敛在自我的身心，"放在模匣子里面，不走作了"，逐事逐物的道理方能看得清。②又说："伊川只说个'敬'字，教人只就这'敬'字上捱去，庶几执捉得定，有个下手处。"③随后又强调："程先生所以有功于后学者，最是'敬'之一字有力。"④后来还说："程先生云'主一之谓敬'，此理又深。"⑤上述所举这些例证均见诸《朱子语类》。

　　朱子在与各学人的通信中，也每以敬义为言，对程子主敬说称美不已。其《答何叔京》云："二先生拈出'敬'之一

---

① 《朱子语类》卷第十二，第一册，第207页。
② 同上，第208页。
③ 同上，第208页。
④ 同上，第210页。
⑤ 《朱子语类》卷第十八，第二册，第403页。

字，真圣学之纲领，存养之要法。一主乎此，更无内外精粗之间，固非谓但制之于外则无事于存也。"① 在《答胡广仲》的信里，又说："近来觉得'敬'之一字，真圣学始终之要，向来之论，谓必先致其知然后有以用力于此，疑若未安。"② 其《答董叔重》书亦云："动静、始终，不越'敬'之一字而已。近方见得伊洛拈出此字，真是圣学真的要妙功夫。学者只于此处著实用功，则不患不至圣贤之域矣。"③ 而《答石子重》的信函，又感慨而言："'敬'字之说，深契鄙怀。"④《语类》论"持守"斯又言："程先生所以有功于后学者，最是'敬'之一字有力。"⑤ 大程子明道生于宋仁宗天圣十年（1032），小程子伊川比明道小一岁，生于宋仁宗明道二年（1033）；而朱熹则生于宋高宗建炎四年（1130），比二程子晚了一个世纪。对朱子而言，二程自是先贤。但朱子对二程子敬义学说的看重，固不仅是由于辈分之先后，而是学理上的相承与相合。程子的学说义理，可以说主要是由朱子来提撕、阐释、传布和弘扬的。所以思想史上向来程朱并称。而关于敬的思想，在二程学说中又占有中心的位置。故朱子格外看重，反复讨论，述之又述，阐之又阐，使得此学的学理几无剩义。

① 《答何叔京》，《朱熹集》卷四十，第四册，第 1880 页。
② 《答胡广仲》，《朱熹集》卷四十二，第四册，第 1945 页。
③ 《答董叔重》，《朱熹集》卷五十一，第五册，第 2476 页。
④ 《答石子重》，《朱熹集》卷四十二，第四册，第 1981 页。
⑤ 《朱子语类》卷第十二，第一册，第 210 页。

　　朱子对敬义学说不乏比程子更进一步的理解和创获，只不过在先贤面前他谦虚审慎而不愿僭先，总是处处将程子放在前面。下面，笔者辑录二十条朱子论敬的精要语录，以明程朱之间如何学理相通，而在具体分疏时又多有同中见异和异中见同之处。[①]

　　1．敬是不放肆底意思，诚是不欺妄底意思。（第103页）

　　2．敬不可谓之中，但敬而无失便是中。（第117页）

　　3．敬不须言仁，敬则仁在其中矣。（第122页）

　　4．持敬是穷理之本。（第150页）

　　5．致知、敬、克己，此三事，以一家譬之，敬是守门户之人，克己则是拒盗，致知却是去推察自家与外来底事。（第151页）

　　6．如今看圣贤千言万语，大事小事，莫不本于敬。（第206页）

　　7．人之心性，敬则常存，不敬则不存。（第210页）

　　8．"敬"字工夫，乃圣门第一义，彻头彻尾，不可顷刻间断。（第210页）

　　9．"敬"之一字，真圣门之纲领，存养之要法。一主乎此，更无内外精粗之间。（同上）

[①] 以下第一至十三条引自中华书局1986年版《朱子语类》，第十四至二十条引自四川教育出版社1996年版《朱熹集》，页码均随正文注出。

10．人能存得敬，则吾心湛然，天理粲然，无一分著力处，亦无一分不著力处。（同上）

11．敬要回头看，义要向前看。（第216页）

12．自心而言，则心为体，敬和为用；以敬对和而言，则敬为体，和为用。（第519页）

13．敬是立己之本。（第1740页）

14．仁则心之道，而敬则心之贞也。（第1404页）

15．是知圣门之学别无要妙，彻头彻尾，只是个"敬"字而已。（第1922页）

16．其所谓"敬"，又无其他玄妙奇特，止是教人每事习个专一而已，都无许多闲说话也。（第2345页）

17．"敬"之一字，万善根本，涵养省察、格物致知种种功夫皆从此出，方有据依。（第2437页）

18．读书固不可废，然亦须以主敬立志为先。（第2445页）

19．盖圣贤之学，彻头彻尾，只是一"敬"字。致知者，以敬而致之也；力行者，以敬而行之也。（第2450页）

20．尝谓"敬"之一字乃圣学始终之要，未知者非敬无以知，已知者非敬无以守。（第2790页）

上述朱子的二十条论敬语要，虽只是大海中的一瓢饮而已，亦可见出其所蕴含的诸多义理创获和新出之精彩判断。显然朱子把敬义提撕得比程子还要置于更高的层级。试想，"'敬'字工夫，乃圣门第一义"、"'敬'之一字，真圣门之纲领"、"'敬'之一字乃圣学始终之要"、"'敬'之一字，万善根本"、"敬是立己之本"等等，都是何等重大的判断。

而且朱子极为重视六经原典对敬义的论述。二程子的主敬学说他固然给予高度评价，许为一项学理发明，但亦不时提醒："如尧舜，也终始是一个敬。"并举《尚书·尧典》开篇一段："曰若稽古，帝尧曰：放勋，钦明文思，安安，允恭克让，光被四表，格于上下。"[①]二孔（孔安国、孔颖达）之传、疏，皆以"敬"义来解"钦"字。故朱子说："'钦明文思'，颂尧之德，四个字独将这个'敬'做擘初头。"[②]又说："尧是初头出治第一个圣人。《尚书·尧典》是第一篇典籍，说尧之德，都未下别字，'钦'是第一个字。如今看圣贤千言万语，大事小事，莫不本于敬。"[③]还说："如汤之'圣敬日跻'，文王'小心翼翼'之类，皆是，只是他便与敬为一。"[④]而当他知道有人对程子的敬义论不以为然，认为往圣并没有单独说敬，如果有的话，也只是在敬亲、敬君、敬长的情况下，方使用"敬"字，朱子对此斥之为"全不成说话"，反驳道："圣人说'修己以敬'，曰'敬而无失'，曰'圣敬日跻'，何尝不单独说来。若说有君、有亲、有长时用敬，则无君亲、无长之时，将不敬乎？都不思量，只

---

① 《尚书正义》，《十三经注疏》标点本，第25页。

② 《朱子语类》卷第七，第一册，第126页。

③ 同上，第206页。

④ 同上，第208页。

是信口胡说。"① 此可见朱子对敬义的持守是何等牢固而不可动摇。也可以说，他是以敬的精神来守持敬义之理性的圣洁。

然而要真正做到以"主一无适"的精神守持敬义，也就是居敬、持敬，对学者而言，亦并非易事。朱子何等样人，但他自称有时不免有躁妄之病。他在写给何叔京的信里写道："躁妄之病，在贤者岂有是哉？顾熹则方患于此，未能自克，岂故以是相警切耶？佩服之余，尝窃思之：所以有此病者，殆居敬之功有所未至，故心不能宰物、气有以动志而致然耳。若使主一不二，临事接物之际真心现前，卓然而不可乱，则又安有此患哉？"② 兹可见朱子的自省精神何其深诚乃尔。事实上，终朱子之一生，其明诚主敬的精神归旨从未有所少忽，而对敬义的提撕与阐论，比程子亦有过之而无不及。

盖程颢、程颐和朱熹共建的主敬学说，使得儒家思想的信仰层面在学理上得到了系统的深化和补充，此固是思理之现实，亦历史之迹踪也。

2016 年 1 月 22 日竣稿于京城之东塾

原刊《北京大学学报》2016 年第 3 期（特稿）

---

① 《朱子语类》卷第七，第一册，第 207—208 页。
② 《答何叔京》，《朱熹集》卷四十，第四册，第 1849 页。

第二章　论和同

一、天下同归而殊途

本篇想追寻的一个问题是，人与人之间的差异，南方人和北方人的差异，中国人和外国人的差异，东方人和西方人的差异，真的有那么大吗？从学理上和心理上来分析，我认为差异是第二位的，相同之处是第一位的。所以《易经》的《系辞》引孔子的话写道："天下何思何虑？天下同归而殊途，一致而百虑。"[①]意思是说，尽管思考的方式和所选择的途径不同，人们终归要走到一起。原因是人类的本能会不自觉地追寻生存与安全，而在理性认知的层面，则会寻求精神的纯正和道德的升华。对此，《易·系辞》给出的解释是："日往则月来，月往则日来，日月相推而明生焉。寒往则暑来，暑往则寒来，寒暑相

---

① 王弼撰，楼宇烈校释：《周易注校释》，中华书局 2012 年版，第 249 页。

推而岁成焉。往者屈也，来者信也，屈信相感而利生焉。尺蠖之屈，以求信也；龙蛇之蛰，以存身也。精义入神，以致用也；利用安身，以崇德也。过此以往，未之或知也。穷神知化，德之盛也。"[①]已往注《易》者，对此段多以动静为说，固不失一边之理。但天下万有，何物不是动中有静，静中有动？一切人情物事无不是在动与静的交替之中存在和运行。《易》之易简、不易、变易"三义"，实即概括了天地人三界的普遍生存状态，都是既不易又变易。因此以动静的观点来解释《系辞》此段之理则意蕴，无异于解而未解。

我反复钻昧斯文之《易》法，认为《易·系辞》此段之义涵，应是在揭示人类的共同价值追求。"日月相推"是指昼夜交替，"寒暑相推"是指岁时递嬗。"往者屈也，来者信也"是指岁时节候递嬗中人的生存状况。人的建树与成就，无不是在"屈信相感"中实现的。"利生"指的就是事功和业绩，亦即《易·乾·文言》所说的"君子进德修业，忠信所以进德也"。无信则无以进德，而德不进则无以修业。尺蠖这种昆虫行走的特点，是先屈后伸，"屈"是为了"伸"，"屈""伸"交错，所以行进也。人的"进德修业"必须以"忠信"为条件，所谓"无信不立"。但人终归以生存为第一需要，因此除了"屈伸"之姿，有时还需有"蛰伏"之态。"龙蛇之蛰，以存身也"一句，可谓妙理入神。人如果不能"存身"，则德业事功也就无从说起了。"精义入神"

---

① 王弼撰，楼宇烈校释：《周易注校释》，中华书局 2012 年版，第 249 页。

的"精义",显系指"利生"、"求信"、"存身"这些人生的道理。
"利用安身"一语,是"利生"和"存身"的合义,"求信"则
是"崇德"的别称。《易·系辞》此段的"利用安身,以崇德也",
是上述"精义"的总括语。从语式的逻辑来看,似将"崇德"
置于最高的位置,当作了终极的目标。所以最后复以"穷神知化,
德之盛也"为结。因为中间的"精义入神"四字是与"以致用也"
相连接,涉及到"精义"的致用问题,而"致用"即"化"也。
亦即"穷神"是对"精义"而言,"知化"是对"致用"而言。"德
之盛也"则是"穷神知化"的结果。换言之,利生、存身、求
信这样一些论理的价值"精义",是所有人类都不得不然的追
寻目标,但实现的方法和途径,又是多元多途的,而非只有一
种固定不变的模式。所谓"天下同归而殊途,一致而百虑"的
论理奥义,无非在此也。由于此一命题的"精义"直接关乎人
类自身的生存和发展的问题,因此要说人类的"同",或曰"大
同",恐怕莫过于斯义之论了。

　　《易》理对"同"的义涵似独有所钟,《系辞》之外,还有
多处都涉及到"同"之立义的问题。最突出的是上经第十三卦
同人,可以看作是直接演述"同"、"和"义理的专卦。此卦离
下乾上,其卦辞为:"同人于野,亨。利涉大川。利君子贞。"①
孔颖达正义明确认定,此卦所演是"与人和同"之义。其疏文
写道:

---

① 王弼撰,楼宇烈校释:《周易注校释》,中华书局 2012 年版,第 53 页。

　　"同人"，谓和同于人。"于野，亨"者，野是广远之处，借其野名，喻其广远，言和同于人，必须宽广，无所不同。用心无私，处非近狭，远至于野，乃得亨进，故云"同人于野亨"。与人同心，足以涉难，故曰"利涉大川"也。与人和同，义涉邪僻，故"利君子贞"也。此"利涉大川"，假物象以明人事。①

　　孔疏解"同人"为"和同于人"，可谓深明《易》理。开始的"和同于人"也就是文末的"与人和同"，整段疏解前后理义勾连通贯。卦辞"同人于野，亨"，是象喻与人和同，必须宽广无私，而不能小肚鸡肠，斤斤计较。有"私"，就会心胸狭窄，不利于亨进，对克服险阻没有好处。

　　但与人和同，宜乎有何所为作的问题，故《彖辞》又曰："文明以健，中正而应，君子正也。唯君子为能通天下之志。"本来心胸广大地与人和同，非常利于携手同行，刚健有力地战胜艰难险阻，获得亨通的效果；但如此形成的"同人"的力量，准备干一番什么样的事业呢？会不会一不小心走到斜路上去呢？《彖辞》因此提醒蓄势待发的"同人"，此时所需要的，是"文明以健，中正而应，君子正也"，因为只有"君子为能通天下之志"。清儒李光地等所撰《周易折中》写道："上专以'乾行'释'于野'、'涉川'者，但取刚健无私之义也。下释'利贞'，

————————————

① 《周易正义》，《十三经注疏》标点本，北京大学出版社1999年版，第72页。

则兼取明健中正之义。盖健德但主于无私而已，必也有文明在于先，而所知无不明。有中正在于后，而所与无不当。然后可以尽无私之义，而为君子之贞也。"[1] 盖"君子之贞"，一要刚健无私，一要明健中正，此是与人和同的正确指向。必如此方能"通天下之志"，必如此方能与人类的文明行为不相违背。此正如朱子所说，"通天下之志"实是"大同"之意，否则容易导致"私情之合"[2]。

而且还要防止因追求与人和同而导致拉帮结派。故此卦的《象辞》又说："天与火，同人。君子以类族辨物。"此处的"与"字，有两相亲和之意，因天体在上，火炎亦上趋，可成"同人"之象。孔氏正义以此写道："天体在上，火又炎上，取其性同，故云'天与火，同人'。"[3] 而"君子以类族辨物"云云，也是为了求和同之义。朱子《周易本义》注道："'类族辨物'，所以审异而致同也。"[4] 其所阐释的和同义理甚明。爻辞"初九，同人于门，无咎"，也是斯义。王弼注云："无应于上，心无系吝，通夫大同。出门皆同，故曰'同人于门'也。"王弼又说："出门同人，谁与为吝？"既然都是同人，也就无所谓鄙吝不鄙吝了。但如果"同人于宗"，就有分晓了。爻辞六二云："同人于宗，吝。"《象辞》也说："同人于宗，吝道也。"宗即宗族。如果仅仅跟自己

---

① 李光地编：《御纂周易折中》卷九，康熙五十四年（1715）内廷刊本。
② 朱熹撰，廖名春点校：《周易本义》，中华书局2009年版，第79页。
③ 《周易正义》，《十三经注疏》标点本，北京大学出版社1999年版，第73页。
④ 朱熹撰，廖名春点校：《周易本义》，中华书局2009年版，第80页。

的宗族和同，就失于偏狭了，自然应在"吝"字上。所以孔疏云："系应在五，而和同于人在于宗族，不能宏阔，是鄙吝之道，故《象》云'吝道'也。"①孔氏"不能宏阔，是鄙吝之道"一语，可谓谛言。推而言之，即使不局限于家族之内，但拉帮结派，搞团团伙伙，同样是不宏阔的狭隘鄙吝之道，为君子所不取也。

然则不与人和同又将如何？《同人》爻辞九三云："伏戎于莽，升其高陵，三岁不兴。""莽"即草莽之意。"伏戎"者，暗伏杀机也。孔氏正义写道："九三处下卦之极，不能包弘上下，通夫大同，欲下据六二，上与九五相争也。但九五刚健，九三力不能敌，故伏潜兵戎于草莽之中。"②但兵伏草莽毕竟不是长久之计，因此便试图占据高点，以收居高临下之效。其结果呢？"升其高陵，三岁不兴。"居高并没有临下以兴，只不过是站在高处观望审势而已，很快过去了三年，也无法有所作为。《象辞》说，这是由于"敌刚也"，即敌体的势力强大，不敢轻举妄动。而《同人》爻辞九四的情形则是："乘其墉，弗克攻，吉。"墉即墙，也是可以居高之象，但照样攻而无功。攻而弗克的好处，是逼使自己反躬自省，不莽撞为事。因此却反得其"吉"。王弼注申论此义最为允当，写道："处上攻下，力能乘墉者也。履非其位，以与人争，二自五应，三非犯己，攻三求二，尤而

---

① 《周易正义》，《十三经注疏》标点本，北京大学出版社1999年版，第74页。
② 同上，第74页。

效之，违义伤理，众所不与，故虽乘墉而不克也。不克则反，反则得吉也。不克乃反，其所以得吉，困而反则者也。"①实即遭遇困难而能自反，改弦更张，转而另觅与人和同之道，当然是吉而非凶了。

《同人》的爻辞九五为："同人先号咷，而后笑，大师克相遇。"号咷也者，是为痛哭也，显然遭遇到了重大的困难。究其原因，则是与九五相应者为六二，虽六二仅和同于自己的宗族，未免失之于吝，但毕竟可以达致和同，思理有偏却不会立刻有险象出现。因此处身九五之尊，最所期待的是与六二亲和。但不幸的是，九三、九四将六二与九五隔开了，使得九五不能与六二和而相亲。所号咷者，即在此也。然而九五得刚健中正之象，大有所向无敌之势，一旦与阻挡亲和的势力交锋，就会毫不犹豫地投入重兵战而胜之。所以便由遭遇巨大困扰的号咷之状，一变而为胜利者的开怀大笑了。不是任何情况下都去亲和，强势阻隔致使和同的目标无法实现，势不得已也必须不惜一战，然后再以胜利者的姿态致力于人类的和同。王弼注云："居中处尊，战必克胜，故后笑也。不能使物自归，而用其强直，故必须大师而克之，然后相遇也。"②朱子《本义》也说："五刚中正，二以柔中正，相应于下，同心者也。而为三四所隔，不得其同，然义理所同，物不得而间之，故有此象。然六二柔

① 王弼注，楼宇烈校释：《周易注校释》，中华书局2012年版，第55页。
② 同上，第55页。

弱而三四刚强，故必用大师以胜之，然后得相遇也。"[①] 王辅嗣、朱晦庵二巨子的诠解，《同人》一卦之九五爻辞，题无剩义了。

然《同人》最后的上九却是："同人于郊，无悔。"《象辞》也说："同人于郊，志未得也。"此系何义？王弼注云："郊者，外之极也。处同人之时，最在于外，不获同志，而远于内争，故虽无悔吝，亦未得其志。"[②] 处身于远离中心的郊野之地，要得到志同道合者的支持，显然是困难的。因此致力于和同的志愿便不容易实现。孔颖达氏之正义延续王注的思想，进而申论说："同人于郊者，处同人之极，最在于外，虽欲同人，人必疏己，不获所同，其志未得。然虽阳在于外，远于内之争讼，故无悔吝也。"[③] 都是能得上九义理之正解。兹可见，欲申而未申之"志"非他，而是对与人和同之理念的追求与想往。处身郊远而未获同志，故使得其和同之志未申，但同时也远离了内部的争讼。换言之，外部虽未获得和同，内部却不失和同，悔吝之心情意绪也就荡然无存了。

盖《同人》一卦，纯是对"和同"理念的演绎，可谓穷追不舍，层层剥笋，曲尽其道。孔氏对此《同人》一卦的归结最堪玩味，兹将其疏解全文引录如下："'凡处同人而不泰焉，则必用师矣'者，王氏注意非止上九一爻，乃总论同人一卦之义。去初上而言，二有同宗之吝，三有'伏戎'之祸，四有不克之

① 朱熹撰，廖名春点校：《周易本义》，中华书局 2009 年版，第 81 页。
② 王弼注，楼宇烈校释：《周易注校释》，中华书局 2012 年版，第 55 页。
③《周易正义》，《十三经注疏》标点本，北京大学出版社 1999 年版，第 75—76 页。

困，五有'大师'之患，是处'同人'之世，无大通之志，则必用师矣。'楚人亡弓，不能亡楚。爱国愈甚，益为它灾'者，案《孔子家语·弟子好生篇》云：'楚昭王出游，亡乌号之弓，左右请求之。王曰：'楚人亡弓，楚得之，又何求焉。'孔子闻之曰：'惜乎！其志不大也。不曰人亡弓，人得之，何必楚也。'昭王名轸，哀六年，吴伐陈，楚救陈，在城父卒。此爱国而致它灾也。引此者，证同人不弘皆至用师矣。"①

孔疏第一句引号中的"凡处同人而不泰焉，则必用师矣"，所引用的，是王弼的注语，孔氏之用意则是想告诉我们，王弼此注是针对《同人》全卦所发，因此意义非同一般。《同人》的宗旨，本在与人和同，但施行起来难免困难重重。除了初九为《同人》之始，心地单纯而无鄙吝，故大同之志，没遇到什么问题。其余六二有同宗之吝，九三有"伏戎"之祸，九四有不克之困，九五有"大师"之患，在在都是问题。如何解困？难道只有"用师"一途吗？孔疏的关键词是，欲处"同人"之世，就必须有"大通之志"。"大通"的概念是王弼提出来的，认为："不能大通，则各私其党而求利焉。"②而大通者，即大同也。兵戎，乃万不得已之手段，需要极其审慎，最好是不战而屈人之兵。因为人类总归是要走到一起的，争战、杀戮归根结底是反文明之道的野蛮行为。比一切纷争用智高明得多的大智慧，是生

---

① 《周易正义》，《十三经注疏》标点本，北京大学出版社1999年版，第76页。
② 王弼注，楼宇烈校释：《周易注校释》，中华书局2012年版，第55页。

79

之为人，或人而主政治国，第一位的是要有和同于人的"大通之志"。

王辅嗣的注文还援引了楚人亡弓的典例，其说见《孔子家语·弟子好生篇》，其中记载道："楚昭王出游，亡乌号之弓，左右请求之。王曰：'楚人亡弓，楚得之，又何求焉。'"这位楚昭王看来很是豁达大度了。认为弓既然是在楚国丢失的，那么拾得弓的人必定是楚人，楚弓为楚人所得，何必还要到处去找寻呢。但孔子听说后，颇不以为然，认为楚王的志量未免太小，真正的豁达大度，应该这样说：弓是人丢失的，得到的也是人，人失人得，有何不好？这是试图将一事当中的价值理念和人的普遍价值联系起来，亦即"仁者，人也"。而具体到《同人》一卦所彰显的价值义理，则是人类普遍和同的观念。如果不是这样，而是局限于仅仅维护一国之利益，甚至将"爱国"发挥至极点，那么其结果将是："楚人亡弓，不能亡楚，爱国愈甚，益为它灾。"这是王弼注文的原话。智哉，仅仅活了二十四岁的魏晋哲人！千古以还犹为自作聪明的后来者所不及也。呜呼，国因爱国愈甚而亡国，楚其一例哉？孔颖达对楚之"益为它灾"作了发覆索隐，揭明系当哀公六年（前489），吴国伐陈国，楚驰兵救陈，结果楚昭王死于城父，是为"益为它灾"典故之所处。孔氏最后归结说："此爱国所致它灾也。"并强调："引此者，证同人不弘，皆至用师矣。"① 说到底，还是要以刚健

---

① 《周易正义》，《十三经注疏》标点本，北京大学出版社1999年版，第76页。

文明的精神去和同于人，不要动不动就企图诉诸兵戎，以武力相威胁，那是无法通天下之志的。和则两全，战则两伤，是颠扑不破的真理。而所以诉诸兵戎，更多的情况是由于胸怀不够宏远阔大而陷入宗族之吝和党派之私的结果。

《睽》卦的《象辞》也提出："君子以同而异。"王弼注云："同于通理，异于取事。"① 盖事虽睽乖，理却是相通的。是故《象辞》又云："天地睽而其事同也，男女睽而其志通也，万物睽而其事类也，睽之时用大矣哉。"孔颖达《正义》于此写道："'天地睽而其事同'，此以下历就天地男女万物，广明睽义体乖而用合也。"② "体乖而用合"，是为核心警示语。故孔氏又说："天高地卑，其体悬隔，是'天地睽'也。而生成品物，其事则同也。'男女睽而其志通'者，男外女内，分位有别，是男女睽也。而成家理事，其志则通也。万物殊形，各自为象，是'万物睽'也。而均于生长，其事即类，故曰'天地睽而其事同也，男女睽而其志通也，万物睽而其事类也，睽之时用大矣哉'。既明睽理合同之大，又叹能用睽之人，其德不小；睽离之时，能建其用使合其通理，非大德之人，则不可也。故曰'睽之时用大矣哉'也。"③ 睽者，本是乖离之义，但在《睽》卦里面，无乖不能成合，无隔不能成同，无乖不能成通。此可见和、合、同、通，是为大德，其为用实具有普遍性。所谓"睽之时用大矣哉"，

① 王弼注，楼宇烈校释：《周易注校释》，中华书局 2012 年版，第 140 页。
② 《周易正义》，《十三经注疏》标点本，北京大学出版社 1999 年版，第 161 页。
③ 同上，第 161—162 页。

就是指此而言。

《易经》不愧人类进德之渊薮，文明观念之理窟。此《同人》一卦，又补之以反证之《睽》卦，中国文化的和同观念之义理，可谓境界全出矣。

二、君子和而不同

"六经"最初的文本系经孔子整理而定谳，因此六经的基本观念义理必为孔子所谙熟。特别他因读《易》而"韦编三绝"，对《易》道的和同观念亦必全部了然于胸。而按照向来的说法，包括《易》之《系辞》在内的"十翼"均为孔子所作，则《易》道与孔子的思想应是一而二、二而一的同化共融的关系。观《论语》所阐释的和同观念，可以说与易理完全若合符契。孔子对和同观念的最著名的论述，是"君子和而不同"（《论语·子路》），其比《同人》对和同的追寻，在理念上又跃升一步，即认为"和"是包含有诸种诸多不同的多样统一的状态。如果没有了不同，便无所谓"和"。也就是说，"不同"的存在是"和"的必要条件，不同物之间的交错相杂而又能和美共生才可以称之为"和"。

孔子的这一思想，为先秦众多思想家所服膺，更为后世思想家所尊奉。《国语·郑语》记载有一段郑伯和史伯的对话，两个人探讨因周衰而各诸侯国纷纷谋以自立的形势，以确定自己的因应之策。郑伯即郑伯友，系周宣王的庶弟、周幽王的叔父，封于郑，谥号桓，后来成为郑国的开国之君，是为郑桓公。跟史伯的这次对话，时当周幽王八年（前774），当时他还是司徒。

而史伯，相传为西周末期人，伺天文历法、典籍书史之事，是一个被神化了的人物，相当于可以预知未来的智者，历史的真实身份反而不重要了。郑伯友考虑到自己的家庭和郑地子民的安全，想作大规模的搬迁，因而找史伯商量，讨教此一行动的利弊得失。郑伯谈到，事情发展到这种地步，周王朝本身是不是也有值得检讨的地方呢？史伯回答说，周的沦落到如此地步，完全是由于自己的错误所酿成。他分析说：

> 《泰誓》曰："民之所欲，天必从之。"今王弃高明昭显，而好谗慝暗昧；恶角犀丰盈，而近顽童穷固。去和而取同。夫和实生物，同则不继。以他平他谓之和，故能丰长而物归之；若以同裨同，尽乃弃矣。故先王以土与金木水火杂，以成百物。是以和五味以调口，刚四支以卫体，和六律以聪耳，正七体以役心，平八索以成人，建九纪以立纯德，合十数以训百体。出千品，具万方，计亿事，材兆物，收经入，行姟极。故王者居九畡之田，收经入以食兆民，周训而能用之，和乐如一。夫如是，和之至也。于是乎先王聘后于异姓，求财于有方，择臣取谏工而讲以多物，务和同也。声一无听，物一无文，味一无果，物一不讲。王将弃是类也而与剽同。天夺之明，欲无弊，得乎？（《国语·郑语》）

史伯所指陈的衰周之弊，归结为一点，就是强不同以为同，而不肯和同。他使用了一个特殊的语词，叫"剸同"，"剸"字的读音作"团"，是割而断之的意思。"剸同"即专擅强制为同。其结果便走向了"和同"义理的反面。至于治国理政为什么不能剸同，只能和同，史伯作了详尽的阐述。

首先，史伯提出了关于和同观念的一个新的哲学命题，这就是"和实生物，同则不继"。其中的"生"和"继"两个动词至关重要。"生"，是指在原来的状态下生长出新的东西。"继"其实是"生"的置换词，而"不继"，则是不能新生的意思。简言之，就是"和"能生物，"同"不能生物。而"生"与"不生"，直接关系到事物的可延续和不可延续这一生死攸关的问题。不能延续，就是"不继"，亦即自身陷入危机而不能调适自救，因此必然失去未来，没有前途。能够"生物"，则是可以延续生命，未来自当有继。而且"生物"一语，还思辨地揭示出生命延续的秘密，即此种延续不是旧状态的简单重复，而是旧状态下的事物发生了质的变化，诞生了新的生命或可以延续生命的新运新机。

其次，史伯给出了"和"为什么能够"生物"，"同"何以不能为继的形上理由。关键是对"和"的义理内涵需要有正确的诠解。史伯的解释是，当一种独立存在的东西和另一种独立存在的东西融合在一起的时候，这种状态可以称之为"和"，史伯称这种情形为"以他平他"。因此可以说，"和"是由不同的存在物的共存共融所达成的一种高度和谐的境界。不是指某个单一体，而是多种元素化分化合的综合体。由于内中有不同元素的交错互动，形成巨大的张力，才因彼此的相斥相激而产生新的生命体。《易·系辞》说的"《易》有太极，是生两仪，两仪生四象，四象生八卦"，此种"生生"情形下的"易"之太极，其实可以视作"和"的别称。故朱子认为："太极只是一个浑沦底道理，里面包含阴阳、刚柔、奇耦，无所不有。"[1]朱子的解释，拉近了"和"与"太极"在释义学上的距离。而在张载那里，两者则变成了完全相重合的义理终极。不过他提出了一个新的和同的概念，曰"太和"。他写道：

> 太和所谓道，中涵浮沈、升降、动静、相感之性，是生絪缊、相荡、胜负、屈伸之始。其来也几微易简，其究也广大坚固。起知于易者乾乎！效法于简者坤乎！散殊而可象为气，清通而不可象为神。不如野马、絪缊，不足谓之太和。语道者知此，谓之知道；学《易》者见此，谓之见《易》。不如是，虽周公才美，其智不足称也已。[2]

张载的太和论，实际上是对"和"的价值论理作了更具哲学义涵的解释。在张载看来，易道即太极，太极即太和。"浮沈、升降、动静、相感之性，是生絪缊、相荡、胜负、屈伸"等无尽藏的对立物，都包括在太和之中了。这和朱子论太极如出一辙。而

---

[1] 黎靖德编，王星贤点校：《朱子语类》卷七五，第五册，中华书局 1986 年版，第 1929 页。

[2] 张载：《正蒙》，《张载集》，中华书局 1978 年版，第 7 页。

所谓"太和",其实就是一种新的和同论,只不过是升级了的更具有无限性的"和"的至境而已。

好了,既然"和"里面包涵有那么多的、无限量的物的对立体,他们之间出现相感、相荡、相生,就是再自然不过的事情了。相感、相荡,必然相生。故史伯的"和实生物"的理论,可谓颠扑不破。说开来,"和"论、"和同"论、"太和"论,也就是"易"论。张载的理论本来即来自于《易》。"太和"里面的那些个相感相荡的对立物,不过是《易·系辞》之"一阴一阳之谓道"、"生生之谓易"的变项而已。

那么"同"呢?如何是"同"?为什么"同则不继"?同与不同,都是单一事物之间的事情。如果目标是达成"和",则同与不同都不是障碍物。但如果是史伯所批评的"去和而取同",试图"以同裨同",亦即只想用"同"来给"同"提供助益,而弃置和同的大目标,就什么都得不到了。不仅"和"的局面不能实现,"同"也会因为自己重复自己而变得索然无味,从而导致与"和同"适得其反的"剿同"。最后的结果,便是史伯所预见的"尽乃弃矣"。试想,那是一种何等悲惨、落寞、无助的景象呵!"故先王以土与金木水火杂,以成百物",史伯说。"是以和五味以调口,刚四支以卫体,和六律以聪耳,正七体以役心,平八索以成人,建九纪以立纯德,合十数以训百体",史伯又说。总之是集多样于一体,寓杂多于统一。这是周朝的先王获得成功的诀窍。他们"出千品,具万方,计亿事,材兆物,收经入,行姟极"、"居九畡之田,收经入以食兆民"，繁复无尽数，道路万千条，然则"和乐如一"。史伯说，做到了这一地步，可以说是"和之至也"。他叹美先王为了"务和同"，可谓无所不用其极，包括"聘后于异姓，求财于有方，择臣取谏工而讲以多物"等等。此可知和同的理念对于治国理政是多么至关重要，真可以说败亦由是，成亦由是。

本来至此史伯已经把"务和同"、"弃剸同"的原因、理据、前因、后果，讲得一清二楚了，但他仍然感到意犹未尽，又进而请来其立论所依据的哲学原理，曰："声一无听，物一无文，味一无果，物一不讲。"是的，这个世界，如果只有一种声音，就没法听了；所有的事物都是一样的，就单调得不能看了；用来果腹的食物都是一样的味道，还有什么吃头？世间的事物如果只有一种，没有彼此之间的比较对照，就没有什么道理好讲了。只有傻瓜、智障、低能、蠢物，才敢冒天下之大不韪，放弃大千世界的五彩缤纷，不顾人间世态的万种风情，而欲以剸同的淫威来统治丰富多彩的社会人生。

有意思的是，我们在《左传》里看到了与史伯之论义理全同的记载，那是在昭公二十年（前522），齐侯和晏子的一段对话。他们所探讨的恰好是和同问题。齐侯问晏婴："唯据这个人与我和吗？"晏子回答说："唯据其人，与公只是同而已，哪里称得上和？"齐侯不解斯理，于是进一步追问："和与同异乎？"晏子直截了当地回答说："异。"随后又对"同"与"和"所以有区别的缘由作了有物有则的大段阐论。晏子说论述道：

和如羹焉，水火醯醢盐梅以烹鱼肉，燀之以薪。宰夫和之，齐之以味，济其不及，以泄其过。君子食之，以平其心。君臣亦然。君所谓可而有否焉，臣献其否以成其可。君所谓否而有可焉，臣献其可以去其否。是以政平而不干，民无争心。故《诗》曰："亦有和羹，既戒既平。鬷嘏无言，时靡有争。"先王之济五味，和五声也，以平其心，成其政也。声亦如味，一气，二体，三类，四物，五声，六律，七音，八风，九歌，以相成也。清浊，小大，短长，疾徐，哀乐，刚柔，迟速，高下，出入，周疏，以相济也。君子听之，以平其心。心平，德和。故《诗》曰："德音不瑕。"今据不然。君所谓可，据亦曰可；君所谓否，据亦曰否。若以水济水，谁能食之？若琴瑟之专一，谁能听之？同之不可也如是。①

晏子说，"和"就如厨子所做的和羹一样，需要有水，需要掌握好火候，还需要加之以盐梅，以使鱼肉更加鲜美，甚至用什么样的薪材来烹烧，也很有讲究。而且还需要有专业人士调味，做到恰如其分，既无不够味，也不味过重。如此这般地用多种不同的材料，通过不同的程序，最后调制出美味的羹汤。由于是五味调和而成，所以《诗三百》称之为"和羹"。食用此种和羹，可以收到"以平其心"的效果。

---

① 杜预撰：《春秋左传集解》第四册，上海人民出版社 1977 年版，1463—1464 页。

　　君臣的关系也是如此。晏子说，君主认为可行的事情，其实也有不可行的部分在，经过臣僚们讲明那些不可行部分的理由，予以补充，然后变成君臣共同完成的可行方案。同样，君主认为不可行的事情，内中一定也有可行的部分，经过臣僚们献计献策，找出那些可行的部分，去掉不可行的部分，施政就宽平而少周折了。所以一定要听不同的意见，学习先王所采取的"济五味，和五声"、"平其心，成其政"的治国方略，方可有成。可是那个叫唯据的臣僚不是如此，一切都唯上是从，您认为可行的，他就说可行；您否定的，他也跟着否定。这等于是"以水济水"，做出来的东西谁还能吃？也无异于琴瑟奏一个调调，谁还肯前来一听？所以"同"与"和"是不一样的，不应该认可这种人云亦云的所谓"同"的态度，而应该是"济五味"，成"和羹"；"和五声"，"一气，二体，三类，四物，五声，六律，七音，八风，九歌，以相成"、"清浊，小大，短长，疾徐，哀乐，刚柔，迟速，高下，出入，周疏，以相济"。换言之，治国理政，如果臣僚们一律唯君主是从，谁也不出来补偏救弊，天下之人也整齐划一，没有不同的声音发出，先王所期待的"心平"、"德和"的局面，便无法实现了。

　　晏子的"和同论"所以完全例同于史伯的"和同论"，其实并不奇怪，因为他们的作者很可能是一个人，都是与孔子同时的那个目盲的史学天才左丘明。《国语》为左丘明所著，有司马迁的明文："左丘失明，厥有国语。"而《春秋左氏传》的作者即左丘明，更是史不绝书。虽然唐以后质疑《左传》作者为左氏丘明者不乏其人，但终觉说服力不足。如是则《国语》的"和同论"和《左传》的"和同"同出自左氏丘明之笔的可能性非常之大，两者著论相同，不用说乃是顺理成章之事。以此《国语》所引的史伯之论，正不必一定在孔子之前，毋宁说与孔子同时或在其后，更为合理。实际上，孔子一句"君子和而不同"，已将《国语》和《左传》的两个"和同论"的思想概括无遗。

《后汉书》刘梁传载有刘梁的一篇《辩和同之论》，则是对先秦和同思想的一次更为系统的发挥和论说。因系专论，兹将全文抄录如下，以方便对此一题义感兴趣的读者参证阅读：

> 夫事有违而得道，有顺而失义，有爱而为害，有恶而为美。其故何乎？盖明智之所得，暗伪之所失也。是以君子之于事也，无适无莫，必考之以义焉。
>
> 得由和兴，失由同起，故以可济否谓之和，好恶不殊谓之同。《春秋传》曰："和如羹焉，酸苦以剂其味，君子食之以平其心。同如水焉，若以水济水，谁能食之？琴瑟之专一，谁能听之？"是以君子之行，周而不比，和而不同；以救过为正，以匡恶为忠。经曰："将顺其美，匡救其恶，则上下和睦能相亲也。"
>
> 昔楚恭王有疾，召其大夫曰："不谷不德，少主社稷。失先君之绪，覆楚国之师，不谷之罪也。若以宗庙之灵，得保首领以殁，请为灵若厉。"大夫许诸。及

其卒也，子囊曰："不然。夫事君者，从其善，不从其过。赫赫楚国，而君临之，抚正南海，训及诸夏，其宠大矣。有是宠也，而知其过，可不谓恭乎！"大夫从之。此违而得道者也。及灵王骄淫，暴虐无度，芊尹申亥从王之欲，以殡于乾溪，殉之二女。此顺而失义者也。鄢陵之役，晋楚对战，阳谷献酒，子反以毙。此爱而害之者也。臧武仲曰："孟孙之恶我，药石也；季孙之爱我，美疢也。疢毒滋厚，石犹生我。"此恶而为美者也。孔子曰："智之难也！有臧武仲之智，而不容于鲁国，抑有由也。作不顺而施不恕也。"盖善其知义，讥其违道也。

夫知而违之，伪也；不知而失之，暗也。暗与伪焉，其患一也。患之所在，非徒在智之不及，又在及而违之者矣。故曰"智及之，仁不能守之，虽得之，必失之"也。《夏书》曰："念兹在兹，庶事恕施。"忠智之谓矣。

故君子之行，动则思义，不为利回，不为义疢，进退周旋，唯道是务。苟失其道，则兄弟不阿；苟得其义，虽仇雠不废。故解狐蒙祁奚之荐，二叔被周公之害，勃鞮以逆文为成，傅瑕以顺厉为败，管苏以憎忤取进，申侯以爱从见退：考之以义也。故曰："不在逆顺，以义为断；不在憎爱，以道为贵。"《礼记》曰："爱而知其恶，憎而知其善。"考义之谓也。①

刘梁字曼山,一名岑,东平宁阳人。《后汉书》本传称其为梁宗室的子孙,但"少孤贫,卖书于市以自资"②。尝撰《破群论》,对世俗之"利交"和"邪曲相党"颇多讥刺,致使评者比之为"仲尼作《春秋》,乱臣知惧",称《破群》之作当令"俗士愧心",可惜其文未传。此篇《辩和同之论》则完好无缺。全文结构严谨,思理清晰,比之史伯、晏婴之论,更具有论理系统完整的特点。文中所引《春秋传》一段,是为晏子的论述,不过其发明处,在于对和同概念所作的学理分疏。

刘梁给出的"和"的定义,是"可济",即彼此之间因坦荡无私、补偏救弊而获得助益,而不是一味"顺"之而不问道义原则,所以他说:"君子之行,周而不比,和而不同,以救过为正,以匡恶为忠。"他给出的"同"的定义,是"好恶不殊",即不管是非,一味投其所好。如是的结果,必然走向"和而不同"的反面,就立国施政而言,罪莫大焉。刘梁以楚国的政事作为例证,一是楚恭王病笃之时召大夫自陈所失,表示谥号请为"灵"或"厉"。《左传》杜预注云:"乱而不损曰灵,戮杀不辜曰厉。"③

---

① 范晔撰:《后汉书》卷八十下,文苑列传第七十下,中华国学文库版,第三册,2012年,第2118—2121页。
② 同上,第2118页。
③ 杜预注,孔颖达疏:《春秋左传正义》中册,《十三经注疏》标点本,北京大学出版社1999年版,第911页。

两者同为恶谥，连请五次，大夫方同意。待到恭王病没将葬，令尹子囊提出谥号的问题，大夫说，不是已有成命在先了吗？子囊表示不应照遗言来办，因历数恭王的荣光，又加之能"知其过"，因此谥为"恭"是合适的。至于有成命一事，子囊认为："事君者，从其善，不从其过。"大夫最后被说服。刘梁说，这种情况，属于"讳而得道者"。虽然违背了恭王的成命，但却符合道义。

楚国政事的另一例证，是楚灵王骄奢淫逸、暴虐不德，而申亥一意听任王之所欲，当其殡于乾溪的时候，还让自己的两个女儿殉葬。刘梁说，这是"顺而失义者也"。第三个例证，是晋楚鄢陵之战，经由楚卿子反的运筹策划，楚已掌握了主动权。但关键时刻，子反的通令官阳谷却前去献酒，忘乎所以的子反喝得酩酊大醉，楚王招谋战事而不能应，致使楚军大败。子反最后自尽而死。刘梁说，这是"爱而害之者也"。第四个例证，是臧武仲不容于鲁国的故事。孟庄子和季武子是两个有势力的人物，季氏喜欢臧武仲，孟氏却讨厌他。但当孟氏死的时候，臧武仲前往吊唁，哭得十分悲伤。他的御者不解，说如果季氏过世，你又该如何呢。臧武仲回答道："孟孙之恶我，药石也；季孙之爱我，美疢也。疢毒滋厚，石犹生我。"刘梁认为这是"恶而为美者也"。但其所为作，属于"知而违之"，因此难免有"伪"的嫌疑。故孔子认为此人是使"智"，其"不容于鲁国，抑有由也"。

刘梁《辩和同之论》的主旨，是强调"得由和兴，失由同起"。因此对于不分"好恶"、不管是非，一律以"同"还是"不同"
作为取舍标准的态度和行事方式，给予严厉警示。他反复说明，
问题不在于"同"还是不同，而是要看是否合乎道义。文中以
此明示："故君子之行，动则思义，不为利回，不为义疚，进
退周旋，唯道是务。苟失其道，则兄弟不阿；苟得其义，虽仇
雠不废。"为了使所论具有不可动摇的说服力，作者引楚国和
鲁国共四个案例作为证言：一为"讳而得道者"，二为"顺而
失义者"，三为"爱而害之者"，四为"恶而为美者"。此四案例，
都见于《左传》以及《国语》的记载，并非僻典，难为刘梁之
读史得间，使当时后世得读其"和同论"者，能生出会心默契
的义理认同感。

噫！"好恶不殊"的所谓"同"，其昧心害政、伤天悖理
者也大矣。而"和"则是以"可济"为标尺。所以他最后得出
一个结论："君子之行，周而不比，和而不同，以救过为正，
以匡恶为忠。"而千古不磨的警世之语则是："得由和兴，失由
同起。"大矣哉！此鲜为人知的刘梁之《辩和同之论》也。

总之，此题义的关键词是两个：一个是"和"，人人都乐
于接受而向往的境界；另一个是"同"以及"不同"。"不同"
是"和"的条件。承认不同，容许不同，欣赏不同，才能走向
和同。如果一切都相同，声音相同，味道相同，穿衣相同，走
路相同，思维相同，说话相同，这个世界就令人窒息了。孟子说：
"充实之谓美，充实而有光辉之谓大。"（《孟子·尽心下》）试想，
能够使之充实起来的东西，能够都是完全相同的东西吗？不同

物的组合，才能称之为"充实"。不同的合乎审美规则的组合，才能创造美。所以《易·系辞》说："物相杂，故曰文。"《国语·郑语》说："物一无文。"朱熹用哲学的语言讲的更清晰，他说："是两物相对待在这里，故有文，若相离去不相干，便不成文矣。"①不同的物，相互对待的东西，并不因不同而彼此分离，这样才能"成文"，否则"便不成文"。此处的"文"，可以视为文化一词的同义语。可见"和而不同"是中国文化思想的一个本质规定，是世界本来的样子，是人类的创意的源泉，是美的出发，是充实而有光辉的起点。

三、"先圣后圣，其揆一也"

写到这里我们可以说，以《易经》为代表的先秦经典的和同论，是中国古圣先哲的伟大的哲学思维，孔子的"和而不同"的思想可以看作是中国文化贡献给人类的大智慧。但其中隐含有一个无法不予深究的学理问题：即不同为什么可以而且能够走向"和同"？说到底，是人类以及天下之物，虽然存在有种种不同，但相同之处也是有的，甚至是更加根本的规定，所以才能共处共生。正是人类和物类的相同之处，决定他们总归会走到一起，趋向大同，以至达至张载所说的太和之境。

然则人类的相同之处是什么呢？我们且看孟子的论述。

孟子就此一题义讲过的一段最著名的话是："口之于味也，

① 黎靖德编，王星贤点校：《朱子语类》卷第七十六，中华书局，第五册，第1958页。

有同耆焉；耳之于声也，有同听焉；目之于色也，有同美焉。
至于心，独无所同然乎？心之所同然者何也？谓理也，义也。
圣人先得我心之所同然耳。故理义之悦我心，犹刍豢之悦我口。"
（《孟子·告子上》）孟子所说的人类的相同之处，首先是"性"同。
本来食物的味道应该是不同的，声音也应该是不一样的，颜色
应该是丰富多彩的，这方面，智者史伯和齐国的谋士晏婴已经
有话在先了，可我们的孟夫子为什么还说人们对于味有"同耆"，
对于声有"同听"，对于色有"同美"呢？此无他，盖喜欢好吃的，
爱听美妙的音乐，喜爱色彩之美，是人类的本性使然。告子所
说的"食色性也"（《孟子·告子上》），亦为斯意。此即同生为
人，本性总会有相同之处，原因在于都是"人"。

　　荀子对生之为人的相同之处的阐述也极为系统透辟。今存
《荀子》一书中，有多篇涉及此一议题。《王霸》篇云："故人之
情，口好味而臭味莫美焉，耳好声而声乐莫大焉，目好色而文
章致繁妇女莫众焉，形体好佚而安重闲静莫愉焉，心好利而谷
禄莫厚焉，合天下之所同愿兼而有之，睪牢天下而制之若制子
孙，人苟不狂惑戆陋者，其谁能睹是而不乐也哉！"[①]《荣辱》
篇写道："凡人有所一同：饥而欲食，寒而欲煖，劳而欲息，
好利而恶害，是人之所生而有也，是无待而然者也，是禹、桀
之所同也。目辨白黑美恶，耳辨音声清浊，口辨酸咸甘苦，鼻

① 《荀子·王霸》，王先谦撰，沈啸寰、王星贤点校：《荀子集解》，中华书局
　2012年版，第213—214页。

辨芬芳腥臊，骨体肤理辨寒暑疾养，是又人之所常生而有也，是无待而然者也，是禹、桀之所同也。"①又说："材性知能，君子小人一也。好荣恶辱，好利恶害，是君子小人之所同也，若其所以求之之道则异矣。"②《非相》篇也说："人之所以为人者，何已也？曰：以其有辨也。饥而欲食，寒而欲煖，劳而欲息，好利而恶害，是人之所生而有也，是无待而然者也，是禹、桀之所同也。"③质而言之，饮食男女、避寒取暖、趋利远害的生存需求，能使人的心理保持平衡的自性尊严如好荣恶辱等，人与人之间并无不同，即使是君子和小人、圣人和常人，亦无不同，只是获得和保持的取径有所区别而已。此即"性同"之义。荀子对和同思想的结论是："斩而齐，枉而顺，不同而一。"④此与《易》道"天下同归而殊途"完全若合符契。

人之所同然者，其次是"理"同。人所不同于动物者，在人类有理性思维，故孟子说，"心之所同然者"，是"理也"。而圣人所以成为我们心目中的圣人，是由于圣人所阐发的道德义理，能够深获我心，说出了我们想说而未能说出的话。此即孟子所说的"圣人先得我心之所同然"的含义。人们常说的所

①《荀子·荣辱》，王先谦撰，沈啸寰、王星贤点校：《荀子集解》，中华书局2012年版，第63页。

②同上，第61页。

③《荀子·非相》，王先谦撰，沈啸寰、王星贤点校：《荀子集解》，中华书局2012年版，第78页。

④《荀子·荣辱》，王先谦撰，沈啸寰、王星贤点校：《荀子集解》，中华书局2012年版，第71页。

谓人同此心，心同此理，即为斯义。实际上，人类原初的情感和理想期待，本来都是这个样子。只不过由于意向与行为的交错，造成了诸般的矛盾。古今贤哲启示我们，应该透过人类生活的矛盾交错的困扰，看到心理期许的一致性原理，看到不同背后的相同。这也就是孟子所说的："舜生于诸冯，迁于负夏，卒于鸣条，东夷之人也。文王生于岐周，卒于毕郢，西夷之人也。地之相去也，千有余里；世之相后也，千有余岁。得志行乎中国，若合符节，先圣后圣，其揆一也。"（《孟子·离娄下》）"揆"，是规矩、轨则、法度的意思，引申可以解释为原理、原则。亦即古代的大师巨子和后世的大师巨子，他们提出和遵循的思想义理、道德理念的规则，在本质上有相似或相同之处。此即二程子所说："天地之间，万物之理，无有不同。"[1]斯又言："天下万古，人心物理，皆所同然，有一无二，虽前圣后圣，若合符节。"[2]再言之则云："吾生所有，既一于理，则理之所有，皆吾性也。人受天地之中，其生也，具有天地之德，柔强昏明之质虽异，其心之所同者皆然。特蔽有浅深，故别而为昏明；禀有多寡，故分而为强柔；至于理之所同然，虽圣愚有所不异。"[3]兹可知程子是将"性"与"理"合一来看待和同之论的。宋代另一位思想家陆九渊也说："千万世之前有圣人出焉，同此心，同此理也；千万世之后，有圣人出焉，同此心，同此理也；东、

---

[1] 《二程集》下册，中华书局 1981 年版，第 1029 页。

[2] 同上，第 1158 页。

[3] 《二程集》下册，中华书局 1981 年版，第 1159 页。

南、西、北海有圣人出焉，同此心，同此理也。"① 故人之所同
然者，是"性"也，"理"也。故孟子所说的"理义之悦我心，
犹刍豢之悦我口"，确为不易之论。

　　然则在承认生之为人的性与理有所同然者的同时，如何看
待就中的"同"和"不同"，亦即"同"与"异"的关系？墨
子有言："其然也，有所以然也；其然也同，其所以然不必同。
其取之也，有所以取之。其取之也同，其所以取之不必同。"②
此即所谓现象同，理由不必相同；目标相同，途径和手段不必
相同。宋代的思想家程颢和程颐，他们把为人处世致力于"求
同"还是"立异"，看作一个人是秉持"公心"，还是守持"私心"
的分水岭。他们说："公则同，私则异。"③ 并说"同者"是"天心"，
即上天的旨意。在另一处他们还说："圣贤之处世，莫不于大
同之中有不同焉。不能大同者，是乱常拂理而已；不能不同者，
是随俗习污而已。"④ 不承认人和事的不同，二程子认为是没有
修养的人的胡言乱语；但如果否认"大同"，就是"乱常拂理"。
就其两者的错误程度而言，显然二程子认为不能求大同的性质
要更为严重。斯又有"大同"和"小同"的分别，"大同"不
可违，"小同"可存异。语云："求大同，存小异。"信不诬也。

　　那么，对做学问的人须有自己独立的见解，既不能因袭前

----

① 《陆九渊集》，中华书局 1980 年版，第 273 页。
② 墨子：《小取》，《墨子校注》下册，中华书局 1993 年版，第 628 页。
③ 《二程集》下册，中华书局 1981 年版，页 1256 页。
④ 《二程集》下册，中华书局 1981 年版，第 1264 页。

人，又不能跟在他人的后面人云亦云，又如何理解？学者如何处理"同"、"异"的问题？早在清代的乾隆时期，大学者章学诚就给出了答案。他的名著《文史通义》中有一篇专论曰《砭异》，针针见血地论述了此一题义的义理内涵。由于所论真切省净，毫无枝蔓烦言，特全文录载，以飨读者。其文云：

　　古人于学求其是，未尝求异于人也。学之至者，人望之而不能至，乃觉其异耳，非其自有所异也。夫子曰："俭，吾从众。泰也，虽违众，吾从下。"圣人方且求同于人也。有时而异于众，圣人之不得已也。天下有公是，成于众人之不知其然而然也，圣人莫能异也。贤智之士，深求其故，而信其然。庸愚未尝有知，而亦安于然。而负其才者，耻与庸愚同其然也，则故矫其说以谓不然。譬如善割烹者，甘旨得人同嗜，不知味者，未尝不以谓甘也。今耻与不知味者同嗜好，则必啜糟弃醴，去脍炙而寻蒌蕌，乃可异于庸俗矣。

　　语云："后世苟不公，至今无圣贤。"万世取信者，夫子一人而已矣。夫子之可以取信，又从何人定之哉？公是之不容有违也。夫子论列古之神圣贤人，众矣。伯夷求仁得仁，泰伯以天下让，非夫子阐幽表微，人则无由知尔。尧、舜、禹、汤、文、武、周公，虽无夫子之称述，人岂有不知者哉？以夫子之圣，而称述尧、舜、禹、汤、文、武、周公，不闻去取有异于众也，则天下真无可以求异者矣。

是非之心，人皆有之。至于声色臭味，天下之耳目口鼻，皆相似也。心之所同然者，理也，义也。然天下歧趋，皆由争理义，而是非之心，亦从而易焉。岂心之同然，不如耳目口鼻哉？声色臭味有据而理义无形。有据则庸愚皆知率循，无形则贤智不免于自用也。故求异于人，未有不出于自用者也。治自用之弊，莫如以有据之学，实其无形之理义，而后趋不入于歧途也。夫内重则外轻，实至则名忘。凡求异于人者，由于内不足也。自知不足，而又不胜其好名之心，斯欲求异以加人，而人亦卒莫为所加也。内不足，不得不矜于外，实不至，不得不骛于名，又人情之大抵类然也。以人情之大抵类然，而求异者固亦不免于出此，则求异者何尝异人哉？特异于坦荡之君子尔。

夫马，毛鬣相同也，龁草饮水，秣刍饲粟，且加之鞍鞯而施以箝勒，无不相同也，或一日而百里，或一日而千里；从同之中而有独异者，圣贤豪杰，所以异于常人也。不从众之所同，而先求其异，是必诡衔窃辔，踶趹噬龁，不可备驰驱之用者也。①

章氏此篇重申孟子之论，曰“心之所同然者，理也，义也”。学者之所追寻在于求其是，而不是要与人不同。所以如此，在于天下只有公是，把“众人之不知其然”也不知其所以然的理

① 章学诚撰，叶瑛校注：《文史通义》上册，中华书局1985年版，第449—450页。

义，予以揭示证明，就是学者之能事。考据学的目的即在于"以有据之学，实其无形之理义"，使之明理而不入于歧途。然而理义是无形的，难免因争理义而各是其是，各非其非。因此"求异"和"自用"的情形便出现了。故章氏说："求异于人，未有不出于自用者也。"

该篇的题目是《砭异》，其对为学而标新立异者，可谓痛下针砭。"凡求异于人者，由于内不足也。自知不足，而又不胜其好名之心，斯欲求异以加人，而人亦卒莫为所加也。内不足，不得不矜于外，实不至，不得不骛于名，又人情之大抵类然也。"这些话是将求异、骛名的人性之劣点，反实事求是的学术风气，真真概括无遗了。至于那些学问做得到家的俊杰翘楚，看起来好像是与众不同，其实是他们的境界你达不到，所以感到不同。正如孟子所说："麒麟之于走兽，凤凰之于飞鸟，泰山之于丘垤，河海之于行潦，类也。圣人之于民，亦类也。"（《孟子·公孙丑上》）就是说，圣人也是人，只不过他是"出于其类，拔乎其萃"的人。故章氏写道："从同之中而有独异者，圣贤豪杰，所以异于常人也。"而"求异者何尝异人哉？特异于坦荡之君子尔。"盖章氏此篇不愧为匡正学风世风的惊世骇俗之作，实可为先秦以来的"和同论"又添一异彩。

我国当代已故的大学问家钱锺书先生，当 1948 年他的《谈艺录》在上海出版的时候，其所撰之序言中有两句本人经常引证的话，曰："东海西海，心理攸同；南学北学，道术未裂。"此即在钱锺书先生看来，东西方文化虽有不同，但不论东方人还是西方人，其心理的反应特征和指向常常是相同的。之所以如此，是由于反应作用于人的主体精神世界的事物，普遍存在着物之理相同的现象。所以钱锺书先生得出一个结论："心同理同，正缘物同理同。"① "心同理同"是孟夫子的经典名言，而为宋儒以及章学诚等后世学者所服膺。"物同理同"则是钱先生的掘发。他援引《淮南子·修务训》的一段文字云："若夫水之用舟，沙之用鸠，泥之用辐，山之用蔂，夏渎而冬陂，因高为田，因下为池，此非吾所谓为之。圣人之从事也，殊体而合于理，其所由异路而同归。"② 文中的"殊体而合于理"，正是所谓"理同"也。他还征引西典作为参证："思辩之当然（Laws of thought），出于事物之必然（Laws of things），物格知至，斯所以百虑一致、殊涂同归耳。"③ 钱先生对《易·系辞》"天下同归而殊途，一致而百虑"的诠解，可谓恰切到无须增减。钱先生的贡献在于，除了人的"性同"、"理同"之外，还增加了物的"理同"，即物理之所同然者。故钱先生结而论之曰："心之同然，本乎理之当然，而理之当然，本乎物之必然，亦即合乎物之本然也。"④

要之，"和"是以不同为前提的，没有不同，就无所谓和。最要不得的是"以同裨同"，其结果必然导致"剗同"。而不同

① 钱锺书：《管锥编》第一册，生活·读书·新知三联书店 2007 年版，第 85 页。
② 同上，第 84 页。
③ 同上，第 85 页。
④ 钱锺书：《管锥编》第一册，第 85 页。

何以能够走向和同？盖由于人之性、心之理、物之理，有所同然者。心同理同是为关键，无视人类的"同"，夸大人类的"不同"，以不同为由拒绝走向和同之境，不仅是是学术的误区，更是思想的陷阱。

四、"仇必和而解"

现在的问题是，人类在走向和同的路上，是否也有可能由于彼此的不同所引起的分歧、歧见、争议，而激化自己的态度，从而因"争理义"，而发生"是非之心"的易位，一变而为颠倒是非，积非成是，罔顾天下的"公是"和人类本有的心同理同，最终走向和同之路的反面，而又不知迷途自省。应该说，这种情况是现实的存在的。揆诸历史，此方面的案例比之和同之案例，可以说有过之而无不及。幸好，中国文化的精神义理里面，有比较现成的"解药"，这就是宋代思想家张载的"哲学四句教"。

张载，字子厚，号横渠，生于宋真宗天禧四年（1020），卒于宋神宗熙宁十年（1077），活了五十七岁。祖籍河南开封，后长期栖居在陕西凤翔县，是关学的代表人物。他的有名的四句教是："为天地立心，为生民立命，为往圣继绝学，为万世开太平。"这四句话气象大得不得了。试想，"为天地立心"，"为生民立命"，这是何等宏阔的怀抱。中国文化中历来有"民本"的思想传统，关注生民的利益，是每个知识人士，每个为官的人必须做的。所以过去的县官叫做"父母官"，意为民之父母，他当然要关心"民"的利益。张载讲的"为生民立命"，直接来源于孟子的思想，因为孟子讲过"正命"，即人要正常地生，正常地活，正常地死。不要让民众过不正常的生活。"为生民立命"的意思在此。最后的指向，是"为万世开太平"。

但是张载还有另外的四句话，见于他的代表著作《正蒙》一书，我叫它"哲学四句教"。这四句话是：

> 有象斯有对，
> 对必反其为；
> 有反斯有仇，
> 仇必和而解。①

这四句话使用的纯是哲学语言，讲的是一种宇宙观，是对整个宇宙世界发为言说。这个世界上，有无穷无尽的一个个的生命个体，可以称作"象"，这些"象"，有动物的，有植物的，每个"象"都不同。正所谓万象纷呈。此正如张载在《正蒙》中所说的："盈天地之间者，法象而已。"②张载在哲学上秉持"气"一元论的思想，认为无形之气因"感而生则聚"，于是便有象形成。第一句"有象斯有对"，是说所有这些个"象"，都是以不同的姿态，不同的规定性，存在于这个世界上。不同是显然的，即使是美丽的女性，也有不同的美。所以古人很早就有"佳人

---

① 张载：《正蒙》，《张载集》，中华书局1978年版，第10页。
② 《张载集》，中华书局1978年版，第8页。

不同体,美人不同面"(《淮南子·说林训》)的说法。西方也讲,世界上没有两片完全相同的树叶。用张载的原话说,则是:"天下无两物一般,是以不同",以及"造化所成,无一物相肖者"。总之宇宙间的万象,是互不相同的,这才成其为世界。

第二句"对必反其为",是说一个一个的"象",不是静止的,而是流动的。由于各个象的不同,其运行流动的方向也不相同,甚至有时候会背道而驰,所以会出现第三句标称的"有反斯有仇"的情况,发生互相间的对立和纠结。这个"仇"字,古写作"雠",左边一个"隹",右边一个"隹",中间是言论的"言"。"隹"是一种尾巴很短的鸟,"雠"字的本义是指两只短尾巴鸟在叽叽喳喳地说话、讨论、争论、辩论。人有人言,鸟有鸟语。这个"雠"字,就是"校雠"的"雠"。有过校书经历的人都知道,那是很难的事情,所谓无错不成书,很难一个字都不错。古人的"校雠",更是一件大事。你拿这个本子,我拿那个本子,一点一点地校,互相讨论、争论、辩难,难免面红耳赤。但两只短尾巴鸟互相讨论、争论、辩论的结果,并不是这只鸟把那只鸟吃掉,而是或取得共识,或达成妥协,或求同存异,最后走向"和而解"。所以张载哲学四句教的第四句"仇必和而解"是关键的关键。不怕不同,不怕歧见,不怕争论,甚至也不怕因误读而产生的仇仇相对,最后的结局,相信终归会"和而解",而不是"仇而亡"。这是有智慧的中国古代哲人的殷切期待。

但商讨对话需要文化智慧。中国文化的"和同论"的思想,也就是孔子的"和而不同"的思想，是人类对话的智慧源泉。这个世界有差异，但差异不必然发展为冲突，冲突不必然变成你死我活，而是可以"和而解"的。你想，用这个思想来看待世界，不是可以减少很多不必要的麻烦吗？当然，不是一方的问题，而是彼此双方乃至多方的问题，所以需要沟通对话，需要多边商量。"有反斯有仇"，就是沟通、对话、商量、研讨，互相校正的过程。

上世纪末，我有一段时间在哈佛大学做研究，有幸与可以称之为西方大儒的史华慈教授作了两个半天的访谈对话。他是一位法裔犹太人，懂七八种文字，早年研究日本，后来研究中国。他的一个重要学术理念是"跨文化沟通"，主张人和人之间，不同的文化之间，不同的族群之间，是可以沟通的。他跟我谈话中，提出一个理论，他说语言对于思维的作用，并不像人们想象的那样大。这个我以前从没有听说过，因为语言是思维的工具，没有语言，人还能思维吗？当然我们了解，不会讲话的小孩子，会画图画，画图画也是一种思维。史华慈教授为了倡导跨文化沟通，试图在理论上有新的建构。他的这个理论想证明一个问题，即语言不通，也不见得是人们交流的完全不可逾越的障碍。其实，不同的文化可以沟通，不一定那样对立，这是中国文化一向的主张。

然而人类如何走向和解？伟大的思想家孔子给出了另一条思想定律，就是大家都知道的"己所不欲,勿施于人"(《论语·颜渊》)。"己所不欲，勿施于人"代表的是儒家的"恕"道精神，反映出中国文化的异量之美。此一定律，给出了人类的理性相处之道，提倡将心比心，换位思考，自己不喜欢的绝不强加于人。"己所不欲，勿施于人"是处理人类的不同的最合乎人类本性的理性方式，实际上是追寻不同之中的大同。

一个是"和而不同"，一个是"己所不欲，勿施于人"，这两句话都是孔子在世时讲的，时间在公元前 5 世纪，当时正是世界文化历史的轴心时代。我们有理由把孔子这两句话所含蕴的哲学思想，看作是中华文化解决人类生存之道的一种大智慧。

2016 年 2 月 17 日凌晨竣稿于东塾

原刊《文史哲》杂志 2016 年第 3 期

第三章　原忠恕

一、忠恕是孔子的"一以贯之"之道

"忠恕"是孔子的重要思想。一次，孔子对弟子们说："曾参呀，你知道吗？我所行之道有一个贯穿始终的东西。"(《论语·里仁》)说完，孔子就走出去了，把悬念留给了门生。孔子所以单提曾参，是他知道曾参会晓得这个问题的答案。但其他门生不明所以，于是问曾子："夫子这句话是什么意思呢？"曾子说："夫子之道，忠恕而已矣。"就是说，孔子讲的他的"一以贯之"之道，不是其他，而是"忠恕"二字，这是贯穿孔子学说的一根思想主线。

还有一次孔子问子贡，说："赐呀，你是不是以为我是一个博学多识之人？"子贡回答说："是的，难道不是这样吗？"孔子说："不是这样。我主要是能把最重要的道德观念贯穿始终。"(《论语·卫灵公》)此处虽没有曾子给予明解，但所贯穿的道德观念，至少应与"忠恕"有关，或者竟是以"忠恕"为主的德教的总称。因为紧接着孔子又发为感慨，跟子路说："由呀！真正懂得道德的人太少了。"

孔子教学生的课程，除了"礼、乐、射、御、书、数"的知识课和实践课，以及《诗》《书》《礼》《乐》的经典文本课，他的弟子也还对老师的教学内容作过另外的概括，这就是："子以四教：文，行，忠，信。"（《论语·述而》）文是指文章学问，也包括"六艺"之学。行是指德行，即个人的道德修养，特别是"立于礼"。忠是指忠实于自己的内心，能够做到坦白无所隐匿，心口如一，言行一致。"信"是"忠"的外射，对己忠，对他人才有信。"忠"与"诚"可以互训，忠者必诚，诚者必忠。"忠"者、"诚"者，必定是有信之人。信是指与人交往过程能够说到做到，言必行，行必果。故《易经》乾卦的"文言"，引孔子的话说："君子进德修业。忠信所以进德也。修辞立其诚，所以居业也。"①亦即忠信是进德的前提条件，忠信不存，德业之修也就没有可能了。"立诚"是"居业"的前提条件，诚不能立，想在事业上有所建树，只能是空中楼阁。所以孔子还曾经宣示，他的信条是："主忠信，毋友不如己者，过则勿惮改。"（《论语·子罕》）其实，如能做到"过则勿惮改"，也就是忠信的表现。"毋友不如己者"，讲的也是应该亲近讲忠信之人。这方面的义涵，《论语》中多有重出。《颜渊篇》亦载孔子的话说：

---

① 王弼注，楼宇烈校释：《周易注校释》，中华书局 2012 年版，第 3 页。

"主忠信，徙义，崇德也。"所谓徙义，就是遇到好的思想义理，就能够向其好的义理靠拢。皇侃《论语义疏》释"徙义"云："言若能以忠信为主，又若见有义之事则徙意从之，此二条是崇德之法也。"① 诸家之释大体相同。程树德《论语集释》亦云："主忠信则本立，徙义则日新。"② 则"徙义"也是日新之德，只要忠信之本不动摇，日新之德并不与之发生矛盾。所以孔子在《论语·述而篇》中说："德之不脩，学之不讲，闻义不能徙，不善不能改，是吾忧也。"又一次强调"闻义"而能"徙"，而且把"不善"而"能改"作为以忠信为本的崇德修身的重要事项。

小戴《礼记》和大戴《礼记》所记载的孔子言说，都是孔子的弟子或七十子的后学所辑录，其可信性不成问题。《小戴礼·礼器》云："先王之立礼也，有本有文。忠信，礼之本也；义理，礼之文也。无本不立，无文不行。"③ 笔者多次讲过，"敬"这个价值理念是"礼"的精神内核，而此处将"忠信"视作"礼之本"，兹可见"忠信"这个价值理念在传统文化中的地位。实则"忠信"对"立敬"有助发的作用。《礼记·儒行》亦载："儒有不宝金玉，而忠信以为宝。"④ 又直接称"忠信"为人生之一宝。《礼记·大学》也说："故君子有大道，必忠信以得之，骄泰以失之。"孔子一再讲的"志于道"（《论语·述而》），看来也只

① 皇侃撰，高尚榘校点：《论语义疏》，中华书局 2013 年版，第 309 页。
② 程树德撰：《论语集释》下册，中华书局 2013 年版，第 983 页。
③《礼记正义》中册，上海古籍出版社 2008 年版，第 957 页。
④《礼记正义》下册，上海古籍出版社 2008 年版，第 2216 页。

能靠为人行事的忠信品质才有望达之。

《大戴礼·哀公问》亦有载，一次哀公向孔子请教，一个人具有怎样的品质才能称为君子。孔子回答说："所谓君子者，躬行忠信，其心不买；仁义在己，而不害不志；闻志广博，而色不伐；思虑明达，而辞不争；君子犹然如将可及也，而不可及也。如此，可谓君子矣。"①孔子又讲了很多成为君子的条件，但第一位的是"躬行忠信"。《左传》的一条记载也值得深思。《左传·文公元年》冬十月，穆王始立，需要与邻国修好关系，以卫社稷。因此认识到忠信的重要，而且认为需要从谦卑开始。故提出："忠，德之正也；信，德之固也；卑让，德之基也。"②孔子提出"忠信"的问题，本来是为了崇德，此处以"忠"为德之正，认为"信"可以固德，是非常新鲜的见解。而认为卑让是"德之基"，尤其令人警醒。

《论语·卫灵公》记载，一次子张提出一个问题，即怎样使自己的行为得体而又能为人所接受。孔子说："言忠信，行笃敬，虽蛮貊之邦行矣。言不忠信，行不笃敬，虽州里行乎哉？立，则见其参于前也；在舆，则见其倚于衡也，夫然后行。"孔子这番话可是大有讲究。阐述的题旨，当然是言与行的问题，因为"行"是和"言"连在一起的，即常语所谓的"言行"是也。他告诉子张，就言行而言，最重要的，是言要守忠信，行

<hr />

① 方向东撰：《大戴礼记汇校集解》上册，中华书局2008年版，第55页。
② 《春秋左传正义》，十三经注疏标点本，北京大学出版社1999年，第488页。

要笃实庄敬。如果做到这一点，即使到了礼义文明落差比较大的部族国家，也会畅通无阻；反之，如果言不守是忠信，行为不笃实庄敬，就算在自己的本州本里，也难以行得通。孔子主张，应该让忠信笃敬的观念常驻心宅，站立的时候，仿佛能看到忠信笃敬就在前面，驾车的时候，仿佛看见忠信笃敬就写在车前面的横木上。达到此一程度，方可以放心地行走和行事。子张深以为然，于是便将这些话写在了一条带子上，作为自己的警示语。还有一次樊迟问是什么是仁？孔子说："居处恭，执事敬，与人忠。虽之夷狄，不可弃也。"（《论语·子路》）孔子似乎不想对"仁"下一个定义，总是喜欢从各个侧面来描述"仁"的内涵和特征，这在整部《论语》都是如此。此处是强调作为"仁"的构件的"敬"和"忠"的重要，重要到即使来到不大讲究文明礼义的华夏之外的部族，也不丢弃忠、敬这两种品质，那就和仁很接近了，这和回答子张的问题说的是同一个意思。

对于"忠信"的品质，孔子可以说三复其义、四复其义，谆谆教诲，不厌其烦。《论语》开篇，曾子讲"吾日三省吾身"，也是将"忠"和"信"纳入自我反省的最主要内容。这就是："为人谋而不忠乎？与朋友交而不信乎？"后面的第三项"传不习乎"，其实也与"忠信"有关，或者至少可以解释为：老师反复传授的包括"忠信"在内的崇德之道，自己是不是反复学习了？这是需要每天都自我反省的。所以然者，盖由于曾参是最了解孔子这个"一以贯之"的思想的，本文开篇已详论此义，此处不再多赘。

传统义疏也有将"传不习乎"作另外的解释。如何晏等注、邢昺义疏的《十三经注疏》之《论语注疏》,何晏的注即为:"言凡所传之事,得无素不讲习而传之。"①宋人邢昺的义疏也写道:"凡所传授之事,得无素不讲习而妄传乎?"②何注和邢疏的意思,"传不习乎"是曾子反省自己平素是否时时讲习,以及教授别人的时候是否有妄传之事。皇侃的《论语义疏》也持斯意:"凡有所传述,皆必先习,后乃可传。岂可不经先习,而妄传之乎?"③此种大家之解究竟如何,余尝疑焉。今人杨伯峻的解释则比较简明,作:"老师传授我的学业是否复习了呢?"④与本人的看法比较接近。曾参固是孔子的仅次于颜渊的最得意的弟子,据说《孝经》就是曾子所作。但曾参小孔子四十六岁,因此当他讲"每日三省吾身"的时候,是否已经有了自己的弟子,似不好确定。上引古人以及今人的解释,未能将最后一项与前面的两项反省内容联系起来,不能无憾焉。然笔者的释义也只是略备一说而已,不敢自专,还请博雅通人多所是正。

"忠"还和"敬"相关。上引《论语·卫灵公》的孔子语:"言忠信,行笃敬,虽蛮貊之邦行矣。"就把"忠"和"敬"并列双提。孔子讲的君子的"九思",其中有两思,就是"言思忠,事思敬"(《论语·季氏》)。这里需要特别提出,"事思敬"的

---

① 《论语注疏》,十三经注疏标点本,北京大学出版社1999年版,第4页。
② 同上,第4页。
③ 皇侃撰,高尚榘校点:《论语义疏》,中华书局2013年版,第7页。
④ 杨伯峻:《论语译注》,中华书局2009年版,第3页。

义涵来源于《尚书·洪范》。《洪范九畴》是三代之治的经纶大法，其第二畴就是"敬用五事"。而"五事"指的是貌、言、视、听、思。按照孔安国的传注，貌指容仪，言指辞章，视指观正，听指察是非，思指心虑所行[1]。孔颖达所作之义疏解释得更加明白晓畅，认为"貌"是容仪，"言"是口之所出，"视"是目之所见，"听"是耳之所闻，"思"是心之所想[2]。关键是，此"五事"都须秉持"敬"的精神，不断用"敬"义提示着。所以名之为"敬用五事"。这和孔子讲的"言忠信，行笃敬"以及"言思忠，事思敬"，实有异曲同工之妙。"敬"是人的自性的庄严，是本人对"敬义"的诠解。所以《易·坤卦》的文言有曰："君子敬以直内，义以方外，敬义立而德不孤。"[3]"立敬"和"立诚"一样，都是崇德修身的头等大事。但"敬"需要在行动上表现出来，所以孔子以"事思敬"和"行笃敬"二语概括之。

二、忠恕的义理内涵

现在我们再回到孔子"一以贯之"的忠恕之道。因为只有明了忠和信的关系、忠和诚的关系、忠和敬的关系，才有可能把握"忠恕"的准确义理内涵。请先看看《大戴礼记》的一条记载。事情的起因，是哀公向孔子请教，他应该学习哪方面的学问更合适一些。孔子说，那么就学"行礼乐"和"明忠信"

---

[1]《尚书正义》，上海古籍出版社 2007 年版，第 454 页。

[2] 同上，第 455 页。

[3] 王弼注，楼宇烈校释：《周易注校释》，中华书局 2012 年版，第 14 页。

如何？哀公说可以，但希望忠信说多了而不致带来副作用。孔子说，这怎么可能呢。问题是，如果不明白忠信的内涵，又对讲忠信感到厌倦，作为人君就不可以了。其实只要明白了忠信的内涵，又能躬行其道，一定有立竿见影的效果。如果人君行忠信，百官也以忠信来承事，使得"忠满于中而发于外"，民众也以此为鉴戒，天下就不会有忧患了。接着，孔子便对忠信和和忠恕的理念作了一番透彻的说明。孔子说道：

> 忠有九知：知忠必知中，知中必知恕，知恕必知外，知外必知德，知德必知政，知政必知官，知官必知事，知事必知患，知患必知备。若动而无备，患而弗知，死亡而弗知，安与知忠信？内思毕必曰知中，中以应实曰知恕，内恕外度曰知外，外内参意曰知德，德以柔政曰知政，正义辨方曰知官，官治物则曰知事，事戒不虞曰知备。毋患曰乐，乐义曰终。①

孔子的此番论议，涉及到忠、中、恕、外、德、政、官、事、患、备十个观念，而且提出了知忠、知中、知恕、知外、知德、知政、知官、知事、知患、知备的问题。意即对这些理念不仅要学，还要做到学而能知，知而能行。这是孔子的一贯思想。按《说文》："忠，敬也。从心，中声。"段注云："敬者，肃也。未有

---

① 方向东撰：《大戴礼记汇校集解》下册，中华书局 2006 年版，第 1121 页。

尽心而不敬也。"尽心，就是"忠"之义，或俗云"将心放正"。故"忠"因"尽心"而致中而生敬。"知忠必知中"者以此。至于知恕、知外、知德、知政、知官、知事、知患、知备等，可以认为基本上是《尚书·洪范》思想的延续。下面，让我们以《洪范》的理则对孔子回答哀公之问所说的各项思想理念稍作检视。

　　《洪范》是当周武王伐纣成功之后，请回殷的大仁之臣箕子，向其请教大禹治水时的"洪范九畴，彝伦攸叙"的具体含义。所谓"彝伦攸叙"，就是王者施政的道德次序。箕子因此作《洪范》，畅论"洪范九畴，彝伦攸叙"。《大戴礼·小辨》记载的孔子讲的以"忠"、"恕"为代表的各种观念，其义理大都与《洪范》相合。"九畴"的内容，一是五行，二是敬用五事，三是农用八政，四是协用五纪，五是建用皇极，六是乂用三德，七是明用稽疑，八是念用庶征，九是向用五福，威用六极。"皇极"即是"中"或"大中"。为政之"中"和为人之"忠"落到实处，就是"中以应实曰知恕"。因为"恕"是通向大中之道和"忠信"之道的桥梁。"内恕外度曰知外"，就是孔子对哀公讲的"忠满于中而发于外"。所谓"外"者，即"中"和"忠"的致用也。《洪范》的"三德"包括正直、刚克、柔克。"克"是战而胜之的意思。但"三德"之克是指克之以德，也就是《尚书·伊训》所说的："居上克明，为下克忠。"[1]意即在上者须宽待下面之人，讲明道理，

---

[1]《尚书正义》，上海古籍出版社 2007 年版，第 304 页。

行恕道。此即孔颖达的义疏所说："以理恕物，照察下情，是能明也。"① 可见"恕"之义理，也可以从《尚书》中找到理绪渊源。所谓"柔克"也者，就是《易·坤·文言》所说的坤德，亦即恕道。而《洪范》所论之"胜"义，可以用孔子"为政以德"一语概而括之。知《洪范》三德，才知正直、刚克、柔克。知"柔克"，才知"恕"道。而"知事"也者，当即《洪范》的"敬用五事"。所谓"五事"，即貌、视、听、言、思。此"五事"都需要用"敬"，则"知事"即知敬矣。

"知政"就是《洪范》第三畴所说的"八政"，包括食、货、祭祀、礼仪、教育、迎宾客、维治安等。"知患"则为《洪范》第九畴"五福六极"所说的"咎征"。如果不能按《洪范九畴》的大法来施政，必将有祸患发生。所以需要"知患"。"知患"就应该有防备之策，所以需要"知备"。"知备"须从见微知著开始，所以要懂得"休征"和"咎征"。"休征"就是好兆头，"咎征"就是坏消息。王者施政而遇到疑难问题怎么办？那就需要懂得《洪范》第七畴的"稽疑"，和第八畴的"庶征"。具体说，就是王者要"谋及乃心，谋及卿士，谋及庶人，谋及卜筮"。或者说是六询，即询诸王心，询诸卿，询诸士，询诸卜，询诸筮，询诸庶民②。这些关涉天人的程序都做到了，决策就会顺天而应人，不致酿成大错，当然也就会有备而无患。由此可

---

① 《尚书正义》，上海古籍出版社2007年版，第304页。
② 同上，第467页。

见，孔子对哀公所讲的"九知"（实为"十知"），可谓对症下药，苦口婆心，不厌其详。

三、"己所不欲，勿施于人"

然则"恕"的所指究竟为何？前面既已对"忠"作了多方面的阐释，对"恕"是否也可以作单独阐释？其实孔子自己对"恕"的内涵已经有明确的解释，这就是《论语·卫灵公》记载的，一次子贡问孔子："有一言而可以终身行之者乎？"孔子说："其恕乎！己所不欲，勿施于人。"这是对"恕"的全称判断和全称诠释。在孔子看来，如果说有一个观念可以终身行之的话，那应该是"恕"。然则到底什么是"恕"呢？孔子自己作了回答，他说"恕"就是"己所不欲，勿施于人"。质言之，就是设身处地，将心比心，换位思考，自己不喜欢不希望的东西就不要强加于人。《礼记·中庸》引孔子的话："忠恕违道不远，施诸己而不愿，亦勿施于人。"讲的也是同一意思。此一理念体现了孔子思想乃至中国文化的异量之美，西方思想界将孔子的这一思想称作属于全世界的道德金律，良有以也。

《说文》对恕的释义为："恕，从心，如声。"段（玉裁）注云："孔子曰：'能近取譬，可谓仁之方也矣。'孟子曰：'强恕而行，求仁莫近焉。'是则为仁不外于恕，析言之则有别，浑言之则不别也。仁者，亲也。"由《说文》可知，"恕"和"忠"一样，都是"从心"，即发自于内心的道德理念。而心诚则忠，恕也必须基于心诚。但心有诚却不一定就能"恕"。与"恕"最接近的是"仁"。"仁"者为何？就像孔子不直接给"君子"下固定的定义一样，对"仁"，孔子也不想简单明了地定义之。夫子的办法是描摹、比喻、陈述各种属于"仁"的构件的理念，曲尽其情，启发让你了解"仁"的内涵。孔子说"仁者爱人"，也不是给"仁"下定义，而是对最接近"仁"的概念属性的一种表述。"仁"的内涵的确需要有"爱"来充实。《论语·学而》引孔子的话说："弟子入则孝，出则悌，谨而信，泛爱众，而亲仁。行有余力，则以学文。"孝悌是"仁"的起始构件，为人而不孝悌，"仁"就愤然远去了。但"泛爱众"可是"亲仁"的具体"休征"。亦可见"仁"的含藏之丰富博厚。《说文》段注引孟子讲的"强恕而行，求仁莫近焉"，亦大有义理意趣。孟子的原话是："万物皆备于我矣。反身而诚，乐莫大焉。强恕而行，求仁莫近焉。"（《孟子·尽心上》）这和《礼记·中庸》所说的："诚者自成也，而道自道也。诚者物之终始，不诚无物。"意思是一样的。"诚者自成"和"不诚无物"两句，可以视作是在"万物皆备于我"的情况下的"反身而诚，乐莫大焉"。能够"强恕而行"，是由于有"诚"作为前提条件。赵岐注"强恕而行，求仁莫近焉"曰："当自强勉以忠恕之道，求仁之术，此最为近。"则所论证者，是认为"恕"离"仁"最近。焦循之义疏亦写道："反身而诚，即忠恕之道也，宜勉行之。"[1] 其实《孟子》本文已经给出了答案，这就是"强恕而行，求仁莫近焉"。意谓要想"求

---

[1] 焦循撰：《孟子正义》下册，中华书局1987年版，第883页。

仁"，最好还是从"恕"开始，这是最近也是最方便达到"仁"
的途径。

《大戴礼记·卫将军文子》也记载，文子向子贡求教，问
七十子之中哪一位最贤？子贡开始不肯答。文子扣之再三，子
贡才对孔子评价最明晰的一些弟子，对他们每个人的嘉德懿行，
作了精彩的说明。评说得的确精彩，研究孔门之教如果忽略了
这些资料，应是好大的损失。当子贡讲到同门高柴（字子羔，
齐人，为郈宰，少孔子三十岁）的嘉德懿行时，说："自见孔子，
入户未尝越屦，往来过人不履影；开蛰不杀，方长不折；执亲
之丧，未尝见齿，是高柴之行也。"①孔子对子羔的评价是："高
柴执亲之丧则难能也，开蛰不杀则天道也，方长不折则恕也，
恕则仁也；汤恭以恕，是以日跻也。"②子贡讲的高柴的包括谦
让懂礼、为人至孝等嘉行，这里暂且不论，只就涉及"恕"与
"仁"关系的孔子之评议，稍作考论。

孔子说，高柴能做到"开蛰不杀"，这是遵从天道。"方长
不折"，则是恕道。《易·系辞下》："尺蠖之屈，以求信也。"③
"尺蠖"，即一弯一曲而前行的蛰虫。这种虫的开始活动，都是
在万物萌动的春天。高柴在开蛰之时不开杀戒，孔子认为是值
得称赞的顺天道而尽人道的做法。而"方长不折"，意思是说，
对于秉阳气而正在生长的植物，不要使之折断。体物如此，当

---

① 方向东撰：《大戴礼记汇校集解》上册，中华书局 2006 年版，第 646 页。
② 同上，第 646 页。
③ 王弼注，楼宇烈校释：《周易注校释》，中华书局 2012 年版，第 249 页。

然是"恕"了。《易·复卦》的卦辞曰:"复,亨。出入无疾,朋来无咎。反复其道,七日来复,利有攸往。"①孔疏解"利有攸往"云:"'利有攸往'者,以阳气方长,往则小人道消,故'利有攸往'也。"此卦最适合友朋齐聚而来,无疾病,有吉征。因为是"阳气方长",故"利有攸往",而不利于小人兴风作浪。孔子认为高柴能做到"方长不折",就是能行恕道的表现。而"恕",在孔子看来,就已经是"仁"了。

"汤恭以恕,是以日跻"两句,是孔子引六经原典以为证明。《诗·商颂·长发》云:"帝命不违,至于汤齐。汤降不迟,圣敬日跻。昭假迟迟,上帝是祗。帝命式于九围。"②郑玄笺注云:"不迟,言疾也。跻,升也。九围,九州也。"③又笺云:"降,下。假,暇。祗,敬。式,用也。"④又曰:"汤之下士尊贤甚疾,其圣敬之德日进。然而以其德聪明宽暇天下之人迟迟然。言急于己而缓于人,天用是故爱敬之也。"⑤"急于己",即"忠"也;"缓于人",即"恕"也。"又曰"云云,已经是郑康成的离"注"而自疏了。我们再看看孔颖达的疏辞:"言天之所以命契之事,自契之后,世世行而不违失,天心虽已渐大,未能行同于天。至于成汤,而动合天意,然后与天心齐也。因说成汤之行。汤之下士尊贤,

---

① 王弼注,楼宇烈校释:《周易注校释》,中华书局 2012 年版,第 91 页。

② 高亨:《诗经今注》,上海古籍出版社 2019 年版,第 697 页。

③《毛诗注疏》下册,上海古籍出版社 2013 年版,第 2143 页。

④ 同上,第 2143 页。

⑤ 同上,第 2143 页。

甚疾而不迟也。其圣明恭敬之德，日升而不退也。以其聪明宽
暇天下之人，迟迟然而舒缓也。"①郑注的"急于己而缓于人"，
以及孔疏的"以其聪明宽暇天下之人，迟迟然而舒缓也"，就
是孔子讲的"汤恭以恕"。"恭"即敬，连释则为敬恕。

是的，"恕"本来离不开"敬"。郑注和孔疏说的"圣敬之
德日进"和"圣明恭敬之德，日升而不退"，就是孔子说的"是
以日跻"。故孔子对高柴的评说，实为引"六艺"之古典，来
证明自己的"恕则仁也"的学理判断。

四、"恕者，入仁之门"

宋儒对忠恕之道更是关切之至。讲得最多的是河南二
程——洛学的代表程颢、程颐。明道（程颢字明道）说："以
己及物，仁也。推己及物，恕也（违道不远是也）。忠恕一以
贯之。忠者天理，恕者人道，忠者无妄，恕者所以行乎忠也。
忠者体，恕者用，大本达道也。"②他首先给"仁"下了个定义，
认为"以己及物"就是"仁"。其实"仁"是很难下定义的。
没有一个价值理念像仁这样宽厚博大。"爱人"是"仁"的重
要标志。但"爱人"并不是局限于家庭的亲长之爱、夫妇之爱，
而是"泛爱众而亲仁"。不仅有爱，而且有"亲"，与仁庶几近之。
因此说"推己及物"是恕，应该是对"恕"的一种圆解。

明道没有停留在这里，还进一步对"忠"和"恕"作多层

①《毛诗注疏》下册，上海古籍出版社 2013 年版，第 2143 页。
②《二程集》上册，中华书局 1981 年版，第 124 页。

面的分解和连解。他说"忠者天理，恕者人道"，是为分解。说"忠者无妄，恕者所以行乎忠"，是连解。说忠是体，恕是用，既是连解，又是分解。其中以"忠者无妄"和"恕者人道"，最能见忠恕之义。伊川（程颐字伊川）也说：

> 仁之道，要之只消道一公字。公只是仁之理，不可将公便唤做仁（一本有将字）。公而以人体之，故为仁。只为公，则物我兼照，故仁所以能恕，所以能爱，恕则仁之施，爱则仁之用也。[①]

此则将仁和公连解，认为仁离不开公，但又认为不能说公本身就是仁。"公而以人体之，故为仁"，可谓妙解。而讲仁者能爱能恕，恕是仁之施，爱是仁之用，也是谛言。更重要的是，伊川还讲过："恕者，入仁之门，而恕非仁也。"[②] 仁的定义尚且难以寻找，如何成为一个仁者，就更是学理的难题了。而程颐说，恕是进入仁的大门，这就找到了成为仁者的途径了。虽然恕本身还不是仁，但如果做到了恕，就已经处身于仁的大门口了。大哉，二程子之言！

然伊川又说："恕字甚大。然恕不可独用，须得忠以为体。不忠，何以能恕？看忠恕两字，自见相为用处。"[③] 在此段话中，

① 《二程集》上册，中华书局 1981 年版，第 153 页。
② 同上，第 168 页。
③ 同上，第 184 页。

伊川还说："恕字甚难。"对此，容稍作疏解。恕当然是忠的伴生物，不忠自然不会有恕。但光是做到了忠，不一定就能恕。因此忠不等于恕。所以伊川才说："恕字甚大。"又说："恕字甚难。"那么如此"难"的恕字，难道一定不可以"独用"吗？孔子既然说"恕"是可以终身行之的品德，又释恕为"己所不欲，勿施于人"，事实上孔子已经在将"恕"字独用了。

朱熹对忠恕的诠解，跟二程大体相同，但论说甚多，特别与弟子讨论《论语》一书的时候，对"忠恕"有集中的言说。对明道和伊川的论忠恕，也是与弟子反复论议。朱子说："盖以夫子之道不离乎日用之间，自其尽己而言，则谓之忠，自其及物而言，则谓之恕，本末上下，皆所以为一贯，惟下学而上达焉，则知其未尝有二也。"①这与二程子的看法基本相同。在答柯国材的信中，又说："示谕忠恕之说甚详，旧说似是如此，近因详看明道、上蔡诸公之说，却觉旧有病，盖须认得忠恕便是道之全体，忠体而恕用，然后'一贯'之语方有落处。若言恕乃一贯发出，又却差了此意也。如未深晓，且以明道、上蔡之语思之，反复玩味，当自见之，不可以迫急之心求之。"②

朱子对二程子总是特别的尊重和看重，这在其全部著作中无不如此。朱子为人谦谨，为学格局大，胸襟风度阔朗无涯际。此段强调的是忠恕乃道之全体，忠体恕用不宜分开。所以又说：

① 朱熹:《忠恕说》,《朱熹集》卷六十七，第六册，四川教育出版社1996年版，第3533页。
② 同上，1762页。

"'诚'字以心之全体而言,'忠'字以其应事接物而言,此义理之本名也。至曾子所言'忠恕',则是圣人之事,故其忠与诚,仁与恕,得通言之。"① 又说:"忠,只是实心,直是真实不伪。到应接事物,也只是推这个心去。直是忠,方能恕。若不忠,便无本领了,更把甚么去及物。"② 斯语便把问题界定得更明晰易晓了。其说忠的特点是真实无伪,就是二程子所说的"忠无妄"。而说忠是"实心",恕则是把这个"心"推过去"及物",其用语也能让人颔首莞尔。

朱子尤其强调忠恕是一体之道,不能分开。故反复为言曰:"忠恕只是一件事,不可作两个看。""忠、恕只是体、用,便是一个物事,犹形影,要除一个除不得。""忠是体,恕是用,只是一个物事。""忠是本根,恕是枝叶。非是别有枝叶,乃是本根中发出枝叶,枝叶即是本根。"③ 照朱子的说法,"恕"是无法从"忠"里面分离出来了。而把忠恕比作树的"本根"和"枝叶"的关系,更是让"恕"永远不能离开"忠"而独立为事了。不能不认为,朱子的这些说法,与孔子将恕作为可以终身行之的品德的大判断,有划然不相吻合处。朱子还说:"分言忠恕,有忠而后恕;独言恕,则忠在其中。若不能恕,则其无忠可知。

---

① 朱熹撰,王星贤点校:《朱子语类》卷六,第一册,中华书局1986年版,第103—104页。

② 朱熹撰,王星贤点校:《朱子语类》卷十六,第二册,中华书局1986年版,第358页。

③ 朱熹撰,王星贤点校:《朱子语类》卷二十七,第二册,中华书局1986年版,第670—672页。

恕是忠之发处，若无忠，便自做恕不出。"① 还是将忠、恕解释得难解难分，这是宋儒的共同特点。

所以他们特别喜欢讨论孔子所说的"吾道一以贯之"。光是"一贯"一语，朱子和友人和弟子不知讨论有多少次。他们不仅讲天道，而且讲天理。《尚书》等三代之治的经纶大典，以及《论语》一书，很少出现"理"字，但"礼"字则满篇满纸满天下。朱子之书到处都是"理"字。

五、"天地变化草木蕃，不其恕乎"

朱子还对二程子论忠恕的两段话，有特殊的兴趣。一是明道说："维天之命，於穆不已，不其忠乎。天地变化草木蕃，不其恕乎。"二是伊川说："维天之命，於穆不已，忠也；乾道变化，各正性命，恕也。"② 这两段话与"六艺"的《诗》和《易》直接相关。

《诗·周颂·维天之命》云："维天之命，於穆不已。於乎不显，文王之德之纯。假以溢我，我其收之。骏惠我文王，曾孙笃之。"③ 此诗的背景是，周武王崩逝之后，文王受命，再造旧邦，然致太平之大业未竟，而文王逝矣。此在生于忧患的文王，未免留有遗憾。成王年幼，周公摄政，以"一沐三捉发，

---

① 朱熹撰，王星贤点校：《朱子语类》卷四十五，第三册，中华书局1986年版，第1161页。

② 《程氏外书》卷七，《二程集》下册，中华书局1981年版，第392页。

③ 高亨：《诗经今注》下册，上海古籍出版社2019年版，第626页。

一饭三吐哺"①的精神，"一年救乱，二年克殷，三年践奄，四年建侯卫，五年营成周，六年制礼乐，七年致政成王"。这其中，以制礼作乐为最隆美的德洽伟业，为此周公先营洛邑，以观天下之心。结果得到各路诸侯的响应，周公这才放心地制作礼乐。《诗·维天之命》，就是在洛邑建成之后，献给文王的颂歌。"维天之命，於穆不已"，犹言天道无极止，天德美若兹。孔（颖达）疏引子思弟子孟仲子论《维天》之诗云："称天命以述制礼之事者，叹'大哉，天命之无极'，而嘉美周世之礼也。美天道行而不已，是叹大天命之极。文王能顺天而行，《周礼》顺文王之意，是周之礼法效天为之，故此言文王，是美周之礼也。"②孔疏已将《诗》意解释得大体明了。然则，就周公对天道的尊顺、对文王的承命而言，以及自我人格的谦谨智慧和无逸无妄来说，自然当得一个"忠"字。明道说的"维天之命，於穆不已，不其忠乎"，伊川说的"维天之命，於穆不已，忠也"，自是引古得义之言。

至其明道所说"天地变化草木蕃，不其恕乎"，伊川所言"乾道变化，各正性命，恕也"，则直接使用的《周易》的原典。《易·坤·文言》云："天地变化，草木蕃。天地闭，贤人隐。《易》曰：'括囊，无咎无誉'，盖言谨也。"③"括囊，无咎无誉"，是坤卦六四的爻辞。六四的象辞是："括囊无咎，慎不害也。"王

---

① 《史记·鲁周公世家》，中华书局国学文库本，2011 年版，第 1391—1392 页。

② 《毛诗注疏》下，上海古籍出版社 2013 年版，第 1888 页。

③ 王弼撰，楼宇楼校释：《周易注校释》，中华书局 2012 年版，第 14 页。

弼注云：“处阴之卦，以阴居阴，履非中位，无直方之质，不造阳事，无含章之美，括结否闭，贤人乃隐。施慎则可，非泰之道。”[1] 此注可以通释爻辞和象辞。囊是盛物之器。括者，结扎也，即把盛物之器扎紧口，犹言封口。郑疏释为：“闭其知而不用，故曰‘括囊’。”[2] 亦甚得义也。至于象辞说的“括囊无咎，慎不害也”，盖由于谨言慎行，不与人争竞，自然也就不会被害了。坤卦所彰显的是为坤德。坤卦象辞曰：“至哉坤元！万物资生，乃顺承天，坤厚载物，德合无疆。含弘光大，品物咸亨，牝马地类，行地无疆。”[3] 坤德的特点，是厚德博施，资生万物。

所以然者，还需要与乾元合其德。由于是“以阴居阴”，欲与“阳”合其德，就必须柔润以承顺于天。坤德的要义在一“顺”字。一旦因顺而合阳，实现“德合无疆”，就会“含弘光大，品物咸亨，牝马地类，行地无疆”，也即是走遍天下无阻挡也。苟如是，即使阴爻到了六五的正位，只要仍然守之以坤道，不以阴夺阳，还是会“美尽于下”（王弼语）[4]。而且由于“体无刚健而能极物之情，通理者也。以柔顺之德，处于盛位，任夫文理者也。垂黄裳以获元吉，非用武者也。极阴之盛，不至疑

---

[1] 王弼撰，楼宇楼校释：《周易注校释》，中华书局 2012 年版，第 13 页。
[2] 同上，第 13 页。
[3] 同上，第 12 页。
[4] 同上，第 13 页。

阳，以文在中，美之至也。"① 不仅"美尽于下"，由于有德充乎其中，还能达到"美之至也"的极妙之境。《坤卦·文言》对"美之至也"的卦象，有进一步的描述，曰："君子黄中通理，正位居体，美在其中，而畅于四支，发于事业，美之至也。"② 这就不止是美在其中了，还传递畅发到四支，令事业也为之发达。此种情境，已经是阴阳合一，欢悦圆妙，人事和谐，安宁舒畅而致太平。此时，正是万物茁壮生长的"草木蕃"的时刻，圣人自然也就无须隐了。此种时刻，即伊川所说的"乾道变化，各正性命"的情状，其表现为合其德而互相包容，当然亦即恕道集中体现的美好境况。

其实和"恕"靠的最紧的是"仁"。此点，前面分疏《大戴礼记·小辨》中孔子评议弟子高柴已经讲过了。孔子说："恕则仁也。"宋儒的大贡献，是提出恕为入仁之门，这是足以令人醍醐灌顶之警醒语也。王阳明也说过："然恕，求仁之方，正吾侪之所有事也。"③ 大哉，阳明子之论。"求仁之方"和"入仁之门"，表述不同，理归则一。吾辈后学，对宋明两代大儒，能不敬乎。

《颜氏家训·兄弟》亦载："娣姒者，多争之地也，使骨肉居之，亦不若各归四海，感霜露而相思，伫日月之相望也。况以行路之人，处多争之地，能无间者鲜矣。所以然者，以其当

---

① 王弼撰，楼宇烈校释：《周易注校释》，中华书局2012年版，第13页。

② 同上，第14页。

③《王阳明全集》，上海古籍出版社1992年版，第149页。

公务而执私情，处重责而怀薄义也。若能恕己而行，换子而抚，则此患不生矣。"[1] 这是颜之推从生活的实感中抽绎出来的看法。他认为，一个家庭中妯娌不和，陌生人在路上争道，都是由于人们喜欢责人而薄于情义的结果。如果能够"恕己而行"，即遵循恕道，推己及人，这些不好的现象就不致发生。以此颜之推提出了"换子而抚"的问题，这是践行恕道的一个非常有效的方法。二程子也有过"易子而抱"的想法，都是为了培养善待他人的恕道。司马迁在《史记·礼书》中说："恭敬辞让之所以养安也。"[2] 恭敬，即敬也。辞让，即恕也。以此"己所不欲，勿施于人"的"恕"道，不失为安定家庭、安定人事、安定社会的一剂道德良方。河汾之学的代表王通，也在《中说》中提出，如果一个人要想成为君子，首先应该先从恕开始（"必先恕乎"）。他并且说："为人子者，以其父之心为心；为人弟者，以其兄之心为心。推而达之于天下，斯可矣。"[3] 他说"恕"道就是在从家庭到社会的人与人的关系中体现出来，不仅推己及父，推己及兄，还需要推己而达之于整个社会。

六、"圣人之德，莫美于恕"

清中叶的大学者戴震，在《孟子字义疏证》一书中，也有相关论述。他说："视人犹己，则忠；以己推之，则恕；忧乐

---

[1] 《颜氏家训》，中华书局 2014 年版，第 27 页。

[2] 《史记·礼书》，中华书局国学文库本，2011 年版，第 1097 页。

[3] 王通撰，张沛校注：《中说校注》，中华书局 2013 年版，第 48 页。

于人，则仁；出于正，不出于邪，则义；恭敬不侮慢，则礼；无差谬之失，则智；曰忠恕，曰仁义礼智，岂有他哉？"① 戴氏又说："盖人能出于己者必忠，施于人者以恕。行事如此，虽有差失，亦少矣。凡未至乎圣人，未可语于仁，未能无憾于礼义，如其才质所及，心知所明，谓之忠恕可也。圣人仁且智，其见之行事，无非仁，无非礼义，忠恕不足以名之。然而非有他也，忠恕至斯而极也。"②。戴氏认为"忠"是"出于己"或"视人犹己"，也即推己之意，但文字表述有所不同。推己及人为恕，戴氏的表述是"以己推之"，无不同。但他认为，如能做到"忠恕"两字，当行事的时候，即使有差错，也会很少。而"仁"，他认为那是圣人之事，我们普通人能做到"忠恕"，就已经达到了一个极至。戴震是清儒，对宋儒的理念检讨和反思甚多，毋宁说，更富有实证精神。

当然戴氏之论是由疏证《孟子》而导出。孟子岂不言乎："恻隐之心，人皆有之；羞恶之心，人皆有之；恭敬之心，人皆有之；是非之心，人皆有之。"（《孟子·告子上》）又说："恻隐之心，仁也；羞恶之心，义也；恭敬之心，礼也；是非之心，智也。"（同上）我们不妨稍作填充，是否也可以写作：恻隐之心，仁也，亦恕也；羞恶之心，义也，亦忠也；恭敬之心，礼也，亦敬也；是非之心，智也，亦义也，忠也。这四心，亦即

① 戴震撰，何文光整理：《孟子字义疏证》，中华书局 1961 年版，第 18 页。
② 同上，第 55 页。

人之为人的"四端"。"端"即开始。意思是说，此"四端"是
做人的起点，如果连这"四端"都做不到，就不配称之为人了。
以此孟子写道：

> 人皆有不忍人之心。先王有不忍人之心，斯有不忍人
> 之政矣。以不忍人之心，行不忍人之政，治天下可运之掌
> 上。所以谓人皆有不忍人之心者，今人乍见孺子将入于井，
> 皆有怵惕恻隐之心，非所以内交于孺子之父母也，非所以
> 要誉于乡党朋友也，非恶其声而然也。由是观之，无恻隐
> 之心，非人也；无羞恶之心，非人也；无辞让之心，非人
> 也；无是非之心，非人也。恻隐之心，仁之端也；羞恶之
> 心，义之端也；辞让之心，礼之端也；是非之心，智之端
> 也。人之有是四端也，犹其有四体也。有是四端而自谓不
> 能者，自贼者也；谓其君不能者，贼其君者也。（《孟子·公
> 孙丑上》）

孟子这些论述，为人们所习知，本人亦在多篇文章中引用过。
今重提此论，盖由于诠解忠恕之缘故也。

那么，孟子论四端前面之对"不忍人之心"的反复为说，
无法不引起笔者的重新注意。"不忍人之心"，就是恻隐之心，
亦即仁也，恕也。有此秉仁恕之心的先王之道，才有先王之政。
有先王之政，才有三代之治。孔子的弟子有若说："礼之用，
和为贵，先王之道斯为美。"（《论语·学而》）"和"也可以视

为礼乐之和。"和"当然需要有"礼"的节制。但有子此处所言，侧重点在"和"义本身。先王之道的美点，也是在此（"斯为美"）。宋邢昺释证此段之疏文云："言先王治民之道，以此礼贵和美。礼节民心，乐和民声。乐至则无怨，礼至则不争，揖让而治天下者，礼乐之谓也，是先王之美道也。"[①]礼乐相融而成"和"的"美道"，在《易·坤·文言》看来，就是天地合其德，阴阳合其德。也就是可以资生万物的"草木蕃"。因此"和"中必有恕道存焉。

事实上，如果没有推己及人、"己所不欲，勿施于人"的"恕"的精神，礼乐相融的和乐美境不可能出现。古今世界之喜欢纷争的人类若想走向和解，"己所不欲，勿施于人"的恕道，应该是解套的方便法门。难怪西汉大儒董子仲舒在沉迷于天人感应的神秘性之余，禁不住发为感叹曰："圣人之德，莫美于恕！"[②]

七、"论古必恕，非宽容之谓"

问题是，适合于今人和尔后之人的恕道，是否也可以推及古人？答案是肯定的。章学诚在《文史通义·文德》中写道："不知古人之世，不可妄论古人文辞也。知其世矣，不知古人之身处，亦不可以遽论其文也。身之所处，固有荣辱隐显、屈伸忧乐之不齐，而言之有所为而言者，虽有子不知夫子之所谓，

---

① 《论语注疏》，十三经注疏标点本，北京大学出版社1999年版，第10页。
② 董仲舒著，苏舆撰，钟哲整理：《春秋繁露义证》，中华书局1992年版，第161页。

况生千古以后乎？圣门之论恕也，'己所不欲，勿施于人'，其
道大矣。今则第为文人，论古必先设身，以是为文德之恕而已
尔。"① 章氏称"恕"为圣门之大道，论述古人必先设身处地，
亦即将心比心，换位思考，他说这是"文德之恕"，是为学者
论古所必需者也。

　　章学诚还说："凡为古文辞者，必敬以恕。临文必敬，非
修德之谓也。论古必恕，非宽容之谓也。敬非修德之谓者，气
摄而不纵，纵必不能中节也。恕非宽容之谓者，能为古人设身
而处也。嗟乎！知德者鲜，知临文之不可无敬恕，则知文德
矣。"② 此处，章氏又突出了"临文必敬"和"论古必恕"两组
关键词。而且特别提出，临文必敬不只是为了修德，而是文章
写作本身的要求。因为为文需要摄气而不放纵，一旦放纵，文
章将会散乱而失去重点。同样，论古必恕也不简单是宽容的问
题，如果不采取此种态度，你就做不到设身处地的了解古人，
因此要想对古人和古人的著作做出准确可观的评价当无可能。
《易·坤·文言》云："君子敬以直内，义以方外，敬义立而德
不孤。'直方大，不习无不利'，则不疑其所行也。"③ 直、方、
大是为三德。孔（颖达）疏云："生物不邪，谓之直也；地体安
静，是其方也；无物不载，是其大也。"④ 直即正也。内直，必

---

① 章学诚撰，叶瑛校注：《文史通义》，中华书局国学文库本，2014 年版，第 260 页。
② 同上，第 259 页。
③ 王弼注，楼宇烈校释：《周易注校释》，中华书局 2012 年版，第 14 页。
④ 王弼、韩康伯注，孔颖达疏：《周易正义》，九州出版社 2004 年版，第 45 页。

有"忠"和"诚"存焉。地体安静,是其方而能承也;承顺于天,即恕也。大而无物不载,是其容也;容即恕也。"不习无不利",指无须格外修营而自可成就功业。而"敬义立"即是立敬。能够"立敬"者,则必有忠、诚、敬、恕充实其中。章学诚将"敬恕"之道推及研究古人之学说,可谓有识、明道、知人、知书之伟论也。

这让我想起本人研究多年的陈寅恪先生。他在为冯友兰的《中国哲学史》上册所写的审查报告中写道:

> 凡著中国古代哲学史者,其对于古人之学说,应具了解之同情,方可下笔。盖古人著书立说,皆有所为而发。故其所处之环境,所受之背景,非完全明了,则其学说不易评论,而古代哲学家去今数千年,其时代之真相,极难推知。吾人今日可依据之材料,仅为当时所遗存最小之一部,欲藉此残余断片,以窥测其全部结构,必须备艺术家欣赏古代绘画雕刻之眼光及精神,然后古人立说之用意与对象,始可以真了解。所谓真了解者,必神游冥想,与立说之古人,处于同一境界,而对于其持论所以不得不如是之苦心孤诣,表一种之同情,始能批评其学说之是非得失,而无隔阂肤廓之论。否则数千年前之陈言旧说,与今日之情势迥殊,何一不可以可笑可怪目之乎? [①]

[①] 陈寅恪:《冯友兰中国哲学史上册审查报告》,《金明馆丛稿二编》,生活·读书·新知三联书店 2001 年版,第 279 页。

陈先生此审查报告提出的"了解之同情"，我认为是寅恪先生为其阐释学预设的"先验态度"和"先验方法"。所谓预设、先验云云，是指在陈先生看来，"了解之同情"是任何学人欲阐释古人之著述和学说，均无法避开的基本学术立场。所谓"了解之同情"，其实就是章学诚讲的"论古必恕"的文德，亦即为人为学不可缺少的"恕道"。人而不能"恕"，就是不具有文德，实即不仁。而要想做到"了解之同情"，依陈先生的意思，则需要研究者做到和立说之古人"处于同一境界，而对于其持论所以不得不如是之苦心孤诣，表一种之同情"，然后方有可能对其著作或学说之成败得失，做出公允而切中的评判。

然此事宜有二难：一是与立说之古人处于同一境界，显然这是非常难的一件事。二是对古人立论的"不得不如是之苦心孤诣，表一种之同情"，这比前一难还要难。所难者不在方法，而是心术。今天的研究者能够克此二难者，舍忠恕之道、仁恕之德，没有第二途可言。

2020 年岁在庚子六月初一于东塾

原刊《文史哲》杂志 2021 年第 1 期

第四章　立诚篇

"诚"是中国文化里面非常重要的价值理念，特别对一个人的修为和健全人格的养成而言，"诚"居于核心的位置。作为生命个体的人，总是内在有诚，外面才有信。诚信品质的建构，诚是先在的精神本体。"诚"而能立，精神的本我就自在自足了。故《易》之《乾》卦的《文言》云："修辞立其诚。"

而王阳明在面对一位即将离开京师返归故里的学人前来请益时，给出的也只是两个字，曰"立诚"。此事发生在明正德十年（1515），请益者名林典卿。林氏尝聆听过阳明的立诚之说，此次本欲请得能够通天地古今的为学典则，以为终生教言，不料竟是早已听闻过的"立诚"二字，不禁追问说：以天地之大、星辰之丽、日月之明、四时之行，引类而言，不可穷尽；人物之富、草木之蕃、禽兽之群、华夏之辨，引类而言，亦不可穷尽；古之学者殚精竭智，尚莫能究其端绪，靡昼夜，极年岁，犹不能竟其说。难道仅仅"立诚"二字，就能尽其綮要吗？阳明子从容答曰："立诚尽之矣。"① 可知王阳明把"立诚"的题义看得何其重要，以至于认为不只不可替代，而且不能增益。这缘于"诚"之义理在"六经"以及先儒著作中的特殊地位，在于"诚"之一字的执一不二和不息不灭的实理品格。此诚如二程子所说："惟立诚然后有可居之地。"②

一、"诚者，天之道"

《礼记》"中庸"篇，论"诚"最为透辟见义。其中写道："诚者，天之道也；诚之者，人之道也。"③ 所谓"天之道"，即自成之道、本然之道，非人力所能预为。而"诚之者"，则是人之所欲达致的"诚"的境界，所以是"人之道"。朱熹解"诚"，提出"诚"是"理"，而且是"实理"④，即认为"诚"是独立自足的价值理念，不失为理学家的特有贡献。以此，"诚"作为一个学理之概念，必然具有先验的特征，也就是"自然不假修为"⑤，因而便成为自然而然的"天之道"了。此亦即朱子所强调的"诚是天理之

---

① 王阳明撰：《赠林典卿归省序》，《王阳明全集》上册，上海古籍出版社1992年版，第235页。

② 《二程粹言》，《二程集》下册，中华书局1981年版，第1174页。

③ 朱熹撰：《中庸章句》，《四书章句集注》，中华书局1983年版，第31页。以下引《中庸》不另出注。

④ 朱熹撰，王星贤点校：《朱子语类》第一册，中华书局1986年版，第102页。

⑤ 朱熹撰，王星贤点校：《朱子语类》第四册，中华书局1986年版，第1563页。

实然，更无纤毫作为"，"有一毫见得与天理不相合，便于诚有一毫未至"①。主张"立诚"应终生以之的王阳明，在认定"诚"是"实理"的同时，更进而提出"诚是心之本体"②。既然是本体，自然就无减无增了。然则"诚之者"或曰"思诚"是何所取义？阳明的解释为："思诚"是希求回归"诚"之"本体"③。换言之，"思诚"就是想"立诚"，亦即对"立诚"的一种向往。但"立诚"不是离开本心，另立一个"诚"，而是回复到自心的本然之诚。回归也可以视作"复性"。至于如何回归，我以为孟子的"诚"论，可作为回归之道。

孟子说："诚身有道，不明乎善，不诚其身矣。"(《孟子·离娄上》)所谓"诚身"，就是修身以"立诚"。这与《中庸》所说的"诚之者，择善而固执之者也"，属于同一义谛。"诚之者"，是为思诚之道。可见择善、明善、向善，是通向"诚"之道的桥梁。所以孟子又说："反身而诚，乐莫大焉。""反"即回归，就是复其自身的本然之诚。因明善而复归到自身的本然之"诚"，使"诚"之"体"与自身的性自体合而为一，此种境界，还有何不惬意、不满足(慊)之有？自然"乐莫大焉"了。

此处需要和《礼记·大学》的"正心诚意"说互阐。《中庸》是孔子的孙子子思所作，《大学》相传为孔子的高足曾参所作，不管其说的可信程度如何，两书传达的是为孔子思想，应无疑

---

① 朱熹撰，王星贤点校：《朱子语类》第四册，中华书局 1986 年版，第 1563 页。
② 王阳明撰：《传习录》，《王阳明全集》上册，上海古籍出版社 1992 年版，第 35 页。
③ 同上，第 35 页。

义。《大学》的开篇写道："大学之道，在明明德，在亲民，在止于至善。"① 朱熹称之为"纲领"，而格物、致知、正心、诚意、修身、齐家、治国、平天下，朱子称之为"条目"②。其"八目"的原文作："古之欲明明德于天下者，先治其国。欲治其国者，先齐其家。欲齐其家者，先修其身。欲修其身者，先正其心。欲正其心者，先诚其意。欲诚其意者，先致其知。致知在格物。"这是正推。反过来逆推则为："物格而后知至，知至而后意诚，意诚而后心正，心正而后身修，身修而后家齐，家齐而后国治，国治而后天下平。"③ 中国古代士人的修身、齐家、治国、平天下的理想，这里作了环环相扣、密不透风的逻辑推演。无论正推抑或逆推，都可以说是"修齐治平"的漫长道路，须是从格物致知、正心诚意开始。

"格物致知"是获得建立在自身经验基础上的知识能力，也就是需要形成因物即理（"即物而穷其理"）的认知自觉。"正心诚意"则是修身的要诀。《中庸》引孔子语："好学近乎知，力行近乎仁，知耻近乎勇。知斯三者，则知所以修身。"又说："知所以修身，则知所以治人；知所以治人，则知所以治天下国家矣。"义理和逻辑与《中庸》完全一致。"知斯三者"的"知"，"知所以"则"知"的"知"，即格物致知的"知"。这个"知"实际上是将大学之道的"三纲"、"八目"置于理性自觉的层面。

---

① 朱熹撰：《大学章句》，《四书章句集注》，中华书局 1983 年版，第 3 页。
② 同上，第 3—4 页。
③ 同上，第 3—4 页。

换言之，"修身"是"治平"的前提。所以《大学》在反复推演
"格、致、正、诚、修、齐、治、平"的义理之后，紧接着总
括地写道："自天子以至于庶人，壹是皆以修身为本。"

问题在于何谓正心？何谓诚意？正心诚意和修身究竟是何
种关系？如果将《中庸》、《大学》两篇之文义互相比勘参证，
可知"正心"实际上是"修身"的结果和目标。就是说，"修身"
的目的即在于使人心归之于正。"正"者为何？乃归之于善也。
王阳明对此的解释最为典要，他写道："何谓修身？为善而去
恶之谓也。"①阳明还说："若区区之意，则以明善为诚身之功也。
夫诚者，无妄之谓。诚身之诚，则欲其无妄之谓。'诚之'之功，
则明善是也。故博学者，学此也；审问者，问此也；慎思者，
思此也；明辩者，辩此也；笃行者，行此也。皆所以明善而为
'诚之'之功也。故诚身有道，明善者，诚身之道也；不明乎善，
不诚乎身矣。"②后世学者解亚圣（孟子）的"诚身有道"，以阳
明的解释最能得义之全体。孟子之"诚身"和《中庸》之"修
身"，只是语词表述有所分别，义理之内涵则无不同。因为"修
身"、"诚身"归根结底是为了达到"正心"。

"正心"的前提是"诚意"，即"欲正其心者，先诚其意"。
但就修身的全部义理内涵来说，"诚意"是单指，"正心"是全

---

① 王阳明撰：《大学问》，《王阳明全集》下册，上海古籍出版社1992年版，第
971页。
② 王阳明撰：《与王纯甫》，《王阳明全集》上册，上海古籍出版社1992年版，
第156页。

提。"好学"、"力行"、"知耻"是修身的途径,"知"、"仁"、"勇"是身修之后的结果。而修身过程的完成,"知"、"仁"、"勇"的最终实现,全赖诚身与明善。诚身是终极归宿,明善是回归的功夫。《大学》的"明明德",实即明善之意,而"止于至善",则是"以修身为本"所达至的终极正果。而《中庸》的"诚意",既是修身的起点,又是修身的归宿。所以王阳明说:"诚意之极,止至善而已矣。"① 总之是在此一"善"。《中庸》第八章引孔子语:"回之为人也,择乎中庸,得一善,则拳拳服膺而弗失之矣。"亦为此义。二程子也说:"能守善,斯可谓诚也已。"伊川(程颐)更申而论之曰:"不诚无以为善,不诚无以为君子。修学不以诚,则学杂;为事不以诚,则事败;自谋不以诚,则是欺其心而自弃其志;与人不以诚,则是丧其德而增人之怨。今小道异端,亦必诚而后得,而况欲为君子者乎?故曰学者不可以不诚。"② 盖伊川之论诚,可谓具体而微。"不诚无以为善,不诚无以为君子",斯为诚之大道。而"修学"、"为事"、"自谋"、"与人",则是日用常行之小道。然即使小道,行之不以诚,亦难以成其事。

此盖由于对一个人的修为而言,"诚"是彻头彻尾、贯彻终始之事,不是此一事诚,他事可以不诚;或今日诚之,明日便可无诚。故《中庸》继而又写道:"诚者,物之终始,不诚

---

① 王阳明撰:《大学古本序》,《王阳明全集》上册,上海古籍出版社 1992 年版,第 242 页。
② 《二程集》上册,中华书局 1981 年版,第 326 页。

无物。"阐明"诚"的不间断性。诚而有断，不能贯彻终始，"诚"即归之于无。而"诚意"一词的意象，也可用弥漫周身、无有空隙来取譬。《易·乾》卦《文言》引孔子之言曰："庸言之信，庸行之谨，闲邪存其诚，善世而不伐，德博而化。"[1]这是说，即使平常的言论和行动，也须谨慎而能够取信，使得此诚常存而不留空缺，免得"邪"（非善）乘虚而入。所谓"闲邪"，就是让"邪"闲置无用。故伊川说："闲邪则诚自存，而闲其邪者，乃在于言语、饮食、进退、与人交接之际而已矣。"[2]是的，"闲其邪者"，就是给"邪"放长假，令其永远休息。"言语、饮食、进退、与人交接"这些日常的言论与行为，亦即"庸言"、"庸行"，最容易失去警觉，而给"邪"以可乘之机。如果这些方面都能够做到谨慎小心，"诚"就会充满自性的本体，变成性体之诚，使得"诚"无间断、无空隙，周身皆诚，从而达到"自诚明"的境界。

"自诚明"的境界，是"诚"的最高境界，其哲学义涵可概括为"天之道"和"人之道"的浑成无隙，天道和性自体合一。所以《中庸》说："自诚明，谓之性。"所谓"自诚明"，乃是性体因明善、守善、固善而通体澄明洞彻者也。

二、"美意延年，诚信如神"

《礼记·中庸》还有一段无法不予重视的话："唯天下至诚，

---

[1] 王弼撰，楼宇烈校释：《周易注校释》，中华书局 2012 年版，第 3 页。
[2] 《二程集》上册，中华书局 1981 年版，第 317—318 页。

为能尽其性；能尽其性，则能尽人之性；能尽人之性，则能尽物之性；能尽物之性，则可以赞天地之化育；可以赞天地之化育，则可以与天地参矣。"所谓"至诚"和"尽性"，指的就是"天之道"和"人之道"合一的"诚"的极致。达到此种境界，则可以"赞天地之化育"，与天地同参。也就是达至与天地万物为一体的境界。换言之也可以说"诚"可通神。所以《中庸》又写道："至诚之道，可以前知：国家将兴，必有祯祥；国家将亡，必有妖孽；见乎蓍龟，动乎四体。祸福将至，善必先知之，不善必先知之。故至诚如神。"《中庸》此处用"至诚如神"表达"诚"可通神的推思理路。

中国古代关于"诚"可以通神、"至诚如神"的话题多有。《荀子·不苟》于斯述论得尤为集中，其中一段写道："君子养心莫善于诚，致诚则无它事矣。惟仁之为守，惟义之为行。诚心守仁则形，形则神，神则能化矣；诚心行义则理，理则明，明则能变矣。变化代兴，谓之天德。天不言而人推高焉，地不言而人推厚焉，四时不言而百姓期焉。夫此有常，以至其诚者也。君子至德，嘿然而喻，未施而亲，不怒而威。夫此顺命，以慎其独者也。善之为道者，不诚则不独，不独则不形，不形则虽作于心，见于色，出于言，民犹若未从也，虽从必疑。天地为大矣，不诚则不能化万物；圣人为知矣，不诚则不能化万民；父子为亲矣，不诚则疏；君上为尊矣，不诚则卑。夫诚者，君子之所守也，而政事之本也。唯所居以其类至，操之则得之，舍之则失之。操而得之则轻，轻则独行，独行而不舍则济矣。济而材尽,长迁而不反其初则化矣。"①荀子所言,与《中庸》的"诚"论义有同归。

"养心莫善于诚",即《中庸》的"修身"之谓。"致诚则无它事",可齐于《中庸》的"诚外无物"。"诚心守仁则形,形则神,神则能化"、"变化代兴,谓之天德",即是"诚"可通神之意。而荀子在《致士》篇提出的"得众动天,美意延年,诚信如神,夸诞逐魂"②十六字判语,则直接将"诚信如神"提撕而出。王先谦注《不苟》"诚心守仁则形,形则神,神则能化"句,认为"化"是为"迁善"③;《致士》的"美意延年"四句,也以善恶为应④,以"迁善"为养生的妙道。"美意"即善,善则情温意平而亲仁。故孔子有言,曰"仁者寿"。可见,荀子与孔门后学殊途同归,同样将"择善"、"迁善"作为通往"诚"的不二通道。

"至诚"之"诚",不仅可以通神,按照朱熹的理解,还可以成为与自己的祖先建立精神联系的纽带。祭祀祖先诚然是传统社会的祭祀大礼,其重要程度,仅次于朝廷的祭天。但"祖"有远近,如果是祭祀"祖之所自出"⑤,即最早的初始之祖,古

---

① 王先谦撰,沈啸寰、王星贤点校:《荀子集解》,中华书局 2012 年版,第 45—47 页。

② 《荀子·致仕》,王先谦撰,沈啸寰、王星贤点校:《荀子集解》,中华书局,2012 年版,第 256 页。

③ 王先谦撰,沈啸寰、王星贤点校:《荀子集解》,中华书局 2012 年版,第 46 页。

④ 同上,第 256 页。

⑤ 《礼记·祭法》,孙希旦撰:《礼记集解》下册,中华书局 1989 年版,第 1192 页。

代有一个专指语词曰"禘"。如果将远近祖先一起祭奠，称为
"祫"，是为合祭之义。无论是初始之祖，抑或合祭之祖，都距
致祭的后人湮远弗届，甚至连牌主影像也早已无影无踪，后来
者的祭仪能达致预期的效果吗？《论语·八佾篇》也曾讨论及
此，但孔子主要对鲁国在祭祀时将僖公置于闵公之上的"逆祀"
不以为然，所以对关于"禘之说"之问，回答是"不知也"[①]。

朱子不同，他认为只要心存"诚敬"，祖先的精神和自己
的精神是可以相连接的。他说："气有聚散，理则不可以聚散
言也。人死，气亦未便散得尽，故祭祖先有感格之理。若世次
久远，气之有无不可知。然奉祭祀者既是他子孙，必竟只是这
一气相传下来，若能极其诚敬，则亦有感通之理。"[②] 又说："祖
考之精神魂魄虽已散，而子孙之精神魂魄自有些小相属。故祭
祀之礼尽其诚敬，便可以致得祖考之魂魄。"[③] 总而言之，朱熹
的意思可以用一句话概括之，那就是："能尽其诚敬，便有感
格。"我们需要注意"感格"这个概念。可知"诚"这个价值理念，
"诚敬"之所立，具有怎样的感通神奇的作用。此正如二程子
伊川所说："至诚感通之道，惟知道者识之。"[④] 无论求之于"事"，
还是求之于"理"，朱子之为"知道者"，其谁曰不然！

这里，不妨行笔至宋，看看周子濂溪（周敦颐）对"诚"

---

① 程树德撰：《论语集释》上册，中华书局 2013 年版，第 201 页。

② 朱熹撰，王星贤点校：《朱子语类》第一册，中华书局 1986 年版，第 38 页。

③ 同上，第 46 页。

④ 《二程粹言》，《二程集》下册，中华书局 1981 年版，第 1171 页。

所作的特殊解读。周平生为学著述不多，主要以《太极图》和《通书》名世。而后者实是对前者意蕴的疏通、解说和著论。此两著本身的学理义涵此处暂不置论，姑专门拈出其"诚"说，以俟知者。《通书》说诚共有三篇：一、诚上；二、诚下；三、诚几德。每篇字数寥寥，但对"诚"所作的义理阐释，可谓另出手眼。

首先周子提出"诚者，圣人之本"的理念。他引《易》为说："乾道变化，各正性命，诚斯立焉。"[1] 盖周子的思想，悉本诸《易》，故直接从《易经》里引出了"立诚"的学说。朱熹对此解释道："诚者，至实而无妄之谓，天所赋、物所受之正理也。人皆有之，而圣人所以圣者无他焉，以其独能全此而已。"[2] 朱子这里所强调的"诚"为"天所赋、物所受"，即"诚"为天之道、思诚为人之道之谓。而认为圣之所以为圣，全在一个"诚"字，"诚"是圣人之本，则是周子的发明。今本《通书》，朱子的"解附"与之并传。因此读《通书》自当参酌朱子之解。而朱子采用的是"以周解周"的义法，故开卷即随顺周说，而单标"诚是太极"。这缘于他对"诚"、对《太极图》的义理内涵的理解。"太极"一语最早出自《易》之《系辞》，曰："《易》有太极，是生两仪。"《太极图》开篇亦云："此所谓无极而太极也。"[3]

---

① 周敦颐撰：《通书》，《周敦颐集》，中华书局 1990 年版，第 13 页。

② 同上，第 13 页。

③ 周敦颐撰：《太极图》，《周敦颐集》，中华书局 1990 年版，第 1 页。

"无极"一语见于《老子》第二十八章："知其白，守其黑，为天下式。常得不忒，复归于无极。"王弼注"无极"为"不可穷也"①；释"太极"为"取有之所极"，是"无称之称，不可得而名"②。依王注，也可以说"无极"是"无"之极，"太极"是"有"之极。"无极而太极"则是从"无"到"有"之谓，也可以理解为"无"中生"有"。因此朱熹将"诚"归结为太极，是为最得周子义理，同时也将"诚"提升到"实理"的极致的高点。

周敦颐还提出诚是"纯粹至善"③，这和《中庸》的"择善"、"明善"，《大学》的"止于至善"，以及《荀子》的"迁善"，一脉相承。盖"善"是"诚"的德品性向和性体归宗，不能有不善掺杂期间，否则，杂则不纯矣。故《易》之《系辞》有云："一阴一阳之谓道，继之者善也，成之者性也。"此犹言宇宙万物的阴阳变化之道，唯善者能够承继开通，而成就此道则是本性所使然。周子"诚"说的第三篇为"诚几德"，也还是申论"善"对"诚"的性体约定。"诚"是本来如此的性体之自然，不借助表达，也无关对事体真相的诉说，因此"诚"只是诚，无为而自在。"诚"与"真"不是一回事，"真"不等于"诚"。周子说"诚"是无为④，可谓谛言。而在讨论"圣"的时候，他又

---

① 王弼撰：《老子道德经注》，《王弼集》上册，中华书局1980年版，第74页。
② 同上，第357页。
③ 周敦颐撰：《通书》，《周敦颐集》，中华书局1990年版，第14页。
④ 同上，第16页。

给出了"寂然不动者,诚也"①的结论。"诚"既然"寂然不动",
当然就是无为了。

然一旦涉动,即使是极其微小的"动",哪怕是念瞬之间,
也有善恶的趋导和弃取从事的问题。"善"不等于"诚",但没
有"善"的固化,"诚"作为性体之德,便瓦解变易了。"善"
使"诚"变而成为活泼泼的实理之体,鸢飞鱼跃,不害其诚;
相反,如果离开"善"的导引,"诚"就变而为"死诚",实即
"诚"死,也就是没有了"诚"的存在。"几"是至细而微的意思,
一旦涉"几",已是有"动"萌焉。故《易》之《系辞》写道:"几
者,动之微,吉之先见者也。"②《易》道正是通过察微识"几",
来见得吉凶之兆。所谓《易》乃"圣人之所以极深而研几也"
的断判③,就是指此而言。然而吉凶之兆,也就是善恶之端。此
正如周子濂溪所说:"不善之动,妄也。妄复,则无妄矣。无妄,
则诚矣。"④"诚"是"无妄"之谓,朱子、二程子,均如此持论。
但前提是戒绝"不善之动"。故周子又言之曰:"君子乾乾,不
息于诚,然必惩忿窒欲,迁善改过而后至。"⑤人非圣贤,孰能
无过,即使萌动之初而未见斯善,只要察微识"几",及时"惩

---

① 周敦颐撰:《通书》,《周敦颐集》,中华书局 1990 年版,第 17 页。

② 来知德撰:《周易·系辞下传》,《周易集注》下册,九州出版社 2012 年版,
第 470 页。

③ 来知德撰:《周易·系辞上传》,《周易集注》下册,九州出版社 2012 年版,
第 449 页。

④ 周敦颐撰:《通书》,《周敦颐集》,中华书局 1990 年版,第 39 页。

⑤ 《周敦颐集》,中华书局 1990 年版,第 38 页。

忿窒欲",打消妄念,改过迁善,重启善端,仍然可以还"诚"一个生生不息。所以朱熹称濂溪此论为"思诚良方"①。

三、"修辞立其诚"

周子《通书》所阐,全为《易》理。而《易》之涉"诚",最有名的话,莫过于"修辞立其诚"。《易》之为典,何其渊默高深,难测其奥。而展布"诚"之意蕴,竟出之以"修辞",此胡为乎?为不失文义之整体,且征引主词连带之上下全文,以备查览。

《乾》卦之九三爻辞云:

> 君子终日乾乾,夕惕若,厉,无咎。

《乾》卦《文言》引孔子的话对此解释道:

> 君子进德修业,忠信所以进德也。修辞立其诚,所以居业也。知至至之,可与几也。知终终之,可与存义也。是故居上位而不骄,在下位而不忧,故乾乾因其时而惕,虽危无咎矣。②

如果将以上两段引文翻译成明白易晓的白话文,应该是:"君

① 《周敦颐集》,中华书局 1990 年版,第 38 页。
② 来知德撰:《周易·乾卦》,《周易集注》上册,九州出版社 2012 年版,第 128 页。

子为人为事，每天都自强不息，无一刻松懈，到了一天的晚上，还严格反省自查，看是否有所疏漏，这样才能避免过失。为什么要这样呢？孔子说，一个有修养的人进修德行，成就功业，靠的是忠诚与信义，因此言辞的表达，应该以诚为本，非如此不能站得住脚跟。只有对此有透彻的认知，方有资格讨论将发未萌之时可能出现的问题；能做到结果未出现时就能预知最终的结果，这样的人才值得与之研究义理。由于知道最终结果，所以处于上位，也不敢骄慢；处于下位，因知其将变，亦可无忧。也就是说，只要自强不息而又时时怀有悚惕之心，虽然遇到危难，也不致没有转机。"

我用的是意译的方法，自问与原文本义能够相符而不至相悖。由于这段话是对《乾》卦倒数第三爻的解释，所以"上位"指的是下卦之上，"下位"指的是上卦之下，都是位将移而兆已萌的时刻。白话转译为避免枝语繁夺，未将卦体之象典指实，特此说明。然则"修辞立其诚"的义旨，究系因何而立焉？我以为在《易》道里，固是直接"立诚"之义，同时也是立"忠"之义，又是立"信"之义，亦即"诚"是为了尽忠取信。

中国传统的"人"论，从不把人视为孤立无援之属，而是在与他人的关系中彰显"人"的本性。《孟子》、《中庸》以"人"解"仁"，曰"仁者，人也"[1]，即是明证。盖"仁"者，二人之

---

① 朱熹撰：《中庸章句》，《四书章句集注》，中华书局1983年版，第28页。又《孟子·尽心下》："仁也者，人也。"见朱熹《四书章句集注》，中华书局1983年版，第367页。

谓也。如果说进德修业靠的是忠诚与信义，那么要让所成就的事业站得稳脚跟，就离不开与他人的交往对话，离不开交往对话中言语文辞的端悫诚信了。实际上，这是孔子的一贯思想。《论语》直接讲"诚"的地方不多，分疏言语文辞和取信的关系，例证不胜枚举。最典要明捷的话，是"与朋友交，言而有信"（《论语·学而》），以及"人而无信，不知其可也"（《为政》）。前者虽出自子夏之口，想必为夫子所认可。

也许孔子是深知文辞语言对一个人生平志业的成败所起的作用，所以他主张发为言辞要极端谨慎，一再强调要慎言，与其说，不如不说，能够后说，就不要先说。《论语·学而》写道："君子食无求饱，居无求安，敏于事而慎于言，就有道而正焉，可谓好学也已。"《为政》章又说："多闻阙疑，慎言其余，则寡尤。"《颜渊》章司马牛问仁，孔子说："仁者，其言也讱。""讱"即难于出口也。司马牛追问说，难道这就是"仁"吗？孔子以反诘作答："既然做事情不容易，说话就那么容易吗？"此亦即发为言辞，应斟酌再三之意。还有一次，孔子说："我宁可不说话。"子贡大惑不解，傻傻地问："子如不言，则小子何述焉？"（《论语·阳货》）孔子有些不满地反问他："天何言哉？四时行焉，百物生焉，天何言哉？"可知夫子之言之慎也。

孔子所以教弟子慎言，是因为孔子知道言之重要。至于重要到何种地步？孔子认为，有时可以重要到"一言而兴邦"、"一言而丧邦"的地步。当然须是话题涉及到如何"为君"的问题。孔子说，如果君的言论是好的，自然不该违背，但如果是不好的，也不准违背，就可能"一言而丧邦"（《论语·子路》）。在另一处孔子还表示："恶利口之覆邦家者。"（《阳货》）因能言善辩而喋喋不休，以致说得口滑，无所顾忌，是为"利口"。这种以逞口说为能事的人，如果得到重位，就可能危及邦国的安全，所以孔子非常厌恶。鉴于孔子对人的长期观察，他得出一个近乎独断的结论是："巧言令色，鲜矣仁。"（《阳货》）又说："巧言，令色，足恭，左丘明耻之，丘亦耻之。"（《里仁》）还说："巧言乱德。""巧言"就是听起来让人感到舒服的话，"令色"则是做出一副讨人喜欢的样子。此种言说方式与说话时本该如此的"直言正色"适相反对。孔子对这种言说方式，不仅斥之为不德乃至乱德，而且以之为耻。

发为言辞所以需要审慎，还由于言行需要一致，需要统一，而不能言不顾行，行不顾言。如果话说得很大，夸张为辞，而在行动上不能跟上，这种情况在孔子看来，属于"言而过其行"，应该是一件很可耻的事情。"古者言之不出，耻躬之不逮也"（《里仁》），即为此义。所以宁可"讷于言而敏于行"（《里仁》），或者"先行其言，而后从之"（《为政》）。然而人总有疏忽的时候，如果稍不留神，一旦说出来了怎么办？那就要说到做到，用自己的行去兑现自己的言。但最好是先做后说，或者做了也不说。当然重要的是，既然说了，就要在行动上体现出来，亦即"言必信，行必果"（《为政》）。"行"是"言"的镜子，真伪、虚实、妍媸，镜子的反射，令其毫发毕现。

所以如此，是由于慎言可以少犯错误，言多则容易贾祸。

一次子张问如何才能当好官，孔子的回答是："多闻阙疑，慎言其余，则寡尤。"（《为政》）行动也要谨慎："多见阙殆，慎行其余，则寡悔。"（同上）如果真能做到了"言寡尤，行寡悔"，孔子认为"禄"就在其中了。这等于给出了为官的秘诀。然又不止此，如果事关家国天下的利益，"言"之所影响者更其严重。《易》的《系辞》引孔子的话警示说："乱之所生也，则言语以为阶。君不密则失臣，臣不密则失身，几事不密则害成。是以君子慎密而不出也。"（《周易·系辞上》）所谓"密"，就是要守住自己的口。君是否失臣，臣是否失身，关键在于能不能守口如瓶，做到"慎密而不出"。言不出口，何据之有。只要不说话，"慎密"自然不在话下。《易》之为言。以言语为"乱阶"，试想这是何等重大判断，充满了神秘的政治警示意味。

由此引发出另一个命题，即在人与人言语交接的时候，如何听言、察色和观行。孔子在这个问题上显然有过教训，所以他说："始吾于人也，听其言而信其行；今吾于人也，听其言而观其行。"（《论语·公冶长》）言的作准不作准，只有通过行动来验证。而当一个人发为言说的时候，绝非孤独者的自语，而是有他者在场的交流互动。故言说对象的身份、场域，包括场景的气氛，彼此心理变化和词气语调，都是言说者不能不顾及的因素。孔子所说的"察言而观色，虑以下人"（《论语·颜渊》），就是指此点而言。"虑以下人"是谦退之意，即在说话的时候不要高人一等，盛气凌人。"观颜色"则是明其所关注的问题，对症下药，切中底里。所以如此，是由于一些佞人会虚饰自己，假装以仁者的面貌出现，"色取仁而行违"（同上），我们不能听任其伪而不予置疑。此不仅涉及察色听言，实亦观人矣。察色是为了知言，观人是为了知人。只有既知言又知人，才能成为一个"知者"。

孔子说："可与言而不与言，失人；不可与言而与之言，失言。知者不失人，亦不失言。"（《论语·卫灵公》）我们的目标，当然是希望做到既不失言，又不失人。兹可见斯旨之深远重大。所以孔子说："侍于君子有三愆：言未及之而言谓之躁，言及之而不言谓之隐，未见颜色而言谓之瞽。"（《季氏》）是谓在一个有道德修养的人面前，如果还不到讲话的时候，就开始讲论，这是急躁傲慢的表现；而在应该讲话的时候，却隐而不发，容易被视作隐瞒；至于在讲话的时候，完全不顾对方的面容气色，自己在那里乱说一气，无异于盲目者的言说。《荀子·劝学》亦云："未可与言而言谓之傲；可与言而不言谓之隐；不观气色而言谓之瞽。"[1] 措意与夫子相同。

言语文辞所影响于人生社会者亦大矣。故《易》道有云："言行，君子之枢机。枢机之发，荣辱之主也。言行，君子之所以动天地也，可不慎乎！"[2]"枢机"也者，是谓转捩变迁之关键，对一个致力于进德修业的人而言，能不慎乎，能不慎乎！

但言行导致的是荣誉抑或耻辱，主要在于言说的善与非

---

[1] 王先谦撰，沈啸寰、王星贤点校：《荀子集解》，中华书局 2012 年版，第 17 页。

[2] 来知德撰：《周易·系辞上传》，《周易集注》下册，九州出版社 2012 年版，第 441 页。

善。故《易》道又云："'鸣鹤在阴，其子和之。我有好爵，吾与尔靡之。'子曰：'君子居其室，出其言善，则千里之外应之，况其迩者乎？居其室，出其言不善，则千里之外违之，况其迩者乎？'"[1] 这是说，言辞的影响传播，弗远不届。即使在户庭中发为言辞，如果是善言，千里之外也会响应；反之，如果是不善之言，即使是千里之外，也会不以为然。所以如是者，是由于言的善与非善，直接与吉凶相关。而善与非善，与有诚存焉与否直接相关。俗云："病从口入，祸从口出。"史家所致意的言语足可贾祸，岂是虚语哉！然"天道无亲，常与善人"，《易·坤·文言》亦云："积善之家，必有余庆；积不善之家，必有余殃。"则《易》道所谓"忠信所以进德也"，所谓"修辞立其诚，所以居业也"，意在斯乎？意在斯乎？

　　《易》之《系辞下传》在即将结尾之时，对《易》之为道再次予以揭明，郑重告知世人："《易》之兴也，其当殷之末世，周之盛德耶？当文王与纣之事耶？是故其辞危。危者使平，易者使倾。其道甚大，百物不废。惧以终始，其要无咎。此之谓《易》之道也。"[2] 殷周兴替，革故鼎新，前朝之失，历历在目，所谓殷鉴不远。故《易》之为作，"其辞危"。新朝之兴，纵有"盛德"，亦当慎之，戒之，惧之，以使之"无咎"。人岂能无

---

① 来知德撰：《周易·系辞上传》，《周易集注》下册，九州出版社 2012 年版，第 441 页。

② 来知德撰：《周易·系辞下传》，《周易集注》下册，九州出版社 2012 年版，第 481 页。

咎？所谓"无咎"，无非是"善补过也"①。因此无论一个人，还是一个国家的行政，言善令美，是为达道。善言美政，无有不应。但前提是"修辞立其诚"。只有心体性体立之以"诚"，方能做到不经事先设计，美言自然喷流而出，也就是无为而无不为。立诚而言善，则能避凶趋吉，最终实现"居业"，即人们所希冀的安居乐业。善言的要义在言之有诚，不等于一味地说好话。凡有益于进德之言，有助于修业之言，能够使民得以安居之言，有助于"补过"之言，都是善言。相反，肥辞谀语、言不由衷，绝非善言。善言有时逆耳，但逆耳却可以滋润于心。此在《易》道，是为显例。《易》之危辞警语，岂是闻之即感耳顺之言辞耶？然警语令人警醒，危辞可让人趋吉避凶，实为至诚至大至精至善之言，或如《易》之《系辞》所云，乃是闻之能使人"先号咷而后笑"②之言，岂可轻哉，岂可轻哉！

故《易》道重复为说曰："功业见乎变，圣人之情见乎辞。"③前引周子之诚论，亦有"诚"是"圣人之本"的说法。此即"诚"的心体是否得以树立，只能因辞以见乎情，由辞而观其"诚"。《大戴礼记·文王官人》章，尝有"观诚"之说，其中写道："省其居处，观其义方；省其丧哀，观其贞良；省其出入，观其交

① 来知德撰：《周易·系辞上传》，《周易集注》下册，九州出版社 2012 年版，第 433 页。
② 同上，442 页。
③ 来知德撰：《周易·系辞下传》，《周易集注》下册，九州出版社 2012 年版，第 459 页。

友；省其交友，观其任廉。考之以观其信，挈之以观其知，示之难以观其勇，烦之以观其治，淹之以利以观其不贪，蓝之以乐以观其不宁，喜之以物以观其不轻，怒之以观其重，醉之以观其不失也，纵之以观其常，远使之以观其不贰，迩之以观其不倦，探取其志以观其情，考其阴阳以观其诚，覆其微言以观其信，曲省其行以观其备成，此之谓‘观诚’也。"①此段细详，未免繁缛，繁缛则凿矣。重要的是"考其阴阳以观其诚，覆其微言以观其信"两句，是为大《易》之至道也。通过"微言以观其信"，实即察看"修辞"是否已"立其诚"。

关于此一层义涵，《易·系辞下传》的结尾一段尤堪玩味。其词曰："天地设位，圣人成能。人谋鬼谋，百姓与能。八卦以象告，爻彖以情言，刚柔杂居，而吉凶可见矣。变动以利言，吉凶以情迁。是故爱恶相攻而吉凶生，远近相取而悔吝生，情伪相感而利害生。凡《易》之情，近而不相得则凶，或害之，悔且吝。将叛者其辞惭，中心疑者其辞枝，吉人之辞寡，躁人之辞多，诬善之人其辞游，失其守者其辞屈。"②本篇屡引明人来知德瞿唐先生之《易》注，于此处来先生则解释云："相攻、相取、相感，卦爻险阻之情固不同矣，至于人之情则未易见也。则人心之动因言以宣，试以人险阻之情，发于言辞者观之，盖

---

① 方向东撰：《大戴礼记汇校集解》下册，中华书局 2008 年版，第 1023 页。
② 来知德撰：《周易·系辞下传》，《周易集注》下册，九州出版社 2012 年版，第 459 页。

人情之险阻不同，而所发之辞亦异。"[①] 于是便有了各种不同的人的各种不同的言辞的表现。譬如将要背叛的人，说出话来难免有羞惭之态；心存疑虑的人，语言显得啰嗦枝蔓；朴厚善良的人，常常寡言少语；急躁而缺乏涵养的人，往往话多；存心诬蔑良善的人，说起话来会游移不定；没有操守的人，言谈的表情会露出一副卑躬屈膝的样子。

总之言辞的"诚"与不诚，心机的"善"与不善，可以依稀从言说的方式和言者的表情里察看出端倪。所谓情见乎辞，实为见道之断判。"何谓知言？"孟子设问之后回答说："诐辞知其所蔽，淫辞知其所陷，邪辞知其所离，遁辞知其所穷。"（《孟子·公孙丑上》）言谈之间，藏着，躲着，喋喋不休，胡言乱语，都是心无诚的表现，终瞒不过"知言"者的法眼。故因辞而察情，由见乎情之辞来观"诚"，便是顺理成章之事了。

2015 年 8 月 1 日写讫于东塾

原刊《中国文化报》2016 年 9 月 2 日

---

① 来知德撰：《周易·系辞下传》，《周易集注》下册，九州出版社 2012 年版，第 484 页。

第五章　论知耻

一、修身从知耻开始

"知耻"是跟修身连在一起的。《礼记·中庸》引孔子的话说："好学近乎知，力行近乎仁，知耻近乎勇。"并且说："知斯三者，则知所以修身。"[①] 后面还有连续的推演，道是："知所以修身，则知所以治人；知所以治人，则知所以治天下国家矣。"这和《礼记·大学》的思想完全一致。大学之道的"三纲领"为："明明德"、"新民"、"止于至善"。通行版本的第二

[①]《中庸》,《礼记正义》下册,十三经注疏标点本,北京大学出版社1999年版,第1442页。

纲领作"亲民"。程子认为应以"新民"为是,朱子同此为说。[①]
此处我取程子和朱子之说。

　　盖"新民"是指人格的培育,恰合于"三纲领"所期待的
完美教育目标的本义。亦即"明明德"是指德,"新民"是指教,
"止于至善"是指通过教的过程,以复其本然之善。而为了实
现"明明德"、"新民"、"止于至善"的纲领目标,《大学》给
出了予以实施的"八条目",即格物、致知、诚意、正心、修
身、齐家、治国、平天下。原文为:"古之欲明明德于天下者,
先治其国。欲治其国者,先齐其家。欲齐其家者,先修其身。
欲修其身者,先正其心。欲正其心者,先诚其意。欲诚其意者,
先致其知。致知在格物。"这是大学之道逻辑结构的反推。正
演则为:"物格而后知至,知至而后意诚,意诚而后心正,心
正而后身修,身修而后家齐,家齐而后国治,国治而后天下平。"
无论反推还是正演,"修身"都是扮演转折角色的核心环节。"八
条目"还可以简化为:格、致、正、诚、修、齐、治、平。简

---

① 朱熹《大学章句》释"大学之道,在明明德,在亲民,在止于至善",云:"程
　子曰:'亲',当作新。大学者,大人之学也。明,明之也。明德者,人之所
　得乎天,而虚灵不昧,以具众理而应万事者也。但为气禀所拘,人欲所蔽,
　则有时而昏;然其本体之明,则有未尝息者。故学者当因其所发而遂明之,
　以复其初也。新者,革其旧之谓也,言既自明其明德,又当推以及人,使之
　亦有以去其旧染之污也。止者,必至于是而不迁之意。至善,则事理当然之
　极也。言明明德、新民,皆当至于至善之地而不迁。盖必其有以尽夫天理之极,
　而无一毫人欲之私也。此三者,大学之纲领也。"然则朱子之解,纯系以"新民"
　为解,与程子同一机杼。见《四书章句集注》,中华书局 2011 年版,第 4 页。

化后语义的段落性更为清晰，明显可以分解为两个段落：第一段落为格、致、正、诚，第二段落为修、齐、治、平。第一段落的格、致、正、诚四条目，可以理解为"修身"的细目；而修身又是第二段落修、齐、治、平四条目的起点。可见修身既是大学之道"八条目"的转折点，又是"八条目"承上启下的关节点。

所以，《礼记·大学》在对大学之道的八条目作了反推正演之后，给出一个总括性的结论，写道："自天子以至于庶人，一是皆以修身为本。""一是"是为全提，有不遗漏、无例外、全体皆然之义涵。这等于把"修身"当作了全体民众必须履行的共同义务，连天子也不例外。故在中国传统社会，修身不是一般的提示性的单一义务，而是全体遵行的普遍性的义务。不仅是大学之道的"本"，也是人的一生志业之本。所谓"知"，就是要知本。所谓治，也是要治本。"本乱"而能把事情治理得好，这样的情况从来没有发生过。所以"知本"，是"知之至"，即"知"的顶点。换言之，要想让修齐治平的人生道路和社会理想得以实现，首先必须从修身开始。

荀子也讲修身，今存《荀子》一书共三十二篇，第二篇即为《修身》。不过荀子并不试图给修身下明确的定义，而是阐释何以需要修身以及修成什么样的德品。修身的目的，荀子认为是为了向善，故《修身》开宗明义即写道："见善，修然必以自存也；见不善，愀然必以自省也。善在身，介然必以自好也；不善在身，灾然必以自恶也。"①本来荀子是主张人"性恶"的，但他的"性恶"论，作了一个人们习焉不察的概念混淆，即把人的正常的欲望和生理需求，一律以"恶"括而论之。他说："今人之性，生而有好利焉，顺是，故争夺生而辞让亡焉。"又说："生而有耳目之欲，有好声色焉，顺是，故淫乱生而礼义文理亡焉。"②"利"固然是人之所欲，但并非意味着"好利"就一定必然攘夺豪取。同样，声色虽为人之所好，但好声色并不等于本身就是"淫乱"。因为前提探讨的是人的本性，而人之为人的性体，感性、理性、知性并存，理性的存在即有对自然之"欲"的制约作用。

荀子显然混淆了原初之人和后来之人的分别。原初之人，面对不可掌控的自然环境的天有不测风云，往往能够群生而互助，而不以彼此之间的争夺为能事。后来之人，则又不知经过了几多百世千世，异性之间的肌肤相亲，一家之中的爱敬相生，必有善存乎其间。而人与人嫡生之父祖先人的遗传，则又千差万别，有不善的遗因，也有善的遗因。善所遗者，是为善也。即使不能说所有的人都是性善者，至少也有一部分人的人性是有善因的。何况还有自然人和社会人的区别，社会人的出现，礼义仁德才开始生成。而礼义仁德所以能够发用，也是由于人本身具有为善的条件，能够接受礼义的约束。如果人一降生于

---

① 《荀子·修身篇》，王先谦撰，沈啸寰、王星贤点校：《荀子集解》，中华书局2012年版，第21页。

② 同上，第420页。

世，就是"恶"的降临，本性就是"恶"，礼义仁德便无以施
其技矣。

但荀子确乎是极重修身的学者。他写道："扁善之度，以
治气养生则后彭祖；以修身自名则配尧、禹。"①可见对修身的
功用期待之高。而修身的不二途径，是经由礼义仁德的熏习培
育。对一个士人而言，礼义仁德的养成既是修身的途径，又是
修身的归宿。因此荀子说："礼者，所以正身也；师者，所以
正礼也。"又说："无礼何以正身？无师，吾安知礼之为是也？"②
意思是说，修身的过程即是以礼义来"正身"的过程，而礼义
的养成，须经过师法和学习。因而荀子强调："人无礼则不生，
事无礼则不成，国家无礼则不宁。"③如此提倡以礼义仁德来"修
身"，这与《中庸》的"修身"主张可谓同归而合流。有意思的是，
《中庸》论修身，以"知耻"为始点，荀子的修身论，也以有
无廉耻为贤与不肖的道德分界。以此荀子有言："偷儒惮事，
无廉耻而嗜乎饮食，则可谓恶少者矣。"④王先谦注"偷儒"，以
之为懦弱、怠惰、畏劳的代名词⑤，可谓正解。

按《中庸》的修身"三德"，知、仁、勇都是必不可少的要素。
而所以将"勇"、"知耻"和饮食联系起来，是由于在食物不是

---

① 《荀子·修身篇》，王先谦撰，沈啸寰、王星贤点校：《荀子集解》，中华书局
2012年版，第22页。

② 同上，第34页。

③ 同上，第24页。

④ 同上，第34页。

⑤ 同上，第34页。

极大丰富的历史条件下，遇有食不果腹的情况，或者有美味降临，不同的人面对食物呈现的各种情态，常常是德行的高下、有修养和没有修养的一个标尺。"勇"这种"达德"，是由于"知耻"而见乎勇。如果将"勇"用于"争饮食"，就不是什么好的品质了，荀子称这种"勇"是狗彘之勇"、"小人之勇"①。孔子也说："士志于道，而耻恶衣恶食者，未足与议也。"(《论语·里仁》)此所以孔子盛赞颜回"一箪食，一瓢饮，在陋巷，人不堪其忧，回也不改其乐"(《论语·雍也》)的缘由。

王充的《论衡》，在《非韩篇》里，也讲到了饮食和礼义的关系。由于韩非子尚法非儒，认为儒家提倡的礼义没有实际用处，所以王充写道："烦劳人体，无益于人身，莫过跪拜。使韩子逢人不拜，见君父不谒，未必有贼于身体也。然须拜谒以尊亲者，礼义至重，不可失也。故礼义在身，身未必肥；而礼义去身，身未必瘠而化衰。以谓有益，礼义不如饮食。使韩子赐食君父之前，不拜而用，肯为之乎？夫拜谒，礼义之效，非益身之实也，然而韩子终不失者，不废礼义以苟益也。"②意即要讲有用无用，饮食肯定比礼义有用，但当君父赐食之时，你韩非为何还要先拜而后食呢？可见礼义是不可废的。这一反驳，应该是有力量的，韩子在世恐怕也会无言以对。盖礼义是

① 《荀子·荣辱篇》，王先谦撰，沈啸寰、王星贤点校：《荀子集解》，中华书局 2012 年版，第 56 页。
② 王充：《论衡·非韩篇》，黄晖撰《论衡校释》第二册，中华书局 1990 年版，第 432 页。

文明的标识,接人待物,尤其是在饮食面前,可以使人少耻辱也。这也就是《论语》所载的有子之言曰:"恭近于礼,远耻辱也。"(《论语·学而》)

《礼记·中庸》称知、仁、勇为"达德"。有意思的是,对达致此三德的途径所做的规约性论说,使用的却是极为委婉有度的措辞。对于第一德,曰"好学近乎知"。为何是"近乎"?盖好学是通向"知"的路径,而不是"知"本身。按朱子的说法,是为"入德之事"①。意即要成为一个聪明的人,有知识的人,要义在好学;至于是否达到了知,不妨存而不论。这个假定是说,只要你好学,就已经向通往"知"的路上走了。"力行近乎仁",涉及如何界定"仁"的本义。盖"仁"不同于"诚",诚是实理,可以自立为体。仁则是亲、爱、宽、博意涵的括称。故《说文》释仁曰:"仁,亲也。"解"仁"为"亲",应为的解。而《礼记·中庸》则云:"仁者,人也,亲亲为大。"《论语》记载,樊迟问何者为仁,孔子说:"爱人。"(《论语·颜渊》)。孟子也说:"仁者爱人"、"爱人者,人恒爱之。"(《孟子·离娄下》)。可见仁者之爱,首先表现在对亲人、亲长、亲族之爱,所以孟子说:"未有仁而遗其亲者也。"(《孟子·梁惠王上》)有子也说过:"孝弟也者,其为仁之本与。"(《论语·学而》)

但仁者之爱,绝非局限于亲人亲长亲族之爱,而是广大宽博得多,甚至宽博到泛爱众人,这也就是孔子所要求于弟子的:

---

① 朱熹撰:《四书章句集注》,中华书局国学文库本,2011年,第30页。

"弟子入则孝，出则悌，谨而信，泛爱众，而亲仁。"(《论语·学而》)试想，"泛爱众"一语，是何等伟大的思想。不仅如此，仁爱之爱，还会及于万物。故孟子有言："亲亲而仁民，仁民而爱物。"(《孟子·尽心上》)

亲、爱、宽、博固然存乎一心，但主要表现为践行和行动。仁与不仁，只能从言论和动行为上品察出来。故孔子一次论仁，说道："仁远乎哉？我欲仁，斯仁至矣。"(《论语·述而》)如果仁是心性所立之体，岂是想立就能立得起来者？孔子关于仁的大论述是"克己复礼为仁"。《论语·颜渊》：

> 颜渊问仁。子曰："克己复礼为仁。一日克己复礼，天下归仁焉。为仁由己，而由人乎哉？"颜渊曰："请问其目？"子曰："非礼勿视，非礼勿听，非礼勿言，非礼勿动。"颜渊曰："回虽不敏，请事斯语矣。"

这段释证纷纭的《论语》名段，到底何解为胜？按"克"者，是为约束意，"己"者是为自我之意，诸家之解，本无大的不同。惟朱子解"克"为"胜"，释"己"为"身之私欲"[1]，似有引申必欲切自家"存天理，灭人欲"之说之嫌。既与汉儒之解不相适切，复遭致清儒的诋呵。盛清大儒阮文达释《语》、《孟》之论仁，即有一段专指朱子《四书集注》之解"克己"之义有误。

---

[1] 朱熹撰：《四书章句集注》，中华书局国学文库本，2011年，第125页。

他引王奇龄《四书改错》云：

《集注》谓"身之私欲"，别以"己"上添"身"字，而专以"己"字属私欲，于是宋后字书皆注"己"作"私"，引《论语》"克己复礼"为证，则诬甚矣。毋论字义无此，即以本文言，现有"为仁由己"，"己"字在下，而一作"身"解，一作"私"解，其可通乎？且克己不是胜己私也。克己复礼本是成语。《春秋》昭十二年，楚灵王闻《祈招》之诗不能自克，以及于难。夫子闻之，叹曰："古也有志，克己复礼，仁也。楚灵王若能如是，岂其辱于乾谿。"是夫子既引此语以叹楚灵，今又引以告颜子，虽此问无解，而在《左传》则明有"不能自克"作"克己"对解。克者，约也，抑也。己者，自也。何尝有己身私欲重烦战胜之说？故《春秋》庄八年书"师还"，杜预以为"善公克己复礼"。而后汉元和五年平望侯刘毅上书云"克己引愆，显扬侧陋"。谓能抑己以用人。即《北史》称冯元兴"卑身克己，人无恨者"。唐韩愈与冯宿书"故至此以来，克己自下"。直作"卑身"、"自下"解。若后汉陈仲弓诲盗曰："观君状貌，不似恶人。宜深剋己反善。"别以"克"字作"剋"字，正以掊损削皆深自贬抑之义故云。则是约己自剋，不必战胜，况可诂"私"字也。①

①阮元撰：《论语论仁论》，《揅经室集》，上册，中华书局1993年版，第182—183页。

学术史上的汉宋之争，孰是孰非固非一言可决，然只要摈弃成见，不先入为主，不能不承认汉儒、清儒之解字训诂，宋儒犹有未逮者。至少阮元引毛奇龄解"克己"这段文字，是立得住者。

当然尤须寻得《说文》释仁的正解。许慎《说文解字》人部："仁，亲也，从人二。"照说许氏之解，义极显豁。一谓仁是亲的意思，此点无异议；二是"从人二"是为何义？此句的句式，既可连读，又可以断为："从人，二。"无论怎样断法，都是指"二人"之意。所以郑玄注《中庸》"仁者，人也"，明指："人也，读如相人偶之人，以人意相存问之言。"以此，"人偶"为二人相对之意，应无问题。《说文》段（玉裁）注又广引群籍而解之曰：

> 《大射仪》"揖以耦"注："言以者，耦之事成于此，意相人耦也。"《聘礼》"每曲揖"注："以相人耦为敬也。"《公食大夫礼》"宾入三揖"注："相人耦。"《诗·匪风》笺云："人偶能烹鱼者"，"人偶能辅周道治民者。"正义曰："人偶者，谓以人意尊偶之也。《论语》注：人偶，同位人偶之辞。《礼》注云：人偶，相与为礼仪。皆同也。"按，人耦犹言尔我，亲密之词。独则无耦，耦则相亲，故其字从人二。《孟子》曰："仁也者，人也。"谓能行仁恩者人也。又曰："仁，人心也。"谓仁乃是人之所以为心也。与《中庸》语意皆不同。[1]

---

[1] 段玉裁注，许惟贤整理：《说文解字注》，第八篇上，人部，凤凰出版社 2007年版，第 640 页。

段氏自是解经训诂之大家，其所引载籍，详确有据；而指"人
耦"为"尔我"，犹言你和我，是表示"亲密之词"，尤令人信
服。段氏又言："独则无耦，耦则相亲，故其字从人二。"可以说，
已经释证得完全了然无碍了。此非为别故，盖仁必须有仁的对
象，只有从两个或两个以上的人的关系中，方能见出仁与不仁。
孟子在在以仁政为说，试想，仁政与否，实在于施与不施。一
个人是否可以称为仁者，实在于行与不行。如果光是捶胸顿足，
以"仁"自许，而不在行动中有所表现，适成笑柄而已。此正
如阮元《论语论仁论》所说：

> 诠解仁字，不必烦称远引，但举曾子《制言》篇："人
> 之相与也，譬如舟车，然相济达也，人非人不济，马非马
> 不走，水非水不流。"及《中庸》篇"仁者，人也"，郑康
> 成注"读如相人偶之人"。数语足以明之矣。春秋时，孔
> 门所谓仁也者，以此一人与彼一人相人偶而尽其敬礼忠恕
> 等事之谓也。相人偶者，谓人之偶之也。凡仁，必于身所
> 行者验之而始见，亦必有二人而仁乃见，若一人闭户斋居，
> 瞑目静坐，虽有的德理在心，终不得指为圣门所谓之仁矣。
> 盖士庶人之仁，见于宗族乡党，天子诸侯卿大夫之仁，见
> 于国家臣民，同一相人偶之道，是必人与人相偶而仁乃见
> 也。郑君"相人偶"之注，即曾子"人非人不济"、《中庸》
> "仁者人也"、《论语》"己立立人"、"己达达人"之旨。能

近取譬，即马走、水流之意。①

阮文达氏上述所论之仁之本义，可谓淋漓尽致，尽得经旨之义全。他所说的"凡仁，必于身所行者验之而始见，亦必有二人而仁乃见，若一人闭户斋居，瞑目静坐，虽有德理在心，终不得指为圣门所谓之仁矣"，这段约括性的论述，能够提出异议的可能性近乎无。盖"仁"，必须见之于行动，《礼记·中庸》修身三要素中的"力行近乎仁"一语，实为颠扑不破。这也就不难理解，孔子答颜渊之问，为何会以"非礼勿视，非礼勿听，非礼勿言，非礼勿动"作为"归仁"之目。盖视、听、言、动，都是人的心意神思见之于行动者。行而合于礼，才可能有"仁"存乎其间。

我们在既存的其他典籍中，也可以找到相关的例证。譬如汉代大儒董仲舒对"仁"的解释，足以为仁须有仁爱的对象并且需要见诸行动提供补证。董著《春秋繁露》关于"仁义法"章，明确提出："仁之法在爱人，不在爱我；义之法在正我，不在正人。"还说："人不被其爱，虽厚自爱，不予为仁。"又说："义与仁殊，仁谓往，义谓来。"②这说得已经再清楚不过。而对于"仁"所应该具有的宽博无私的性质，董仲舒的论述尤见精彩。其《春秋繁露》"必仁且智"章

---

① 阮元撰：《论语论仁论》，《揅经室集》，上册，中华书局1993年版，第176—177页。

② 《春秋繁露义证》，中华书局1992年版，第250页。

写道：

> 何谓仁？仁者，憯怛爱人，谨翕不争，好恶敦伦，无伤恶之心，无隐忌之志，无嫉妒之气，无感愁之欲，无险诐之事，无辟违之行，故其心舒，其志平，其气和，其欲节，其事易，其行道，故能平易和理而无争也，如此者谓之仁。①

这等于给"仁"下了一个定义，虽然是描述性的定义，但仁之为仁的各种品质，都应有尽有了。在董氏看来，仁应该是对人的深挚的爱，是谦谨而不与人争的气度，是无私无欲的平和舒畅，是无隐无忌的坦道直行。显然董仲舒所说的仁，是带有审美意味的非功利性质的品格。所以他说："仁人者，正其道不谋其利，修其理不急其功，致无为而习俗大化，可谓仁圣矣。"至于仁的宽博性质，董仲舒也有独到的论述。他说："君子攻其恶，不攻人之恶。不攻人之恶，非仁之宽与。"宽到连人之恶也不予攻伐。甚至，他认为"仁"应该是一种天德，带有终极性质。故《春秋繁露》"王道通三"章写道："仁之美者在于天，天仁也，天覆育万物，既化而生之，有养而成之，事功无已，终而复始，凡举归之以奉人，察于天之意，无穷极之仁也。"②明乎此，则他的"仁"为"天心"的说法，就不难理解了。依

---

① 《春秋繁露义证》，中华书局 1992 年版，第 258 页。
② 同上，第 329 页。

董氏本义，"天心"绝非某个单独的个人之心，而是光辉普照的博大心怀，是"爱人之大者"，因此可以用"天仁"二字称之。"天仁"，必是至公至大至博至爱之心，因此即是"天心"。所以他得出了一个带有普遍性的结论："故仁者所爱，人类也。"其实孔子所说的"仁"是"爱人"、孟子所说的"仁者爱人"，也都是"相偶"的人，普遍性的"人"。

要之，"知仁勇"三达德之"仁"，必须是见之于行，方能显现出"仁"来。

"知耻近乎勇"，对于修身而言，是一极大断判。因为人在视听言动的时候，在接人待物的时候，在见之于行的时候，难免会有处理得不得体的时候，甚或是发生错误的时候，这种情况一旦出现，当事者往往感到歉疚、自愧、懊悔；特别是当事情涉及到对不住他人，以致造成他人乃至公共方的损失的时候，愧耻感会更加强烈。羞耻心是人作为人的一项文明指标。"耻"字的正写为"恥"，左边是"耳"，右边是"心"。《说文》释耻字："恥，辱也。从心，耳声。"《王力古汉语字典》释曰："羞愧之心。"并引《尚书·说命下》："其心愧恥，若挞于市。"[1] 耻感是一个人的从心理到生理的一种感觉反应现象。当耻感发生的时候，心里会感到深度不安，随之而使面部表情发生戏剧性的变化，由于血液冲涨而变得面红耳赤，乃至"满面羞惭"，无法掩饰。但愧耻心不是坏事，而是纠正不恰当的举措、改正错误的开始，

---

[1]《王力古汉语字典》，中华书局2000年版，第313页。

也是使愧耻不安的状态恢复到正常的契机。这就是《中庸》修身三要素的第三要素"知耻"的意蕴所在。

"知耻"亦即孟子一再论说的"羞恶之心"。《孟子·告子上》:"恻隐之心,人皆有之;羞恶之心,人皆有之;恭敬之心,人皆有之;是非之心,人皆有之。恻隐之心,仁也;羞恶之心,义也;恭敬之心,礼也;是非之心,智也。仁义礼智,非由外铄我也,我固有之也,弗思耳矣。"这里,孟子把恻隐、羞恶、恭敬、是非"四心",归之为仁、义、礼、智四德。而在另一章中,孟子还曾写道:

> 人皆有不忍人之心。先王有不忍人之心,斯有不忍人之政矣。以不忍人之心,行不忍人之政,治天下可运之掌上。所以谓人皆有不忍人之心者,今人乍见孺子将入于井,皆有怵惕恻隐之心,非所以内交于孺子之父母也,非所以要誉于乡党朋友也,非恶其声而然也。由是观之,无恻隐之心,非人也;无羞恶之心,非人也;无辞让之心,非人也;无是非之心,非人也。恻隐之心,仁之端也;羞恶之心,义之端也;辞让之心,礼之端也;是非之心,智之端也。人之有是四端也,犹其有四体也。有是四端而自谓不能者,自贼者也;谓其君不能者,贼其君者也。凡有四端于我者,知皆扩而充之矣,若火之始然,泉之始达。苟能充之,足以保四海;苟不充之,不足以事父母。(《孟子·公孙丑上》)

　　孟子在此处又将恻隐之心、羞恶之心、辞让之心、是非之心称之为"四端"。所谓"端"者，就是开头，亦即做人的开始。在孟子看来，"四端"如同人有四肢一样，不可一项有所或缺。如果不具有这"四端"，说明还未能走上人之为人的轨道上。按照他老先生的一贯语言风格，对于无此"四心"者，直言不讳地斥之为"非人"。

　　问题在于，《礼记·中庸》在讲述修身三达德的时候，关于"知耻"一目，为何要与"勇"联系起来。孔（颖达）疏于此写道："知耻近乎勇者，覆前文困而知之，及勉强而行之，以其知自羞耻，勤行善事，不避危难，故近乎勇也。"[①] 盖能够"知自羞耻"、"不避危难"，自是"勇"者的表现。"不避危难"不必说，惟勇者能达此境界；但尤其难能的是，自己做错了事，做了对不住别人的事情，有了不得体的言论和行为，能够反身自省，认识到不对而产生愧耻，以致情不能禁地或向相关方表示歉意。毫无疑问，做到这一点就更需要勇气了。比之不避险阻，更有其精神和情感的自蔽需要化解和提升。

　　所以如此，还由于勇有多方，必须分解出各种不同的情况，才能辨识何者是智勇，何者是义勇，何者是贪暴利戾之勇，何者是粗蛮顽劣之勇。一句话，要区分君子之勇和小人之勇。《荀子·荣辱篇》对此作了详尽辨析，写道："有狗彘之勇者，有

---

① 《礼记正义》下册，《十三经注疏》标点本，北京大学出版社1999年版，第1686页。

贾盗之勇者，有小人之勇者，有士君子之勇者：争饮食，无廉耻，不知是非，不辟死伤，不畏众强，恈恈然唯利饮食之见，是狗彘之勇也。为事利，争货财，无辞让，果敢而振，猛贪而戾，恈恈然唯利之见，是贾盗之勇也。轻死而暴，是小人之勇也。义之所在，不倾于权，不顾其利，举国而与之不为改视，重死持义而不桡，是士君子之勇也。”[①] 荀子把没有廉耻、不分是非，甚或竟是为了争饮食而乱施蛮威的所谓勇敢和勇气，称为“狗彘之勇”。而那些贪私利、争财货、唯利是图、毫无辞让之心的人，此类人物尽管如何果敢猛戾，也只能是“贾盗之勇”。只有为了道义，不顾私利，能做到“举国而与之不为改视，重死持义而不桡”，才是真正的“士君子之勇”。

《孟子·梁惠王下》也涉及到了何所为作才是值得称道之勇的话题。齐宣王向孟子请教怎样跟邻国打交道，孟子针对齐国周边都是小国的事实，说此事的关键在于能够“以大事小”。为什么呢？孟子说，只有仁者才能以大事小，而能够做到此点无异是“乐天者”。齐宣王显然不喜欢孟子的仁义说教，于是近乎抬杠似地回应说：“寡人有疾，寡人好勇。”意谓那些个关于仁的道理本人不感兴趣，我的毛病是“好勇”。善辩的孟子岂能相让，说既然如此我们就谈勇吧。须知，勇有大小之别：“夫抚剑疾视，曰：‘彼恶敢当我哉！’此匹夫之勇”，是为小

①《荀子·荣辱篇》，王先谦撰，沈啸寰、王星贤点校：《荀子集解》，中华书局2012年版，第56页。

勇。像文王那样，"一怒而安天下之民"，大义凛然地宣示："有罪无罪惟我在，天下曷敢有越厥志？"这样的勇，老百姓是欢迎的，还惟恐你不好勇呢。因此希望你好的是文王之勇，而不要好小勇。看了孟子这番议论，可以知道真是勇有万殊呵！

荀子对勇的分疏，也非常深刻有力，《荀子·性恶篇》有一段专门申论斯义：

> 有上勇者，有中勇者，有下勇者。天下有中，敢直其身；先王有道，敢行其意；上不循于乱世之君，下不俗于乱世之民；仁之所在无贫穷，仁之所亡无富贵；天下知之，则欲与天下同苦乐之；天下不知之，则傀然独立天地之间而不畏：是上勇也；礼恭而意俭，大齐信焉而轻货财，贤者敢推而尚之，不肖者敢援而废之，是中勇也；轻身而重货，恬祸而广解，苟免不恤是非、然不然之情，以期胜人为意，是下勇也。[①]

荀子此段关于勇的论述，体现了荀卿的整体哲学思想。试看中勇，需要做到勤俭礼让，讲信轻财，选人尚贤。虽然也是应该称道之勇，但在荀子眼里，不过是还算可以罢了。至于下勇，则是不管是非，一意争强斗狠，甚至为了财货而不惜身命，此

[①]《荀子·性恶篇》，王先谦撰，沈啸寰、王星贤点校：《荀子集解》，中华书局2012年版，第432—433页。

即《荣辱篇》定性的小人之勇和狗彘之勇。只有敢于行先王之道，以仁为去取的原则，"上不循于乱世之君，下不俗于乱世之民""傀然独立天地之间"，不在乎是不是为人所知。这样的人格精神可以称作上勇，亦即士君子之勇。

知、仁、勇三达德，仁是根本。如果没有仁，勇又何为？没有仁，知就会变成私智小巧。所以孔子说："仁者必有勇，勇者不必有仁。"（《论语·宪问》）而不仁之勇，就是小人之勇了。子路问："君子尚勇乎？"孔子曰："义之为上。君子好勇而无义则乱，小人好勇而无义则盗。"（《论语·阳货》）又说："见义不为，无勇也。"（《论语·为政》）没有"仁"来立基，不伴之以"义"，所谓勇，则非乱即盗矣。

二、"行己有耻"是立身之本

虽然《礼记·大学》提出："自天子以至于庶人，壹是皆以修身为本。"但修身的重点人群应该是士阶层和有官位的士大夫。所以孔子、孟子、荀子讲修身的三达德的时候，总是和君子联系起来。古代的君子，开始是以位称，后来主要以德称。有德无位的知识人在春秋战国时期就是所谓士。修身所要达致的"知仁勇"三达德，也主要是对士的修养的要求。其中尤其是"知耻"一项，更是士之为士必不可少的第一德品。

所以当子贡问孔子，怎样的修为才算得上不辜负"士"的称号，孔子回答说："行己有耻，使于四方，不辱君命，可谓士矣。《论语·子路》)这等于是孔子为"士"下了一个定义。"使于四方，不辱君命"云者，当是针对子贡善言辞，有使者之所长，故以士行之立身之本告知。何谓士行的立身之本？即"行己有耻"是也。皇侃义疏引何晏《集解》云："答士行也。言自行己身，恒有可耻之事，故不为也。"[①] 明指是士行。孔安国注曰："有耻，有所不为也。"[②] 亦称得义。朱熹《四书集注》的解释是："此其志有所不为，而其材足以有为者也。子贡能言，故以此事告知。盖为使之难，不独贵于能言而已。"[③] 应是持平中正之论。而关中大儒李二曲所写的《反身录》，则有更为明确的解析，他写道：

> 士人有廉耻，斯天下有风俗。风俗之所以日趋日下，其原起于士人之寡廉鲜耻。有耻则砥德砺行，顾惜名节，一切非礼非义之事，自羞而不为，惟恐有浼乎生平。若耻心一失，放僻邪侈，何所不至？居乡而乡行有玷，居官而官常有亏，名节不足，人所羞齿，虽有他长，亦何足赎？论士于今日，勿先言才，且先言守，盖有耻方有守也。论学于今日，不专在穷深极微，高谈性命，只要全其羞恶之良，不失此一点耻心耳。不失此耻心，斯心为真心，人为真人，学为真学，道德经济咸本于心，一真自无所不真，犹水有源木有根。耻心若失，则心非真心，心一不真，则人为假人，学为假学，道德经济不本于心，一假自无所不假，犹

① 皇侃撰，高尚榘校点：《论语义疏》，中华书局 2013 年版，第 340 页。
② 同上，第 340 页。
③ 《四书章句集注》，中华书局国学文库本，2011 年，第 138 页。

水无源木无根。^①

可谓痛乎言之也，可又是并非夸张的平情之论。

　　由此可知，"行己有耻"是士行的核心内容。何谓士？孟子说："无恒产而有恒心者，惟士为能。"（《孟子·梁惠王上》）"恒心"者何？是为道也、仁义也。故王子垫问士是干什么的，孟子回答说："尚志。"又问何为志？孟子说："仁义而已矣。"（《孟子·尽心上》）孔子概括人生的基本目标，为"志于道，据于德，依于仁，游于艺"（《论语·述而》），亦是斯义。孔子又说："士志于道，而耻恶衣恶食者，未足与议也。"（《论语·里仁》）则是直接提出，士的追求目标必须与知耻联系在一起。而《大戴礼记》的"曾子制言篇"，把这一层意思讲述得尤其明晰，其中写道："故君子不贵兴道之士，而贵有耻之士也。若由富贵兴道者与？贫贱，吾恐其或失也；若由贫贱兴道者与？富贵，吾恐其赢骄也。夫有耻之士，富而不以道，则耻之，贫而不以道，则耻之。"^②士的职分是"志于道"，无此便不能为士矣。因此"兴道"并没有什么了不起，比兴道更重要的是"有耻"；有耻，则无论贫富，其志都不会有所更易。

　　《大戴礼》"曾子制言"第五十五亦云："是以君子直言直行，不宛言而取富，不屈行而取位。畏之见逐，智之见杀，固不难；

---

① 转引自程树德撰：《论语集释》下册，中华书局2013年版，第1070页。
② 方向东撰：《大戴礼记汇校集解》上册，中华书局2008年版，第529页。

诎身而为不仁，宛言而为不智，则君子弗为也。君子虽言不受必忠，曰道；虽行不受必忠，曰仁；虽谏不受必忠，曰智。天下无道，循道而行，衡途而债，手足不揜，四支不被。……此非士之罪也，有士者之羞也。"①这是对士行要求的分情节的具体化，要义在直道而行，不曲学阿世。"宛言而取富"，"屈行而取位"，均为君子所不为。至于当政者无道，使得气节之士不得发挥，那不是士本身的责任，而是当政者的耻辱。

《大戴礼记》"哀公问五义"篇，对何者为士也给出了深切的界定。假定的对话者是哀公与孔子。哀公问："何如则可谓士矣？"孔子回答说："所谓士者，虽不能尽道术，必有所由焉；虽不能尽善尽美，必有所处焉。是故知不务多，而务审其所知；行不务多，而务审其所由；言不务多，而务审其所谓。知既知之，行既由之，言既顺之，若夫性命肌肤之不可易也，富贵不足以益，贫贱不足以损。若此，则可谓士矣。"②借以出自孔子之口的这段大议论，主要是讲士之为士的必须具备的修养，包括各方面的知识修养和特操气节的历练。就知识修养来说，不仅要知其然，还要知其所以然；而就行为而言，必须是有来历的不得已而为之。而且必须言行合一，矢志不移。无论是富贵还是贫贱，都不改变初衷。则这些要求不仅是士行而且是士节了。此正如《礼记·杂记》所强调的"君子有五耻"：一是"居其位，无其

---

① 方向东撰：《大戴礼记汇校集解》上册，中华书局 2008 年版，第 555—556 页。
② 同上，第 52—53 页。

言，君子耻之"；二是"有其言，无其行，君子耻之"；三是"既得之而又失之，君子耻之"；四是"地有余而民不足，君子耻之"；五是"众寡均而倍焉，君子耻之"①。《礼记·祭统》则提出了另外的"三耻"，包括自己的先祖并无美德善誉，而犹称之，或者有善誉但却不知情，以及知而不能传，都是为君子所耻的事情。②

士的知耻和不知耻，还体现在一些视听言动的细目上。譬如孔子讲的："巧言，令色，足恭，左丘明耻之，丘亦耻之。匿怨而友其人，左丘明耻之，丘亦耻之。"（《论语·公冶长》）这也是极为重要的不耻事例。花言巧语，华而不实，这在孔子认为是很可耻的事情。而本来对某人心有怨怼，却装作若如无其事的样子，故作友好之态，这也是令孔子所看不起的。此类事例，都耻在一个"伪"字上。还有言语夸诞，好说大话，而在行动上却不能兑现，这样的作风也为孔子所深耻。《论语·宪问》引孔子的话说："君子耻其言而过其行。"就是指此。一个人本没有那么大的功德伟业，却夸张于世而不知羞愧，孟子称这种情况属于"声闻过情，君子耻之"（《孟子·离娄下》）。另外，孔子说，年幼的时候不能努力学习，年龄大了又不能给人以教益，也是可耻的。还有一种情况是，一个人离开故乡以后，仕途顺利，官做得越来越大，但在遇到家乡人的时候，却不能

---

① 孙希旦撰：《礼记集解》下册，中华书局 1989 年版，第 1114 页。
② 同上，第 1252 页。

讲点旧时的趣事，地位高了而转脸忘旧，在孔子看来也属于可
鄙之事。《礼记·表记》引用的一段孔子的话，同样关乎知耻
的非常重要的一些细目。孔子说道：

> 是故圣人之制行也，不制以己，使民有所劝勉愧耻，
> 以行其言。礼以节之，信以结之，容貌以文之，衣服以移
> 之，朋友以极之，欲民之有壹也。《小雅》曰："不愧于人，
> 不畏于天。"是故君子服其服，则文以君子之容；有其容，
> 则文以君子之辞；遂其辞，则实以君子之德。是故君子耻
> 服其服而无其容，耻有其容而无其辞，耻有其辞而无其德，
> 耻有其德而无其行。是故君子衰绖则有哀色，端冕则有敬
> 色，甲胄则有不可辱之色。《诗》云："惟鹈在梁，不濡其
> 翼。彼记之子，不称其服。"[1]

这段话涉及到了容貌和服饰，意谓对士君子而言，穿衣服是为
了使容貌的气质更加凸显；但容貌服饰是士君子的打扮还不
够，还需要说出话来也是士君子应该说的话：不仅此也，光是
言辞合乎士君子的身份仍然不够，更重要的是要有"君子之德"。
如果达不到士君子必须有的这些要求，那就是服其服而无其容，
有其容而无其辞，有其辞而无其德，有其德而无其行，件件都
是可耻之事。孔子还说，士君子之所作为，关键是不要辜负了

---

[1] 孙希旦撰：《礼记集解》下册，中华书局1989年版，第1305—1306页。

士君子的称号，因此宁可谦卑低调，而绝不要自大其事，因为
"名之浮于行"是极为可耻的。

职是之故，士君子的知耻，即孔子所申明的士行的"行己
有耻"，是士之为士的头等大事。如同孟子所说："人不可以无
耻，无耻之耻，无耻矣。"（《孟子·尽心上》）也就是明末清初
的大儒顾炎武在《与友人论学书》中所总结的："所谓圣人之
道者如之何？曰'博学于文'，曰'行己有耻'。自一身以至于
天下国家，皆学之事也；自子臣弟友以至出入、往来、辞受、
取与之间，皆有耻之事也。耻之于人大矣！不耻恶衣恶食，而
耻匹夫匹妇之不被其泽，故曰：'万物皆备于我矣，反身而诚。'
呜呼！士而不先言耻，则为无本之人；非好古而多闻，则为空
虚之学。以无本之人，而讲空虚之学，吾见其日从事于圣人而
去之弥远也。"[1] 请看顾宁人所言："士而不先言耻，则为无本之
人。"则知耻是士人的立身之本，应无疑义矣。而关乎知耻之
细目，往圣前贤固然言之谆谆，顾氏此处则以"出入、往来、
辞受、取与之间，皆有耻之事"括之，应是取其大者，然亦以
纲带目，无所遗焉。士人的有耻，就是体现在诸如出入、往来、
辞受、取与之间。其中"出入"一项尤其重要。所谓"出"，
就是出而出仕，所谓"入"，就是辞而不受官职，宁可终老乡曲。

关于此点，夫子之教至为详明。《论语·泰伯》："邦有道，
贫且贱焉，耻也；邦无道，富且贵焉，耻也。"当遇到政治贤

---

[1] 顾炎武:《与友人论学书》,《顾亭林诗文集》, 中华书局 1959 年版, 第 41 页。

明的好社会，一个士人却在那里无所事事，过着贫穷的下层生活，这种情况应该感到愧耻。反之，处身一个正义见弃、是非颠倒的污浊社会，你却官运亨通，既富且贵，同样是可耻的。或者换一个说法，"邦有道"，你在那里食俸禄，"邦无道"，照样在那里食俸禄（《论语·宪问》）；任凭世道迁移，我自享荣华富贵如故，或如俗所谓笑骂由人笑骂，好官我自为之。这在孔子看来，毫无疑问就是一个十足的"耻"字。

此诚如朱熹所说："'谷'之一字，要人玩味。谷有食禄之义。言有道无道，只会食禄，略无建明，岂不可深耻。"[1]特别当历史上发生政权鼎革、朝代易姓之际，士人的出入抉择更是一场严峻的的考验。由晋入宋的陶渊明，是其显例。因其曾祖陶侃尝为晋世宰辅，所以时值由晋入于刘宋的陶渊明，不肯出仕，并在所作诗文中继续使用晋氏年号。[2]陈寅恪对此点坚执不移，他在《陶渊明之思想与清谈之关系》一文中写道：

> 渊明政治上之主张，沈约《宋书》渊明传所谓"自以曾祖晋世宰辅，耻复屈身异代，自〔宋〕高祖王业渐隆，不复肯仕"最为可信。与嵇康之为曹魏国姻，因而反抗司马氏者，正复相同。此嵇、陶符同之点实与所主张之自然说互为因果，盖研究当时士大夫之言行出处者，必以详知

---

① 《朱子语录》卷四十四，中华书局 1986 年版，第 1116 页。
② 《宋书》卷九十三"隐逸"，中华书局标点本，第八册，第 2288—2289 页。

其家世之姻族连系及宗教信仰二事为先决条件，此为治史者之常识，无待赘论也。近日梁启超氏于其所撰《陶渊明之文艺及其品格》一文中谓："其实渊明只是看不过当日仕途混浊，不屑与那些热官为伍，倒不在乎刘裕的王业隆与不隆。""若说所争在甚么姓司马的，未免把他看小了。"及"宋以后批评陶诗的人最恭维他耻事二姓，这种论调我们是最不赞成的。"斯则任公先生取己身之思想经历，以解释古人之志尚行动，故按诸渊明所生之时代，所出之家世，所遗传之旧教，所发明之新说，皆所难通，自不足据之以疑沈休文之实录也。[①]

寅恪先生对陶渊明"耻事二姓"说的坚执，可以见出他本人对士人的"行己有耻"具有怎样的忠诚态度。而对梁任公的的质疑，则立即予以驳难，甚至提出，这是梁以自己经验过的事实来例同古人了。所以文中用了"古人之志尚行动"一语，纯然是为了申明知识分子"行己有耻"的重要。

职是之故，陈寅老晚年在《赠蒋秉南序》中致慨良深。一则曰："默念平生固未尝侮食自矜，曲学阿世，似可告慰友朋。"二则曰："欧阳永叔少学韩昌黎之文，晚撰《五代史记》，作义儿、冯道诸传，贬斥势利，尊崇气节，遂一匡五代之浇漓，返之淳

---

① 陈寅恪撰：《金明馆丛稿初编》，生活·读书·新知三联书店 2001 年版，第 227—228 页。

正。"三则曰："孰谓空文于治道学术无裨益耶？"[①] 然则，寅老相信，只要不是曲学阿世之文，出自"行己有耻"之人的文字，终归会有益于世道人心。

写到这里，蓦然想到，陈寅恪的祖父陈宝箴，当1897年湖南新政肇始之时，他在南学会第一次演讲，就是以"立志自知耻始"为题。他说："顾为学必先立志，天下事有有志而不成，未有无志而能成者。志何以立？必先有耻。孟子曰：'不耻不若人，何若人有？'就一身论，耻为小人，则必志在君子；耻为庸人，则必志在圣贤豪杰。就天下国家论，耻其君不如尧、舜、汤、文，其国不如唐、虞、商、周，则必志在禹、皋、伊、旦。'知耻近乎勇'，即立志之谓。"然后，他联系当时的国内外以及湘省的实际情形，继而说道："坐视四邻交侵，浸以削弱，应付皆穷，屡至丧师辱国，以天下数万里之大、四万万之众，不得与欧洲诸国比，岂非吾辈之大耻乎？虽然，当耻我不如人，不当嫉人胜我。今湘人见游历洋人，则群起噪逐之，抛掷瓦石殴辱之，甚欲戕其人而火其居。不思我政教不如彼，人材不如彼，富强不如彼，令行禁止不如彼，不能与彼争胜于疆场之间，而欺一二旅人于堂室之内，变故既起，徒以上贻君父之忧，下为地方之祸，不更可耻之甚哉。"最后的结语更其意味深长，道是："抑更有说者，学之一字，乃四民公共之事，所以开民智也。大小、邪正，视其所志，学成而用之亦然。故同此一智，在君

---

① 陈寅恪撰：《寒柳堂集》，生活·读书·新知三联书店2001年版，第182页。

子，则为德慧术智；在小人，则为机械变诈。公私义利之间而已。谚云：'兵、贼同一刀。'为贼、为兵，非刀之咎也。为君子、为小人，非学之咎也。故运用在乎心，实存乎志，立志自知耻始，为学在正志始。"①时任湖南巡抚的陈宝箴，这次演讲的目的他说是为了造就"真为知耻有志之士"。

笔者研究义宁之学有年，深知其代代相承，实在于圣学之"行己有耻"一语。这在陈宝箴如此，在寅老的父尊陈三立如此，在寅老本人如此。即在其曾祖父陈琢如，亦复如是。早年陈宝箴有《说学》一文，系为官河北时在"致用精舍"的讲义稿。他在此文中着重提示："大要吃紧在一'耻'字。""耻则奋，奋则忧，有终身之忧，即有终身之耻。"并进入析论说："今我辈读古人书，但能知耻，便有懦立顽廉之意，精神自然焕发，志气自然凝定，故曰：'知耻近乎勇。'好学力行，皆赖此始，为入德之门。先辈有言：'不让今人，便是无量；甘让古人，便是无志。'量之不宏，志之不卓也，舍耻其奚以乎？堂堂七尺之躯，其孰甘自居无耻矣！古今来，往往有才气卓荦之人，少年失学，或不免跌荡自喜、放轶不羁，一旦获亲有道，幡然悔悟，折节向学，卒能卓然自立，超出乎铮铮佼佼之上。盖由秉气充强，故愧悔之萌，若不可复立人世，其为耻者大，故其致力者猛也。"②所强调的还是立志和知耻。特别知耻心的确立，

① 陈宝箴:《南学会开讲第一期讲义》,《陈宝箴集》下册,中华书局 2005 年版,第 1930—1932 页。
② 陈宝箴:《说学》,《陈宝箴集》下册,中华书局 2005 年版,第 1878—1883 页。

在陈宝箴看来，是读书人奋发猛进的思想源泉。

寅老之学，家学所承，自是渊源有自呵。犹忆 1990 年在北大召开陈寅恪诞辰百周年座谈会，宋史专家邓广铭先生的发言甚获我心，他说寅老的思想学术，可以用"博学于文，行己有耻"八个字予以概括。大哉，邓老之妙语，义宁之学的精髓可以说尽在其中了。

三、"礼义廉耻，国之四维"

"礼义廉耻"四字之并提和连属，最早出自《管子》。《管子·牧民》写道："国有四维，一维绝则倾，二维绝则危，三维绝则覆，四维绝则灭。倾可正也，危可安也，覆可起也，灭不可复错也。何谓四维？一曰礼，二曰义，三曰廉，四曰耻。礼不逾节，义不自进，廉不蔽恶，耻不从枉。故不逾节则上位安，不自进则民无巧诈，不蔽恶则行自全，不从枉则邪事不生。"[①] 是为礼、义、廉、耻四字并提。《管子·立政九败解》："然则礼义廉耻不立，人君无以自守也。"[②] 是为礼义廉耻四字连属。至于"维"之一字的索解，是否即为"以小绳缀侯之四角而系之于植"[③]，我们姑且存而不论，总之礼义廉耻是维系国家的极为关键的支撑。齐国的这位大思想家能提出此一学说，即足以视作对历代治国理政、对吾国思想文化之史的了不起的贡献。

---

① 黎翔凤撰：《管子校注》上册，中华书局 2004 年版，第 11 页。
② 黎翔凤撰：《管子校注》下册，中华书局 2004 年版，第 1193 页。
③ 黎翔凤撰：《管子校注》上册，中华书局 2004 年版，第 12 页。

　　欧阳修在《新五代史》冯道传的叙论中写道："'礼义廉耻，国之四维；四维不张，国乃灭亡。'善乎，管生之能言也！礼义，治人之大法；廉耻，立人之大节。盖不廉，则无所不取；不耻，则无所不为。人而如此，则祸乱败亡，亦无所不至，况为大臣而无所不取，无所不为，则天下其有不乱，国家其有不亡者乎！予读冯道《长乐老叙》，见其自述以为荣，其可谓无廉耻者矣，则天下国家可从而知也。"[①] 欧阳修对管子的四维说和礼义廉耻的深涵给出了极为深刻的训解，至有"廉耻，立人之大节。盖不廉，则无所不取；不耻，则无所不为"的至理名言。历来解廉耻一语，都不如欧阳子解得如此深刻无漏。廉耻是一个人立身的大节，如果不廉，什么都敢拿；如果不耻，什么是事都敢做。

　　下面看看顾炎武是怎样评骘欧阳修的这段名言的。顾炎武在《日知录》的"廉耻"一节中写道：

　　　　然而四者之中，耻尤为要。故夫子之论士，曰："行己有耻。"孟子曰："人不可以无耻，无耻之耻，无耻矣。"又曰："耻之于人大矣，为机变之巧者，无所用耻焉。"所以然者，人之不廉而至于悖礼犯义，其原皆生于无耻也。故士大夫之无耻，是谓国耻。吾观三代以下，世衰道微，弃礼义，捐廉耻，非一朝一夕之故。然而松柏后凋于岁寒，鸡鸣不已于风雨，彼昏之日，固未尝无独醒之

---

① 欧阳修撰：《新五代史》第二册，中华书局 1974 年版，第 611 页。

　　人也。顷读《颜氏家训》有云："齐朝一士大夫尝谓吾曰：'我有一儿，年已十七，颇晓书疏。教其鲜卑语及弹琵琶，稍欲通解。以此伏事公卿，无不宠爱。'吾时俯而不答。异哉，此人之教子也！若由此业自致卿相，亦不愿汝曹为之。"嗟呼，之推不得已而仕于乱世，犹为此言，尚有《小宛》诗人之意，彼阉然媚于世者，能无愧哉！①

　　盖在顾炎武眼里，四维之中的廉耻尤为重要，因为不廉乃至悖礼犯义，都是由于无耻所致。所以他说："士大夫之无耻，是谓国耻。"这是置诸历史上的任何时期，都可称铁骨铮铮、发人警醒的千古名句。然则顾宁人之傥论，直接是为明之亡而发，故在廉耻一节之后，附语写道："呜呼！自古以来，边事之败，有不始于贪求者哉？吾于辽东之事有感。"②他认为治军之道，首先是本于廉耻。

　　岂止治军需要从廉耻入手，一国之大臣的廉与贪，实际上是国之兴衰败亡的决定性因素。以此顾炎武主张"俭约"，认为"国奢示之以俭"，是"君子之行"和"宰相之事"。他逐一列举汉代的许劭、北齐的李德林、魏武时期的毛玠这些以俭朴为尚的达官，如何直接影响到一时的社会风气。特别是唐代大历年间的宰相杨绾，史载其"质性贞廉，车服俭朴，居庙堂未

---

① 顾炎武撰：《日知录》卷十三"廉耻"，《日知录集释全校本》，上海古籍出版社 2006 年版，第 772—773 页。

② 同上，第 774 页。

数日，人心自化"。例如御史中丞崔宽，剑南西川节度使崔宁的胞弟，家中多蓄财富，"有别墅在皇城之南，池馆台榭，当时第一"，但崔宽在宰相杨绾的影响下，很快下命令毁撤了这些别墅。中书令郭子仪，在崔绾拜相之后，其在邠州的行营，坐中音乐减散五分之四。还有京兆尹黎干，平常出入，百余人马跟随，也很快作了裁减，只留十骑而已。

另一个唐代的例证，是当享有刚直清廉称誉的杜黄裳出任宰相，向来跋扈的李师古，命手下一名干练之人，带着数千钱和一乘车子，欲贿赂杜黄裳。但使者到门之后，未敢即送，在外面"伺候累日"。后来看到有绿色的车轿从宅中出来，跟随的只有两个从婢，"青衣褴缕"，原来是宰相的夫人。送礼者见此情形，立即回去告诉告师古。从此师古改变了自己，终其一生不敢骄奢淫逸。顾炎武由此得出结论，认为改变奢侈的风气并不见得那么难，只要将这些范例广为传布就可以了。他发为感慨说："道岂远乎哉！"①

顾宁人深知，廉耻之风是否能够建立起来，关键在大臣，即那一社会的居高位者。为此他在写了"廉耻"、"俭约"两题之后，又写了"大臣"一题。他说："欲正君而序百官，必自大臣始。"但大臣的廉与不廉，不能看一时一事，而是应察其终始。历史上廉洁的典型，当推三国时的名臣诸葛孔明。诸葛亮临终时，自表后主说："成都有桑八百株，薄田十五顷，子

_____
① 顾炎武撰：《日知录》卷十三"俭约"，《日知录集释全校本》，第781—783页。

孙衣食，悉仰于家，自有余饶。至于臣在外任，无别调度，随身衣食，悉仰于官，不别治生，以长尺寸。若臣死之日，不使内有余帛，外有赢财，以负陛下。"死后证实，确"如其所言"。顾炎武写道："夫廉不过人臣之一节"，但"人臣之欺君误国，必自其贪于货赂也"。又说："夫居尊席腆，润屋华身，亦人之常分尔，岂知高后降之弗祥，民人生其怨诅，其究也，乃与国而同败邪。"[1] 考之史事，汉代的时候惩罚贪贿执法严厉，一旦被劾，常常死于狱中。唐时犯贪赃之罪，"多于朝堂决杀，其特宥者乃长流岭南"，很少有被赦免者。宋初于贪赃之罪，处理尤严。史载，宋代所以能得循吏，不赦犯赃是一个原因。而且对于犯者，不仅处以流放岭外，而且刺字暴打。但熙宁中期以后，废除了黥杖，"惩贪之法，亦渐以宽矣"。

　　明朝的时候，对贪犯比宋朝还要姑息："赃吏巨万，仅得罢官，而小小刑名，反有凝脂之密。"明宣德中，都御史刘观坐受贿罪，本该论斩。但皇帝发话："刑不上大夫。观虽不善，朕终不忍加刑。命遣辽东。"到后来，特旨曲宥竟成为常例。顾炎武说："法不立，诛不必，而欲为吏者之毋贪，不可得也。"又说："人主既委其太阿之柄，而其所谓大臣者，皆刀笔筐篚之徒，毛举细故，以当天下之务，吏治何由而善哉？"[2] 所以他对诸书所载的一些惩贪惩得痛快淋漓的案例，格外感兴趣。他

① 顾炎武撰：《日知录》卷十三"大臣"，《日知录集释全校本》，第783—784页。
② 顾炎武撰：《日知录》卷十三"除贪"，《日知录集释全校本》，第785—787页。

引用《北梦琐言》的记载：后唐明宗的时候，汴州仓吏贪赃，牵涉一名旧将之子史彦珣，史还是驸马石敬瑭的亲戚，于是有人上奏，希望免其死罪。明宗的回答是："王法无私，岂可徇亲！"又一个例证是元史至元十九年九月，皇帝发出敕旨，曰："中外官吏赃罪，轻者决杖，重者处死。"[①]鉴于贪吏之败国，顾炎武主张严惩贪赃罪犯。

　　《唐书》牛僧孺传所载的一件史例，顾炎武颇感兴趣，因为其中透露有以往反贪不经见的内容。唐穆宗初年之时，宿州刺史李直臣犯贪赃罪当死，中贵人为之说项，穆宗决定宽恕，说："直臣有才，朕欲贷而用之。"时任御史中丞的牛僧孺不同意穆宗的这一说法，直言道："彼不才者，持禄取容耳。天子制法，所以束缚有才者。安禄山、朱泚以才过人，故乱天下。"穆宗觉得御史中丞的话不无道理，结果没有宽恕此人。顾炎武因此感慨道："今之贪纵者，大抵皆才吏也，苟使之惕于法而以正用其才，未必非治世之能臣也。"[②]是呵，能够拼命摄取到财富的人，自然不会毫无才具，只在才用何处罢了。

　　而对后来流行的所谓惩贪宜宽厚之论，顾炎武颇不以为然，他说："乃余所见，数十年来姑息之政，至于纲解纽弛，皆此言贻之敝矣。嗟乎！范文正有言：'一家哭，何如一路哭邪！'朱子谓：'近世流俗，惑于阴德之论，多以纵舍有罪为仁。'"

---

① 《日知录集释》上，花山文艺出版社1991年版，第614页。
② 顾炎武撰：《日知录》卷十三"除贪"，《日知录集释全校本》，第789页。

实则宽宥那些贪腐不吏者，并不是什么"为仁"，而是助恶为患。宋代的包拯告戒子孙："有犯赃者，不得归本家，死不得葬大茔。"顾炎武说，今日之士大夫教子孙，真该以包拯之戒语为取法。[①]

　　读顾宁人之关于廉耻、俭约、大臣、除贪诸文，知其为说无一不是有所为而发，而且都是鉴于亡明之教训，痛乎言之。大哉！顾氏炎武之论——"士大夫之无耻，是谓国耻。"大哉！欧阳子之传序之论——"廉耻，立人之大节。盖不廉，则无所不取；不耻，则无所不为。"大哉！管生之能言也——"礼义廉耻，国之四维；四维不张，国乃灭亡。"

2017 年 8 月 23 日写讫于东塾

原刊《北京大学学报》2017 年第 6 期

---

① 顾炎武撰：《日知录》卷十三"除贪"，《日知录集释全校本》，第 790 页。

第六章　论狂狷

引　言

说来已经是上世纪的 1998 年的事了，我在哈佛做访问学者，女作家木令耆一次邀为波士顿郊外游，我乘兴来到她的美丽的湖滨居所。她书房里的一幅字，引起我极大的兴趣。那是武汉大学世界史专家吴于廑先生的书法，一首《浣溪沙》词，写的是：

> 丹枫何处不爱霜，谁家庭院菊初黄，登高放眼看秋光。
>
> 每于几微见世界，偶从木石觅文章，书生留得一分狂。

木令耆长期主编一本名叫《秋水》的刊物，故词中第一、二句枫霜、菊黄以及第三句的"秋光"等字样，显然是喻指秋水主人的性格与爱好。下阕一、二句颇及女作家的职业特点，赞其

作品以小见大，不离一个"情"字。因"木石"一语，用的是
《红楼梦》"木石因缘"的成典。最后一句"书生留得一分狂"，
与其说是对书赠对象的期许，不如说是对整个知识分子群体的
一种期许。

妙的是这种期许并不高，只希望我们的作家和知识分子保
留"一分"可爱的狂气。是呵，如果不是一分，而是三分、五
分乃至更多，也许就不那么合乎分际了。但如果连这"一分"
也没有，作家或知识分子的义涵就需要打折扣。

中国文化里面其实长期存在狂者精神的传统。"狂"在汗牛
充栋的古代文本载籍里是个常见词。所以然者，由于中国很早
就有健全的文官制度，有"处士横议"的传统，有"游"的传统，
有"侠"的传统，有自由文人的传统，有浪漫的诗骚传统，有
绘画的大写意传统，有书法的狂草传统等等。这些人文艺事的
固有性体都与"狂"有不解之缘。而儒家的圣人理想、道教和
道家的崇尚自然、佛教禅宗的顿悟超越，又为狂者精神的构建
供给了理念和学说的基础。"狂"和"敬"一样，都可以看作是
中国文化的"关键词"。

本文试图对狂者精神的发生流变及其在不同历史段落的呈
现，作较为系统的梳理，以通过解析语词概念的价值范畴来透
视中国文化的观念的思想史。

一、孔子狂狷思想的革新意义

"狂"是个多义词，以之衡人，则郑玄解作"倨慢"①，《南齐书·五行志》定义为"失威仪之制，怠慢骄恣，谓之狂"②，《后汉书》仲长统本传称其"默语无常，时人或谓之狂"③，以及《韩非子》"解老"所说的"心不能审得失之地，则谓之狂"④，都是符合词义本相的直解。古代论人论事涉"狂"的案例甚多，褒贬抑扬，各攸所当。《淮南子》"诠言训"说："倍道弃数，以求苟遇，变常易故，以知要遮，过则自非，中则以为候，闇行缪改，终身不寤，此之谓狂。"⑤未免流于繁琐。而该书同篇又云："凡人之性，少则猖狂，壮则暴强，老则好利。"⑥这是根据年龄增长所引起的性格变化，来判定一个人的狂与不狂，一说而已。至于汉代贾谊认为"知善而弗行谓之狂，知恶而不改谓之惑"⑦，

---

① 孙星衍撰：《尚书今古文注疏》"洪范"第十二下："曰咎征：曰狂，恒雨若。"注云："史迁'恒'皆作'常'。郑康成曰：'狂，倨慢。若，顺也。五事不得，则咎气而顺之。"中华书局 1986 年版，第 314 页。
② 《南齐书》卷十九、志第十一"五行"，中华书局校点本，第二册，第 370 页。
③ 范晔撰：《后汉书》，中华书局校点本，第 1644 页。
④ 《韩非子·解老》，陈奇猷校注：《韩非子集释》上册，上海人民出版社 1974 年版，第 349 页。
⑤ 《淮南子》"诠言训"，刘文典撰：《淮南鸿烈集解》下册，中华书局 1989 年版，第 483 页。
⑥ 同上，第 474 页。
⑦ 贾谊撰：《新书·大政上》，中华书局 2000 年校注本，第 339 页。

《汉书·五行志》以为"辟遏有德兹谓狂"①，唐人徐彦伯在《枢机论》中说"不可言而言者曰狂，可言而不言者曰隐"②，所涉范围未免太泛了。

堪称经典的，是孔子的一段话："不得中行而与之，必也狂狷乎。狂者进取，狷者有所不为"③。"狂者"和"狷者"这两个原创的语词，就发源于此。本文使用的"狂者"的概念，就是以孔子的原创发明为依据。"狂"和"狷"的特点，都是不追求四平八稳，只不过一个急促躁进，希望尽快把事情办好，一个拘泥迂阔，认为不一定什么事情都办。也可以说"狂"是超前，"狷"是知止。总之"狂"和"狷"都是有自己独立思想和独立人格的表现。孔子于此二者之所取，在于其"恒一"的品性。④孔子如此释"狂"，在中国文化的观念的思想史上具有重大的意义，也可以说具有思想革新的意义。

孔子之前，"狂"之一词也数见于先秦载籍，但使用者对词义的理解，均属负面的义涵。《易》、《诗》、《书》、《礼》、《春秋》"五经"里面，"狂"字凡十七见，其中《诗经》七见，《尚书》四见，《周礼》一见，《春秋左传》"经"一见，为人名，"传"四见，一为人名，可究之词义实为三见。《易经》没有。《周礼》

① 《汉书·五行志》第七上，中华书局校点本第五册志二，第1342页。
② 徐彦伯撰：《枢机论》，《旧唐书》卷九十四列传第四十四，中华书局校点本第九册传三，第3006页。
③ 《论语·子路》，程树德撰：《论语集释》第三册，中华书局1990年版，第931页。
④ 何晏撰：《论语集解》引包咸章句云："狂者进取于善道，狷者守节无为，欲得此二人者，以时多进退，取其恒一者也。"

一见载"夏官司马第四",作"方相氏,狂夫四人"①。"夏官司马"讲的是一个国家的行政与军事组织等涉及安全保卫方面的吏职设施,每一方面需要多少编制,都具列的清清楚楚。"方相氏"为行使特殊职能的保卫人员,需要"蒙熊皮,黄金四目,玄衣朱裳,执戈扬盾"②,装扮成"可畏怖之貌",所以要挑选"狂夫"即粗放勇武不文之人担任此职。"方相"即仿相也,颇类今所谓假面具。而"狂夫"一词,千年载籍,屡见不鲜,至有称夫君为"狂夫"者,特别唐代诗文里尤多此一方面之事例。

《春秋左传》之"经"一见,载哀公十四年,作"宋向魋入于曹以叛,莒子狂卒"。此处之"狂"为人名,可不计。另四处均见于"传",一为闵公二年,晋太子申生带领人马伐皋落氏,衣服偏穿,佩带金玦。战将狐突认为如此装束不够吉利,右将先丹木也认为不妥,说:"是服也,狂夫阻之。"③亦即即使"狂夫"也会阻止穿这样的衣服。此处实际上用的是上引《周礼》"方相氏,狂夫四人"之典,也是指粗放不文之人。次为文公十二年,秦晋对阵于河曲,秦伯不解晋人何以如此强硬,手下的谋士们分析说,这一定是佐上军的臾骈出的主意,不过没关系,赵穿是握有实权的赵盾的"侧室",又是国君的女婿,其人特别嫉恨臾骈佐上军,但他"有宠而弱,不在军事,好勇而

---

① 孙诒让:《周礼正义》,中华书局校点本,1987年版,第九册第2259页。
② 同上,第十册第2493页。
③ 杜预:《春秋经传集解》第一册,上海古籍出版社1988年版,第226页。

狂"①。此处的"狂",是轻慢放肆的意思,显然是取负面义。三是宣公二年,有"狂狡辂郑人"的记载,系人名,故不计。四为昭公二十三年,主要记载吴楚之争的史事,其中有"胡沈之君幼而狂"②的句子,郑玄注"狂"为"性无常",亦是负面取义。

《诗经》之七见,一为《鄘风·载驰》:"女子善怀,亦各有行。许人尤之,众稚且狂。"③诗的本事为卫国的宣姜之女,嫁到了许国,成为穆公的夫人,后卫国亡,该女要回宗国致哀。这一举动虽遭许国大夫的责难,但她认为自己并无过失,而是那些责难她的人是幼稚而且傲慢(此处我解作"傲慢")。二为《郑风·山有扶苏》:"不见子都,乃见狂且。"④三为《郑风·褰裳》:"子不我思,岂无他人? 狂童之狂也且"、"子不我思,岂无他士? 狂童之狂也且。"⑤二、三的三见,都是"狂且"。"且",解诗诸家大都认为是语助词,无实义。也有的作另解。无论如何解"且","狂"自是粗野放肆之义,应无疑问。四为《齐风·东方未明》:"折柳樊圃,狂夫瞿瞿。不能辰夜,不夙则莫。"⑥诗中直接使用了"狂夫"一词。五为《大雅·桑柔》:"维彼不顺,自独俾臧。自有肺肠,俾民卒狂"、"维此圣人,瞻言百里。维

---

① 杜预:《春秋经传集解》第二册,上海古籍出版社1988年版,第483页。

② 杜预:《春秋经传集解》第三册,上海古籍出版社1988年版,第1501页。

③ 同上,第1501页。

④ 高亨:《诗经今注》,上海古籍出版社2009年版,第117页。

⑤ 同上,第119页。

⑥ 同上,第132页。

彼愚人，覆狂以喜。"①此两处之"狂"可作"疯"字解，即弄得民众都发疯了（"俾民卒狂"），而那些蠢人反而疯了似的高兴（"覆狂以喜"）。总之都是负面取义。但"狂童"之"狂且"，义为负面，发出此语者的主体情感义涵，却不是负面的，所谓打情骂俏是也。

最后是《尚书》的四见，一为《商书·微子》，"殷既错天命，微子作诰父师、少师"，曰："父师、少师，我其发出狂？吾家耄逊于荒？今尔无指，告予颠隮，若之何其？"此处之"狂"，二孔（孔安国、孔颖达）之传、疏，均解作因愁闷而"发疾生狂"②。二为《周书·洪范》载有："曰咎征。曰狂，恒雨若。"《洪范》是周打败殷之后，武王找回逃亡的箕子，当面请教安定天下的方略，箕子讲的上天赐给禹的"洪范九畴，彝伦攸敍"，其第八畴是"庶征"，即施行美政的征验。孔疏云："曰人君行敬，则雨以时而顺。曰人君政治，则旸以时而顺之。曰人君照晢，则燠以时而顺之。曰人君谋当，则寒以时而顺之。曰人君通圣，则风以时而顺之。"③但人君的施政如不美，反面的征验便会出现，比如"曰狂，恒雨若"，亦即如果"君行狂妄，则常雨顺之"。故此处之"狂"，是狂妄的意思，语义自是负面。

---

① 高亨：《诗经今注》，上海古籍出版社 2009 年版，第 440—441 页。

② 阮元校刻《十三经注疏》上册《尚书正义》卷十，中华书局 1980 年影印本，第 177 页。

③ 阮元校刻《十三经注疏》上册《尚书正义》卷十二，中华书局 1980 年影印本，第 192 页。

《尚书》的另二见，为《周书·多方》："惟圣罔念，作狂；惟狂克念，作圣。"这是《五经》中关于"狂"之一词的最重要的例证。所以如此，是因为这里的"狂"有概念的价值判断在焉。"圣"、"狂"对举，所能转者，惟在一善。孔传云："惟圣人无念于善，则为狂人；惟狂人能念于善，则为圣人。言桀纣非实狂愚，以不念善故灭亡。"[1]孔疏更进而认定，"圣"者是上智之名，"狂"者是下愚之称，所以"圣必不可为狂，狂必不能为圣"[2]。就"狂"义的价值判断而言，把弃善和"狂"联系起来，自是否定评价无疑，而且采取"圣"、"狂"不可调和的立场。但这一观念，从孔子开始发生了根本的变化。

孔子第一次对"狂"赋予了完全正面的义涵。"狂者进取，狷者有所不为"，试想这是何等重大的判断！依据"五经"的案例，"狂"一直是作为形容词来使用，只有到了孔子，在"狂"的后面加一"者"字，从此"狂者"成为一个充满张力并能够体现中国文化的价值取向的特殊名词。试想，这还不是革命性的变化吗？孔子论"狂"，是把"狂"、"狷"和中行、乡愿四种品格对比着提出的。孔子不能容忍的是"乡愿"，称之为"德之贼也"[3]。本来"中行"即中道，最为孔子所看重，但难以遇到（"不得中行而与之"）。所以孟子说："孔子岂不欲

---

[1] 阮元校刻《十三经注疏》上册《尚书正义》卷十七，中华书局1980年影印本，第229页。

[2] 同上，第229页。

[3] 《论语·阳货》，程树德撰《论语集释》第四册，中华书局1990年版，第1219页。

中道哉？不可必得，故思其次也。"①孔子为实现自己的政治理想而奔波一生，但后来他不免沮丧，不仅"仁政"的学说无人问津，连在哲学思想上对"中道"和"中行"的追求，也无功而返。《论语·公冶长》记载："子在陈，曰：'归与！归与！吾党之小子狂简，斐然成章，不知所以裁之。'"此处"归与"、"归与"连用，可见思归之切。实际上是知困而返，也可以说是弃中道而思狂。孔子终于悟到，早年鲁国的那些乡党弟子，虽然志大而狂，却文采斐然，如果施教对症，难保不有所作为。此可知孔子对"狂"义的肯定，是经过了沉痛的经验教训之后的一种反思。

鉴于往昔解狂都是负面取向，孔子在重新释狂的时候，表现得非常谨慎。《论语》涉"狂"计有六处，除"吾党之小子狂简"（《公冶长》）和"必也狂狷乎"（《子路》）两处，另还有：

> 子曰："狂而不直，侗而不愿，悾悾而不信，吾不知之矣。"（《泰伯》）②
>
> "居，吾语女。好仁不好学，其蔽也愚；好知不好学，其蔽也荡；好信不好学，其蔽也贼；好直不好学，其蔽也绞；好勇不好学，其蔽也乱；好刚不好学，其蔽也狂。"（《阳货》）③

---

① 杨伯峻：《孟子译注》"尽心章句下"，中华书局2005年版，第341页。
② 程树德撰：《论语集释》中华书局1990年版，第545页。
③ 程树德撰：《论语集释》中华书局1990年版，第四册，第1210页。

　　子曰："古者民有三疾，今也或是之亡也。古之狂也
肆，今之狂也荡；古之矜也廉，今之矜也忿戾；古之愚也
直，今之愚也诈而已矣。"(《阳货》)①

　　楚狂接舆歌而过孔子曰："凤兮凤兮，何德之衰？往
者不可谏，来者犹可追。已而已而，今之从政者殆而。"(《微
子》)②

孔子显然希望"狂"要见得法度，有分寸，因此需要有其他的
德性与之配合。如果光是"狂"，却不够直率，即"狂而不直"，
孔子认为这样的人相当难办，因为他究竟想干什么，我们弄不
明白。至于嘲笑孔子倒霉，劝他"已而已而"的那位"楚狂"，
应属于哪一种"狂"，孔子没有明说，只心知其意而已。看来
这位"楚狂"应该是"狂而直"，而不是"狂而不直"。另外还
有一种人，很勇敢，也很刚强，就是不好学，这种"狂"一定
是有"弊病"的狂，不足为训。还有一种是"荡狂"，孔子颇
不以为然。他说古人的"狂也肆"，最多不过是恣意直说乃至
乱说而已，实践起来不一定蛮干；可是今人的"狂也荡"，则
是毫无分际的放荡不羁了，很难不酿成大错。

　　董仲舒说："不仁而有勇力才能，则狂而操利兵矣。"③ 可见

---

① 程树德撰：《论语集释》中华书局 1990 年版，第四册，第 1224 页。
② 同上，第 1261 页。
③ 董仲舒：《春秋繁露》"必仁且智"，苏舆撰：《春秋繁露义证》，中华书局
　1992 年版，第 257 页。

"狂"最好植根于仁德与智慧，否则说不定就拿起家伙乱打一气了。孔子一方面对"狂者"给予正面评价，同时也主张对通常的"狂"给以道德的限制。不用说，他提倡的是有志者的德性之狂，也可以说是一个人的独立精神和独立见解，这种狂者精神主要在传统的士人或者士大夫身上有所体现。

二、秦汉时期的狂直和佯狂

秦汉是中国大一统的帝制制度建立并达致完形的时期，这种制度之下，不用说秦法严苛，"偶语"尚且"弃市"，狂者无以施其技，就是西汉的等级礼法也是很严格的。因此我们在《史》《汉》两书中，除个别特例，很难看到关于狂者精神的书写，更鲜有对孔子狂狷思想的重释与发挥。

有趣的是秦汉更替之际，高阳的一个叫郦食其的读书人，怀抱甚伟，识见过人，本县"皆谓之狂生"。项羽、陈涉起兵的时候，他听说此两公做事都拘谨（"握龂"），礼法严苛又为我所用（"好苛礼自用"），"不能听大度之言"，于是"乃深自藏匿"。后来沛公刘邦来了，他对刘邦手下的一为乡党说："吾闻沛公慢而易人，多大略，此真吾所愿从游，莫为我先。若见沛公，谓曰'臣里中有郦生，年六十余，长八尺，人皆谓之狂生，生自谓我非狂生'。"[1] 但这位乡党告诉郦食其，沛公不喜欢儒生，有戴儒冠者前来，沛公竟解下人家的儒冠，往里面小便，

① 《史记·郦生陆贾列传》，中华书局校点本，第八册，第 2692 页。

而且每谈到儒者就大骂，嘱咐郦生不要拿儒生来说事儿。可能这位乡党介绍得相当得体，郦食其终于见到了正在洗脚的刘邦，而且谈得很投机。刘邦攻下陈留城，就是郦生献的策。本来齐王也被郦生说服归汉，因韩信欲夺功，反而连夜袭齐，致使齐王以为郦生出卖了他。可怜的郦生，最后竟被活活烹死。这则故事说明，郦食其这位被称作高阳狂生的并非真狂之士，只有软下身段才可能小有作为，可见在秦汉之际和汉初，狂狷之士是没法立足的。

武帝独尊儒术，孔子提出的狂者精神虽未获新的阐释，士大夫立身行事倒也不是完全没有狂狷之例。汉成帝时怒而折槛的朱云，就是一位留名青史的狂直之臣。《汉书》本传说他："长八尺余，容貌甚壮，以勇力闻。年四十，乃变节从博士白子友受《易》，又事前将军萧望之受《论语》，皆能传其业。好倜傥大节，当世以是高之。"[①] 后经人推荐，他成为一名博士。成帝时安昌侯张禹以帝师的身份权倾朝野，朱云上书要求赐给尚方宝剑，以斩一个尸位素餐的佞臣。成帝问是谁，朱答是"安昌侯张禹"。成帝大怒，说："小臣居下讪上，廷辱师傅，罪死不赦。"御史们要将朱云拉出去，朱怒"攀殿槛，槛折"，并大声呼叫："我宁原跟比干一样死去，但不知'圣朝'会怎样？"左将军辛庆忌免冠解印绶，叩头流血求情，说："此臣素著狂直于世。使

---

① 《汉书》卷六十七《杨胡朱梅云传》，中华书局校点本，第九册，第2912页。

其言是，不可诛；其言非，固当容之。臣敢以死争。"①成帝释然，朱云得不死。后来议及换已折殿槛之事，成帝说不用换了，留着以表彰"直臣"。

值得注意的是，这位折槛的朱云刚好是鲁人，孔子的乡党，而且接受过《论语》的专门教育，则孔子提倡的狂狷精神，很可能是他狂直的直接思想源泉。《汉书》作者班孟坚心领神会，特在本传的"赞曰"中写道："昔仲尼称不得中行，则思狂狷。"②可谓点睛之笔，道出了折槛的朱云其狂直精神是与孔子的狂狷思想相关联的。

当汉代的历史册页翻到汉宣帝的时候，也有一位被后世经常提起的狂直之士，这就是以孝廉方正出身字次公的盖宽饶。他的官职不高，仅为谏议大夫行郎中户将事。但他"为人刚直高节，志在奉公"，每遇不符合规制的擅权不德之举，无论是何背景靠山，一例弹劾之。皇太子的外祖父、平恩侯许伯的豪宅落成，丞相、御史们纷纷前往祝贺，惟宽饶不去，许伯特请，乃往，但颇不乐见场面的浮华。因一位少府起舞并沐猴斗狗，盖宽饶看不下去了，不禁目视华屋而叹道："富贵无常，忽则易人，此如传舍，所阅多矣。唯谨慎为得久，君侯可不戒哉！"说完即离去。席间许伯让他慢慢饮酒，他说："无多酌我，我乃酒狂。"在场的丞相魏侯说："次公醒而狂，何必酒也？"但

_____

① 《汉书》卷六十七，中华书局校点本，第九册，第 2915 页。
② 同上，第 2928 页。

这个狂直之士，终因直言批评皇帝重用宦官，"以刑余为周召，以法律为诗书"，而被处以大辟，未及行刑宽饶已"引佩刀自尽于北阙下"①。史称盖次公之死，"众莫不怜之"。可惜汉宣帝忘记了文帝时的"智囊"晁错上书中所说的话："传曰：'狂夫之言，而明主择焉。'"②，也忘记了（或不知道）楚汉相争时，广武君李左车对韩信说的一番话："臣闻'智者千虑，必有一失；愚者千虑，亦有一得。'故曰：'狂夫之言，圣人择焉。'顾恐臣计未足用，愿效愚忠。"③李左车其人原是赵国的谋臣，因赵王不听谏，才在井陉一战中被韩信打得惨败，李遂成了汉军的俘虏。"狂夫之言，圣人择焉"这句铭言，就是这位广武君在韩信向他求教时讲的。这是一句古语，所以前面有"故曰"二字。晁错引用时，前面也冠以"传曰"字样，但最早出处，尚待覆核。

其实晁错的上文帝书里，还有更堪玩味的话："今则不然。言者不狂，而择者不明，国之大患，故在于此。使夫不明择于不狂，是以万听而万不当也。"④意即现在的情况是，不要说"狂者"了，就是不狂者，采择的主人也缺少辨别是非的能力，显然这是国家的大患。因为不狂者的意见都不能分辨明察，那么不管怎么听都不会妥当的。是呵，是呵！

---

① 《汉书》卷七十七《盖诸葛刘郑孙毋将何传》，中华书局校点本，第十册，第3243—3248页。
② 《汉书》卷四十九《爰盎晁错传》，中华书局校点本，第八册，第2283页。
③ 《汉书》卷三十四《韩彭英卢吴传》，中华书局校点本，第七册，第1870页。
④ 《汉书》卷四十九《爰盎晁错传》，中华书局校点本，第八册，第2283页。

也许是盖宽饶的命运结局太过于惨烈了，当历史由西汉而东汉时，很难再看到令世人震撼的狂直之士。当然东汉比之西汉，统治集团内部的权力争夺愈演愈烈，新莽当政，光武重兴，宦官和外戚轮番专权，太学生造反，党锢之祸，国无宁日矣。昏聩的政治，容易让士人冷漠。不过《后汉书》的作者范晔，在诸传之后设有《史》《汉》两书均不曾有的《独行列传》，里面记载的谯玄、李业、王皓、王嘉、温序、赵苞等人物，当朝政失其轨仪之际，或直言蒙难，或佯狂隐遁，虽不必尽以狂直称焉，其异行奇节亦足可发人一叹。所以范晔在此"独行列传"前面的题序中，禁不住发为论议，写道：

孔子曰："与其不得中庸，必也狂狷乎！"又云："狂者进取，狷者有所不为也。"此盖失于周全之道，而取诸偏至之端者也。然则有所不为，亦将有所必为者矣；既云进取，亦将有所不取者矣。如此，性尚分流，为否异适矣。

中世偏行一介之夫，能成名立方者，盖亦众也。或志刚金石，而尅扞于强御。或意严冬霜，而甘心于小谅。亦有结朋协好，幽明共心；蹈义陵险，死生等节。虽事非通圆，良其风轨，有足怀者。而情迹殊杂，难为条品；片辞特趣，不足区别。措之则事或有遗，载之则贯序无统。以其名体虽殊，而操行俱绝，故总为《独行篇》焉。庶备诸阙文，纪志漏脱云尔。[①]

《后汉书》作者对《独行列传》里的一干人物，显然倍极赞许之能事，尽管记述得不一定完备（"事或有遗"），也不够系统（"贯序无统"），但其操行风轨，实有"足怀者"。特别是这段论议的开头部分，直接与孔子提出的"狂者"精神联系起来，并给出自己的解释。范晔认为"狂者"和"狷者"都是"失于周全之道，而取诸偏至之端者"，自然是不违圣人本义的解释，只不过范氏认为狂、狷并非对立的两极，"不为"实将有所"必为"，"进取"也将"有所不取"。他把这种情况叫做"性尚分流，为否异适"，意即这是因为性格取向所形成的分别，为"狷"为"狂"，各有所适，不必一概以"中行"例之。他发为感慨说，那些"偏行一介之夫，能成名立方者"，也是很多的。这些看法不为流俗所囿，殊为可贵。

　　三国时期被孔融称作"美宝"的吴国谋士虞翻（字仲翔），是为史家所称颂的狂直之士。他学问好，擅长易学，所著之《易注》原书虽佚，但后人的重辑本，被治易诸家奉为典要。孙策在世时，得到重用，策死后孙权继位，处境日迫。《三国志·吴志》本传载："孙权以为骑都尉，翻数犯颜谏争，权不能悦。又性

---

① 《后汉书》卷八十一《独行列传》第七十一，中华书局校点本，第九册，第 2665—2666 页。

不协俗，多见谤毁，坐徙丹杨泾县。"① 离开了吴国的首都，流
放到了丹杨地界的泾县。由于吕蒙与蜀将糜芳的南郡之战，多
赖虞翻的谋略，孙权于是释然，并称赞其"可与东方朔为比"。
可是后来因当面批评孙权和张昭讨论神仙之事，虞翻遂再次被
流放到交州。本传说"翻性疏直，数有酒失"，即指这第二次
流徙而言。《三国志》作者陈寿评曰："虞翻古之狂直，固难免
乎末世，然权不能容，非旷宇也。"② 又说："虞翻以狂直流徙，
惟瑾屡为之说。"③ 瑾即诸葛瑾，诸葛亮的兄长，效力吴国，颇
得孙权信任。

　　看来像虞翻这样的"古之狂直"，吴主孙权固不能容，就
是其他跟"权"有关系的权力者们，也是不肯容纳"古"或"今"
的各种狂直的。他们需要的是曲学阿世。那么不仅"中行"的
理想不容易实现，孔子退而求其次的"狂者"和"狷者"的精
神，也是于史难求呵！倒是曹丕的长子曹叡继承帝位成为魏明
帝（204—239）后，比较能够听取直臣的意见，显例是他和时
任侍中卢毓的关系。

　　卢毓当曹操初建魏国之时，即担任吏部郎，曹丕即位，任
黄门侍郎。由于在一项移民计划上提出与文帝不相谐的主张，

---

① 《三国志》卷五十七《吴书·虞陆张骆陆吾朱传》，中华书局校点本，第五册，
　第 1320 页。

② 同上，第 1341 页。

③ 《三国志》卷五十二《吴书·张顾诸葛步传》，中华书局校点本，第五册，第
　1234 页。

被贬为睢阳的典农校尉。明帝青龙二年（234 年），卢毓又入朝担任侍中。当时明帝正在洛阳大造宫殿，另一侍中直臣高堂隆多次切谏，劝明帝应该顾及民瘼。明帝虽然不愿接受，但面有忧容。于是卢毓坦直恳切地进谏说：

> 臣闻君明则臣直，古之圣王恐不闻其过，故有敢谏之鼓。近臣尽规，此乃臣等所以不及隆。隆诸生，名为狂直，陛下宜容之。①

卢毓说，只有遇到明君，才会有直臣出现，所以古代的圣王唯恐听不到不同意见，以致设有"敢谏之鼓"。像高堂隆这样的臣子，属于"狂直"之人，这正是我们赶不上他的地方，以此应该包涵宽容为是。卢毓在侍中任上三年，类似这样的辩争有过多次。终于感动明帝，说他"禀性贞固，心平体正，可谓明试有功，不懈于位者也"，遂任命卢毓为吏部尚书。

曹丕和他的这位继承者相比就差之远矣。笔者不禁联想到当曹丕即位之初，围绕"狂直"和"狂狷"的问题，有一段令人忍俊不禁的故事。魏代汉和晋代魏一样，按正统的观点，其行径属于篡，合法性备受置疑。因此新主即位不敢遽登大宝，往往要经过几劝几辞，几谦几让，反复上书，反复论证，真戏

---

① 《三国志·魏书》卢毓本传，《三国志》卷二十二，中华书局标点本，1959 年第一版，第 651 页。

假做，假戏真做，情景煞是好看。对文帝曹丕的一次劝进，是
在接受了印绶之后，曹丕又坚持请人宣读他的意见，表示要奉
还玺印，并援引从前尧让天下给许由和子州支甫，舜让给善卷、
石户之农和北人无择，而许由、石户等不受，"或退而耕颍之
阳，或辞以幽忧之疾，或远入山林，莫知其处，或携子入海，
终身不反，或以为辱，自投深渊"，以及颜烛、王子搜、柳下惠、
曾参等"九士"的故事，表示坚决"不奉汉朝之诏"①。这样一来，
吓坏了劝进诸臣，遂有刘若等一百二十人上书，不惜厚诬古人，
竟说石户之农和北人无择无非是"匹夫狂狷，行不合义，事不
经见"②，不能作为通例，不值得"圣明希慕"。此亦可见"狂者"
精神在当时人们的心里是何等的隔膜而不受重视。

　　所以，在秦汉帝国，在专制政体之下，士人最可能的全身
策略还是佯狂。

　　典型的是汉武帝时期的东方朔。据《史记·滑稽列传》记
载，东方朔是齐人，好古书，爱经术。他通过特殊的上书方法，
引起了人主的注意。一封奏疏用了三千简牍，两个人在车上持
举其书，人主从上方阅读，看了两个月才看完。然后拜东方朔
为郎。每次召他到跟前谈语，人主都很高兴。赐食物给他，当
场大嚼一番不算，剩下的肉也揣在怀里拿走了，弄得油污沾满
了衣服也不在意。赏赐钱帛给他，便都花在女人身上，挑选长

---

①《三国志》卷二《魏书·文帝纪》裴松之注，中华书局校点本，第一册，第68页。
②同上，第68页。

安城里最漂亮女子为妻，一年换一个。于是"人主左右诸郎半呼之为狂人"。但东方朔自己的解释是，他所以如此，是为了在朝廷里"避世"。一次他趁着酒兴，趴在地上高唱："陆沉于俗，避世金马门，宫殿中可以避世全身，何必深山之中，蒿庐之下。"酒后吐了真言。"小隐隐于山林，大隐隐于朝市"的典故，就出自这里。直到东方朔快要死的时候，他才向皇帝提出久蓄胸中的一条建议："愿陛下远巧佞，退谗言。"司马迁评论说，这是"鸟之将死，其鸣也哀，人之将死，其言也善"①。此即王羲之给吏部郎谢万的信里所说的："古之辞世者或被发佯狂，或污身秽迹，可谓艰矣。"②可见佯狂是历来隐者遁世全身的一种手段。钱锺书先生称此种"避世佯狂"的方法，为"即属机变，迹似任真，心实饰伪，甘遭诽笑，求免疑猜"③，诚为透辟至当之论。

而发覆史乘，此一与最高权力者不合作的全身之法，早已由殷纣时期的箕子导夫先路了。《史记·宋微子世家》有载："箕子者，纣亲戚也。纣始为象箸，箕子叹曰：'彼为象箸，必为玉杯；为杯，则必思远方珍怪之物而御之矣。舆马宫室之渐自此始，不可振也。'纣为淫泆，箕子谏，不听。人或曰：'可以去矣。'箕子曰：'为人臣谏不听而去，是彰君之恶而自说于民，吾不

---

① 《史记》卷一百二十六《滑稽列传》，中华书局校点本，第十册，第3205—3208页。

② 《晋书》卷八十列传第五十，中华书局校点本，第七册，第3102页。

③ 钱锺书：《管锥编》第三册，生活·读书·新知三联书店2007年版，第1726页。

忍为也。'乃被发详狂而为奴。遂隐而鼓琴以自悲,故传之曰《箕子操》。"①纣王无道,而箕子谏之,谏而不听,则"被发详狂而为奴"。殷的另两位反对纣王荒政的贤者,一是比干因谏而死,一是微子出走逃遁。所以孔子说:"殷有三仁焉。"②"三仁"之中,尤以箕子的"被发详狂而为奴",成为历朝历代史不绝书的隐者全身的开创者。

三、魏晋士人的诞狂和"理傲"

　　魏晋南北朝的社会与思想型态大异于秦汉帝国。其实东汉已经与西汉有所不同了。后来三国鼎立而归之于魏,曹魏篡汉之后,又有司马氏篡魏。政权更迭频仍,帝国统治松弛。儒学在汉武之世为之大振,后因"五经博士"专业说经而"碎义逃难",反而使经学失却真宰。东汉,儒学又振,古文经学与今文经学并行,刘歆、郑玄等大儒得行其道。但佛教已静悄悄地传入中土。道教不密而宣地擎帜高扬。儒释道三家的思想成为士人可以任意取资的精神粮仓。多元并立的文化格局代替了一家独尊的思想一律,中国文化迎来魏晋时期以张扬个性和崇尚自然为特征的思想解放时代。

　　如果就狂者精神的衍变而言,魏晋时期的个性张扬未免过于失序。狂者已经不愿继续取资于孔子的狂狷思想,佛道两家特别是道家和道教的崇尚自然的观念,给了魏晋士人以个体生

①《史记》卷三十八《宋微子世家》,中华书局校点本,第五册,第1609页。
②《论语·微子》,程树德撰:《论语集释》第四册,中华书局1990年版,第1247页。

命也许可以走向自由的遐想。他们追求自我的无约束的放任，几乎陷入了裸露癖和裸露狂。他们说脱就脱，毫无顾忌。《晋书·五行志》所载的贵族子弟之"狂"，应该是那一时代的世风共相："惠帝元康中，贵族子弟相与为散发裸身之饮，对弄婢妾，逆之者伤好，非之者负讥，希世之士耻不与焉。盖貌之不恭，胡狄侵中国之萌也。其后遂有二胡之乱，此又失之在狂。"①东晋遭遇"二胡之乱"是不是由于贵族子弟相与裸戏，我们姑且不管，但其狂得失去规仪，不顾羞惭，则是历史故实。《晋书·儒林传》亦载范宣的话说："汉兴，贵经术，至于石渠之论，实以儒为弊。正始以来，世尚老庄。逮晋之初，竞以裸裎为高。"②另外还有王湛的一个玄孙辈后人名王忱者，官至方伯，《晋书》本传说他："性任达不拘，末年尤嗜酒，一饮连月不醒，或裸体而游，每欢三日不叹，便觉形神不相亲。"一次他的岳父遇到了伤心的事情，王忱前去慰安，和十几个宾客一起"被发裸身而入"，绕了三圈便遽然离去。③王戎的从弟王澄和胡毋辅之等，史载也皆"任放为达，或至裸体者"④。这说明，魏晋时的风气，不独贵族子弟，甚至士人官宦，裸体、裸裎、裸游也司空见惯，几乎到了习焉不察的地步，这正是孔子所警告的"狂而荡"的现象。

---

①《晋书》卷二十七《五行志》上，中华书局校点本，第三册，第820页。

②《晋书》卷九十一《儒林传》之范宣传，中华书局校点本，第八册，第2360页。

③《晋书》卷七十五《列传第四十五》，中华书局校点本，第七册，第1973页。

④《晋书》卷四十三《列传第十三》，中华书局校点本，第四册，第1245页。

裴頠在其所作的《崇有论》中，对晋的世风和士风有更为集中的描述，他写道："人情所殉，笃夫名利。于是文者衍其辞，讷者赞其旨，染其众也。是以立言籍其虚无，谓之玄妙；处官不亲所司，谓之雅远；奉身散其廉操，谓之旷达。故砥砺之风，弥以陵迟。放者因斯，或悖吉凶之礼，而忽容止之表，渎弃长幼之序，混漫贵贱之级。其甚者，至于裸裎，言笑亡宜，以不惜为弘，士行又亏矣。"① 其中的"立言籍其虚无，谓之玄妙；处官不亲所司，谓之雅远"两句，钱锺书先生认为可以和干宝《晋纪总论》、孙绰《刘真长诔》及《抱朴子》外篇的《汉过》对观。② 干《论》有"当官者以望空为高，而笑勤恪"之句，孙《诔》有"居官无官官之事，处事无事事之心"的对语，《汉过》则云："懒看文书，望空下名者，谓之业大志高；仰赖强亲，位过其才者，谓之四豪之匹。"③ 都认为汉之季世至晋世，社会风气的敝俗、辟邪、诞狂到了极点。

《世说新语》第一篇"德行"也有类似叙写："王平子、胡毋彦国诸人，皆以任放为达，或有裸体者。"④ 而刘孝标注引王隐《晋书》则说："魏末阮籍，嗜酒荒放，露头散发，裸袒箕踞。其后贵游子弟阮瞻、王澄、谢鲲、胡毋辅之之徒，皆祖述于籍，

---

① 《晋书》卷三十五《列传第五》，中华书局校点本，第四册，第 1045 页。
② 钱锺书：《管锥编》第三册，生活·读书·新知三联书店 2007 年版，第 1784—1785 页。
③ 《抱朴子·外篇·汉过》，杨明照校笺本下册，中华书局 1997 年版，第 127 页。
④ 《世说新语·德行》，余嘉锡撰：《世说新语笺疏》，中华书局 1983 年版，第 24 页。

谓得大道之本。故去巾帻，脱衣服，露丑恶，同禽兽。甚者名之为通，次者名之为达也。"①这里以及上引，需要注意其中的"性任达"、"任放为达"及"通"和"达"几个关键语词。显然"通达"和"任达"，受到了史家的特殊重视。"任"是无所不为，"通"是无为不可。魏晋人士就是以此作为行为的观念依据。

研究者有的认为，魏晋的风尚实导源于庄老之学，而尤以王弼、何晏二子"罪孽深重"。王、何都是深于玄理的绝顶天才，王以注《老子》和《周易》，何以解《论语》闻名于世。王的义理玄思"以无为本"，主张"道泛滥无所不适，可左右上下周旋而用，则无所不至也"②，但又不排除"情性"的作用，既贵无，又重情。相反，何晏却认为圣人没有喜怒哀乐，著论也相当精到。王弼不认同，说道："圣人茂于人者神明也，同于人者五情也，神明茂故能体冲和以通无，五情同故不能无哀乐以应物，然则圣人之情，应物而无累于物者也。今以其无累，便谓不复应物，失之多矣。"③何《传》还说王弼善为"高丽言"④，这句"应物而无累于物"，就是一句深微淡远的"高丽言"。

何晏生于汉献帝初平元年（公元190年），王弼生于魏的

①《世说新语·德行》，余嘉锡撰：《世说新语笺疏》，中华书局1983年版，第24页。
②王弼：《老子道德经注》第三十四章，《王弼集》，中华书局1980年版，第86页。
③何劭：《王弼传》，《三国志》卷二十八《魏书·钟会传》裴松之注所引，中华书局校点本第三册，第795页。
④同上，第796页。

黄初七年（226），何比王大三十六岁，且居吏部尚书之高位，但其雅量也是惊人的。史载何平叔（晏字平叔）"甚奇弼"，称"后生可畏"，并发为感叹："若斯人者，可与言天人之际乎！"①两人都注《老子》，交谈中何见王的义旨高于自己，便取消注老的计划，而另作《道德伦》。何劭的《王弼传》还有载："弼论道，附会文辞，不如何晏，自然有所拔得，多晏也。"②王何的长短，于此可见。"拔得"应指升华了的玄理旨趣，盖王对"道"和"玄"的深微远大，实有人所不及的思辨能力。所以钱锺书《管锥编》论老，必以《老子王弼注》为蓝本，且评之曰："王弼注本《老子》词气圆舒，文理最胜，行世亦最广。"③则渊雅如锺书先生对辅嗣（王弼字辅嗣）亦情有所钟乎？抑高才雅致惺惺相惜耶？然而辅嗣"天才卓出，当其所得，莫能夺也"④，天生就一种"知性的傲慢"。要说狂，应该属于知性之狂和理性之狂。余英时先生在论述新儒家的"心理构造"时，尝援引西方的"知性的傲慢"一语，以和新儒家的"良知的傲慢"对观。⑤盖王弼之"莫能夺"，显系"理傲"，故更合于"知性的傲慢"。

　　可惜王弼只活了二十三岁，正始十年（249），就因疠疾

---

① 何劭：《王弼传》，《三国志》卷二十八《魏书·钟会传》裴松之注所引，中华书局校点本第三册，第 795 页。

② 同上，第 795 页。

③ 钱锺书：《管锥编》第二册，生活·读书·新知三联书店 2007 年版，第 629 页。

④ 何劭：《王弼传》，《三国志》卷二十八《魏书·钟会传》裴松之注所引，中华书局校点本第三册，第 795 页。

⑤ 余英时：《犹记风吹水上鳞》，（台北）三民书局，1991 年初版，第 93—94 页。

离开了人世。这一年，他的学问知己何晏也在其靠山曹爽被杀之后亦为司马氏所害。何晏的傲慢也是惊人的，《三国志·魏书·诸夏侯曹传》裴（松之）注对何平叔有如下评论："晏尝曰：'唯深也，故能通天下之志，夏侯泰初是也；唯几也，故能成天下之务，司马子元是也；惟神也，不疾而速，不行而至，吾闻其语，未见其人。'盖欲以神况诸己也。"[①]公然神化自己，其傲狂亦不在辅嗣之下了。

关于晋世的任诞之狂和"理傲"之狂，《晋书·王衍传》的一段记载，可见其大概：

魏正始中，何晏、王弼等祖述老、庄，立论以为："天地万物皆以无为本。无也者，开物成务，无往不存者也。阴阳恃以化生，万物恃以成形，贤者恃以成德，不肖恃以免身。故无之为用，无爵而贵矣。"衍甚重之。惟裴頠以为非，著论以讥之，而衍处之自若。衍既有盛才美貌，明悟若神，常自比子贡。兼声名藉甚，倾动当世。妙善玄言，唯谈老、庄为事。每捉玉柄麈尾，与手同色。义理有所不安，随即改更，世号"口中雌黄"。朝野翕然，谓之"一世龙门"矣。累居显职，后进之士，莫不景慕放效。选举登朝，皆以为称首。矜高浮诞，遂成风俗焉。衍尝丧幼子，山简吊

---

① 《三国志》卷九《魏书·诸夏侯曹传》裴松之注所引，中华书局校点本第一册，第293页。

之。衍悲不自胜，简曰："孩抱中物，何至于此！"衍曰："圣人忘情，最下不及于情。然则情之所钟，正在我辈。"简服其言，更为之恸。①

这段叙述在时间上特别突出"正始中"，正始是魏齐王芳的年号，即公元 240 至 249 年，前后只十年的时间。这段时间正是王弼、何晏思想风行的盛期，所以才说"何晏、王弼等祖述老、庄"如何如何。然后讲王衍对王、何思想如何重视，而对《崇有论》的作者裴頠的主张，尽管是堂兄王戎的女婿，却浑然不顾。

所以如此，由于王衍本人就是玄风的热烈追随者和提倡者。而且他还踵事增华地创立了一种玄谈的风姿，手持麈尾，妙善玄言，义有未安，随即改更。再加上他的"盛才美貌，明悟若神"的天姿自然，王、何也要让出一地了。王弼为论述"理"不废"情"，说了一串玄旨幽深淡远的话。可是这位王衍，因丧幼子而大哭不止，友人劝慰，则宣言似的说："情之所钟，正在我辈。"玄理和性情在他身上无间的结合，而把圣人的"忘情"和最下面层次的"不及于情"，抛在了一边。世号"口中雌黄"，朝野翕然，谓之"一世龙门"，可见其地位之高和影响之大。《晋书》本传赞"衍俊秀有令望，希心玄远，未尝语利。王敦过江，常称之曰：'夷甫处众中，如珠玉在瓦石间。'顾恺之作画赞，亦

①《晋书》卷四十三《列传第十三》中华书局校点本，第四册，第 1236～1237 页。

称衍岩岩清峙，壁立千仞。其为人所尚如此。"①

《晋书》王衍传论正始玄风的"矜高浮诞，遂成风俗"的八字判语，可以视作魏晋诞狂之风的真实写照。王衍是"竹林七贤"最小的成员王戎的从弟，其思想和王戎不无一脉相承之处。开始，阮籍与王戎的父亲王浑友善，自从和比自己小二十岁的濬冲（王戎字濬冲）接触以后，便只乐于和"阿戎谈"，而弃王浑于一旁而不顾。王戎进以见解高明和预见性见长，史称"有人伦鉴识"。但仕途并不顺利，靠"与时舒卷，无蹇谔之节"，方几次免得一死。最后这位"神彩秀彻"、善于审世相人的颖悟之士，终变成了一个昼夜以牙筹数钱自娱的悭吝人②。王衍在王戎眼里，原是"神姿高彻，如瑶林琼树，自然是风尘表物"似的人物，由于身处魏晋的变乱之局，尽管以"口不论世事，唯雅咏玄虚"和"不以经国为念，而思自全之计"，以致官至太尉、尚书令的三公的高位，也无法挽回既倒之狂澜，最后还是被石勒倒墙活埋了，时年五十六岁。将死之际，王衍顾左右而言曰："呜呼！吾曹虽不如古人，向若不祖尚浮虚，戮力以匡天下，犹可不至今日。"③对自己一世钟情浮诞之风似有反省自悔之意。

①《晋书》卷四十三《列传第十三·王戎（从弟衍）传》，中华书局校点本，第四册，第1238页。
②《晋书》卷四十三《列传第十三·王戎传》，中华书局校点本，第四册，第1234—1235页。
③同上，第1235—1238页。

　　然则晋世之亡，真的是由于祖述老庄之玄谈和任诞之狂风
所致么？难道确如范宁所说，"其源始于王弼、何晏，二人之罪，
深于桀、纣"？且看范氏著论的理由何在。他写道：

　　　　王、何蔑弃典文，不遵礼度，游辞浮说，波荡后生，
　　饰华言以翳实，骋繁文以惑世。搢绅之徒，翻然改辙，洙
　　泗之风，缅焉将堕。遂令仁义幽沦，儒雅蒙尘，礼坏乐崩，
　　中原倾覆。古之所谓言伪而辩、行僻而坚者，其斯人之徒
　　欤！昔夫子斩少正于鲁，太公戮华士于齐，岂非旷世而同
　　诛乎！桀、纣暴虐，正足以灭身覆国，为后世鉴诫耳，岂
　　能回百姓之视听哉！王、何叨海内之浮誉，资膏粱之傲诞，
　　画魑魅以为巧，扇无检以为俗。郑声之乱乐，利口之覆邦，
　　信矣哉！吾固以为一世之祸轻，历代之罪重，自丧之衅小，
　　迷众之愆大也。①

看来这位范宁，守持的是儒家的立场，故曰"王、何蔑弃典文，
不遵礼度"，与孔子所诛的少正卯同一罪状。但点题者则是"傲
诞"二字，亦即由于王弼、何晏倡行诞狂，败坏了当时的社会
风俗。不仅影响"一世"，且祸及"历代"；自己丢人事小，主
要是迷惑了社会大众。其"罪状"自然在桀、纣之上了。另外
一位南朝齐梁时期有"山中宰相"之称的医学家陶弘景，也写

---

① 《晋书》卷七十五《列传第四十五》，中华书局校点本，第七册，第 1984—1985 页。

诗说：“夷甫任散诞，平叔坐谈空；不意昭阳殿，化作单于宫。”[1]似乎也认为晋的覆亡与王弼的任诞和何晏的谈玄有关。有趣的是，就连当年觊觎晋室大宝的北伐大将桓温，兵过淮、泗，与诸僚属登平乘楼眺望中原之际，也发为感慨说：“遂使神州陆沉，百年丘墟，王夷甫诸人，不得不任其责。”[2]但清代学者钱大昕不作如是观，他说“宁之论过矣”，认为“以是咎嵇、阮可，以是罪王、何不可”[3]。

对当时后世诸如此类的攸攸之口，钱锺书先生揭明两点，一是“晋人之于老、庄二子，亦犹‘六经注我’，名曰师法，实取利便；借口有资，从心以撺，长恶转而逢恶，饰非进而煽非。晋人习尚未始萌发于老、庄，而老、庄确曾滋成其习尚。”[4]二是“义理学说，视若虚远而阔于事情，实足以祸天下后世，为害甚于暴君苛政”[5]。并引用宋徽宗赐号为“高尚先生”的刘卜功的话说：“常人以嗜欲杀身，以财货杀子孙，以政事杀民，以学术杀天下后世。”[6]还有汪士铎《悔翁乙丙日记》里的话：“由今思之，王、何罪浮桀、纣一倍，释、老罪浮十倍，周、程、朱、张罪浮百倍。弥近理，弥无用，徒美谈以惑世诬民，不似桀、

---

①《梁书》卷五十六《列传第五十》中华书局校点本，第三册，第863页。

②《世说新语·轻诋》，余嘉锡撰：《世说新语笺疏》，中华书局1983年版，第834页。

③钱大昕撰：《何晏论》，《潜研堂文集》，上海古籍出版社1989年版，第29页。

④钱锺书撰：《管锥编》第三册，生活·读书·新知三联书店2007年版，第1784页。

⑤同上，第1790—1791页。

⑥同上，第1791页。

纣乱只其身数十年也。"①钱锺书先生最后归结说："人欲、私欲可以杀身杀人，统纪而弘阐之，以为'天理'、'公理'，准四海而垂百世，则可以杀天下后世矣。"②老、庄未尝杀人，宋四子周、程、朱、张也未尝杀人，问题在于"统纪"，如果"统纪"弘而阐之，视一家之学说为"天理"和"公理"，以为"准四海而垂百世"，那就难免要"杀天下后世"了。大哉！锺书先生之论，与吾心亦有戚戚焉。

　　如果说王弼、何晏所代表的，是以祖述老庄为特征的魏晋玄风的任达和"理傲"的一派，那么王衍和"竹林七贤"为代表的则是魏晋玄风的佯狂和诞狂的一派。

　　"竹林七贤"是一个以文采和异行著称的知识分子群体，以嵇康和阮籍为代表，成员有山涛、向秀、刘伶、阮咸和王戎。《三国志·魏书·王卫二刘傅传》裴松之注引《魏氏春秋》云："康寓居河内之山阳县，与之游者，未尝见其喜愠之色。与陈留阮籍、河内山涛、河南向秀、籍兄子咸、琅邪王戎、沛人刘伶相与友善，游于竹林，号为七贤。"③《世说新语·任诞》也有载："陈留阮籍、谯国嵇康、河内山涛三人年皆相比，康年少亚之。预此契者，沛国刘伶、陈留阮咸、河内向秀、琅邪王戎。七人

---

① 钱锺书撰：《管锥编》第三册，生活·读书·新知三联书店 2007 年版，第 1791—1792 页。

② 同上，第 1792 页。

③《三国志》卷二十一《魏书·王卫二刘傅传》裴松之注引《魏氏春秋》，中华书局校点本第三册，第 606 页。

常集于竹林之下,肆意酣畅,故世谓'竹林七贤'。"①这七位"贤者",文采菁华,不可一世,个个都"狂"得可以。

　　《世说新语》里记载多则他们的和"狂"有关的故事。刘伶写有《酒德赋》,声言"唯酒是务,焉知其余"。酒醉之后,裸形于屋,遇有置疑,则说:"天地是我的房屋,房屋是我的裤子,诸位怎么进到我裤裆里来了?"②阮籍的侄子阮咸,竟然和群猪一起饮酒。阮籍无目的地驾车出游,有路则行,无路便痛哭而返。看到当垆卖酒的邻人之妻有美色,他就粘着不断去喝酒,喝醉了还一头睡在那位美妇身边。听说一个美色女子未嫁而死,尽管与其家人素不相识,也跑去大哭一场。这种"狂",属于半是佯狂半酒狂,也许还要加上一点色狂。他们幽愤于心,放浪于外,口不论人过,眸子判然。所以嵇康的名篇直接题作《幽愤诗》。而阮籍的代表他文学成就的八十二首《咏怀诗》,其精神纠结,亦无非"忧思"二字。故第一首开篇便直抒胸臆:"夜中不能寐,起坐弹鸣琴。薄帷鉴明月,清风吹我衿。孤鸿号外野,翔鸟鸣北林。徘徊将何见,忧思独伤心。"③诗的结句"忧思独伤心",已经自我点题。所忧者何?盖雅不情愿与司马氏合作也。司马昭听说阮籍的女儿貌美而贤,便请人为自己的儿子司马炎说亲,致使阮籍竟有两个月的时间醉酒不起,从事

---

① 《世说新语·任诞》,余嘉锡撰:《世说新语笺疏》,中华书局1983年版,第727页。
② 同上,第731页。
③ 阮籍:《咏怀诗》,《文选》卷二十三,上海古籍出版社1986年版第三册,第1067页。

者见无从言说，才不得不寝罢此议。

"竹林七贤"的领袖人物嵇康，由于娶了与曹魏有血缘关系的长乐亭主（魏武的曾孙女）为妻，才升迁为郎中，拜中散大夫。只这一层，篡魏立晋的司马氏便不肯善罢甘休。史载："谯郡嵇康，文辞壮丽，好言老庄，而尚奇任侠。"①此可知其思想渊源之所从出，而"尚奇任侠"一语，证明他在行动上也是很特立独出的。因此司马氏集团始终把嵇康作为关注的重点对象殊不为怪。起初的策略并非不想笼络收买，但嵇康不买帐。负有觇伺任务的锺会，一次前往观察动向，只见嵇康正在大树下面打铁，帮助他鼓风的则是"七贤"之友向秀。嵇康却"扬槌不辍，傍若无人"，一言不发。当尴尬的锺士季（锺会字士季）要怏怏归去的时候，嵇康才发声问道："何所闻而来？何所见而去？"锺会也很厉害，回说："闻所闻而来，见所见而去。"②一问一答之间，各有玄机。

嵇康的友人山涛，欲荐他代己为官，于是他写了那封千载传颂的《与山巨源绝交书》，自道"必不堪者七，甚不可者二"，其中包括"每非汤、武而薄周、孔"，"会显世教所不容，此甚不可一也"，"刚肠疾恶，轻肆直言，遇事便发，此甚不可二也"。还有"纵逸来久，情意傲散，简与礼相背，懒与慢相成"，以及"又读庄、老，重增其放"，"长而见羁，则狂顾顿缨，赴蹈

①《三国志》卷二十一《魏书·王卫二刘傅传》，中华书局校点本第三册，第605页。
②《世说新语·简傲》，余嘉锡撰：《世说新语笺疏》，中华书局1983年版，第767页。

汤火"①等等，其狂傲悖理、不为世所容的名士态度毕肖纸上。
但阮、嵇二人亦有区别，诚如钱锺书先生所说："嵇、阮皆号
狂士，然阮乃避世之狂，所以免祸；嵇则忤世之狂，故以招祸。"②
钱先生又引伏义《与阮嗣宗书》之疑阮为鬼物附身的"风
魔"，进而申论说："不知'风魔'之可出'诈作'，既明且哲，遂似
颠如狂也。"又说："忤世之狂则狂狷、狂傲，称心而言，率性
而行，如梵志之翻着袜然，宁刺人眼，且适己脚。既'直性狭
中，多所不堪'，而又'有好尽之累'，'不喜俗人'，'刚肠疾恶，
轻肆直言，遇事便发'，安望世之能见容而人之不相仇乎？"③
换而言之，阮、嵇虽同为狂者，但阮往往"河汉大言，不着边
际"，而嵇康之狂，则"一狂而刺切"，两厢比较，可以见阮嗣
宗和嵇叔夜不同之为人也④。

因此当嵇康步入不惑之年，终于被司马氏投入狱中。起因
是他的好友吕安因故得罪，司马氏欲以不孝罪诛之。嵇康为之
辩护，竭力保明其事。锺会于是在廷论时历数其罪状云："今
皇道开明，四海风靡，边鄙无诡随之民，街巷无异口之议。而
康上不臣天子，下不事王侯，轻时傲世，不为物用，无益于今，
有败于俗。昔太公诛华士，孔子戮少正卯，以其负才乱群惑众也。

① 嵇康：《与山巨源绝交书》，《文选》卷四十三，上海古籍出版社1986年版，
  第三册，第1925—1927页。
② 钱锺书：《管锥编》第三册，生活·读书·新知三联书店2007年版，第1725页。
③ 钱锺书：《管锥编》第三册，生活·读书·新知三联书店2007年版，第
  1725—1726页。
④ 同上，第1727页。

今不诛康，无以清洁王道。"^①嵇康临刑之际，出人意外地抚奏了一曲《广陵散》，曲罢发为感慨："《广陵散》于今绝矣。"然后从容就戮。这不禁让我想起了西哲苏格拉底之死，他的弟子柏拉图的《斐多篇》所记载的苏氏之死，也是很从容的——在被迫饮了毒药之后，还在若无其事地谈哲学。但比较起来，嵇康死的似乎更有诗意，而且有三千太学生群言欲"请以为师"^②，那么寂寞的嵇康，其身后已不那么寂寞了。

据说嵇康是个罕见的美男子，一米八二（魏制七尺八寸）的身高，"龙章凤姿，天质自然"^③，不像魏晋其他名士，为打扮自己可能还要擦粉之类。山涛赞美说："嵇叔夜之为人也，岩岩若孤松之独立，其醉也，傀俄若玉山之将崩。"^④美而有风骨，有英姿，则嵇康之狂，又不止是佯狂和诞狂，同时也是清醒之狂和美骏之狂。

嵇康逝后，竹林荒落，人去庐空。七贤旧友向子期（向秀字子期）作《思旧赋》，序云："余与嵇康、吕安居止接近，其人并有不羁之才，嵇意远而疏，吕心旷而放，其后并以事见法。嵇博综技艺，于丝竹特妙。临当就命，顾视日影，索琴而弹之。余逝将西迈，经其旧庐。于时日薄虞渊，寒冰凄然。邻人有吹

---

① 《世说新语·雅量》，余嘉锡撰：《世说新语笺疏》注引《文士传》，中华书局1983年版，第344页。

② 《晋书》卷四十九《列传第十九》，中华书局校点本，第五册，第1374页。

③ 《晋书》卷四十九《列传第十九》，中华书局校点本，第五册，第1369页。

④ 《世说新语·容止》，余嘉锡撰：《世说新语笺疏》，中华书局1983年版，第609页。

笛者，发声寥亮。追思曩昔游宴之好，感音而叹，故作赋云。"①
其赋则又曰：

> 将命适于远京兮，遂旋反而北徂。济黄河以泛舟兮，
> 经山阳之旧居。瞻旷野之萧条兮，息余驾乎城隅。践二子
> 之遗迹兮，历穷巷之空庐。叹《黍离》之愍周兮，悲《麦
> 秀》于殷墟。惟古昔以怀今兮，心徘徊以踌躇。栋宇存而
> 弗毁兮，形神逝其焉如。昔李斯之受罪兮，叹黄犬而长吟。
> 悼嵇生之永辞兮，顾日影而弹琴。托运遇于领会兮，寄余
> 命于寸阴。听鸣笛之慷慨兮，妙声绝而复寻。停驾言其将
> 迈兮，故援翰以写心。②

论者或谓向赋欲言又止，是呵！他又能多说些什么呢？此时的
向秀已应岁举来到帝京洛阳，大将军司马文王引见，问曰："闻
有箕山之志，何以在此？"向秀说："以为巢许狷介之士，未
达尧心，岂足多慕。"③意谓竹林并不是实现自己理想的可靠途
径。结果文王大为感叹，庆幸子期终于醒悟。不久，向秀得到
了散骑侍郎转黄门侍郎的闲差，由在野之"竹林"一变而混迹"魏

---

① 向秀：《思旧赋》，《文选》卷十六，上海古籍出版社 1986 年版第二册，第 720 页。
② 向秀：《思旧赋》，《文选》卷十六，上海古籍出版社 1986 年版第二册，第
　　720—722 页。
③ 《晋书》卷四十九《列传第十九》，中华书局校点本，第五册，第 1375 页。

阙"。不过史载他"在朝不任职,容迹而已"①,是又不无耐人寻味处。

四、从"竹林"到"田园"到"禅林"

魏晋的玄远任达狂诞之风,一直持续到南北朝尚有风流余绪存焉。陶渊明的归隐田园,未尝不是此一风气的一个归结点。《文心雕龙》"明诗篇"说:"江左篇制,溺乎玄风,嗤笑徇务之志,崇盛亡机之谈。袁孙已下,虽各有雕采,而辞趣一揆,莫与争雄,所以景纯《仙篇》,挺拔而为俊矣。宋初文咏,体有因革,庄老告退,而山水方滋,俪采百字之偶,争价一句之奇,情必极貌以写物,辞必穷力而追新,此近世之所竞也。"②其中关于南朝宋初的"庄老告退,而山水方滋"一语,指的就是此种风气转变情形。所以陈寅恪先生认为,陶渊明的思想是"承袭魏晋清谈演变之结果"③。但陶的思想属性,寅老以为是"外儒而内道"④,而与佛教学说没有多少关联。

陶渊明找到了自己的精神家园。他已经从名教与自然的撕裂纠缠中走了出来,既不必像山涛那样在"宫阙"和"竹林"之间两厢和悦,也无须如向秀一般始离而后附。阮籍似的一面

① 《晋书》卷四十九《列传第十九》,中华书局校点本,第五册,第1375页。
② 刘勰:《文心雕龙·明诗》,周振甫注本,人民文学出版社1981年版,第49页。
③ 陈寅恪:《陶渊明之思想与清谈之关系》,《金明馆丛稿初编》,生活·读书·新知三联书店2001年版,第228页。
④ 同上,第229页。

竭力冲破名教的网罗，一面得到"大将军"暗中保护的尴尬，也不必了。他回归到了可以使自己安身立命的"田园"。魏晋南北朝时期士人由"魏阙"到"竹林"再到"田园"的精神寻巡游路向的转变，不仅是生活道路的转变，也是个体生命的归宿和精神理想栖居之所的转变。如同寅恪先生所说，渊明的"非名教之意仅限于不与当时政治势力合作，而不似阮籍、刘伶辈之佯狂任诞"①。

当时的士人其实还有另外的精神栖居点和归宿，这就是佛教和道教。南北朝是佛教大行其道的时期，此一新信仰同样可以让士人得到哪怕是瞬间的安宁。南朝由东晋而宋而齐而梁而陈，二百七十二年的时间，五易朝纲，对浮屠的笃信始终未尝有变。梁朝之武帝萧衍甚至宣布佛教为国教，自己则三舍其身，这在中国历史上绝无仅有。北朝虽然出现了北魏太武帝和北周的武帝两次毁佛的举动，但为时甚暂，并未从根本上影响佛教在北朝的发展。只不过呈现的方式和归宗的旨趣，南北殊有别耳。汤用彤先生说"南方偏尚玄学义理，上承魏晋以来之系统，北方重在宗教行为，下接隋唐以后之宗派"②，将南北朝时期的佛教分为"南统"和"北统"，诚为不刊之论。而且北方当佛教受阻的时候，道教有了长足的发展。道士寇谦之被北魏宰相

① 陈寅恪：《陶渊明之思想与清谈之关系》，《金明馆丛稿初编》，生活·读书·新知三联书店2001年版，第228页。
② 汤用彤：《汉魏两晋南北朝佛教史》，《汤用彤全集》第一卷，河北人民出版社2000年版，第368页。

崔浩尊之为师，魏太武帝为表示尊崇道教，亲自为寇氏起道场，并改年号为太平真君。当然佛道相较，则即使经历了毁佛事件的北朝，也还是释迦的势力更占上风。

因此南北朝时期的士人精神之旅，在"宫阙"、"竹林"、"田园"之外，还有"禅林"和"道场"可以安顿自己。当然各种精神栖居之所，往往是互相交错的，而不是彼此无与，截然分离。东晋清谈的特点之一就是儒道结合和玄佛结合，只不过玄风占有明显优势，所以王导才能够无所顾忌地调笑僧渊："鼻者面之山，目者面之渊。山不高则不灵，渊不深则不清。"[1] 待到南朝的齐梁之后，玄风渐呈被佛理吞没的趋势。儒道、儒佛、佛道之间尽管在宗趣和义理上经常有撞击，但总的来说相处得很好，"三教合一"的种子，在彼此初相遇的魏晋南北朝时期，就悄悄地埋下了。治史者或谓此一时期之玄远任诞傲狂之风，继之以佛道神仙的超世间力量的坐大其间，社会的惯常秩序被颠倒瓦解，难免有失敬不德的乱世之目。然细按史乘，此一时代实为吾国精神成果结晶最丰硕的时期，多少影响当时后世的风流卓绝之士和艺文学理的重要发明，都雨后春笋般涌现于此一时期。哲学思辨因探求玄远而登上最高楼，文学众星灿烂不可一世，佛道义学大师云集，史学著述层出不穷，书法绘画肇始登峰。《世说新语》、《文选》、《文心雕龙》、《水经注》、《颜氏家训》、《齐民要术》、《洛阳伽蓝记》等经典奇书，都在此时

---

[1]《世说新语·排调》，余嘉锡撰《世说新语笺疏》，中华书局1983年版，第799页。

创生。北方世家大族的永嘉南渡，改变了中古文化生态，那是很壮观的。还有北方拓跋氏的汉化，都在证实魏晋南北朝同时是吾国文化大融合的时期。

当然这也是一个政治变乱多故的时代，《晋书·阮籍传》写道："魏晋之际，天下多故，名士少有全者。"[1]但有残酷，有杀戮，也有热情，有声音。嵇康临刑，还能抚奏广陵散呢。他们礼赞人才，尊重对手。南朝佛教鼎盛，反佛的声音也能表达，辟佛勇士范缜出现了。梁武帝带头和范缜辩论，亲撰《敕答臣下〈神灭论〉》，写道："欲谈无佛，应设宾主，标其宗旨，辨其短长，来就佛理，以屈佛理，则有佛之义既踬，神灭之论自行。"[2]有模有样不失风度的据理力辩。虽然此《敕答》经释法云转达给王公大臣会览，临川王萧宏、南平王萧伟、长沙王萧渊业、豫章王行事萧昂以及沈约等六十余人群起难范，可以想见对范缜的压力是很大的，但范缜毫无退缩，不可谓不勇敢。而所以之故，也和梁武帝能够守持思想辩论的规则，不以政治权力剿灭异端有关。诚如钱锺书先生所说："缜洵大勇，倘亦有有恃梁武之大度而无所恐欤？皆难能可贵者矣。"[3]

六朝多故，但斯文未减，很多六朝人物都带有贵族气象。由此可知，魏晋南北朝为隋唐统一和大唐帝国的盛绩伟业准备

[1]《晋书》卷四十九《列传第十九》，中华书局校点本，第五册，第1360页。
[2] 梁武帝萧衍：《敕答臣下〈神灭论〉》，《全梁文》卷五，《全上古三代秦汉三国六朝文》第七册，河北教育出版社，1997年版，第54页。
[3] 钱锺书：《管锥编》第四册，生活·读书·新知三联书店2007年版，第2216页。

下了怎样和煦畅达的精神气候和丰厚肥沃的的土壤。

五、李白和唐代的诗狂

如果说士之能狂是魏晋人物与生俱来的特点，那么盛唐之狂则是遍及全社会的普遍文化现象。和魏晋相较，唐人之狂发自内心的本性之狂要多一些。也可以说是属于天性的烂漫之狂，

李白可谓天字第一号"狂人"。"我本楚狂人，凤歌笑孔丘"①、"被发之叟狂而痴，清晨临流欲奚为"②、"狂客落魄尚如此，何况壮士当群雄"③、"今日逢君君不识，岂得不如佯狂人"④、"谁人识此宝，窃笑有狂夫"⑤、"一州笑我为狂客，少年往往来相讥"⑥、"窥镜不自识，况乃狂夫还"⑦、"三杯容小阮，醉后发清狂"⑧，这是他自己说的。"狂人"、"狂痴"、"狂客"、"狂夫"、"佯狂"、"清狂"，不一而足。他自喻的带"狂"字的称号就有这许多。李白的友人也直言不讳。杜甫说："痛饮狂歌空度日，

① 李白:《庐山谣寄卢侍御虚舟》,《李白集校注》上册,上海古籍出版社1980年版,第863页。
② 李白:《公无渡河》,《李白集校注》上册,上海古籍出版社1980年版,第196页。
③ 李白:《梁甫吟》,《李白集校注》上册,上海古籍出版社1980年版,第210页。
④ 李白:《笑歌行》,《李白集校注》上册,上海古籍出版社1980年版,第530页。
⑤ 李白:《赠僧朝美》,《李白集校注》上册,上海古籍出版社1980年版,第806页。
⑥ 李白:《醉后答丁十八以诗讥余捶碎黄鹤楼》,《李白集校注》下册,上海古籍出版社1980年版,第1132页。
⑦ 李白:《闺情》,《李白集校注》下册,上海古籍出版社1980年版,第1478页。
⑧ 李白:《陪侍郎叔游洞庭醉后三首》之一,《李白集校注》下册,上海古籍出版社1980年版,第1191页。

飞扬跋扈为谁雄。"① 又说："不见李生久，佯狂真可哀。"② 还说："昔年有狂客，号尔谪仙人。"③ 这是引用"四明狂客"贺知章初见李白发出的惊叹语，因读《蜀道难》而称其为被贬谪的仙人。后来诗人孟郊也说："宋玉逞大句，李白飞狂才。"④ 宋代的朱长文则说："太白，狂士也。"⑤ 宋人曾协亦云："爱酒太白狂，耽诗少陵僻。"⑥ 在中国文学史和思想史上，当时后世，无人不知李白是一位世所罕见的狂诗人。李白才高，本性天真，性情中原有狂放的一面。却又嗜酒，便狂上加狂了。这样的性格，自然不为世所容。所以杜甫始终担心他的老友的处境，《不见》一诗不得已直抒胸臆："世人皆欲杀，吾意独怜才。"⑦ 李白是因狂而不遇，复又因不遇而更狂。

李白的狂是盛唐的狂，盛唐人物原本都带有三分狂气，连谨慎小心"每饭不忘君"的"诗圣"杜甫，也自称有过"放荡

---

① 杜甫：《赠李白》，《钱注杜诗》上册，上海古籍出版社 2009 年版，第 290 页。

② 杜甫：《不见》，《钱注杜诗》下册，上海古籍出版社 2009 年版，第 417 页。

③ 杜甫：《寄李十二白二十韵》，《钱注杜诗》上册，上海古籍出版社 2009 年版，第 366 页。

④ 孟郊：《赠郑夫子鲂》，《全唐诗》卷三百七十七，中华书局 1960 年版，第十二册，第 4234 页。

⑤ 朱长文：《墨池编》卷三，《李白资料汇编》（唐宋之部）上册，中华书局 2007 年版，第 176 页。

⑥ 曾协：《饮沈氏园得僻字》，《李白资料汇编》（唐宋之部）上册，中华书局 2007 年版，第 176 页。

⑦ 杜甫：《不见》，《钱注杜诗》下册，上海古籍出版社 2009 年版，第 417 页。

齐赵间，裘马颇清狂"①的经历。后来更写了一首充满狂意的
《狂夫》诗，那是在浣花溪畔的成都草堂，举家衣食无着，小
儿子饿得面黄肌瘦，几乎面临要"填沟壑"的危险，却写出了"欲
填沟壑唯疏放，自笑狂夫老更狂"②的诗句。是呵，如果自己一
分狂气也无，怎么那般欣赏大他十一岁的狂友李白呢？

恰好我们在杜甫的另一首诗中又找到一条佐证，就是作
于唐高宗上元二年（675年）的《江畔独步寻花七绝句》，第
一首的开头两句便是："江上被花脑不彻，无处告诉只颠狂。"
然后首首不离花，其中四首有花又有酒。有花无酒的是最后
三首：

> 黄师塔前江水东，春光懒困倚微风。
> 桃花一簇开无主，可爱深红爱浅红。
>
> 黄四娘家花满蹊，千朵万朵压枝低。
> 留连戏蝶时时舞，自在娇莺恰恰啼。
>
> 不是爱花即肯死，只恐花尽老相催。
> 繁枝容易纷纷落，嫩叶商量细细开。③

---

① 杜甫：《壮游》，《钱注杜诗》上册，上海古籍出版社2009年版，第220页。
② 杜甫：《狂夫》，《钱注杜诗》下册，上海古籍出版社2009年版，第371页。
③ 杜甫：《江畔独步寻花七绝句》，《钱注杜诗》下册，上海古籍出版社2009年版，
　第403—404页。

我们的老杜不仅以"颠狂"自诩,而且简直是在写艳情诗了。至于"颠狂"的原因,则是由于"无处告诉",即无人可诉说,便自己寻花自己狂。难怪一位叫杨巨源的诗人留有如此诗句:"王维证时符水月,杜甫狂处遗天地。"[①] 当时后世人们只知道李白狂,岂知杜甫也狂得可以呢。

再看杜甫写的《饮中八仙歌》,这是我几十年来,每忆及此诗,都禁不住要大声朗诵的诗篇。相信读者也无人不闇熟此诗,但要不要和我一起再温习诵念一遍?

> 知章骑马似乘船,眼花落井水底眠。汝阳三斗始朝天,道逢曲车口流涎,恨不移封向酒泉。左相日兴费万钱,饮如长鲸吸百川,衔杯乐圣称避贤。宗之潇洒美少年,举觞白眼望青天,皎如玉树临风前。苏晋长斋绣佛前,醉中往往爱逃禅。李白一斗诗百篇,长安市上酒家眠。天子呼来不上船,自称臣是酒中仙。张旭三杯草圣传,脱帽露顶王公前,挥毫落纸如云烟。焦遂五斗方卓然,高谈雄辩惊四筵。[②]

每次诵念此诗,眼前都仿佛出现流水欢欢、树动山迷、酒香馥郁、

---

① 杨巨源:《赠从弟茂卿》,《全唐诗》卷三百三十三,中华书局 1960 年版,第十册,第 3717 页。

② 杜甫:《饮中八仙歌》,《钱注杜诗》上册,上海古籍出版社 2009 年版,第 21—22 页。

百花漫舞、众仙飘逸的醉人景象。是饮中八仙歌，也是八仙狂饮图，虽未就君饮，心已随君醉了。

知章就是贺知章，亦即初见李白便呼为"谪仙人"的那位"四明狂客"，比李白大四十一岁。汝阳是唐玄宗的侄子汝阳郡王李琎，未及衔杯，路见酒麹已经流口水了。左相指天宝元年代理左丞相的李适之，为奸相李林甫所嫉，在位五年即罢去知政，因而狂饮释闷，且赋诗自况："避贤初罢相，乐圣且衔杯，为问门前客，今朝几个来。"[1] 杜句"衔杯乐圣称避贤"，即套用此诗的头两句。宗之系被贬金陵的侍御史崔宗之，吏部尚书崔日用的公子，尝与李白诗酒唱和，现《李白集》中保留多首与崔有关的诗作。宗之作古之后，李白还有感旧诗写道："忆与崔宗之，白水弄素月。时过菊潭上，纵酒无消歇。"[2] 苏晋其人则为开元时的进士，当过吏部侍郎，是信佛而不守戒律的一个狂士。焦遂名不见经传，长安一布农耳，可知酒党重情趣，并无贵贱之分。至于张旭，则是书法史上大名鼎鼎的"草圣"，《旧唐书》载："时有吴郡张旭，亦与知章相善。旭善草书，而好酒，每醉后号呼狂走，索笔挥洒，变化无穷，若有神助，时人号为张颠。"[3] 妙的是"号呼狂走"四字，难怪得"张颠"之雅号。

[1] 李适之：《罢相作》，《全唐诗》卷一百九，中华书局 1960 年版，第四册，第 1125 页。

[2] 李白：《忆崔郎中宗之游南阳遗吾孔子琴抚之潸然感旧》，《李白集校注》下册，上海古籍出版社 1980 年版，第 1359 页。

[3] 《旧唐书》卷一百九十中《列传第一百四十中·文苑中》，中华书局校点本，第一五册，第 5034 页。

此"八仙"的各种酒狂之态，绝非不懂狂、不能狂、不欣赏狂的人所能摹写。所以杜甫在《遣闷戏呈路十九曹长》一诗中坦露心声，直接写道："惟吾最爱清狂客，百遍相看意未阑。"[①]就是说，他不是一般的爱狂、喜欢狂、欣赏狂，而是狂的"最爱"，即使看一百遍也看不够。

唐的开元天宝时期是多元文化达致鼎盛的开放时代，为诗人、作家、知识分子的恣意张狂提供了适宜的环境和土壤。他们的狂，是多士之狂，是透心透肺的狂，是健康益智的狂，而没有魏晋之狂的辟戾之气。遥想张旭在"王公"面前"脱帽露顶"的狂态，贺知章在马上晕晕乎乎，摇来晃去，而汝阳郡王李琎以为只有到酒泉去做官才称心如意，再加上李白的以酒仙自居，拒不奉诏。千年后的我们在因狂会意之余，不知不觉笑地都乐了。精神生产者能够狂态昂然，是健康社会的烛光。多士能狂是思想自由的彰显。唐诗所以凌跨百代，后无来者，实得力于当时的文化开放和思想自由。

中晚唐政治变乱频仍，党争不已，狂士非无有，内涵和格局要拘迂得多。古文运动的领袖韩愈，振衰启运，以道统自命，固为不世出的文雄，但他的得"狂名"，竟缘于好为人师。柳宗元在给一个欲拜他为师的青年人的信里写道："孟子称'人之患在好为人师'，由魏晋氏以下，人益不事师。今之世，不

---

① 杜甫：《遣闷戏呈路十九曹长》，《钱注杜诗》下册，上海古籍出版社 2009 年版，第 646 页。

闻有师，有辄譁笑之，以为狂人。独韩愈奋不顾流俗，犯笑侮，收召后学，作《师说》，因抗颜而为师。世果群怪聚骂，指目牵引，而增与为言辞，愈以是得狂名。"①如此得"狂名"，这在韩愈可谓不期而遇，非始料之所及。因此他非常不服气，特作《释言》一篇加以解释："愈也不狂不愚，不蹈河而入火，病风而妄骂，不当有如谗者之说也。"②不过韩愈在"狂"的问题上似乎很矛盾，他意识到自己"狂"的例证也多有。他在《祭河南张员外文》一文中，就坦承："余戆而狂，年未三纪，乘气加人，无挟自恃。"③而所作《芍药歌》也有句："花前醉倒歌者谁？楚狂小子韩退之。"④看来韩愈似亦并不以"狂"为意为忤为忌，而是多少有些以狂自居自傲的意思呢。

不过韩愈确有过一次"狂"的经历。一次与友人登华山，竟攀援至山顶，自己知道返回不能，便写好遗书，"发狂恸哭"⑤。韩愈不愧气魄盖世的豪杰之士，危难之际痛哭也不无忘"发狂"。当然后来还是下来了，华阴县令不知想出多少办法，才救了韩愈一命。本来谈不上狂，因为性格倔强，思想独立，不肯随顺

① 柳宗元：《答韦中立论师道书》，《柳河东集》下册，上海古籍出版社 2008 年版，第 541 页。
② 韩愈：《释言》，《韩愈全集校注》第三册，四川大学出版社 1996 年版，第 1702 页。
③ 韩愈：《祭河南张员外文》，《韩愈全集校注》第四册，四川大学出版社 1996 年版，第 2190 页。
④ 韩愈：《芍药歌》，《韩愈全集校注》第五册，四川大学出版社 1996 年版，第 3027 页。
⑤ 李肇：《唐国史补》，《韩愈资料汇编》第一册，中华书局 1983 年版，第 42 页。

潮流，便被世人目之为狂，唐以后千年以还的中国世风大率如此。

六、苏东坡的诗狂和酒狂

我所以说"唐以后"，是由于魏晋之狂和盛唐之狂几乎是诗人和士人的常态，人们司空见惯，不以为异。宋的狂客就不那么常见了。

宋儒的集大成者朱熹，最不能容忍学者有"狂"的气息。我们如果翻一翻他的著作，会发现"狂"之一字，他的解释几乎全都是负面的。他很少单独使用"狂"字，而是组成"狂妄"、"狂躁"、"狂易"、"狂恣"、"狂骜"、"狂率"、"狂僭"、"狂悖"一类语词，否定评价的取向至为明显。二程（程颢、程颐）的看法略同于朱熹，下面当细详。而作为北宋改革的急先锋王安石，狂的因子完全具备，但他最终没有发展为狂，而是走向了"拗"。他的内心其实明朗而单纯，只不过国身通一的儒家理想，使他为了国家的长远利益而置自身的处境于不顾。面对反对改革的众声喧哗，他毫不动摇，友谏不听，敌毁不回。他的"拗相公"的雅号就是因此而得的。不过在他的对手眼中，王安石就不止是"拗"了，"狂妄"、"狂悖"抑或有之。王安石自己的解释是："好大人谓狂，知微乃如谍。"[1]他不能容忍把"狂"和他联系起来的误解。对手中也许只有一个人并不在意他的狂

① 王安石：《再用前韵寄蔡天启》，《王文公文集》下册卷四十四，上海人民出版社1974年版，第514页。

与不狂，这个人是苏东坡。

苏东坡当时后世一向有狂放之名，连同他的词的写作，也成了公认的豪放派的代表。因此宋朝的狂士，不能不首推苏东坡。他自己也不讳言自己的狂迈，诗词中每有以"狂"自况的诗句，如"嗟我本狂直，早为世所捐"①、"嗟我久病狂，意行无坎井"②、"路人举首东南望，拍手大笑使君狂"③、"谁知海上诗狂客，占得胶西一半山"④、"嗟余老狂不知愧，更吟丑妇恶嘲谤"⑤、"春色岂关吾辈事，老狂聊作座中先"⑥ 等等。中华书局出版的清王文浩辑注的《苏轼诗集》（孔凡礼点校，共八册）比较好读，我边读边擒拿，竟觅得近四十条跟"狂"有关的诗句（如果用电脑搜索当发现更多）。上海古籍出版社出版的词学大家龙榆生校笺的《东坡乐府》，也有多例，其中第220页的《十拍子》：

---

① 苏轼：《怀西湖寄晁美叔同年》，《苏轼诗集》第二册，中华书局1982年版，第644页。

② 苏轼：《颍州初别子由二首》之一，《苏轼诗集》第一册，中华书局1982年版，第280页。

③ 苏轼：《登云龙山》，《苏轼诗集》第三册，中华书局1982年版，第877页。

④ 苏轼：《怀仁令陈德任新作占山亭二绝》之一，《苏轼诗集》第五册，中华书局1982年版，第1380页。

⑤ 苏轼：《送碧香酒与赵明叔教授》，《苏轼诗集》第三册，中华书局1982年版，第694页。

⑥ 苏轼：《坐上赋戴花得天字》，《苏轼诗集》第三册，中华书局1982年版，第806页。

"强染霜髭扶醉袖，莫道狂夫不解狂，狂夫老更狂"①，语词尤为率直明露。总的印象，年轻时涉"狂"的语词比较多，年龄越大，"狂"词越少。不用说，这也合乎人生的逻辑轨则。

苏轼的狂，是秉承盛唐遗风的率性之狂，也是诗人之狂。可以说，无狂便无苏东坡矣，如同没有狂便没有李白一样。他和李白的不同之处，是他不善饮，可是他比善饮酒的人更懂得酒性，而且越是年长，越贪此杯中物。他的诗中写道："我性不饮只解醉，正如春风弄群卉。"②又说："少年多病怯杯觞，老去方知此味长。"③故苏轼的狂，大体与酒狂无关。但借酒壮胆、增加豪气的想法，他未必没有。请看下面诗句："无多酌我君须听，醉后飙狂胆满躯。"④"孤村野店亦何有，欲发狂言须斗酒。"⑤不过他也很矛盾，酒兴的高言固然痛快，过后想起来自己未免也感到可怕。所以诗中坦承："饮中真味老更浓，醉里狂言醒可怕。"⑥有时还要替朋友着想："欲吐狂言喙三尺，怕君

---

① 苏轼：《十拍子》，龙榆生校笺：《东坡乐府笺》，上海古籍出版社2009年版，第220页。

② 苏轼：《戏书》，《苏轼诗集》第八册，中华书局1982年版，第2552页。

③ 苏轼：《次韵乐著作送酒》，《苏轼诗集》第四册，中华书局1982年版，第1043页。

④ 苏轼：《刁景纯席上和谢生二首》之二，《苏轼诗集》第二册，中华书局1982年版，第550页。

⑤ 苏轼：《铁沟行赠乔太博》，《苏轼诗集》第二册，中华书局1982年版，第601页。

⑥ 苏轼：《定惠院寓居月夜偶出》，《苏轼诗集》第四册，中华书局1982年版，第1033页。

嗔我还须吞。"① 事实上，他的多次得罪，一贬再贬，还不是由于"狂言"和"真味"？而且主要是"真味"。他的那首有名的《自题金山画像》："心似已灰之木，身如不系之舟。问汝平生功业，黄州、惠州、儋州。"② 可谓饱含辛酸的自嘲。此诗的另一版本作"目若新生之犊，心如不系之舟。要问平生功业，黄州、惠州、崖州"③，更能彰显东坡的自由之心性。

盖人类的一切创造，都缘于自由，人生的一切挫折，也都缘于自由。而狂，则是自由情感的外化，和自由精神的变体。如果"狂"同时也是一种生活态度和生活情趣，乃至一个人的性格精神和审美趣味，我们可爱的东坡先生，有理由作为它的全权代表。虽然宋代文士之能狂者，并非只有东坡一人，那位颠石颠到管顽石称兄叫丈人的米颠米襄阳者，自然是一位别具一格的狂士，因篇幅所限此不多具了。

七、李卓吾"豪杰必在于狂狷"说

那么明代的"狂"我们看到了谁呢？我们看到了很多人，看到了"前仆后继"的狂士群体，而尤以万历年间的江南一带最为集中。赵翼《廿二史劄记》的"明中叶才士傲诞之习"条写道："吴中自祝允明、唐寅辈，才情轻艳，倾动流辈，放诞不羁，

① 苏轼:《次韵答邦直子由五首》之一,《苏轼诗集》第三册,中华书局 1982 年版,第 739—740 页。
② 苏轼:《自题金山画像》,《苏轼诗集》第八册,中华书局 1982 年版,第 2641 页。
③《苏轼诗集》第八册,中华书局 1982 年版,第 2642 页。

每出名教外。"又说："可见世运升平，物力丰裕，故文人学士得以跌荡于词场酒海间，亦一时盛事也。"① 由此可以体会明代之狂的潮流和背景。祝枝山（允明）、唐伯虎（寅）固是人皆能详的文苑狂客，至少唐伯虎降身为奴娶秋香的风流故事大家是知道的，但明代狂士群体的翘楚还是非李卓吾莫属。

李贽（号卓吾）和千年以来的传统秩序是那样的格格不入，对每一部人们奉为经典的著作都能从中找出破绽来，而且给以另类的解释。他在明世宗嘉靖六年（1527）生于福建泉州，二十六岁中举，由于不满意科举制度的弊端，没有再应进士第。五十岁前在河南、南京、北京等地做官，后来又做了三年云南姚安的知府。但他回顾平生，觉得自己"五十年以前真一犬也"②。所以当万历八年（1580）知府任满之时，他毅然辞官，回到湖北黄安，他的家人和很多友人都在那里，开始了问难学道的新时期。七年以后，即黄仁宇那本有名的书写的"万历十五年"，他为脱却俗累，将家眷送回福建老家，自己则削发为僧，但胡须未剃，也未受戒。他的许多著作都是这一时期完成的。他知道自己的思想不能见容于当时当世当道，便以《藏书》、《续藏书》、《焚书》、《续焚书》等抗词自名其书。

李卓吾对士子之"狂"给予了新的解释，提出"闻道"须

① 赵翼撰，王树民校证：《廿二史劄记校证》下册，中华书局1984年版，第783—784页。
② 李卓吾：《续焚书》卷二《圣教小引》，中华书局1975年版（与《焚书》合编），第66页。

要狂狷的破天荒的思想。他说："有狂狷而不闻道者有之，未有非狂狷而能闻道者也。"学术传承他认为也需要狂狷的精神："论载道而承千载绝学，则舍狂狷将何之乎？"[1]还提出，惟有狂狷，能够发现先儒往圣的"破绽"的人，才能成为孟子所说的"豪杰之士"。他在给友人焦竑的信里写道："求豪杰必在于狂狷，必在于破绽之夫，若指乡愿之徒遂以为圣人，则圣门之得道者多矣。此等岂复有人气者，而尽指以为圣人，益可悲矣夫！"[2]这等于从学理上把狂狷当做成就杰出人物的必要前提。对自己的"狂"，李贽也毫不避讳，晚年所作的《自赞》坦承："其性褊急，其色矜高，其词鄙俗，其心狂痴，其行率易。"[3]但他的内心则充满温热。

以反对文学复古主义扬帜的"公安三袁"（袁宗道、袁宏道、袁中道）是李贽的好友，袁中道写过一篇《李温陵传》，其中所说"公为人中燠外冷，丰骨棱棱，性甚卞急，好面折人过"[4]，应是实录。袁中道的这篇传记还写了李贽另外一些不同于常人的性格特征，极为有趣，大家不妨一看。

---

[1] 李卓吾：《焚书》卷一《与耿司寇告别》，中华书局1975年版（与《续焚书》合编），第28页。

[2] 李卓吾：《续焚书》卷一《与焦弱侯太史》，中华书局1975年版（与《焚书》合编），第16页。

[3] 李卓吾：《焚书》卷三《自赞》，中华书局1975年版（与《续焚书》合编），第130页。

[4] 袁中道：《李温陵传》，李卓吾《焚书·续焚书》，中华书局1975年版，卷首第3页。

　　（公）性爱扫地，数人缚帚不给。衿裙浣洗，极其鲜洁，拭面拂身，有同水淫。不喜俗客，客不获辞而至，但一交手，即令之远坐，嫌其奥秽。其忻赏者，镇日言笑，意所不契，寂无一语。滑稽排调，冲口而发，既能解颐，亦可刺骨。所读书皆抄写为善本，东国之秘语，西方之灵文，《离骚》、马、班之篇，陶、谢、柳、杜之诗，下至稗官小说之奇，宋元名人之曲，雪藤丹笔，逐字雠校，肌襞理分，时出新意。其为文不阡不陌，摅其胸中之独见，精光凛凛，不可迫视。诗不多作，大有神境。亦喜作书，每研墨伸楮，则解衣大叫，作兔起鹘落之状。其得意者亦甚可爱，瘦劲险绝，铁腕万钧，骨稜稜纸上。一日恶头痒，倦于梳栉，遂去其髮，独存鬖鬖。公气既激昂，行复诡异，斥异端者日益侧目。①

喜欢手持扫把扫地，众人欲夺而不能，这一习惯，笔者年轻时也有过，因此颇能理解。但不喜俗客，思想不契，即令远坐，言语冲口而发，锋芒刺骨，文章"精光凛凛，不可迫视"，作书还要"解衣大叫"，形貌则留须不留发，这些置诸当时的社会环境，为权力者所侧目，为习俗所不许，不用说也势所必然。他的一些友人不免为他担心，认为"李先生学已入禅，行多诞"，难免遭遇祸殃。最后果然因了他的各种"异行"和"异言"，包括社会辗转打造的本来不属于他的谣言，李贽被关进了监狱，

---

① 袁中道：《李温陵传》，李卓吾《焚书·续焚书》，中华书局1975年版，卷首第3至4页。

直至被迫自戕于狱中。那是万历三十年（1602）的三月十五日，
他七十五岁。李贽是因"狂"而焕发了自己的生命，也因"狂"
丧失了自己的生命。

其实"狂"并不是李贽所追求的目标，只不过是他生命的
一种状态。相反他追求的是"圣"，不依循传统解释的与伪绝
缘而又生气昂然的"圣"。因此他不认为"圣"与"狂"是不
能两立的品格。《焚书》中有一篇《与友人书》，专门谈的是这
个问题，其中这样写道：

> 又观古之狂者，孟氏以为是其为人志大言大而已。解
> 者以为志大故动以古人自期，言大故行与言或不相掩。如
> 此，则狂者当无比数于天下矣，有何足贵而故思念之甚乎？
> 盖狂者下视古人，高视一身，以为古人虽高，其迹往矣，
> 何必践彼迹为也。是谓志大。以故放言高论，凡其身之所
> 不能为，与其所不敢为者，亦率意妄言之。是谓大言。固
> 宜其行之不掩耳。何也？其情其势自不能以相掩故也。夫
> 人生在天地间，既与人同生，又安能与人独异。是以往往
> 徒能言之以自快耳，大言之以贡高耳，乱言之以愤世耳。
> 渠见世之桎梏已甚，卑鄙可厌，益以肆其狂言。观者见其狂，
> 遂指以为猛虎毒蛇，相率而远去之。渠见其狂言之得行也，
> 则益以自幸，而唯恐其言之不狂矣。唯圣人视之若无有也，
> 故彼以其狂言吓人而吾听之若不闻，则其狂将自歇矣。故
> 唯圣人能医狂病。观其可子桑，友原壤，虽临丧而歌，非

> 但言之，且行之而自不掩，圣人绝不以为异也。是千古能
> 医狂病者，莫圣人若也。故不见其狂，则狂病自息。又爱
> 其狂，思其狂，称之为善人，望之以中行，则其狂可以成
> 章，可以入室。仆之所谓夫子之爱狂者此也。盖唯世间一
> 等狂汉，乃能不掩于行。不掩者，不遮掩以自盖也，非行
> 不掩其言之谓也。[①]

这里涉及到孟子对狂义所作的一种解释，如前所述，孟子认为孔子对狂狷给予正面评价，是意识到"中道"不可得，所以才退而"思其次"。但弟子万章继续追问，到底什么样的情形才算作狂？"孟子说，譬如孔门的琴张、曾皙、牧皮几位弟子，就是孔子所谓的狂。万章还不肯罢休，又刨根到底地问，何以这几位就是狂？（"何以谓之狂也？"）孟子于是解释说："其志嘐嘐然，曰'古之人，古之人'。夷考其行，而不掩焉者也。"又说："何以是嘐嘐也？言不顾行，行不顾言，则曰'古之人，古之人'。"[②] "嘐嘐"为象声词，形容像鸡似的乱叫。叫什么呢？无非是"古人呵，古人呵！"在孟子看来，那些志大言夸即"志大言大"的人，尽管满嘴"嘐嘐"地呼叫"古人"，行动上却没有表现，言行不统一（"言不顾行，行不顾言"），这样的人

---

① 李卓吾：《焚书》卷二《与友人书》，中华书局 1975 年版（与《续焚书》合编），第 75 页。

② 《孟子·尽心下》，焦循：《孟子正义》下册，中华书局 1987 年版，第 1028—1029 页。

就可以叫做狂了。

　　李卓吾显然不满意孟子的解释，认为把"狂"解释为"志大言大"固然可以成立，但他不能认同把"志大"解释为只是师法古人。他主张后来者应该比古人"高视一身"，开辟不同于古人的新的路径。而"言大"，他认为即使做不到，甚至也不敢做的事情，也不妨"率意妄言"。因为做不到并不总是自己的过错，实际的"情"和"势"是否允许，应该是更重要的条件。现实世界布满束缚人的创造精神的枷锁，特别人性的丑恶带给人的种种限制，尤其"卑鄙可厌"。那么怎么办？难道还不可以"肆其狂言"，一吐为快吗？李贽不无沉痛地说，大家都共同生存于天地之间，不可能独独一个人和其他人有多么大的不同，所谓"狂"亦不过是借助"大言"自高位置和愤世嫉俗而已。换言之，"狂"更多是在他人的眼中呈现，是"观者见其狂"，"观者"们越视"狂"为"猛虎毒蛇"，避之唯恐不及（"相率而远去"），"狂者"就越是感到自幸自喜，口出的狂言越发肆无忌惮（"唯恐其言之不狂"），亦即俗所谓"人来疯"是也。

　　本来是"行"不能践履，发为"大言"，被视作"狂"，后来变成明知不能践履，却口出"狂言"，以掩盖自己的实相。不难发现，这已经不单纯是对"狂"作语义学的解释，同时也是卓老在夫子自道了。难怪他在《与耿司寇告别》书里不无遗憾地写道："公今宦游半天下矣，两京又人物之渊，左顾右盼，招提接引，亦曾得斯人乎？抑求之而未得也，抑亦未尝求之者欤？抑求而得者皆非狂狷之士，纵有狂者，终以不实见弃，而清如伯夷，反以行之似廉洁者当之也？审如此，则公终不免有失人之悔矣。"[1]是啊，以"狂"为理由而将杰出人才弃置一旁的事例，古今史乘不绝于书。

呵！当时后世无人不以为"狂"的李卓吾，原来有这许多难言之隐。原来在他那里"狂"也有某种掩盖的作用。说开来，这不就是今人所谓的"自我放逐"吗？这不也就是李白的"人生在世不称意,明朝散发弄扁舟"[2]吗？狂乎！狂乎！多少豪杰之士的辛酸假汝以行。

八、王阳明的"狂者胸次"和"圣狂"

李卓吾的思想和明朝的心学领袖王阳明有直接渊源，王学后劲很多都是他的朋友。王阳明提出的不以孔子的是非为是非的主张，对李贽影响极大，李的著作中此类言论随处可见。自汉武帝"独尊儒术"以来，孔子思想就被奉为圭臬，所谓"曾经圣人手，议论安敢到"[3]。历来狂客的所谓"狂言"，大都涉及对儒家权威地位的置疑。王阳明、李卓吾如此，李白、阮籍、嵇康亦复如此。李白示"狂"的"我本楚狂人，凤歌笑孔丘"，

---

① 李卓吾：《焚书》卷一《与耿司寇告别》，中华书局 1975 年版（与《续焚书》合编），第 28 页。

② 李白：《宣州谢朓楼饯别校书叔云》，《李白集校注》下册，上海古籍出版社 1980 年版，第 1077 页。

③ 韩愈：《荐士》，《韩愈全集校注》第一册，四川大学出版社 1996 年版，第 355 页。

前面举证过了。嵇康的名言则是"非汤武而薄周孔"。不过他们所置疑的不是原孔子和孔子的原思想，而是后来附加在孔子头上的放大的光环，以及从孔子思想中"支离"出来的部分。因此李卓吾和王阳明之所为，都是要还原真孔子，并不是简单的"非圣"。相反，李卓吾认为"圣人能医狂病"，"圣"可以"息狂"，惟圣人能够做到"爱其狂，思其狂"，能够称狂者为"善人"。

王阳明不用说更纯粹是一个前不见古人后不见来者的"狂之圣者"和"圣之狂者"。阳明的思想向有"三变"、"四变"及"五溺"之说，要之是少年时期"驰骋于词章"，随后出入于佛道二氏，然后"居夷处困"，最后豁然开朗由悟道而入于圣学之域。[1] 而入于圣域的标志，是"致良知"学说的发明和建构完成。令人讶异的是，当阳明子入于圣境之后，对"狂"的义涵又赋予了新解。他说："吾自南京已前，尚有乡愿意思。在今只信良知真是真非处，更无掩藏回护，才做得狂者。使天下尽说我行不掩言，吾亦只依良知行。"[2] 这番话是嘉靖二年二月阳明子五十二岁时和弟子们讲的。《明儒学案》的记载，文字稍有异同，作"门人叹先生自征宁藩以来，天下谤议益众。先生曰：'我在南都以前，尚有些子乡愿意思。在今信得这良知真是真非，信手行去，更不着些覆藏，才做得个狂者胸次，故人都说我行

① 钱德洪：《刻文录叙说》，吴光等点校：《王阳明全集》下册，上海古籍出版社 1992 年版，第 1574 页。
② 《年谱》三，《王阳明全集》下册，上海古籍出版社 1992 年版，第 1287 页。

不掩言也'"①。毫无疑问,此时之阳明子已完全进入圣境,但他不仅不排拒"狂",不摈弃"狂",反而视"狂"与"圣"为一体,甚至把"狂"视为成圣的必要条件。所以他说到南都之后"才做得个狂者胸次"。就是说,一个人只有拥有了狂者的胸怀和雅量,才有可能成为圣人。显然阳明子和李卓吾等明儒对"狂"的诠解,把"狂"的道德境界和义理品阶大大提升了,变成与孔、孟相继而不相同的儒圣和儒狂的思想。

孔子对中行、狂、狷、乡愿的"四品"取向,态度原极分明,传统的解释,特别是孟子的解释,中行为第一,狂为第二,狷为第三,乡愿第四。也可以把狂和狷合而为第二。孔子对乡愿的深恶痛绝已见之"德之贼"的四字恶评,后来的儒者对此均无异词。孟子解"乡愿"义最切,曰:"非之无举也,刺之无刺也。同乎流俗,合乎污世。居之似忠信,行之似廉洁,众皆悦之,自以为是,而不可与入尧、舜之道。"②意即这种乡愿的人,你要非议他,却举不出证据,想骂他一顿,也不知从何骂起。他不过是与庸俗的社会现象和习惯同流合污而已。看上去一副忠诚老实的样子,行为上好像也没有什么不廉洁的地方。这样的人有谁不喜欢呢。他自己因此也以一贯正确自居。但是很可惜,这种乡愿的人永远也不能成为圣人。至于不能入于圣的理由,王阳明讲的非常清楚,认为此种人的"忠信廉洁"是为了

① 黄宗羲:《明儒学案》上册,中华书局1986年版,第216页。
② 《孟子·尽心下》,焦循撰:《孟子正义》下册,中华书局1987年版,第1031页。

"媚君子","同流合污"是为了"媚小人",他的心已经破坏殆尽,所以不能与入尧、舜之道。乡愿的可恶,主要在一"似"字。可是"狂者"呢? 阳明子说:"狂者志存古人,一切纷嚣俗染,举不足以累其心,真有凤凰翔于千仞之意,一克念即圣人。"① 王阳明把"六经"的"惟圣罔念,作狂;惟狂克念,作圣"② 的义理反转过来了。

狂可以入圣,可以让"一切纷嚣俗染,举不足以累其心",如同凤凰翱翔于高空,一念之间即可实现超越。所谓入于圣域,就是实现精神的自我超越。既然如此,那么"四品"的排序,"中行"还能够居诸品之冠吗? 难道不应该将位置让位给"狂"吗? 其实最有可能与"乡愿"同流合污的恰恰是"中行"。孔子慨叹"中行"的"不得而与",是求之不得,还是"中行"本身就是一个流动的范畴,不容易和人类的生命体发生稳定的连接? 也许"中行"只是一个假设的状态,是孔子希望的道德理想,现实生活中并不真实存在。所以孔子游走周遭,终于不曾遇到这类人物。最后在陈国,出于不得已,发为慨叹说:"回去罢,回去罢,我的那些学生虽然狂简,但都很有文采,想办法施之以教,不愁他们没有作为。"③ 然则孔子已然改弦更张,不再寻找"中行"

① 《年谱》三,《王阳明全集》下册,上海古籍出版社 1992 年版,第 1287—1288 页。
② 《周书·多方》,阮元校刻撰:《十三经注疏》上册《尚书正义》卷十七,中华书局 1980 年影印本,第 229 页。
③ 《论语·公冶长》,程树德撰:《论语集释》第一册,中华书局 1990 年版,第 343 页。

之人，而把目光投向了狂狷之士。其实孔门弟子中有一个叫曾皙的，也就是那个不好好回答老师的问题，却一个人在一旁鼓瑟的"点"，他的这个独特的举动，构成了"点也狂"的典故来源。孔子似乎喜欢这个特立独行的学生。"吾党之小子狂简"里面，大约一定包括"点"这个特长生吧。

宋代大儒二程（程颢、程颐）和朱熹也都注意到了"点也狂"的问题，但程朱对"狂"的态度，如前所说，很少作正面评价。对《论语》"子路、曾皙、冉有、公西华侍坐"章"点"即曾皙的表现，明道（程颢，大程子）的评价是："特行有不掩焉者，真所谓狂矣。"[1] 这依据的是孟子给定的"狂"的定义，即言论行为都不稍假掩饰，既不以行掩盖言，也不以言掩盖行。前引李卓吾论狂，已及此义。伊川（程颐，小程子）则说："曾皙狂者也，未必能为圣人之事。"[2] 但伊川认为"点"的独特之处，是了解孔子心里的想法，即明白"圣人之志"。然则"圣人"何志？子路、冉求回答孔子问志，都关乎一个国家如何强国富民，公西赤则愿意当外交场合的一个小司仪。只有曾点表示，自己"异乎三子者之撰"，他喜欢在阳春三月，和一群友人带着孩子们，在沂水边沐浴，一边走一边在路上唱歌。曾点所讲，正好与老

---

[1] 《程氏遗书》卷十二《明道先生语二》,《二程集》上册，中华书局1981年版，第136页。

[2] 《程氏外书》卷三,《二程集》上册，中华书局1981年版，第369页。

师的想法暗合，故"夫子喟然叹曰：'吾与点也。'"[1]

　　程朱虽然看到了"点"的狂，但对"狂"和"圣"的正面连接，似乎无所见。他们秉持的是"惟圣罔念作狂，惟狂克念作圣"的思想，认为狂圣无法合一。王阳明就不同了，对《论语》此章有另外的解说：

> 　　以此章观之，圣人何等宽洪包含气象。且为师者问志于群弟子，三子皆整顿以对。至于曾点，飘飘然不看那三子在眼，自去鼓起瑟来，何等狂态。及至言志，又不对师之问目，都是狂言。设在伊川，或斥骂起来了。圣人乃复称许他，何等气象。圣人教人，不是个束缚他通做一般，只如狂者便从狂处成就他，狷者便从狷处成就他。人之才气如何同得？[2]

阳明子对曾点的"狂态"极尽赞美之能事，且对小程子的态度作了一个带有微讽的假设，此可见宋学和王学的异同所在。"狂者便从狂处成就他，狷者便从狷处成就他"两句，是以圣解圣，可以看出王阳明对孔子的狂狷思想有怎样的深层了解。

　　而当明嘉靖三年（1524）王阳明和门弟子共度中秋的时刻，

---

[1]《论语·先进下》，程树德撰：《论语集释》第三册，中华书局1990年版，第811页。

[2] 王阳明：《传习录》下，《王阳明全集》上册，上海古籍出版社1992年版，第104页。

他写了《月夜二首》，其第二首又颇及"点也狂"的本事，兹特抄录出来供读者赏观：

> 处处中秋此月明，不知何处亦群英。
> 须怜绝学经千载，莫负男儿过一生。
> 影响尚疑朱仲晦，支离羞作郑康成。
> 铿然舍瑟春风里，点也虽狂得我情。[①]

诗的头两句交代时、地、人、背景，据《王阳明年谱》记载，此次中秋宴聚有百余名友朋和门弟子参加，在浙江绍兴乡下天泉桥的的碧霞池上，当时阳明五十三岁，平生难得之盛。第三四句自叙怀抱。五六句对朱子的学理表示置疑，认为问题主要出在为学的过程过于繁琐支离上。当年朱陆鹅湖之会，陆九渊所示诗中便有"易简功夫终久大，支离事业竟浮沉"之句，阳明这里显然是借用鹅湖之典。最后两句"铿然舍瑟春风里，点也虽狂得我情"，是为全诗的点睛，赞美"点之狂"深获他的胸襟怀抱。

因此阳明子不愧为"圣狂"的典范。行笔至此，不禁想到了陈寅恪先生 1929 年给北大历史系同学的赠诗，其中有"天

---

① 王阳明：《月夜》二首之二，《王阳明全集》上册，上海古籍出版社 1992 年版，第 787 页。

赋愚儒自圣狂，读书不肯为人忙"①句，可为阳明的"圣狂"立
一注脚。

九、袁宏道论"狂"为"龙德"

　　王阳明、李卓吾之外，明代的狂士还有很多。王门后学受
影响于师风，又不具有真正的"狂者胸次"，结果有的竟流入"儒
为狂儒，禅为狂禅"②的境地。福建惠安的张静峰，对阳明的良
知说不无置疑，但他和陈琛、林希元友善，三人住于寺庙，或
闭户读书，或游走街市，非僧非俗，被称作"泉州三狂"③。而
秉承王学流风余韵的东林党人，更是一个有组织的狂士的群体。
顾允成坦承："平生左见，怕言中字，以为我辈学问，须从狂
狷起脚，然后能从中行歇脚。"④另一东林党人钱启新则说："圣
门教人求仁，无甚高远，只是要人不坏却心术，狂狷是不坏心
术者，乡愿是全坏心术者。"⑤明代的士人于狂者精神如同夙契，
他们为士之能"狂"找到了更多的理据。不过我们探讨明代之

① 陈寅恪：《北大学院己巳级史学系毕业生赠言》，《陈寅恪集·诗集》，生活·读
　书·新知三联书店 2001 年版，第 19 页。全诗作："天赋愚儒自圣狂，读书
　不肯为人忙。平生所学宁堪赠，独此区区是秘方。"三联版首句作"添赋"，误。
② 黄宗羲：《明儒学案》卷二十六《南中王门学案二》所引《桃溪劄记》，中华
　书局 1986 年版，第 612 页。
③ 黄宗羲：《明儒学案》下册，卷五十二《诸儒学案中六》，中华书局 1986 年版，
　第 1126 页。
④ 黄宗羲：《明儒学案》卷六十《东林学案三》，中华书局 1986 年版，第 1472 页。
⑤ 黄宗羲：《明儒学案》卷五十九《东林学案二》，中华书局 1986 年版，第 1436 页。

"狂"，还有三个人不能不为之一提。一个是方孝孺，一个是徐文长，一个是袁宏道。

方孝孺生活的年代比较早，十二岁入明，是明朝的名儒帝师宋濂最得意的门生，其功业主要是朱元璋死后辅弼建文帝当朝四载，宽仁厚德，社会风气为之一转。燕王朱棣起兵篡位，方孝孺因拒不草诏书而遭遇灭十族之祸。本来朱棣的谋士僧道衍建议不要杀方孝孺，"杀之则天下读书种子绝矣"的名言，就出自这位谋士之口。但孝孺的表现是过于刚烈不屈了，诏书不写不说，反而当着朱棣的面在诏纸上写下"燕贼篡位"四个大字。他死的时候年只四十五岁。方孝孺留给人们的印象，主要是不事伪统的气节和惊天动地的刚烈，和狂与不狂似无与。但所以有那样惨烈的表现，和他的狂者性格不无关系。我们不妨看看他写的《李太白赞》：

唐治既极，气郁弗舒，乃生人豪，泄天之奇。矫矫李公，雄盖一世，麟游龙骧，不可控制。秕糠万物，瓮盎乾坤，狂呼怒叱，日月为奔。或入金门，或登玉堂，东游沧海，西历夜郎。心触化机，喷珠涌玑，翰墨所在，百灵护持。此气之充，无上无下，安能瞑目，开于黄土。手搏长鲸，鞭之如羊，至于扶桑，飞腾帝乡。惟昔战国，其豪庄周，公生虽后，斯文可侔。彼何小儒，气馁如鬼，仰瞻英风，犹虎与鼠。斯文之雄，实以气充，后有作者，尚视于公。①

称李白为人豪，为麟龙，为盖世之雄，是天上掉下来的奇观。如果李白发怒而"狂呼怒叱"，日月都会随声奔突。在李白的大气象面前，那些世俗小儒不过是吓破了胆的小老鼠而已。李白是少有的可以与庄子并肩的人物。因此方孝孺认为李白"不可控制"。方孝孺真不愧李白的后世知音！但如果自己没有狂者精神，是不会如此懂得唐代第一号狂者的精神世界。

　　方孝孺著有《后正统论》一文，其结尾处写道："果以予言为狂者乎？抑狂者固自有其人乎？"②亦即如果认为他的文章是狂者之言，那么随意好了，"你说我是狂者我就是狂者！"他在另一篇文章中还说过："周公、孔子与吾同也，可取而师也；颜子、孟子与吾同也，可取而友也。"③公然表示，周公和孔子跟自己相同，他才当作老师；颜渊和孟子与自己相同，他才认作朋友。如此大言，诚然是狂者之言，应无疑问。他自己也说："众若骇然而惊，愕然而相顾，俳然笑予以为狂。"④他写的《红酒歌》也有"醉来兴发恣豪狂，高歌起舞当斜阳"⑤的句子。则方孝儒之狂，于此可见一斑。当然方孝孺的狂，承继的是汉以

---

① 方孝孺：《李太白赞》，《逊志斋集》，宁波出版社 2000 年版，第 630 页。
② 方孝孺：《后正统论》，《逊志斋集》，宁波出版社 2000 年版，第 61 页。
③ 方孝孺：《尚志斋记》，《逊志斋集》，宁波出版社 2000 年版，第 557 页。
④ 同上，第 557 页。
⑤ 方孝孺：《红酒歌》，《逊志斋集》，宁波出版社 2000 年版，第 812 页。

来的狂直传统，是狂之正者、狂之刚者和狂之烈者，是正统儒者的天地之狂，也是不狂之狂。

徐文长和李贽同时，绍兴人，一生坎坷，也有过狱中经历，但下狱的原因却由于怀疑其妻不忠而失手酿祸。至于是不是他本人一直患有脑疾，研究者说法不一。也许是天性中已生就了不愿接受任何羁绊的种子吧，因此他的怪狂表现在从生活到艺术的各个方面。他绘画的技法是"狂扫"、"狂墨"，自称"我亦狂涂竹，翻飞水墨梢"①，也就是大写意。《徐渭集》中涉狂的诗作很多，如"黄鸟小窗幽，狂挥墨欲流"②、"醉去狂来呼李白，散发题书万竹中"③、"恨不颠狂如大阮，欠将一哭恸兵闺"④、"猖狂能使阮籍惊，饮兴肯落刘伶后"⑤、"莫言白首疏狂客，也貌朱阑富贵花"⑥等等。如果如通常所说，有一些艺术家其实就是"疯子"，那么徐渭应该是其中的不打折扣的一位，并且已经入于病况。袁宏道的《徐文长传》叙述的："晚年愤益深，佯狂益甚，显者至门，或拒不纳"，"石公曰先生数奇不已，遂为狂疾；狂

---

① 徐渭：《竹染绿色》，《徐渭集》第一册，中华书局 1983 年版，第 331 页。
② 徐渭：《玉簪》之二，《徐渭集》第三册，中华书局 1983 年版，第 837 页。
③ 徐渭：《对明篇》，《徐渭集》第一册，中华书局 1983 年版，第 129 页。
④ 徐渭：《拟吊苏小墓》，《徐渭集》第一册，中华书局 1983 年版，第 280 页。
⑤ 徐渭：《醉中赠张子先》，《徐渭集》第一册，中华书局 1983 年版，第 123 页。
⑥ 徐渭：《某君生朝抹牡丹为寿》，《徐渭集》第一册，中华书局 1983 年版，第 286 页。

疾不已，遂为囹圄。古今文人牢骚困苦，未有若先生者也"[1]，应是真实写照。

　　袁宏道和兄宗道、弟中道是李贽的知交好友，已如前述。他们能由衷欣赏卓老的风致，可知他们自己的价值取向。事实上宏道也是晚明的一位领军狂士。第一次和李卓吾见面，他的赠诗就有"老子本将龙作性，楚人元以凤为歌"[2]句。盖"三袁"是湖北公安人，故援楚狂以自况。其《记药师殿》一文自述生平，有"余性狂僻，多诳诗，贡高使气，目无诸佛"[3]的措辞，是狂而不讳者也。特别是他写给友人张幼于的一封信，可直视为一篇"狂颠"专论，为文海艺苑绝少见的文字，兹特请各位静心一观：

　　　　仆往赠幼于诗，有"誉起为颠狂"句。颠狂二字甚好，不知幼于亦以为病。夫仆非真知幼于之颠狂，不过因古人有"不颠不狂，其名不彰"之语，故以此相赞。如今人送富贾则曰"侠"，送知县则曰"河阳"、"彭泽"，此套语也。夫颠狂二字，岂可轻易奉承人者？狂为仲尼所思，狂无论矣。若颠在古人中，亦不易得，而求之释，有普化焉。张无尽诗曰"槃山会里翻筋斗，到此方知普化颠"是也。化

① 袁宏道：《徐文长传》，钱伯城笺校：《袁宏道集笺校》中册，上海古籍出版社 1981 年版，第 716—717 页。

② 袁宏道：《怀龙湖》，钱伯城笺校：《袁宏道集笺校》上册，上海古籍出版社 1981 年版，第 68 页。

③ 袁宏道：《记药师殿》，钱伯城笺校：《袁宏道集笺校》上册，上海古籍出版社 1981 年版，第 465 页。

虽颠去，实古佛也。求之玄，有周颠焉，高帝所礼敬者也。
玄门尤多，他如蓝采和、张三丰、王害风之类皆是。求之儒，
有米颠焉，米颠拜石，呼为丈人，与蔡京书，书中画一船，
其颠尤可笑。然临终合掌曰："众香国里来，众香国里去。"
此其去来，岂草草者？不肖恨幼于不颠狂耳，若实颠狂，
将北面而事之，岂直与幼于为友哉？[①]

袁宏道给这位张幼于的赠诗，袁《集》中有载，起句即作："家
贫因任侠，誉起为颠狂。"[②]虽然此张的奇诡异行不少，但他并
不认可"颠狂"这项帽子。故宏道写信加以解释。他说"颠狂"
这两个字，可不是轻易许人的，因为这是很高的赞誉。古人已
经有"不颠不狂，其名不彰"的流行说法。"狂"是孔子思考
的问题，这里可以不讨论。就说"颠"吧，也是不容易获得的
称号。佛家倒是不讳言此语，所以张无尽有"盘山会里翻筋斗，
到此方知普化颠"的诗句。张无尽即宋朝的丞相张商英，声闻
极大的佛门居士，野史笔记多有他学佛的故事。"普化"是普
化禅师，唐代有名的颠僧，据说是日本临济宗的鼻祖。周颠是
朱元璋喜欢的一个亦僧亦道的江湖术士，不知姓氏，过从者只
以颠相称。儒家方面的则有米南宫米颠，前面笔者已略及，此

---

① 钱伯城笺校：《袁宏道集笺校》上册，上海古籍出版社 1981 年版，第 502—
503 页。
② 袁宏道：《张幼于》，钱伯城笺校：《袁宏道集笺校》上册，上海古籍出版社
1981 年版，第 145 页。

处中郎（袁宏道号中郎）谈的更具体。最后中郎向他的友人说，就怕友人不颠，如果真的颠狂，他愿俯首称臣。

我们看到，袁宏道对狂颠的品格给予了何等高的评价。他认为儒释道三家都不否认"狂"的合理内涵。而在《疏策论》"第五问"里，他进一步称"狂"为一种"龙德"，说"自汉而下，盖有二三豪杰，得狂之心而拟龙之一体者"，如汉代的张良、晋朝的谢安、唐朝的狄仁杰，他们虽有狂智、狂沉、狂忍的区分，也就是"狂体不同"，但在"近龙德"这点上是相同的。当然狂有多种，可以区分出诸多个阶次来。王阳明的"圣狂"，应该是最高的。宏道所谓"龙德之狂"，是仅次于"圣狂"的另一种，是可以兼济天下的寄道之狂，张、谢、狄之外，前述方孝孺之狂亦可作为个代表。袁宏道特别提出，对这种狂能寄道者，需要有识别的眼光，否则人才就有被埋没的危险。因此他写道：

嗟乎！世无孔子，天下谁复思狂？而狂者之嘐嘐不顾，颇见刺于乡愿，世人右乡愿而左狂，则狂之不用常多而用常少。以生观之，若晋之陶潜，唐之李白，其识趣皆可大用，而世特无能用之者。世以若人为骚坛曲社之狂，初无意于用世也，故卒不用，而孰知无意于用者，乃其所以大用也。渊明之气似巽而实高，似和而实不恭，是故耻于见督邮，而不耻于为丐，其狂可见也。天下知其为耻于折腰之人，而不知其为耻事二姓之人，其狂不可见也。夫脱屣一官，犹曰细事，至于死生之际，坦焉若倦鸟之投枝，此岂寻常胆识所敢望乎？陶之沉密，甚似安石，而惜乎当晋、宋之际也，亢而潜者也。太白天才英特，狂迹久著，从永之诬，前哲盖已辨明，而苏文忠谓其气盖天下，传正谓千钧之弩，一发不中，则摧橦折牙而求息机，而生以为未尽也。①

袁宏道显然认为陶渊明、李白是有"龙德之性"的人，其狂应是"龙德之狂"，而不同于"骚坛曲社之狂"。是呵，传统社会的伶人文士也多矣，其中不乏狂怪之人，但这种"狂"和龙德之狂不能同日而语。尤堪注意者，是宏道对陶潜之狂的理解和阐发，可谓特见独识，发人所未发。而称李白"天才英特，狂迹久著"，也是语洽意切，得诗仙之风骨者。袁宏道说："道不足以治天下，无益之学也；狂不足与共天下，无用之人也。"②在袁宏道看来，生之为士人（现代一点的说法也可以叫知识分子）如果不把自己的学问和家国天下联系起来，是为"无益之学"，而没有一点"狂"的精神，或者狂而不心系家国，则是对孔子狂狷思想的误解。

袁宏道强调对士子之狂还要作另一种区分，这就是"傲肆"之狂和"恬趣远识"之狂的区分。他说："盖曾点而后，自有

① 袁宏道：《疏策论》第五问，钱伯城笺校：《袁宏道集笺校》下册，上海古籍出版社 1981 年版，第 1517—1518 页。
② 同上，第 1521 页。

此一种流派，恬于趣而远于识。无蹊径可寻，辟则花光山色之自为工，而穷天下之绘不能点染也；无辙迹可守，辟则风之因激为力，因窍为响，而竭天下之智，不能扑捉也。其用也有入微之功，其藏也无刻露之迹，此正吾夫子之所谓狂，而岂若后世之傲肆不检者哉？"①意即狂有两种：一种是"恬于趣而远于识"，一种是"傲肆不检者"，这是又不能同日而语的两种狂。宏道认为，前者是曾点以来的孔子之所谓狂者，这是一种不着痕迹的自然之性，而不加检点的"傲肆"，不过是"饱食终日，无所用心者"，或者是"游谈不根之民而已"。他特别表示，他的这样一番令人警醒的话，是"专为学狂而无忌惮者"而发的。他懂狂、赞狂、释狂，但不溺于狂。他的一首自况诗写道："东皋犹滞酒，余乃醒而狂。"②可见袁中郎之狂如同嵇中散，属于醒而狂者。

事实上宏道对晚明之"狂禅之滥"，有过很中肯的批评。特别他在《募修瑞云寺小引》一文中，开头征引陆游的《蒙泉铭》所讲的一段掌故："往昔尝过郑博士，坐有僧焉。余年少气豪，直据上坐，索酒径醉。博士与余曰：'此妙喜也。'余亦不辞谢，方说诗谈兵，旁若无人。其后数年，余老于忧患，志气摧落，念昔之狂，痛自悔责。"放翁此文的"念昔之

① 袁宏道：《疏策论》第五问，钱伯城笺校：《袁宏道集笺校》下册，上海古籍出版社1981年版，第1520—1521页。
② 袁宏道：《潞河舟中和小修别诗次韵》，钱伯城笺校：《袁宏道集笺校》下册，上海古籍出版社1981年版，第1353页。

狂，痛自悔责"八个字，引起了袁宏道的共鸣。因念及当年乡
僧说法京师，他"高谈一乘，玩侮讲席"，其狂固不在放翁之
下。可是如今呢？"予之狂尚可悔，而老成不可再至矣。"瑞
云寺的海澄法师为之下一针砭，说这个不难，只要名公施展一
下化瓦砾为金的法术，老成便可望回来。宏道知道海澄是借
此话头"以忏昔狂"，因此感慨益多。[①] 袁宏道此文采取如此
的写法，说明他对"狂"不仅有分疏，而且也有一定的悔狂
之意。

明朝不愧为我国历史上狂者精神的一个制高点，同时也是
中国知识分子狂狷传统的集大成时期。不独士的阶层，也不光
是文人墨客和"骚坛曲社"，社会的各个角落几乎都为狂风所
浸染。狂变成了社会的一种普遍性的文化情致和生活韵致。只
要看一看中晚明的戏曲小说弹词时调，就思过半矣。冯梦龙的
"三言"、"二拍"以及《金瓶梅》，甚至把"狂"作为写男女情
事的专用词汇。"足狂了半夜"一类语词，明代的小说中多有，
可以想见自应也是社会生活的实录。然而"狂"风如果弥漫泛
滥于整个社会，这个社会的危机也就出现了。

十、狂者精神在清代的匿迹和销声

明之狂的篇幅未免占据太多，无论如何不能再"狂"施笔
墨了。下面循历史时序，再略谈请朝的狂者精神问题。

---

① 袁宏道：《募修瑞云寺小引》，钱伯城笺校：《袁宏道集笺校》下册，上海古
　籍出版社 1981 年版，第 1560—1561 页。

很不幸我们在清朝的前期和中期已经很少看到狂者精神的踪迹了。明清易代不仅是政权的鼎革，也是文化的激变，所以顾炎武有"亡天下"之说。明中期以后城市经济发展迅猛，长江中下游出现了士商合流的现象，社会中上层的生活趋于精致化和休闲化，这为作为知识人的士阶层和商业精英的自由狂放提供了适宜的土壤。1644年清兵入关问鼎，第二年南下摧毁南明小朝廷，带来的是强悍同时也是粗糙的生活方式。陈寅恪《柳如是别传》第四章援引河东君友人汪然明的一封信函，颇及明清之变给西湖景观造成的影响，其中写道："三十年前虎林王谢子弟多好夜游看花，选妓征歌，集于六桥。一树桃花一角灯，风来生动，如烛龙欲飞。较秦淮五日灯船，尤为旷丽。沧桑后，且变为饮马之池。昼游者尚多蝺缩，欲不早归不得矣。"①汪信中的"沧桑后"一语，指的就是明清鼎革。晚明之时如此繁华旖旎的西湖，陡然间变成了清兵的"饮马之池"，这是何等的沧桑巨变。不用说"选妓征歌"的夜游狂欢了，白昼里游人尚且因恐惧而畏缩不前。

陈寅恪先生在征引汪然明的信函之后写道："盖清兵入关，驻防杭州，西湖胜地亦变而为满军戎马之区。迄今三百年犹存'旗下'之名。然明身值此际，举明末启祯与清初顺治两时代之湖舫嬉游相比论，其盛衰兴亡之感，自较他人为深。吁！可

---

① 陈寅恪：《柳如是别传》中册，生活·读书·新知三联书店2001年版，第384—385页．

哀也已。"①寅老的史家之叹，给我们留下诸多思考。实际上，清之代明而起，知识人和文化人首当其冲，要么投降，要么死节，生命尚且难保，除了偶尔的因病而狂者（"病狂"），哪里还能找到正常的"书狂"和"士狂"？更不要说龙性使然的"龙德之狂"了。四十年的武力征伐（1644年入关到1683年即康熙二十二年平定三藩），百年的文字狱（顺治十六年的庄廷钅龙修《明史》案到乾隆五十三年贺世盛的《笃国策》案，中间经过128年的时间）②，已经让社会欲哭无泪，知识人士欲言无声。狂的社会条件没有了，狂的心理基础也不存在了。相反，裁狂、悔狂、制狂、刺狂成为一个时期流行的社会风气。

　　清初三大思想家顾炎武、黄宗羲、王夫之，他们从学术思想上不能认同王学流裔的肆狂之风，他们主张学术的经世致用。黄宗羲明确提出，应该"追踪往烈，裁正狂简"③，而且认为根源就在宋明之学。他说："余尝疑世风浮薄，狂子僇民群起，粪扫六经，溢言曼辞而外，岂有岩穴之士为当世所不指名者？"④这已经是直接针对晚明的学术风气和社会风气开刀了。"狂子僇民"、"溢言曼辞"八字，可为晚明"狂士"之风写照。王夫

① 陈寅恪：《柳如是别传》中册，生活·读书·新知三联书店2001年版，第385页。
② 上海书店出版社编：《清代文字狱档》，上海书店出版社2007年版。全书分九辑和一补辑，共951页，并附简单编年索引。
③ 黄宗羲：《前翰林院庶吉士韦庵鲁先生墓志铭》，《黄宗羲全集》第十册，浙江古籍出版社1994年版，第332页。
④ 黄宗羲：《张元岵先生墓志铭》，《黄宗羲全集》第十册，浙江古籍出版社1994年版，第391页。

之则以自己的"不随众狂"①而自诩，并谆谆告诫子侄："狂在须臾，九牛莫制。"②亦即要从小做起，把"狂"消灭在萌生状态，瞬间的狂念，都会造成将来的不容易改正。可见清初三大家对晚明的士狂之风，是何等决绝。

狂者精神同时也是一柄双刃剑，无狂则人格不能独立，易堕入与现状相妥协的乡愿，士失其精彩矣。但溺于狂者，难免流于肆，肆则滥矣，虐矣。对社会生活，肆即是滥：对个人，有时可导致自虐。徐文长用斧头斫伤自己的面孔，即为狂士自虐的显例。清初学者怀亡国之痛，对晚明的肆狂之风深恶痛绝，殊可理解。犹如后世舆情之痛诋王弼、何晏为晋室隳灭之罪人一般。然朝代之鼎革，一姓江山之能否赓续，岂是单纯士风之影响所致哉？治史者如果以为士风可以决定王朝体系的兴亡，则与将江山之兴废归罪于美色惑主的道学者言一样荒唐无稽。

吴梅村的精神世界为明清易代所扭曲，心系故国，身仕新朝，诗中每每发为慨叹："比来狂太减，翻致祸无端。"③意即在清代的威权体制之下，即使不狂，也难保不遭遇不测。可另一方面，在《梅村诗话》里，又不忘颂美抗清英雄瞿式耜的气节，特摘引其就义前的《浩气吟》其三的名句："愿作须臾阶下鬼，

---

① 王夫之：《章灵赋》自注，《船山全书》第十五册，岳麓书社 1996 年版，第 187 页。
② 王夫之：《示子侄》，《船山全书》第十五册，岳麓书社 1996 年版，第 145 页。
③ 吴伟业：《送王子惟夏以牵染北行四首》其二，《吴梅村全集》上册，上海古籍出版社 1990 年版，第 358 页。

何妨慷慨殿中狂"①,及稼轩好友别山和诗中的句子:"白刃临头唯一笑,青天在上任人狂。"②他是以昨日之狂衬托今日之无狂,以明清易代之际的节烈之士的浩气,来表示对新朝的"喝语"和"腹诽"。其实整篇《诗话》就是为抒写家国之情而作,所话的诗中人物,除瞿式耜,还有几社领袖、柳如是的昔日情人陈子龙,以及宋文玉、杨廷麟、周介生,都是殉节而死。还有女道士卞玉京、钱牧斋和柳如是的好友黄媛介、诗人龚鼎孳、僧人圆鉴和苍雪师等,③均为气节凛然的避寇不降之人。这些人物在明清易代之际所表现出来的气节,可以视作中国文化狂者精神的一种扬厉,《诗话》所写,毋宁说是吴梅村在无狂时代对狂者精神的深沉回忆。

《文史通义》的作者章学诚是盛清学术的另类。当学者们都不发出声音的时候,他发出了声音。他对晚明的"狂"风也是持批评态度的,《文史通义·繁称》篇的自注云:"欧、苏诸集,已欠简要,犹取文足重也。近代文集,逐狂更甚,则无理取闹矣。"④所谓"近代文集"云云,自然指的是中晚明的文风。

① 瞿式耜:《浩气吟》,《瞿式耜集》,第233页。《吴梅村全集》下册,卷五十八《诗话》,上海古籍出版社1990年版,第1146页。
② 张同敞:《和诗》其三,《瞿式耜集》,上海古籍出版社1981年版,第235页。《吴梅村全集》下册,卷五十八《诗话》,上海古籍出版社1990年版,第1146页。
③ 吴伟业:《诗话》,《吴梅村全集》下册,卷五十八,上海古籍出版社1990年版,第1134—1145页。
④ 章学诚:《文史通义·繁称》,叶瑛撰:《文史通义校注》上册,中华书局1985年版,第397页。

而"逐狂更甚"、"无理取闹"的措辞，可见批评之严厉。但他对孔子的"狂狷"思想，另有新解。为此《文史通义》特设《质性》篇，不啻专门之论狂文，为有清一代发所未发。其中写道：

> 《洪范》三德，正直协中，刚柔互克，以剂其过与不及；是约天下之心知血气，聪明才力，无出于三者之外矣。孔子之教弟子，不得中行，则思狂狷，是亦三德之取材也。然而乡愿者流，貌似中行而讦狂狷，则非三德所能约也。孔、孟恶之为德之贼，盖与中行狂狷，乱而为四也。乃人心不古，而流风下趋，不特伪中行者，乱三为四，抑且伪狂伪狷者流，亦且乱四而为六；不特中行不可希冀，即求狂狷之诚然，何可得耶？[①]

《尚书》"洪范"的"三德"，即"一曰正直，二曰刚克，三曰柔克"，按二孔（孔安国、孔颖达）之传和正义，都指的是治理天下之事。如同孔颖达正义所说："正直，言能正人之曲使直"；"刚克，言刚强而能立事"；"柔克，言和柔而能治"。孔之正义还说："平安之世，用正直治之；强御不顺之世，用刚能治之；和顺之世，用柔能治之。"[②] 但亦不妨将此义理视作普遍性的哲理价值。故

---

① 章学诚：《文史通义·质性》，叶瑛撰：《文史通义校注》上册，中华书局1985年版，第416页。

② 阮元校刻：《十三经注疏》上册《尚书正义》卷十七，中华书局1980年影印本，第190页。

章学诚提出孔子之"不得中行，则思狂狷"，实取材于《尚书》的"三德"，不仅可成为一说，而且不失为超越前贤的创辟胜解。

章学诚认为，"正直"相当于"中行"，"刚克"相当于"狂"，"柔克"相当于"狷"，良有以也。问题是那个孔、孟所深恶痛绝的"乡愿"，本不在"三德"的范围之内，该如何解释？章氏给出一个概念，叫做"伪中行"。所以称之为"伪"，因为"乡愿"的品格，是"貌似中行而讥狂狷"。这样一来，章学诚说，就"乱而为四"了。本文第一部分阐释孔子的狂狷思想，提出中行、狂、狷、乡愿"四品取向"说，并认为"中行"守持得不好，最易倒向"乡愿"。换言之，也即"中行"最近"乡愿"。鄙见和实斋（章学诚字实斋）之"伪中行"说非常接近。不过实斋不只发现了"乱而为四"的问题，还提出了"乱四而为六"的问题。因为事实上，不仅有"伪中行"，而且有"伪狂"和"伪狷"。于是此一命题，就不单纯是本人所说的"四品取向"，而是变成了中行、狂、狷、乡愿（伪中行）、伪狂、伪狷"六品取向"了。

因此在章学诚看来，"不特中行不可希冀，即求狂狷之诚然，何可得耶？"就是说，不仅"中行"没有希望看到，真正的"狂"和真正的"狷"，在生活中也消失了。相反，弥漫于社会的则是"三伪"："伪中行"、"伪狂"、"伪狷"。"三伪"兴，来源于《洪范》的"三德"，就没有了。结果中国文化的狂者精神在清中叶不得不销声敛迹。

尽管很多人还在写诗，还在著述，还在立言，但如果问为什么"立言"，便回答不出来了（"求其所以为言者，宗旨茫然也"）。总不能说因为"无罪"，就要"立言"罢。那你为什么采取"执中"的态度呢？为什么乡愿到了"无刺"的地步呢？这些，都是章学诚在《质性》篇中的"质性"之问。章学诚还自拟"豪杰者"出来诘难，说我的"言"可不是乱说一气，我是"物不得其平则鸣"，"吾实有志焉"。问题在于，你是什么"志"？如果是托屈原的《离骚》以自命，其实不过是"嗟穷叹老，人富贵而己贫贱也，人高第而己摈落也，投权要而遭按剑也，争势利而被倾轧"，以此为"不得志"，所立之言就毫无价值。章学诚说，科举下第的人太多了，如果这也算作有"志"，"必有数千贾谊，痛哭以吊湘江"，"有盈万屈原，搔首以赋《天问》"，恐怕"江"也不愿意听（"江不闻矣"），天也感到厌烦了（"天厌之矣"）。①还有的以"旷观"自命，说他的"有所言"不过是"适吾意"而已，并不在乎别人怎么看："人以吾为然，吾不喜也，人不以吾为然，吾不愠也。"章学诚一语道破玄机，说这是"欲讬于庄周之齐物"，实则是"以不能而讬于不欲"，还是一个"伪"字。说穿了，无非是"无言而有言，无诗而有诗"②，与"言"之有物和"诗言志"了无干系。

然则章氏缘何如此尖锐洞底地批评著述者、立言者，如此来"质性"，其目的何与？质言之，就是他痛恨当时的学风、

① 章学诚：《文史通义·质性》，叶瑛撰：《文史通义校注》上册，中华书局1985年版，第417页。
② 同上，第416页。

文风和时风为乡愿所浸染，而呼唤秉持"三德"的知识人士的狂者精神。直接针对的对象，则是"纷纷矣"的那些学者。他说："人秉中和之气以生，则为聪明睿智。毗阴毗阳，是宜刚克柔克，所以贵学问也。"① 刚克即狂，柔克即狷。具备了狂狷的品格，章学诚认为方能成为学者。反之如果"学者不能自克，而以似是之非为学问，则不如其不学也"。因此章氏写道：

> 孔子曰："不得中行而与之，必也狂狷乎！狂者进取，狷者有所不为。"庄周、屈原，其著述之狂狷乎？屈原不能以身之察察，受物之汶汶，不屑不洁之狷也。庄周独与天地精神相往来，而不傲倪于万物，进取之狂也。昔人谓庄、屈之书，哀乐过人。盖言性不可见，而情之奇至如庄、屈，狂狷之所以不朽也。乡愿者流，讬中行而言性天，剿伪易见，不足道也。于学见其人，而以情著于文，庶几狂狷可与乎！②

章学诚所举庄子和屈原两个例证非常确当，认为庄子是"进取之狂"、屈原是"不屑不洁之狷"，而且都是性情之所由出，所以称得上是不朽的狂狷。此可见《文史通义》作者对孔子狂狷思想理解之深邃和阐释之透辟。有理由认为，章氏《质性》之作，

---

① 章学诚：《文史通义·质性》，叶瑛撰：《文史通义校注》上册，中华书局1985年版，第418页。
② 章学诚：《文史通义·质性》，叶瑛撰：《文史通义校注》上册，中华书局1985年版，第418页。

是王阳明、李卓吾、袁宏道之后的第一篇论狂的大著述。

　　章学诚生于乾隆三年（1738），卒于嘉庆六年（1801），活了六十三岁，整个一生与乾隆朝相始终。我们知道，乾隆朝是清代文字狱最频发的时期，知识人士动辄得咎，噤若寒蝉，而罪名一律是一个"狂"字。上海书店出版社2007年版新编《清代文字狱档》，辑案七十起，六十九起都发生在乾隆朝。再看每一宗案例拟罪之语词，均不出"狂悖"、"狂诞"、"狂妄"、"狂谬"、"狂逆"、"狂纵"、"狂吠"、"疯子"、"颠狂"、"丧心病狂"之属。这些语词都可以在《清代文字狱档》中复按，只是为避繁冗，不一一注出了。连"四库全书馆"建言宜"改毁"钱牧斋的著作，乾隆的上谕也写道："如钱谦益等，均不能死节，妄肆狂狺，自应查明毁弃。"①"妄肆狂狺"四字，赫然在目。因此"狂"在清中叶已成为违禁的代词，自无异议矣。试想在此种严峻的环境背景之下，知识人士谁还敢"狂"，谁还敢"狷"呢？如果有，一定难脱章学诚的"伪狂伪狷"之诮。

　　或问乾嘉时期那些重量级的大儒大学者呢？他们忙于整理国故，爬梳音义，做专门学问去了。而做专门学问需要汰除情感，实事求是，不动声色，最要不得的态度就是"狂"。为此，因"士之能狂"而推波助澜的明朝的心性之学，和南宋的性理之学，都在他们诘难之列。他们的目标是"由宋返汉"，重新回到经学的原典。没有谁能够否定他们整理古代典籍的总成绩，

①《清史稿》卷十四"高宗本纪五"，中华书局校点本，第三册，第507页。

他们考证的细密，可谓前无古人，后无来者。至今做传统学问的人还在受其沾溉。但如果笔者提出，清代乾嘉时期有学者而无"士"，这一判断是否和历史本真尚无太大的矛盾？如果无"士"，当然也就没有"士之能狂"了。其实，章学诚所"质"之"性"，就是乾隆时期他的那些学术同行之性。

"狂"在清代事实上已完全成为负面的语词。作为参证，只要看看同是乾隆时期的《红楼梦》，在怎样的意义上使用"狂"这个字眼，就能洞其大体。《红楼梦》第八回写黛玉笑道："不说丫鬟们太小心过余，还只当我素日是这等轻狂惯了呢。"第九回写茗烟心里想道："不给他个利害，下次越发狂纵难制了。"第三十一回袭人拉了宝玉的手笑道："你这一闹不打紧，闹起多少人来，倒抱怨我轻狂。"第三十七回袭人说："少轻狂罢！你们谁取了碟子来是正经。"第五十五回凤姐说："如今有一种轻狂人，先要打听姑娘是正出庶出，多有为庶出不要的。"第五十八回晴雯说："都是芳官不省事，不知狂的什么也不是。"五十九回春燕的娘骂道："小娼妇，你能上去了几年？你也跟那起轻狂浪小妇学，怎么就管不得你们了？"第七十四回王夫人问凤姐："上次我们跟了老太太进园逛去，有一个水蛇腰，削肩膀，眉眼又有些像你林妹妹的，正在那里骂小丫头。我的心里很看不上那狂样子。"第七十五回又写王夫人训斥晴雯："好个美人！真像病西施了。你天天作这轻狂样儿给谁看？"。这些描写中的"轻狂"、"狂的"、"狂纵"、"狂样子"、"轻狂样儿"等等，①无一不具有否定的义涵。这说明在清代，至少是清中叶，不仅权力阶层，一般社会生活的层面对"狂"的价值取向也都是作负面解读的。这和明代的尚狂精神，不啻两重天地，两个世界。

只有到了清朝的中晚期，内忧外患加剧，统治秩序松弛，一个略有狂意的人物才艰难地走上历史舞台。这个人物就是龚自珍。他是当时今文学派的代表，社会的弊病他敏锐地看在眼里，提出了变革现状的种种主张。

他感到方方面面的人才都缺乏："左无才相，右无才史，阃无才将，庠序无才士，陇无才民，廛无才工，衢无才商，巷无才偷，市无才驵，薮泽无才盗，则非但渺君子也，抑小人甚渺。"②在龚自珍眼里，不独君子少有，小人也少见，甚至有才能的小偷和盗贼都不容易遇到。这个社会真的是危机重重了。因此他大声呼唤人才："九州生气恃风雷，万马齐喑究可哀。我劝天公重抖擞，不拘一格降人材。"③这是一首令人精神震颤的诗篇。"怨去吹箫，狂来说剑"④的名句,也出自他的笔下。"颓

① 笔者所引《红楼梦》原文,系人民文学出版社出版之《红楼梦》研究所校注本,恕不一一注出。
② 龚自珍:《乙丙之际著议》第九,《龚自珍全集》,上海人民出版社 1999 年版,第 6 页。
③ 龚自珍:《已亥杂诗·过镇江》,《龚自珍全集》,上海人民出版社 1999 年版,第 521 页。
④ 龚自珍:《无著词选·湘月》,《龚自珍全集》,上海人民出版社 1999 年版,第 565 页。

波难挽挽颓心，壮岁曾为九牧箴。钟簴苍凉行色晚，狂言重启廿年喑"①反应了他的焦灼的期待。他是中国近代改革的先觉者。他生于乾隆五十七年（1792），而逝世的头一年（道光二十一年，1841），作为中国近代开端标志的鸦片战争已经发生了。幽愤交织的一生，只活了五十岁。

他只不过是当古老中国"万马齐喑"之际，泛起的一个小小的气泡而已。时代没有提供让他一展怀抱的契机缘会。"一箫一剑平生意，负尽狂名十五年。"②"只片语告君休怒，收拾狂名须趁早。③"重整顿清狂，也未年华暮。"④"笑有限狂名，忏来易尽。"⑤这些词曲反应了他欲狂不能的无可如何的心情。但我们毕竟在康乾一百五十年之后，重新听到了明以后久已失声的"言大志大"的一点狂音了。他的那首送友人诗："不是逢人苦誉君，亦狂亦侠亦温文，照人胆似秦时月，送我情如岭上云。"⑥每次读起都能感受到一种温暖清新的侠骨柔情。

---

① 龚自珍：《己亥杂诗》第十四首，《龚自珍全集》，上海人民出版社1999年版，第510页。

② 龚自珍：《漫感》，《龚自珍全集》，上海人民出版社1999年版，第467页。

③ 龚自珍：《金缕曲·赠李生》，《龚自珍全集》，上海人民出版社1999年版，第564页。

④ 龚自珍：《摸鱼儿》，《龚自珍全集》，上海人民出版社1999年版，第577页。

⑤ 龚自珍：《齐天乐》，《龚自珍全集》，上海人民出版社1999年版，第579页。

⑥ 龚自珍：《己亥杂诗》第二十八首，《龚自珍全集》，上海人民出版社1999年版，第511页。

十一、晚清民国以来的顿狂与敛退

再以后就是晚清到民国到五四了，中国历史开新启运，进入近现代时期。清末民初有点像明末清初，也是一个文化冲突和思想蜕变发生共振的"天崩地解"的时代。维新、变法、革命、立宪、共和、中学、西学、"东化"、西化，各种思想都"言大志大"地爆发出迥异往昔的声音。肩负着时代使命的新的"狂士"也涌现不少。

康有为少年时期就想当教主，欲在孔子之外另立一教，尔后为人行事迥异前修时俊，"南海圣人"一名，他自己比他人更看重。他是改革者，也是守旧者。但无论改革还是守旧，他都能演出得轰轰烈烈。荣辱、浮沉、得失、成败，例不能动摇其主观意志。孟子释狂的所谓"志大言大"，康有为最堪当得。但狂狷一词的本义，用在他身上未免太轻。他是思想界少见的狂之狂者。清末民初第一狂人的称号非他莫属。而谭嗣同标举"一死生，齐修短，嗤伦常，笑圣哲，方欲弃此躯而游于鸿濛之外"[1]，狂狷之浩气溢于言表。其所自撰联云："惟将侠气留天地，别有狂名自古今。"[2] 至于章太炎的"以大勋章作扇坠，临总统府大门，大诟袁世凯的包藏祸心"，以及"七被追捕，三入牢狱，而革命之志，终不屈挠"（鲁迅《太炎先生二三事》），

---

① 谭嗣同：《上欧阳中鹄》第二十六通，《谭嗣同全集》中华书局 1981 年版，第 478 页。

② 谭嗣同：《丁丑除夕撰联》，《谭嗣同全集》中华书局 1981 年版，第 549 页。

自是人所共知的狂者精神的典范。鲁迅则写了一洗历史沉冤的
《狂人日记》。连现代学术的开山王国维，也兴奋地写有"但使
猖狂过百岁，不嫌孤负此生涯"①、"四时可爱唯春日，一事能狂
便少年"②等诗句。其中尤以学者兼革命家的章太炎先生的狂言、
狂行、狂姿、狂态，最为当时后世所瞩目。他的"章疯子"的
恶谑就是由此而得。但太炎先生本人并不讳忌及此，相反，他
对"狂"或者"疯"有自己独特的理解。

1906 年，因为"《苏报》案"而入狱的太炎先生终于获释，
孙中山派人把他接到东瀛，希望他担任《民报》的主笔。七月
十五日，东京的中国留学生为他举行欢迎会，他发表了一篇有
名的演说辞。这篇演说辞中，开头很大的篇幅都是在解释"疯颠"
一词。他说：

> 自从甲午以后，略看东西各国的书籍，才有学理收拾
> 进来，当时对着朋友，说这逐满独立的话，总是摇头，也
> 有说是疯颠的，也有说是叛逆的，也有说是自取杀身之祸
> 的。但兄弟是凭他说个疯颠，我还守我疯颠的念头。壬寅
> 春天，来到日本，见着中山，那时留学诸公，在中山那边
> 往来，可称志同道合的，不过一二个人。其余偶然来往的，
> 总是觉得中山奇怪，要来看看古董，并没有热心救汉的心

---

① 王国维：《暮春》，《王国维诗词全编校注》，中山大学出版社 2000 年版，第 58 页。
② 王国维：《晓步》，《王国维诗词全编校注》，中山大学出版社 2000 年版，第 60 页。

思。暗想我这疯颠的希望，毕竟是难遂的了，就想披起袈裟，做个和尚，不与那学界政界的人再通问讯。不料监禁三年以后，再到此地，留学生中助我张目的人，较从前增加百倍，才晓得人心进化，是实有的。以前排满复汉的心肠，也是人人都有，不过潜在胸中，到今日才得发现。自己以前所说的话，只比得那"鹤知夜半，鸡知天明"。夜半天明，本不是那只鹤、那只鸡所能办得到的，但是得气之先，一声胶胶喔喔的高啼，叫人起来做事，也不是可有可无。到了今日，诸君所说民族主义的学理，圆满精致，真是后来居上，兄弟岂敢自居先辈吗？

只是兄弟今日还有一件要说的事，大概为人在世，被他人说个疯颠，断然不肯承认，除那笑傲山水诗豪画伯的一流人，又作别论，其余总是一样。独有兄弟却承认我是疯颠，我是有神经病，而且听见说我疯颠，说我有神经病的话，倒反格外高兴。为甚么缘故呢？大凡非常可怪的议论，不是神经病人，断不能想，就能想也不敢说。说了以后，遇着艰难困苦的时候，不是神经病人，断不能百折不回，孤行己意。所以古来有大学问成大事业的，必得有神经病才能做到。诸君且看那希腊哲学家琐格拉底，可不是有神经病的么？那提出民权自由的路索，为追一狗，跳过河去，这也实在是神经病。那回教初祖摩罕默德，据今日宗教家论定，是有脏燥病的。象我汉人，明朝熊廷弼的兵略，古来无二，然而看他《气性传》说，熊廷弼剪截是个疯子。近代左宗棠的为人，保护满奴，残杀同类，原是不足道的。但他那出奇制胜的方略，毕竟令人佩服。这左宗棠少年在岳麓书院的事，种种奇怪，想是人人共知。更有德毕士马克，曾经在旅馆里头，叫唤堂官，没有答应，便就开起枪来，这是何等性情呢？仔细看来，那六人才典功业，都是神经病里流出来的。为这缘故，兄弟承认自己有神经病；也愿诸位同志，人人个个，都有一两分的神经病。近来有人传说，某某是有神经病，某某也是有神经病，兄弟看来，不怕有神经病，只怕富贵利禄当面现（现面）前的时候，那神经病立刻好了，这才是要不得呢！略高一点的人，富贵利禄的补剂，虽不能治他的神经病，那艰难困苦的毒剂，还是可以治得的，这总是脚跟不稳，不能成就什么气候。兄弟尝这毒剂，是最多的。算来自戊戌年以后，已有七次查拿，六次都拿不到，到第七次方才拿到。以前三次，或因别事株连，或是普拿新党，不专为我一人；后来四次，却都为逐满独立的事。但兄弟在这艰难困苦的盘涡里头，并没有一丝一豪的懊悔，凭你甚么毒剂，这神经病总治不好。或者诸君推重，也未必不由于此。若有人说，假如人人有神经病，办事必定瞀乱，怎得有个条理？但兄弟所说的神经病，并不是粗豪卤莽，乱打乱跳，要把那细针密缕的思想，装载在神经病里。譬如思想是个货物，神经病是个汽船，没有思想，空空洞洞的神经病，必无实济；没有神经病，这思想可能自动的么？以上所说，是略讲兄弟平生的历史。[①]

章太炎公开承认自己是"疯颠",有"神经病"。不惟自己供认不讳,还希望有理想的青年人,也都有一两分神经病。他还从历史上和哲理上,阐述了"疯颠"的伟大作用。他说:"大凡非常可怪的议论,不是神经病人,断不能想,就能想也不敢说。说了以后,遇着艰难困苦的时候,不是神经病人,断不能百折不回,孤行己意。所以古来有大学问成大事业的,必得有神经病才能做到。"试想这是何等快意深邃的大判断。太炎先生的意思,古今凡成就大事业的人,多少都会有些狂颠或神经病,否则便成就不了大事业。他一一列举苏格拉底、卢梭、熊廷弼、左宗棠等历史人物作为例证,说明疯癫怪异常常是杰出人物天性的伴生物。太炎先生所说的狂颠或神经病,就是本文所论述的狂狷,亦即不同流俗、勇于进取的狂者精神。"不狂不颠,其名不彰"的精义应在此。这是继明代的王阳明、李卓吾和清代的章学诚之后的又一篇论狂至文。狂狷可以成就事业,狂狷有助于发明创造,古今中外同此一理,概莫能外。"乡愿"贼夫心性,不必提它,就是中行、中道,也不能唤起人类的创造激情。

五四思想狂飙也是清末民初以来这股狂者精神的继续。事

---

① 章太炎:《东京留学生欢迎会演说辞》,汤志钧编:《章太炎政论选集》上册,中华书局1977年版,第269—271页。

实证明，狂者精神是可以创造历史的。但回观当时的这股潮流，似乎持续的时间并不长，没过多久，"风乍起吹皱一池春水"的狂飚，就偃旗息鼓了。升官的升官，退隐的退隐，出洋的出洋，下乡的下乡，进研究室的进研究室，读经的读经，打仗的打仗。新秩序比旧秩序更不具有自由的选择性。一切都好像是历史的宿命。还未及做好准备，该来的和不该来的就猝不及防地接踵而至了。清末民初到五四中国现代知识分子的一点点狂意，属于顿狂的性质，比起魏晋之诞狂、唐之诗狂和明之圣狂，真是不能同日而语。但"士之能狂"可以扮演历史先觉者的角色，不独靠材料讲话的历史学家，我们愚夫愚妇凭经验也能感受得到。

总的看来，晚清民国以来的现代化浪潮并没为现代狂士预留多少地盘。现代知识分子和古代的"士"不管品相上多么相近，还是存在根本的不同。因为20世纪是中国泛科学主义的时代，而科学天生能够止狂制狂。虽然科学家本身也需要狂者精神，但科学以外的"一事能狂"者，在强势的科学面前未免自惭无形。何况流离和战乱同样是狂者精神的杀手。战争都疯了，文化便失去了张扬的余地。20世纪二三十年代以后，除了个别高等学府偶尔能看到他们孤独的身影，社会政治结构和文化秩序里面，已经再没有让狂士得以生存的机会。辜鸿铭留着前清的辫子游走于未名湖畔，黄侃在讲堂上的即兴的"骂学"，刘文典当面向总统争夺教育和学术独立的礼仪称谓，傅斯年因反对政府腐败与委员长拍案相向，梁漱溟和领袖吵架，都不能看作是狂的本义的价值彰显，只不过是文明社会个人权利的一种正当表达而已。

　　不过以熊十力为代表的现代新儒家的"良知的傲慢"，为现代化背景下的"士狂"增加了一抹不知者不易看到的风景。"良知的傲慢"是余英时先生在《钱穆与新儒家》一文中提出来的。他分析新儒家的心理结构，认为新儒家由于受西方的一种现代"知性的傲慢"的刺激，而产生了"良知的傲慢"①。明显的例证是熊十力。英时先生引录《十力语要初续》里的熊先生自白："余尝衡论古今述作，得失之判，确乎其严。宰平戏谓曰：老熊眼在天上。余亦戏曰：我有法眼，一切如量。"②熊的另一段话是对萧公权说的："西洋哲学和科学都缺乏妙义，没有研讨的价值。"③英时先生在引录之后写道："新儒家此种心理结构自然有一部分是渊源于中国儒生、文士之流的'狂'的传统。"④英时先生对此一问题的引论甚获我心，给我的立论增加了学理的支持。

　　20世纪五十年代以后，知识人士表达个人权利的机会，经过一次又一次的"洗澡"，特别是1957年近乎原罪的大洗礼，已彻底不复存在。流行于文化社会人们耳熟能详的口号，

①　余英时：《钱穆与新儒家》，《犹记风吹水上鳞》，（台北）三民书局1991年版，第94页。

②　《熊十力全集》第五卷，湖北教育出版社版，第27页。

③　萧公权：《问学谏往录》，（台北）传记文学出版社1972年版，第111页。

④　余英时：《钱穆与新儒家》，《犹记风吹水上鳞》，（台北）三民书局1991年版，第92页。

是知识分子喜欢"翘尾巴",因而即以其人之道还治其人之身的有效方法,是教育他们无论如何不要"翘尾巴"。社会的众生则顿悟似的学会了从小就"夹着尾巴做人"。近三十年改革开放创立新局,知识人和文化人有了施展才能的更扩大的空间,照说"狂"上一点两点似无不可。但"狂"在今日早已成为人所共知的负面语词,没有谁愿意跟这个等同于"翘尾巴"的不雅行为发生任何关联。况且"狂"这个词的本义已经失去记忆,人们已经习惯不听不看不使用这个语词。即使作为负面语义,林黛玉说的"轻狂惯了",花袭人说的"少轻狂罢",王夫人训斥晴雯说的"你天天作这轻狂样儿给谁看",现在无论何种场合都听不到了。适用于淡泊狷介文化人的"清狂"一词,更早被人们所遗忘。法律部门起诉案犯,也不再以"狂悖"、"狂诞""狂谬"、"狂纵"一类语词作为定罪的依据了。

我们已经进入了无狂的时代。其实也许自清代以还,我们的文化里面就已经无狂。那么吴于廑教授给我的作家友人写的那首《浣溪沙》词,希望"书生留得一分狂",我在对中国文化的狂者精神及其消退作了一番漫长的考察之后,不由得自己也迟疑了。不知道他的期许在今天是过高还是过低,抑或恰到好处,或者根本就是一个假命题。

十二、狂之两忌:"狂妄之威"和"举国皆狂"

笔者此文的题旨主要在于探讨"士之能狂"的问题,亦即精英先进张扬主体精神对社会创造能力的蕴蓄可能起到的作用。为此我爬梳了大量资料，发现中国古代载籍里对于狂的书写汗牛充栋不足以形容。而且组词的义涵指向，各个层阶的都有，绝非正负两指所能概括。中国文化里面显然存在一种尚待发掘的狂者精神的传统。《世说新语》对六朝人物的书写就是一个显例。狂者、狂客、狂士、狂友、狂儿、狂狷、狂直、狂才、狂放、狂吟、狂歌、狂兴、狂欢、狂草、狂墨、狂笔、狂气、狂怀、狂喜、狂艳等等，都是含有赞美成分时使用的语词。更不要说"龙性之狂"、"圣狂"等至极尊崇的美称了，这确是一个有待进一步深究的课题。

不过我国古代先哲的箴言告诉我们，"士"可以狂，或云"点也狂"，艺术创造不可无狂，但权力中枢、国君不能狂。荀子于此有具体论述："威有三：有道德之威者，有暴察之威者，有狂妄之威者。"①什么是"狂妄之威"呢？荀子回答说："无爱人之心，无利人之事，而日为乱人之道，百姓讙敖则从而执缚之，刑灼之，不和人心。如是，下比周贲溃以离上矣，倾覆灭亡可立而待也。夫是之谓狂妄之威。"②意思是说，如果权力中枢不做好事，也没有爱人之心，光在那里添乱，老百姓高兴地游玩，也要抓起来施以刑法。这种情形就是"狂妄之威"，其结果势必众叛亲离，垮台覆灭指日可待。可惜揆诸中外历史，均不乏

①《荀子·疆国》，王先谦撰，沈啸寰、王星贤点校：《荀子集解》上册，中华书局1988年版，第292页。
②同上，第293页。

信奉"狂妄之威"的权力者。当时后世，循环因果，事也凿凿，史也昭昭。岂不慎哉，岂不戒哉！

同样，老百姓也不能不分青红皂白地大家一起"狂"起来，如果那样，后果也不堪设想。古代现成的例子有两个，都是关于"举国皆狂"的，但寓意指向彼此并不相同。一是《淮南子·俶真训》描绘的远古时期"万民猖狂"的一种景象："当此之时，万民猖狂，不知东西，含哺而游，鼓腹而熙，交被天和，食于地德，不以曲故是非相尤，茫茫沈沈，是谓大治。"① 你看，老百姓一个个糊里糊涂，不管是非曲直，也分不清东西南北，嘴里嚼着食物，笑呵呵地挺着肚皮，整天不知所云。以此不假任何管理，已经是"大治"了。所以"在上位者"，既不必施仁义，也不用行赏罚，总之不要生事烦人家就好。时间按"日"计算觉得短，索性按年来计算。如此这般的"万民猖狂"，其实是蒙昧时期的混沌，是尚未开窍的懵懂之"狂"，也可以说是"傻狂"或"痴狂"。"痴狂"这个词，汉代陆贾在其《新语》中使用过，原文为："视之无优游之容，听之无仁义之辞，忽忽若狂痴，推之不往，引之不来。"② 这和《淮南子》所写可以互阐。《淮南子》所载的这则举国"痴狂"的寓言，我想一定是"治人者"臆想出来的"不治而治"的妙法，应该与历史的本真无与，但其所流露的对"治人者"无能的反讽，大约也是臆想者当初

---

① 《荀子·俶真训》，王先谦撰，沈啸寰、王星贤点校：《荀子集解》上册，中华书局1988年版，第103—104页。

② 陆贾：《新语》，王利器撰：《新语校注》，中华书局1986年版，第96页。

未曾想到的罢。

　　另一个关于举国皆狂的例证，见于沈约的《宋书》，里面讲了一则关于"狂泉"的故事。据说从前有一个国家，只有一种饮用水，都来自"狂泉"，国人凡饮此泉水的，都毫无例外地发狂。只有国君饮的是井水，没有发狂。但由于国人全都狂了，反而觉得国君是个不正常的狂人。大家商量，如何来治好国君的"狂病"。于是便抓来了国君，给他针灸吃药，什么方法都用到了。国君被折磨得不堪其苦，便取狂泉的水来喝。结果国君和大家一样,也得了狂病。这样一来,该国的"君臣大小,其狂若一",再没有一个不一样的人了,大家彼此"狂童狂也且",一个个高兴得欢欣鼓舞（"众乃欢然"）。[1]当然这只是一则寓言，世界上根本不会有谁饮谁狂的所谓"狂泉"。但这则寓言所隐含的价值伦理却并非没有普遍性和永恒性。如果说明末社会的多方价值混乱和"举国皆狂"也许尚有一间之隔，那么"亩产万斤"和"一天等于二十年"的全民"大跃进",和"十年动乱期"自毁炉灶的全民乱局,恐怕就算得上合乎本义的"举国皆狂"了。而且当初坚持不狂的清醒者，不是也被狂潮灭顶了吗？至于后来的后果，历史和我们都看到了，经历过了。

　　人们有理由因了什么引起大家兴奋的事情，比如节庆活动，而全民狂欢，却绝不可以"举国皆狂"。因为狂欢是短暂的，"举国皆狂"则是一时无法治愈的集体病患。这里我又想起一

---

[1]《宋书》卷八十九《列传第四十九》，中华书局校点本，第八册，第2231页。

个典故,《孔子家语》记载的关于孔子和弟子们一起"观乡射"的故事。"乡射"就是古代的射礼,有音乐伴奏,"射"的成绩不佳还要罚以饮酒,场面十分热闹。后来孔门高弟子贡又去看年终的祭百神活动,场面同样很壮观。孔子问他:"赐也,乐乎?"子贡回答说:"一国之人皆若狂,赐未知其为乐也。"子贡显然对一次祭祀活动便引得国人高兴得如同发疯一样,不以为然。有意思的是孔子下面的话。孔子说:"百日之劳,一日之乐,一日之泽,非尔所知也。张而不弛,文武弗能;弛而不张,文武弗为;一张一弛,文武之道也。"[①]孔子的意思,老百姓辛苦一年了,最后借祭祀百神的日子,大家痛痛快快地欢乐一番,是多么好的事情呵!老百姓多么需要有这样一次活动呵!无论文的事情,还是武的事情,总是需要有张有弛,弓弦不能老绷着。研究休闲学的朋友看到这个故事,一定高兴地称孔子为我国最早也是最权威的休闲学家。

不过需要注意孔子说的"百日之劳,一日之乐"这句话。短暂的例如一日的狂欢,哪怕是"一国之人皆若狂"也好,也无妨的,甚至还是必须的。可就是不能不分青红皂白不明所以地"举国皆狂",不管是《淮南子》里的远古集体"狂痴"也好,还是《宋书》里面的饮了"狂泉"集体变狂也好,都是后人只能借镜却无法也不必试验的寓言。

天生愚儒自圣狂(陈寅恪),点也虽狂得我情(王阳明),

---

① 《孔子家语》卷第七《观乡射第二十八》,河南大学出版社2008年版,第250页。

莫道狂童狂也且（《诗·郑风·褰裳》），亦狂亦侠亦温文（龚自珍）。这是文中随引的四句韵语（第三句"莫道"两字系添笔），特提撕出来，效仿《牡丹亭》等明清传奇的下场诗，作为本文的收束。

后 记

近年我关注的中国文化的价值理念，主要是敬、恕、和、同等，有的写有专文，有的经常涉及。但专门论狂，却为始料所未及。2009 年 12 月，我的一本小书即将由作家出版社出版，以所收的一篇文章的篇目名书，作《书生留得一分狂》。看样稿时，觉得需要写几句话于卷首。不料一经涉"狂"，便无法自已。写完一看，已经有两万五千字之多了。如此长文放在书的前面，难免有大军压境之感，置于书后，又似尾大不掉。斟酌再三，决定弃之。后来这篇长文以《中国文化的狂者精神及其消退》为题，分上中下三篇，连载于《读书》杂志 2010 年第三、四、五期。

拙文试图探讨中国文化的狂者精神及其传统，从孔子的狂狷思想讲起，一直讲到晚清、五四以至现代，几乎是关于狂的思想小史了。也许是以前没有人这样写过的缘故，《读书》发表后反应热烈，认同鼓励的声音不少，也有朋友帮助纠正数处笔误。于是 2010 年 9 月，我索性放开手脚，又重新作了一次更为系统的梳理和增补，结果篇幅扩到五万字。2011 年 2 月，辛卯春节期间，最后修改定稿此文。《读书》刊载时，奈于刊物的体例，采用的是随文注释的方法，现一律改为脚注。原注较简，现凡有引证，一一注明出处。引用书则视手头所有，不过于讲究版本的新旧。惟《论语》使用的是程树德的《论语集释》,《世说新语》用的是余嘉锡的《世说新语笺疏》,个人别择，取其详博。而且分出了章节，引言之外，共得十二章，即第一、孔子狂狷思想的革新意义；第二、秦汉时期的狂直和佯狂；第三、魏晋士人的诞狂和"理傲"；第四、从"竹林"到"田园"到"禅林"；第五、李白和唐代的诗狂；第六、苏东坡的诗狂和酒狂；第七、李卓吾"豪杰必在于狂狷"说；第八、王阳明的"狂者胸次"和"圣狂"；第九、袁宏道论"狂"为"龙德"；第十、狂者精神在清代的匿迹和销声；第十一、晚清民国以来的顿狂与敛退；第十二、狂之两忌："狂妄之威"和"举国皆狂"。这样一来，似乎真的像一本专书了。

我研究此一问题的学术收获有几方面。一是肯定孔子的狂狷思想在我国思想文化史上具有革新的意义。孔子说："不得中行而与之，必也狂狷乎。狂者进取，狷者有所不为。""狂者"和"狷者"这两个专门语词，就发源于此。本文使用的"狂者"的概念，就是以孔子的原创发明为依据。"狂"和"狷"的特点，都是不追求四平八稳，只不过一个表现为积极进取，一个表现为洁身自好和有所不为。"狂者"和"狷者"都有"恒一"的品性。求之"六经"，"狂"之一词无例外都作为负面义涵来使用，惟孔子给予正面解读，这在中国文化的观念的思想史上，显然有重大的观念革新的意义。孔子论狂狷，是和中行、乡愿并提而连类的，因此我称之为孔子释人之性向的"四品取向"，即人的品相可约略分为中行、狂、狷、乡愿四种。至于"四品"的排序究竟如何，看孔子的口气，"不得中行而与之，必也狂狷乎"，自然中行居四品之首。乡愿为孔子所痛恨，斥之为"德之贼"，必处尾端。可实际上，最近乡愿者，却是中行，和乡愿最扞隔不入的是狂狷，而非中行。

　　收获之二，我意外地发现，章学诚《文史通义》的《质性》，原来是一篇专论狂狷的绝大文字。这在清中叶，堪称难以想象的思想惊雷。因为清代在经过四十年的武力征伐、百年的文字狱之后，知识人士欲言无声，狂的社会条件和心理基础不复存在，狂者精神事实上已匿迹销声。章的文章无异于为我的论点补充了历史场域的证据。他明白揭示，他所处的那个时代，既无狷又无狂，有的是弥漫于社会的"伪狂"和"伪狷"，而且还有"伪中行"。章学诚愤而言之曰：

　　　　然而乡愿者流，貌似中行而讥狂狷，则非三德所能约也。孔、孟恶之为德之贼，盖与中行狂狷，乱而为四也。乃人心不古，而流风下趋，不特伪中行者，乱三为四，抑且伪狂伪狷者流，亦且乱四而为六；不特中行不可希冀，即求狂狷之诚然，何可得耶？

章氏的意思，孔子论狂，本来给出的是中行、狂、狷，由于有"乡愿"之说，遂"乱三为四"。现在又有"伪狂"、"伪狷"和

"伪中行"，便"乱四而为六"了。于是，中行、狂、狷、乡愿
的"四品取向"，一变而为中行、狂、狷、乡愿、伪狂、伪狷、
伪中行的"六品取向"。《文史通义·质性》对"三伪"的批评
严厉得可谓无以复加。

那么"中行"何以有"伪"？缘于"乡愿"的特点是"貌
似中行而讥狂狷"。"乡愿"既然"貌似中行"，那么反过来可
否认为，"中行"也确有和"乡愿"通款输诚的余地？换言之，
"中行"的品相，现实生活中是否是一极不稳定的"存在"？
至少孔子凄凄惶惶地周游之后，得出的结论是"不得中行而与"。

第三，我没有想到，中国文化的狂者精神，在历史上流变
的过程，竟是如此清晰。秦汉是大一统的帝国，统制秩序严密，
士人的思想受到诸多限制，狂狷思想的表达多以佯狂和狂直的
方式出现。魏晋是狂狷思想大发抒的时代，任达和诞狂为其表
征，同时也是理傲的形上高峰。如果说狂直是儒家思想导致的
士人之缘于家国情怀的一种性向，诞狂和理傲则是老庄道家思
想结出的果实。南北朝时期佛教和道教的热炽，使士人完成了
由"竹林"到"田园"，再到"禅林"和"道场"的精神栖息
场景的转换。以李白为代表的盛唐的诗狂，是魏晋南北朝思潮
的继续与升华。宋代理学家的学问精神，与狂者精神道不相契。
因此除了苏轼的诗酒之狂和个别艺术家崇尚自然奇构的狂颠，
狂狷并没有成为宋代的思想潮流。明代走到了狂者精神的最高
端。王阳明、李卓吾、袁宏道几位大思想家，对孔子狂狷思想
作了重新阐释，第一次把狂和闻道、和龙德、和入圣联系起来，

心学领袖王阳明成为圣狂的代表。

但明之狂和魏晋之狂一样，既为人所颂扬，也为人所诟病。晋亡亡于玄谈，明亡亡于空谈的说法，史学家虽未必认可，流言家却言之凿凿，自认信而有征。不过狂如不加检束，也会变成一柄双刃剑。无狂则人格不能独立，易堕入与现状同流合污的乡愿，士失其精彩；溺于狂者，难免流于肆。所以当狂狷之士风张扬之时，也不无悔狂的案例。章学诚盛赞庄周的与天地精神相往来的"进取之狂"，和屈原的"不屑于不洁之狷"，盖由于两者都是狂之正者。事实上，中国文化的狂者精神，必然是以具备天地之正气为条件的。大隐隐于朝市，正狂心系家国而神接天地。

第四，现代社会背景下，由于科学技术居学科的压倒优势，也由于清代以来权力阶层忌狂讳狂相沿成习，人文知识分子的狂者精神已彻底敛迹。清末民初到五四兴起的那股狂飙，实际上是为时甚暂的顿狂。"良知的傲慢"仅在第一代现代新儒家譬如熊十力身上有所呈现，后来便难以为继。我们已经进入了无狂的时代。

第五，现代社会"士"虽然无狂，我们却看到了"狂妄之威"和"举国皆狂"。因此本文最后一节写"狂之两忌"。

2011 年 2 月 18 日辛卯上元之翌日最后定稿于京城之东塾

原文连载于《读书》杂志 2010 年第三、四、五期

第七章　论国学

近一个时期，具体说自 2005 年夏天以来，"国学"一词的报刊使用率越来越高了。有的大学正式成立了国学研究院，小学生的国学班时有开办，互联网上遴选"国学大师"的活动如火如荼。因此有人说如今已经出现了"国学热"。其实二十世纪九十年代中期也有过一次关于"国学热"的讨论。评估今天的"国学"景况，需要从二十世纪九十年代讲起。

一、九十年代的"国学热"

二十世纪九十年代中期的中国思想文化界，曾围绕四个问题展开一场相当热烈甚至可以说是激烈的讨论、争论和辩论。第一个问题，是在市场经济的背景下，人文精神的失落与重建问题；第二个问题，是所谓"后现代"的问题；第三个问题，是八十年代和九十年代文化思潮的异同问题；第四个问题，就是所谓的"国学热"问题。

但九十年代讨论国学，不像今天这样能够始终保持学术的向度。一些讨论文字刚一出手，就带有意气（我正面用此词、魏徵诗"人生感意气"）和锋芒，而且往往与当时的"后现代"话语联系起来。香港中文大学《二十一世纪》1995年2月号发表的赵毅衡的《"后学"与中国新保守主义》一文，把当时的所谓"国学复兴"，作为"一个强大的新保守主义思潮正在中国知识界翻卷起来"的直接证据。而锋芒最著的，要属何满子的《"后国学"的虚脱症》。现在流行"酷评"，何当年的一些批评文字，已带有"酷评"的味道。他说："近年来国学已被炒得很烫手，看模样好像是里应外合，由海内外新儒家们一起鼓噪起来的。"他还讥讽道：

> 十足的国粹、国学绵延不绝，正规的研究也进行得好好的，突然金鼓齐鸣地大喊大叫起来。又不曾听说从《老子》书里发现了高能量的芯片，《墨子》书里发现了信息高速公路，或《易经》发现了太空火箭，定要劳动书斋里的大师、准大师们声嘶力竭地宏扬？此理实不可解。

何的文章刊载于广东《随笔》杂志1995年第7期。在这之前，陈漱渝已在《哲学研究》1995年第5期上发表了文章，对"国学热"同样作了非常激烈的指责——他文章开头的第一句话就写道："八十年代文化热，九十年代国学热。"然后说："在国学之中，热门的热门是儒学。"但特别值得引起我们注意的是，陈漱渝对孔子仁学的解释，他说：

> 从字面上看，"仁"就是"爱人"，就是"济众"，即提倡所谓人类之爱。在仅把奴隶当成"会说话的工具"的奴隶社会末期，这种思想当然具有不容抹煞的历史进步性。但我们必须看到这种说法是以"严等差、贵秩序"为前提，以"礼"为道德规范；也就是说，它从根本上是为了维护血缘基础与宗法等级。

这是自改革开放以来，很少能够看到的一篇在国策中已经取消了"以阶级斗争为纲"的背景下，对孔子思想再次作"阶级分析"的文章。

1995年第5期《哲学研究》在刊载陈漱渝先生文章的同时，还刊出一篇署名李登贵的《五四精神与传统文化学术座谈会述评》，这篇述评有下面的一些话：

> 新儒学和国学目前热过了头。一些昔日频繁出入马克思主义武库的人如今已幡然易帜，一些昔日的全盘西化论鼓吹者也加入到海外势力的文化保守主义大合唱中。

《述评》对座谈会上没有批评国学研究中的"非意识形态化"感到些许遗憾。这位作者说，现在有人"巧妙地打起'非意识形态化'的盾牌，以推销其自身的意识形态"。他说当时的国学"带有某种政治寓言的成分"。

其实早在此前一年的 1994 年第 6 期《哲学研究》上，也曾刊有署名文章提出："来自西方的秋波，使穷于经济和政治落后的国粹论者找到了精神自慰的方法所在，他们从韦伯把资本主义兴起归因于宗教伦理的文化决定论中受到鼓舞，热衷于用观念文化来解释东西文化的差异，打中国文化牌。八十年代以来时起时落的文化热以及目前行情看涨的国学热，使东方文化的神话再度复活。"这篇文章还说："一些人宣扬中国需要孔夫子、董仲舒，需要重构与马克思主义并列的中国哲学新体系"，"不排除有人企图以'国学'这一可疑的概念，来达到摒社会主义新文化于中国文化之外的目的。"

后者所谓的"企图以'国学'这一可疑的概念，来达到摒社会主义新文化于中国文化之外的目的"之措辞，可视为"某种政治寓言的成分"的一个注脚。可以看出，这篇文章的作者已经为了批评而忘记其余，连中国人复兴东方文化的绵薄愿望，也被置于扫荡之列。比较起来，今天的国学提倡者有充分理由为自己的好运气感到庆幸，因为大学校长公开站出来号召国学，也不再有人怀疑其中是否"带有某种政治寓言的成分"了。

弹指十年过去，讨论国学的环境气氛不能不让人有不能同日而语的沧桑之感。

九十年代中国学术界谈国学，推动对固有学术的研究，看来受到来自两个方面的批评：一是被指为保守主义思潮，一是被指为非意识形态化。但究其实，那时的"国学"，认真说来也不见得有什么"热"，更谈不上"过热"。所谓"热"其实是传媒炒出来的。报纸电视不乏夸饰的报道，例如《人民日报》1993年8月16日的整版文章《国学在燕园悄然兴起》、10月14日《光明日报》文章《国学与国学大师的魅力》等等。主要是媒体热，研究者并没有热。据我所知，当时涉足此一领域的学人大都比较谨慎，他们尽量想与传媒的渲染划开一些界限，他们没有，或者不愿大张旗鼓地打出"国学"的旗号，这是九十年代中国试图推动"国学"的学人的一个特点。

北京大学陈平原、陈来、阎步克以及我们中国文化研究所的梁治平等几位中青年学人，他们在九十年代曾有一个不定期的学术联谊活动，在内部有时他们叫这个联谊活动为"国学所"，实际上从未正式成立。对"国学"一词，他们在使用时同样表现得相当审慎。他们的刊物开始想叫《国学论丛》，后来改叫《学人》。当然，北京大学成立了一个与国学有关的学术虚体，就是袁行霈先生主持的中国传统文化研究中心，出版《国学研究》专刊。而此前汤一介先生在深圳大学也成立过一个正式立名的国学研究所，但后来未能运转起来。至于汤先生创办的中国文化书院，在旨趣上已越出了所谓"国学"的范围。

我个人主持的中国文化研究所，虽然是学术实体，但所内研究人员专业上各有擅场，有学术思想史、法学、政治学、艺术人类学和当代文学等研究方向，是人文与社会科学的综合研究机构，国学的概念未能进驻我们的学术视野。我主编的《中国文化》杂志尽管以"深研中华文化,阐扬传统专学,探究学术真知,重视人文关怀"为期许,但国学的概念我们很少使用,只是愿意给推动传统研究的朋友以了解之同情而已。

二、章太炎与国学

曾经有朋友问我,"国学"这个概念产生在什么时候。我说其实很晚,汉朝人、唐朝人、宋朝人、明朝人都不讲国学,清朝的早期、中期、中晚期也不闻有此说法。张之洞《劝学篇》标举"中学为体,西学为用",他所说的"中学"与"国学"多少有些相近之处,但他并没有使用"国学"的概念。当然"国学"这两个字,或者连起来作为一个语词,古代载籍中多有,但与我们现在探讨的国学这个概念全然不同。说到底还是由于晚清以还,欧风美雨狂袭而至,谈论西学、介绍西学成为时尚,相比较之下,才有了国学的说法。因此可以说"国学"是与"西学"相对应而产生的一个概念。这就如同"中国文化"一词,也是晚清知识分子面对域外文化的冲击,起而检讨自己的文化传统所使用的语词。研究晚清国学发生的著作当下多有,桑兵的《晚清民国的国学研究》、罗志田的《清季民初关于国学的思想论争》、喻大华的《晚清文化保守思潮研究》、何晓明的《返本与开新》等,都是资料颇翔实的著述。

我个人接触到的材料,黄遵宪在 1902 年 9 月写给梁启超的信中,曾提到任公先生有办《国学报》的设想,虽然他并不赞成此议。他在信里说:"《国学报》纲目,体大思精,诚非率尔遽能操觚。仆以为当以此作一《国学史》,公谓何如?"又说:"公谓养成国民,当以保存国粹为主义,当取旧学磨洗而光大之。至哉斯言,恃此足以立国矣。"只不过在黄遵宪看来,此事还不是当务之急,他认为"中国旧习,病在尊大,病在锢蔽,非病在不能保守",所以他说:"公之所志,略迟数年再为之,未为不可。"[1]梁启超当时尚被清廷通缉之中,其对国家命运未来的关心,自不待言。尽管我不能断定,任公先生 1902 年关于《国学报》的构想,是否就是晚清之时"国学"一词的最早出现,但在时间上应该是非常早的。论者或谓晚清国粹派代表人物邓实在《政艺通报》上发表的《国学保存论》,应该是很早使用国学一词的人,但那已经是 1904 年,比梁任公 1902 年《国学报》的构想晚了两年。另外梁启超在《中国学术变迁之大势》一文中,其结尾处也明确使用了国学的概念,他是这样说的:

> 虽然,吾更欲有一言,近顷悲观者流,见新学小生之吐弃国学,惧国学之从此而消灭。吾不此之惧也。但使外学之输入者果昌,则其间接之影响,必使吾国学别添活气,吾敢断言也。但今日欲使外学之真精神普及于祖国,则当转输之任者,必遽于国学,然后能收其效。以严氏与其他留学欧、美之学僮相比较,其明效大验矣。此吾所以汲汲

---

[1]《黄遵宪全集》上册,中华书局 2005 年版,第 433 页。

欲以国学为青年创也。[①]

　　梁启超《中国学术变迁之大势》的一至六章，撰写于 1902 年，第七章阙如，第八章写于 1904 年。以此该文结尾谈国学的一段文字，应是 1904 年所写。他在行文中明确把国学与"新学"、"外学"相对应来使用的。"新学"一词，晚清颇流行，甚至有时还与康有为的《新学伪经考》的"新学"混同起来。但梁启超使用的"外学"一词，则不经常见到。"外学"就是域外之学、外国之学，因此中国的学问，自然可以叫"国学"了。

　　章太炎使用国学概念的时间也很早，且终生未尝或离。不过国学以至国粹在太炎先生那里，是作为革命的一种手段来使用的。晚清国粹派，章太炎、刘师培实为最主要的代表人物。国粹派长期被当作保守派的代名词，而究其实，太炎先生是学者兼革命家，虽在学术上坚执古文家的立场，但于文化于思想于政治却并不保守。只不过他是一个特异的天才，论人论文论学，迥异时流而已。

　　他生于清同治七年十一月即 1869 年 1 月，浙江余杭人，是清季大学者俞樾的弟子。早期赞同变法，而不同于康有为和梁启超；1898 年秋天慈禧政变之后，力主革命，与孙中山的旨趣亦不相合。也许是他的超乎侪辈的传统学问的根底和不可

---

① 刘梦溪主编，夏晓虹编校：《中国现代学术经典·梁启超卷》，河北教育出版社 1996 年版，第 120 页。

有二的语言文字方式，使得他的同志们既赞赏他又感到格格不入。没有人能够不为他的雄文硕学和凛然激昂的气节所折服。

清廷惧怕他的影响力，1903 年当他 36 岁的时候将他下狱，就是所谓的"《苏报》案"。案由是太炎先生发表在《苏报》上的《驳康有为论革命书》一文，里面有"载湉小丑，未辨菽麦"的语句。载湉是光绪皇帝的名讳，太炎先生直呼其名，而且指其为小丑，清廷便以大逆不道罪将太炎告上法庭。讼案发生在上海租界，法庭由外国人操持，太炎得以不被清廷引渡。但最后还是处以三年徒刑，关在上海西牢，罚做裁缝之事。和章太炎一起被关的有写《革命军》的邹容，罚做苦力，不及刑满，便瘐死狱中。以一国讼一人，近代以来，不知有第二人。太炎因此声名大噪。1906 年章太炎刑满出狱，孙中山派人迎至日本，成为《民报》的主角。清廷迫压，日人限制，《民报》不久遭遇生存危机。

正是在这种特殊的情境之下，章太炎在日本东京开办了平生第一个国学讲习会（邀请函简上写"国学振起社"），1906年秋天开始，一直持续到 1909 年。鲁迅、周作人、钱玄同、沈兼士、马幼渔、朱希祖、许寿裳等后来的学界名流，都曾前往听讲。讲授内容包括诸子和音韵训诂，而以段玉裁《说文解字注》为主。讲习会开始设在《民报》社，后移至东京小日向台町二丁目二十六番地，门楣上直署"章氏国学讲习会"，这是中国历史上第一个挂牌的国学研究团体。太炎先生所以这样做，是缘于他的理念，就是他 1906 年到日本时发表的那篇有名的《东京留学生欢迎会演说辞》，提出唤起民众首在感情，而途径则有二事最为紧要：一是"用宗教发起信心"，二是"用国粹激动种性"。可知太炎先生倡扬国学，非关于保守不保守，而是要激发起国人的民族感情和精神。

三、章氏的国学"四讲"

因此之故，章太炎一生有过四次"兴师动众"的国学讲演。

第一次，就是上面所说的东京国学讲习会。第二次，是1913 至 1916 年在北京，太炎先生被袁世凯软禁之时，他再次做起了国学讲习事业，自己说是"以讲学自娱"、"聊以解忧"（《家书》），实则所讲内容都是有所为而发。当时袁氏当国，谋立孔教为国教，康有为亦以孔教会为倡，乌烟瘴气不足以形容。所以他把批评孔教作为讲习的重要内容，《驳建立孔教议》就写于这个时候。讲堂的墙壁上张贴着《国学会告白》，写道："余主讲国学，踵门来学之士亦云不少。本会专以开通智识、昌大国性为宗，与宗教绝对不能相混。其已入孔教会而后愿入本会者，须先脱离孔教会，庶免薰莸杂糅之病。章炳麟白。"听讲的人数比以往更多，大都是京城各大学的教师和学生，北大的傅斯年、顾颉刚也前来听讲。后由吴承仕记录成《菿汉微言》一书。

第三次，1922 年夏天章太炎先生居上海时，应江苏省教育会的邀请所作的国学演讲。与前两次不同的是，这次是系列演讲，前后共十讲，并有《申报》为之配合，规模影响超过以往。首次开讲在是年的 4 月 1 日，讲"国学大概"，听讲者有三四百人。第二次 4 月 8 日，续讲前题，听讲者也有约四百人。第三次 4 月 15 日，讲"治国学的方法"。第四次 4 月 22 日，讲"国学之派别"。第五次 4 月 29 日，讲"经学之派别"。第六次 5 月 6 日，讲"哲学之派别"。第七次 5 月 13 日，续讲"哲学之派别"。第八次 5 月 27 日，讲"文学之派别"。第九次 6 月 10 日，讲"文学之派别"。第十次 6 月 17 日，讲"国学之进步"。持续一个半月，每次演讲上海《申报》都作报道，并刊载记者写的内容摘要。曹聚仁整理的章氏《国学概论》一书，就是此次系列演讲的记录。另还有张冥飞整理的《章太炎先生国学讲演集》，是另一个听讲版本。

太炎先生演讲之前，1922 年 3 月 29 日的《申报》特地刊出《省教育会通告》，对国学讲演的缘由作了说明，原文不长，全录如下：

> 敬启者，自欧风东渐，竞尚西学，研究国学者日稀，而欧战以还，西国学问大家，来华专事研究我国旧学者，反时有所闻，盖亦深知西方之新学说或已早见于我国古籍，借西方之新学，以证明我国之旧学，此即为中西文化沟通之动机。同人深惧国学之衰微，又念国学之根柢最深者，无如章太炎先生，爰特敦请先生莅会，主讲国学，幸蒙允许。兹经先生订定讲题及讲演日期时间，附开如后，至希察阅，届期莅会听讲为盼。专颂台安。江苏省教育会启，三月二十八日。

邀请章太炎先生主讲国学的原因，是鉴于当时的风气"竞尚西学，研究国学者日稀"，因此"深惧国学之衰微"。太炎先生演讲的目的，也在于此。这是国学大师讲国学，有传媒配合，影响最大的一次。

第四次，是晚年的章太炎在苏州，成立了更为正式的国学会。成立时间为1933年1月，并以《国学商兑》作为会刊，太炎先生为之撰写宣言。后来太炎先生认为《国学商兑》在词义上雷同于方东树的《汉学商兑》，建议以"商榷"代替"商兑"，最后遂改作《国学论衡》。1933至1934年，章太炎的演讲都是在国学会的名义下所作的，地点在苏州公园的图书馆，先后有二十多次，有时也在无锡国学专修学校演讲，盛况空前。可能由于在旨趣上太炎先生与国学会诸发起人之间有不合之处，所以太炎先生于1935年又以向所使用的"章氏国学讲习会"的名义，作国学演讲，虽重病在身，亦不废讲论。国民政府最高人物蒋公且于1935年3月派员到苏州看望章氏，"致万金为疗疾之费"，太炎先生将此款项悉数移做讲习会之用，同时也使讲习会的刊物《制言》半月刊有了短暂的经费支持。晚年的太炎先生在苏州的讲学活动一直持续到1936年6月14日病逝。因此不妨说，章太炎作为学者兼革命家，是为学问的一生，也是为国学的一生。

我们在章太炎的著作和通信中，也经常看到他频繁使用国学的概念。1907年致刘师培函："鄙意提倡国学，在朴说而不在华辞"①;1908 年有《与人论国学书》之作②;1909 年《与钟正懋》书:"仆国学以《说文》、《尔雅》为根极。"③1911 年《与吴承仕》:"仆辈生于今世,独欲任持国学,比于守府而已。"④1912年与蔡元培同刊寻找刘师培启事,称:"今者,民国维新,所望国学深湛之士,提倡素风,任持绝学。而申叔消息杳然,死生难测。如身在地方,尚望先一通信于《国粹学报》馆,以慰同人眷念。"⑤如此等等,例证多多,不能尽举。可以说,国学这一概念,章太炎不仅使用得早,而且使用得多,终其一生都为此而抛尽心力。章氏本人也以"独欲任持国学"自命。他的学问大厦的两根支柱,一是小学,就是文字学和音韵学,二是经学,两者都是太炎先生所钟情的国学的范围。当然太炎先生同时也喜欢并精研佛学,他主张为学要摈弃孔、佛的门户之见。而对儒学传统,早年倡诸子而诋孔学,晚年则有所变化。

所以回观整个二十世纪,如果有国学大师的话,章太炎先生独当之无愧。

四、胡适和梁启超的"国学书目"

国学在上个世纪二十年代,可以说是一种流行。许多与国

---

① 《章太炎书信集》,河北人民出版社 2003 年版,第 77 页。

② 同上,第 217 页。

③ 《章太炎书信集》,第 251 页。

④ 同上,第 294 页。

⑤ 同上,第 82 页。

学有关的比较大的事件，都发生在二十年代。章太炎的上海系列国学讲座，在二十年代之初，已如上述。然而几乎在章氏上海演讲的同时，两位当时最著名的文化闻人各自开列一份自己认可的国学书目，并因此引出一番争论，这在上世纪二十年代，不能不认为也是关乎国学的一件不小的事情。

主要是两位当事人的身份影响不比寻常。一位是大名鼎鼎的胡适，一位是鼎鼎大名的梁启超，他们在 1922 年和 1923 年，分别开了两个不同的国学书目。胡适开的书目，题目是《一个最低限度的国学书目》，刊载在 1922 年《读书杂志》第七期上，是应清华学校胡敦元等四人的要求而开列的。所列书籍共 184 种，其中工具书 14 种，思想史 92 种，文学史 78 种。此书目刊布后，首先受到《清华周刊》一位记者的来信质疑，认为胡适所说的国学的范围太窄，只包括思想史和文学史，而单就思想史和文学史而言，又显得太深。这封来信说："先生现在所拟的书目，我们是无论如何读不完的。因是书目太多，时间太少。而且做留学生的，如没有读过《大方广圆觉了义经》或《元曲选一百种》，当代的教育家，不见得会非难他们，以为未满足国学最低的限度。"① 我们今天来重新检讨胡适开的这个书目，不能不承认《清华周报》记者的质疑是有一定道理的。

可是胡适并没有被说服，他写了《答书》，重申只列思想和文学两部分，是考虑到"国学的最低限度"，拟的是一个"门

---

① 《胡适全集》第 2 卷，安徽教育出版社 2003 年版，第 125 页。

径书目"，如果还要把"其余民族史、经济史"——列出，"此时更无从下手"。他针对来书所提意见，作了反驳，他写道：

> 先生说："做留学生的，如没有读过《圆觉经》或《元曲选》，当代教育家不见得非难他们。"这一层，倒有讨论的余地。正因为当代教育家不非难留学生的国学程度，所以留学生也太自菲薄，不肯多读点国学书，所以他们在国外既不能代表中国，回国后也没有多大影响。我们这个书目的意思，一部分也正是要一班留学生或候补留学生知道《元曲选》等是应该知道的书。①

虽然如此，我们还是无法不觉得胡适之先生有一点"强词夺理"。所以他说，如果一定要拟一个"实在的最低限度的书目"，那么不妨在原书目上圈出一些，于是他圈出了38种，包括《书目答问》、《中国人名大辞典》、《中国哲学史大纲》、《老子》、《四书》、《墨子间诂》、《荀子集注》、《韩非子》、《淮南鸿烈集解》、《周礼》、《论衡》、《佛遗教经》、《法华经》、《阿弥陀经》、《坛经》、《宋元学案》、《明儒学案》、《王临川集》、《朱子年谱》、《王文成公全书》、《清代学术概论》、《章实斋年谱》、《崔东壁遗书》、《新学伪经考》、《诗集传》、《左传》、《文选》、《乐府诗集》、《全唐诗》、《宋诗钞》、《宋六十家词》、《元曲选

---

① 《胡适全集》第 2 卷，安徽教育出版社 2003 年版，第 126 页。

一百种》、《宋元戏曲史》、《缀白裘》、《水浒传》、《西游记》、《儒林外史》、《红楼梦》等，另加上《九种纪事本末》。

　　梁启超的国学书目，是应《清华周报》记者的要求所开，题目叫《国学入门书要目及其读法》，写于1923年4月26日。他说是在独居翠微山，"行箧无书"，"竭三日之力，专凭忆想所及草斯篇"。我必须说，以我个人读饮冰主人的著作所达成的了解，他是最有能力在"行箧无书"的情况下，能够开出几百种适当书目的人。

　　他的书目包括五大类：甲、修养应用及思想史关系书类，39种；乙、政治史及其他文献学书类，21种（廿四史算作一种）；丙、韵文书类，44种；丁、小学书及文法书类，7种；戊、随意涉览书类，30种。总共141种。不仅列出书名，每种书之后大都有导读式的说明。

　　例如在《论语》和《孟子》书名后写道："《论语》、《孟子》之文，并不艰深，宜专读正文，有不解处方看注释。注释之书，朱熹《四书集注》为其平生极矜慎之作，可读。但其中有堕入宋儒理障处，宜分别观之。"说来不好意思，我在读任公书目前，也是这样主张。读先秦经典，细读白文最重要。任公先生对朱熹《四书集注》的评价也极精到，一是大大好书，二是不免有时为"理"所障。又如对于《老子》，他说这是"道家最精要之书，希望学者将此区区五千言熟读成诵。注释书未有极当意者，专读白文自行寻索为妙。"诚哉斯言，自是白文细读慢悟最妙。对《周礼》，任公先生写道："此书西汉末晚出。何

315

时代人所撰，尚难断定。惟书中制度，当有一部分为周代之旧，其余亦战国秦汉间学者理想的产物。故总宜一读。注释书有孙诒让《周礼正义》最善。"对《管子》，他概括说："战国末年人所集著者，性质颇杂驳，然古代各家学说存其中者颇多，宜一浏览。注释书戴望《管子校正》甚好。"关于《管子》一书的来路、性质、价值及传注之优者，一一道明，虽只几句话。又如对顾炎武《日知录》和《亭林文集》，他说："顾亭林为清学开山第一人，其精力集注于《日知录》，宜一浏览。读文集中各信札，可见其立身治学大概。"对曾国藩和胡林翼的文集，任公先生说："信札最可读，读之见其治事条理及朋友风义。"只此一句，即给人无限回味。又如于《张太岳集》说："江陵为明名相，其信札益人神智，文章亦美。"于《水经注》："六朝人地理专书，但多描风景，记古迹，文辞华妙，学作小品文最适用。"如此等等。列举书目的同时，并概述源流，撮以精要，给出阅读门径。

因此就其实用性和有效性来说，"梁目"显得道高一丈。如果我是读者，要我对"胡目"和"梁目"作出选择，我肯定投梁的票。"梁目"及其读法，即使在今天仍有参考价值。不是因为别个，主要就读中国载籍的多寡而言，胡适之先生不能不把座位让给梁任公先生。但"梁目"同样存在列目过多的问题，与"初学"所需不能吻合。所以任公先生在开毕上述书目之后，也拟了一个"真正之最低限度"的国学书目，计有《四书》、《易经》、《书经》、《诗经》、《礼记》、《左传》、《老子》、《墨子》、《庄子》、《荀子》、《韩非子》、《战国策》、《史记》、《汉书》、《后汉书》、《三国志》、《资治通鉴》或《通鉴纪事本末》、《宋元明史纪事本末》、《楚辞》、《文选》、《李太白集》、《杜工部集》、《韩昌黎集》、《柳河东集》、《白香山集》，其他词曲集随所好选读数种。任公先生说，如果连这个"真正之最低限度"的书也没有读，"真不能认为中国学人矣"。

　　大书目不必说，即以"真正之最低限度"的书目为例，胡、梁书目的不同处亦甚明显。"胡目"有佛经四种；"梁目"一种没列。"胡目"的文学部分，有《乐府诗集》、《全唐诗》、《宋诗钞》、《宋六十家词》、《元曲选一百种》；"梁目"却不具大的类书，只列《楚辞》、《文选》、《李太白集》、《杜工部集》、《韩昌黎集》、《柳河东集》、《白香山集》几种。"胡目"有小说四大名著；"梁目"则根本不列小说。"梁目"的子书部分，孔、孟之外，老、墨、庄、荀、韩均有，"胡目"则没有墨子。"梁目"有前四史，"胡目"一史也无。"梁目"全列诗、书、礼、易、春秋（左氏传）"五经"；"胡目"只列诗、礼、左传，而缺易经和书经。照说开列国学书目，"五经"、"四书"、诸子、前四史，无论如何不能或缺，但"胡目"缺失得令人诧异，竟然乙部之书，一部全无。至于集部之书，当然是"梁目"的举要的办法更好些，对于初步接触国学者，李、杜、韩、柳、白诸家，远比笼统的《全唐诗》、《宋诗钞》、《宋六十家词》来得真切便利。尤其将《水浒》、《西游记》、《儒林外史》、《红楼梦》列为国学书，更属拟于不伦。

我们今天感到有趣的是，梁在开列自己的书目同时，对"胡目"还作了尖锐的批评。任公先生在《评胡适之的〈一个最低限度的国学书目〉》一文中，开首就明确地说："胡君这书目，我是不赞成的，因为他文不对题。"所以然者，是因为胡适本来的目的，"并不为国学有根底的人设想，只为普通青年人想得一点系统的国学知识的人设想"，但他却开了那样一大堆一般青年人无法卒读的书。而如果是为国学研究者开的书目，则又嫌不够专门。所以梁任公责备胡适"把应该读书和应备书混为一谈"了。对"胡目"的不著史书，却列出许多小说家言，梁启超尤致不满，他质问说：

> 胡君为什么把史部书一概屏绝？一张书目名字叫做"国学最低限度"，里头有什么《三侠五义》、《九命奇冤》，却没有《史记》、《汉书》、《资治通鉴》，岂非笑话？若说《史》、《汉》、《通鉴》是要"为国学有根底的人设想"才列举，恐无此理。若说不读《三侠五义》、《九命奇冤》便够不上国学最低限度，不瞒胡君说，区区小子便是没有读过这两部书的人。我虽自知学问浅陋，说我连国学最低限度都没有，我却不服。①

任公先生上述这些辩难，平心而论胡适是无法反驳的。"胡目"

---

① 《胡适全集》第 2 卷，安徽教育出版社 2003 年版，第 152 页。

中还有《正谊堂全书》六百七十余卷，以及戏曲《缀白裘》和小说《儿女英雄传》，于是一并成为任公先生批评的把柄："《尚书》、《史记》、《汉书》、《资治通鉴》为国学最低限度不必要之书，《正谊堂全书》、《缀白裘》、《儿女英雄传》反是必要之书，真不能不算石破天惊的怪论。"文章最后梁启超总结道："总而言之，胡君这篇书目，从一方面看，嫌他挂漏太多；从别方面看，嫌他博而寡要，我以为是不合用的。"等于否定了"胡目"。

但胡适之先生的学者风度却是了不起，虽为梁启超所痛驳，却在 1924 年 11 月出版的《胡适文存》二集里，全文附录了"梁目"和梁的批评。这种风度今天已经不容易看到了。两位文化领军当年开列的国学书目和关于国学书目所作的讨论，对二十年代的国学推动产生的影响作用，自然可想而知。不过，读者对"梁目"也不是全都赞成，一位叫徐剑缘的就以《评胡梁二先生所拟国学书目》为题，在批评"胡目"的同时，也批评了"梁目"。另外还有陈钟凡也开了一个《治国学书目》，以及李笠的《国学用书撰要》，影响益发扩大了。

五、二十年代的"新国学"

不过上世纪二十年代关乎国学的两件最大的事情，还是北京大学成立国学门和清华大学成立国学研究院。

先说北大国学门。蔡元培先生 1917 年掌门北大之后，他的学术理念之一是建立分科的研究院所。1921 年通过《北大研究所组织大纲提案》，第二年，即 1922 年 1 月，北京大学研究所国学门宣告成立。所长由蔡先生兼任，主任是太炎弟子、研究文字训诂的沈兼士，委员包括胡适、李大钊、鲁迅、周作人、钱玄同、朱希祖、蒋梦麟、马衡、陈垣、沈尹默等硕学、健将、老师，阵容不可谓不强大。国学门下面设歌谣研究会、明清史料整理会、考古学会、民俗调查会、方言研究会等分支机构。国内外一些大儒被聘为国学门导师，有钢和泰、伊凤阁、柯劭忞、夏曾佑、陈寅恪。开始也聘了王国维，已经获允，后来王退出。并按照国外高等研究机构的惯例，施行通信员制度，请世界知名的汉学家担任，例如法国的伯希和，德国的卫礼贤，日本的田边尚雄等。罗振玉也被邀请，但后来罗亦退出。我们从机构设置和人员组成可以看出，北大国学门是一个开放的重视与国外汉学界交流的研究机构，显然这与蔡元培先生的思想和胸襟有关。

北京大学国学门的影响似乎大于建树，下属各学会做的实在的事情比较多，真正具体的国学研究，反做得不尽如人意。到国学门从事研究的研究生，人数也并不很多，1922 至 1927 六年之间，审查合格的研究生只有 46 人。这些数字我根据的是台湾陈以爱女士所著《中国现代学术机构的兴起》一书（江西教育出版社 2002 年版），这是一本征引资料丰富、学风严谨的著作。因为她的论说是以北大研究所国学门为中心加以探讨，所以当我涉及相关材料时，不能不佩服她叙论的精当。

北大国学门的大举措是 1923 年创办《国学季刊》，而尤以胡适执笔撰写的《发刊宣言》影响最著。胡适在《宣言》中首先对明末迄于民初三百年中古学研究的历史给以检讨，肯定三百年来整理古书、发现古书、发现古物三方面所取得的成绩，而缺点则是：（一）研究的范围太窄；（二）太注重功力而忽略了理解；（三）缺乏参考比较的资料。然后提出研究古学应该注意的问题，也有三个方面，一是扩大研究范围，二是注意系统的整理，三是博采参考比较的资料。特别对如何系统整理的问题作了详尽阐释。最后以三个方向的期待作为治国学的互勉条件："第一，用历史的眼光来扩大国学研究的范围。第二，用系统的整理来部勒国学研究的资料。第三，用比较的研究来帮助国学的材料的整理与解释。"[1]

　　胡适晚年回忆起这篇《〈国学季刊〉发刊宣言》时，明确说，这是一篇"主张以新的原则和方法来研究国学的宣言"，是"新国学的研究大纲"[2]。因此不妨说，上世纪二十年代以北大国学门为代表的国学研究，应该属于新国学的范畴。

　　除了《国学季刊》之外，北大国学门后来还有《国学门周刊》和《国学门月刊》的创办。《周刊》于1925年出版，因经费和稿源都存在问题，第二年即1926年改成了《月刊》。但也只出版了一年的时间，到1927年的年底，《国学门月刊》也停刊了，而且北大国学门也在这一年陷于停顿。

　　再说清华国学院。认真说来，当时清华大学的正式名称叫

---

①《胡适全集》第2卷，安徽教育出版社2003年版，第17页。

②唐德刚译注：《胡适口述自传》，广西师范大学出版社2005年版，第205页。

清华学校，还没有定名为清华大学，直到 1928 年，才定名为国立清华大学。而国学研究院的正式名称，也应该叫清华学校研究院。那么何以又称国学研究院？因为清华研究院之设，略同于北大设研究所国学门，本来想涵盖自然科学、社会科学等各个学科，由于经费的限制，也有学科的成熟程度的问题，最先办起来的只有国学一科。所以就把清华学校研究院，简称而偏好地叫作清华学校国学研究院了。吴宓担任清华研究院主任，他几次提议正式定名为国学研究院，都未能获准。可是约定俗成的力量是不可抗拒的，虽未获准，人们还是那样叫，而且叫开了，到后来大家以为当时成立的就是清华大学国学研究院。

清华国学研究院成立于 1925 年，与北大国学门的不同之处，是清华国学院的设计和建制更周详细密，更便于实施。它没有请一大堆名流、教授，导师只王国维、梁启超、赵元任、陈寅恪四人，人称"四大导师"。讲师一人，考古学家李济。助教三人，陆维钊、梁廷灿、章昭煌。助理员一人，事务员一人。再加上主任吴宓。就这么几个人。同时导师和学员都必须住校，四大导师亦不能例外。王国维住西院，梁启超住北院 2号，赵元任住南院 1 号。陈寅恪报到的时间比较晚，1925 年 9月 9 日国学院开学，第二年 7 月 8 日他才来到清华。他开始住工字厅的西客厅，与吴宓一起，后来与赵元任同住南院。学员的水准比北大国学门的学员似乎也要高一些，共招生四届，毕业人数为 74 人，其中王力、吴其昌、姚明达、周传儒、徐中舒、姜亮夫、陆侃如、刘节、刘盼遂、谢国桢、罗根泽、蒋天枢等，日后都成为我国二十世纪人文学术的中坚力量。

　　至于清华国学研究院的课程设置和研究范围，可以说不仅和章太炎先生倡导的国学不同，与北大国学门的设定也有区别。四大导师授课的内容为：王国维讲《古史新证》、《说文练习》、《尚书》和《最近二三十年中中国新发见之学问》，梁启超讲《中国文化史》、《史学研究法》，陈寅恪讲《西人东方学之目录学》、《佛经翻译文学》，赵元任讲《方言学》、《普通语言学》和《音韵学》，李济讲《民族学》和《考古学》。可见讲授之内容已经超越了一般所谓国学的范围。事实上王国维、陈寅恪的学问途径，与西方汉学的方法多有一致之处，他们原本就是国外汉学界最看重的中国学者。赵元任的语言学研究，也属于现代语言学的范畴。李济的民族学和考古学，更直接运用了人类学的方法。所以，如果北大国学门被胡适视为新国学的话，那么清华国学研究院就更应该是新的国学了，而且是与西方汉学联系在一起的新的国学。

　　清华国学研究院持续的时间不长，1925 年成立，1929 年就停办了，只有短短四年的时间。1927 年王国维自杀，1929 年梁任公病逝，导师后继乏人，固然是清华国学院不得不停办的理由，但深层原因，应和传统学术向现代学术转变过程的学科整合及学科建设有关。北京大学国学门持续的时间也是四年，1923 年至 1927 年，两者恐怕不完全是巧合。陈寅恪《王观堂先生挽词》的结尾有句写道："但就贤愚判死生，未应修短论优劣。"清华国学院作为二十世纪直接和国学相关的一件大的事情，作为世纪话题，它的学术创生的地位和它所播撒的学术种子，其影响力八十年后亦未见其少衰。

六、历史的"文化创举"能否复制

回观二十世纪头二十年的国学景观，对当时一些有影响的国学刊物和重要的国学出版物，不能不稍加留意。单是以"国学"两字入名的刊物就有好多种。当然1905年印行的《国粹学报》，创办者是邓实、黄节等在上海成立的"国学保存会"，虽没有以"国学"名刊，"国学"二字的义涵已在其中。梁启超设计的《国学报》，应该是最早的一个以"国学"为名而未获实施的刊物。尔后就是罗振玉创办的《国学丛刊》。罗振玉和王国维辛亥革命前均供职学部，《国学丛刊》即创办于此时，原拟每年出版六编，结果只在1911年出了两编，便不再办下去。所以王国维写于1911年正月的那篇有名的《〈国学丛刊〉序》，反而比《国学丛刊》本身影响还大。罗亦有序，曾经王的润正。再就是北大国学门的《国学季刊》，因胡适撰写宣言而名声远播，上面已经谈到。清华国学研究院的刊物是1927年出版的《国学论丛》。此外还有地址在北京的中国大学办的《国学丛编》，上海国学昌明社的《国学杂志》，上海国学研究会的《国学辑林》，南京东南大学和高师国学研究会的《国学丛刊》，以及厦门大学的《国学专刊》等。其实厦门大学1926年也有国学研究院之设，只不过因人事纠葛，事未成而先已停办。此一过程桑兵先生《晚清民国的国学研究》一书[①]考订至详，大家可参看。

至于以"国学"入名的书籍，亦复不少。曹聚仁记录整理的章太炎 1922 年上海讲演的书名叫《国学概论》，钱穆 1928 年以讲义成书，也题书名为《国学概论》。我的看法，章、钱这两种《概论》，是上世纪二十年代最重要的综论国学的著作。其余三十年代出版的谭正璧的《国学概论讲话》、顾荩臣的《国学研究》、马瀛的《国学概论》、蒋梅笙的《国学入门》、张振镛的《国学常识答问》、李冷衷的《国学常识述要》、叶北岩的《学生国学答问》、谢苇丰的《国学表解》等等，立名虽多，学术含量及影响不过聊胜于无耳，可不置论。

因此如果说上世纪二十年代曾经有过一阵子"国学热"（曹聚仁曾以"春雷初动"四字加以形容），于事实恐怕是相符的。不过处此"国学热"中的核心人物，还是章太炎、梁启超、胡适之，没有这三位大儒的鼓动，国学研究纵加力而行，也不会有"国学热"出现。如今历史的挂历已翻过九十个年头，令人感到惊讶的是，去夏以来的国学"热动"，和二十年代颇有相似之处，连历史转换的背景也令人感到雷同。1917 年以《新青年》为表征所开启的新文化运动，这似乎是我们的二十世纪八十年代；二十年代初胡适提倡"多研究些问题，少谈些主义"，号召大家进研究室，很像我们的九十年代；然后就是上面说的

---

① 桑兵：《晚晴民国的国学研究》，上海古籍出版社 2001 年版。

二十年代的"国学热",也就是我们的今天了。只不过当年历史转换得快,三种思潮轮替才用了七八年的时间,我们呢,用了二十多年。历史有时是会"重复"的,但重复不应该是"蚁蝗磨转",原地踏步,而应该是螺旋式上升。

然则我们今天的"国学热动",其学术水平是否已经高过二十年代?恐怕谁也不敢这样说。时下热卖的相关图籍,不还是当时的那些著作吗?大家感到最具参考价值的,仍逃不脱章太炎和钱穆的两种《国学概论》,只不过印制得更精美罢了。即使有的大学办起了国学研究院,能够和当年的北大国学门、清华国学研究院相比肩吗?最大的不同是,我们今天已经没有章太炎、梁启超、胡适之这三位有资格当众说点"胡话"的国学大家了。更不要说,不愿与"热",只肯一意深研的王国维和陈寅恪,我们能读懂他们的书,已非一件易事。

历史可以重复,历史的文化创举却是不能复制的。何况北大国学门也好,清华国学研究院也好,都只存在了四年的时间。

七、国学与国粹

前面几部分我主要对国学的发生和流变作了一番梳理,重点在述史,现在则需要对国学这一概念本身作一些学理的探讨。其实国学一词,是与另外两个相近的词汇联系在一起的,检讨国学,不能不提到另外两个词汇,这就是"国故"和"国粹"。

"国粹"一词出现最早,专事此一领域研究的郑师渠先生,且在其《晚清国粹派》一书中,考证出该词的中文文本出处首推梁启超的《中国史叙论》，也就是说，是在 1901 年。而任教美国康奈尔大学的马丁·伯纳尔（Martin Bernal）教授，在 1976 年撰写的《刘师培与国粹运动》长篇论文中，对国粹一词 1887 至 1888 年在日本流行的情形，作了丰富的引证。他写道：

> 1887 年，国粹一词开始在日本普遍使用。这是针对明治维新而发的一种反动。他们企图说服西方势力，日本已经文明——也就是西化——得足以重订条约、废止外国租界的治外法权。其实，自 1850 年代开始逐渐扩展的西化浪潮，由于政府积极地推动各种欧式习俗而达于巅峰。[①]

又说：

> 在这种气氛下，以维护国粹为职志的团体也形成了。在知识分子方面的斗士首推三宅雪岭与志贺重昂。1888 年后者发表新刊物《日本人》的出版方针时表示："长久以来，大和民族的成长是有目共睹的事实，它玄妙地孕育出自己独有的国粹（nationality），此一国粹在日本本土发

[①] 傅乐诗等：《中国近代思想人物论·保守主义》，台北时报出版公司 1985 年版，第 94 页。

长，随着环境而有不同的回响。从孕育、出世、成长到发扬，经过不断地传承与琢磨，它已经成为大和民族命脉相系的传国之宝。"[1]

然而如果把"国粹"一词用更明白的语词加以置换，它到底是什么含义呢？志贺主张将"国粹"解释为民族性，但伯纳尔认为解释为"民族精髓"也许更合适一些。后来日本的国粹派们寻找到一种容易被广泛接受的解释，即国粹指一个国家特有的财产，一种无法为其他国家模仿的特性。

伯纳尔毫不怀疑，1898 至 1905 年这一时期活跃于中国政治文化舞台的知识分子，比如梁启超等，明显接受了日本国粹派的影响。他引用了任公先生 1902 年写给黄遵宪的信，其中直接使用了"国粹"的概念。梁的观点系黄致梁的信中所保留，我在前面已经引录，关键语句是："养成国民，当以保存国粹为主义，当取旧学磨洗而光大之。"黄有出使日本的经验，他给梁的信里也曾略及日本"国粹之说起"的原因。这里，我附带作一个说明，伯纳尔教授引录的关于任公先生的这条材料，是从杨天石先生 1965 年发表在《新建设》第 2 期的《论辛亥革命前的国粹主义思潮》一文转引的，现在有的研究此一问题的著作引录伯纳尔，却遗忘了杨天石，可谓舍近求远。我也同

---

[1] 傅乐诗等：《中国近代思想人物论·保守主义》，台北时报出版公司 1985 年版，第 94 页。

乎此病，也是在看了傅乐诗等著的《中国近代思想人物论·保守主义》之后，才得知天石兄的贡献。天石是我多年的好友，他送我的《杨天石文集》就在手边，如今翻开一看，论国粹主义思潮的大著赫然在目。古人有贵远贱近之讥，吾辈已无可逃遁矣。天石兄的文章里，还征引了清政府1903年颁布的《学务纲要》，其中有"重国文以存国粹"字样，以及张之洞1907年使用"国粹"一词的情况。[①]章太炎1906年《东京留学生欢迎会演说辞》提出的"用国粹激动种性"，也为他所引录。就不要说围绕《国粹学报》1905年创刊前后国粹学派的言论，更没有被天石所遗漏。

国粹派重要代表人物之一的黄节，在写于1902年的《国粹保存主义》一文中也明确表示，他们倡议此说是受到日本明治维新时期保存国粹思潮的影响："夫国粹者，国家特别之精神也。昔者日本维新，欧化主义浩浩滔天，乃于万流澎湃之中，忽焉而生一大反动力焉，则国粹保存主义是也。"[②]可知"国粹"一词确乎来自日本。但一种思潮能够引起广泛响应，光是外来影响不足以成为原动力，主要还是晚清时期中国自己的文化环境使然。西潮来得太猛烈了，国人迎之不暇，退而无路。故重新从自己文化传统中寻找精神的支点，是再自然不过的事情。

对此有天然自觉的是章太炎，他自称："上天以国粹付

---

① 《杨天石文集》，上海辞书出版社2005年版，第146、147页。
② 《壬寅政艺丛书》"政学编"卷五。

余。"①1903年写给宋恕的信里也说:"国粹日微,欧化浸炽,穰穰众生,渐离其本。"②同年致刘师培论经学云:"他日保存国粹,较诸东方神道,必当差胜也。"③而早此五年的1898年2月,在《与李鸿章》书里,太炎先生已然提出:"会天下多故,四裔之侵,慨然念生民之凋瘵,而思以古之道术振之。"④流露出以古学起今衰之意。至于国粹的内涵,章太炎认为主要在历史,具体说包括语言文字、典章制度和人物事迹三项,也就是历史和文化。章的学问根基在小学,故一向重视文字语言的研究,以为:"董理方言,令民葆爱旧贯,无忘故常,国虽零落必有与立。"⑤不过太炎先生的"故常",是不把清朝算在内的。所以唐以前的历史舆地,他格外看重,认为可以作为"怀旧之具",而其"文章之雅驯,制度之明察,人物之高量,诵之令人感慕无已"⑥。至于周秦诸子,太炎先生认为"趣以张皇幽眇,明效物情,民德所以振起,国性所以高尚"⑦。要之历史文化和学术思想,在章太炎那里,被视作国粹的主要内容。《国粹学报》的另一作者许守微,曾试图给国粹下一明了的定义,曰:"国

---

① 章太炎:《癸卯狱中自记》,《太炎文录初编》,《章太炎全集》,上海人民出版社2014年版,第145页。

②《章太炎书信集》,河北人民出版社2003年版,第17页。

③ 同上,第71页。

④ 同上,第19页。

⑤ 同上,第250页。

⑥ 同上,第250页。

⑦ 同上,第151页。

粹者，一国精神之所寄也，其为学，本之历史，因乎政俗，齐乎人心所同，而实为立国之根本源泉也。"[1] 与太炎先生所论实无不同。

但揆诸历史，我国精神之所寄也多矣，语言文字、典章制度和人物事迹也多矣，难道都可以称做国粹吗？所谓粹者，应该是同样事物里面的特别优秀者，也即精华部分。世界上所有文明国家，都有自己的语言文字、典章制度和人物事迹，但并不都一律以"粹"相许。所以许地山 1945 年连载于《大公报》上的一篇文章，对此一问题提出了自己的看法。他的意思，既然叫粹，就不能太降低条件，标准应该是很高的，不能光是特有的事物就叫作粹，久远时代留下来的遗风流俗不必是粹，一个民族认为美丽的事物也不一定是粹。他举例说，比如当年北平的标准风俗，少不了六样，即天棚、鱼缸、石榴树、鸟笼、叭狗、大丫头，如果把这看作是北平的"六粹"，那只不过是俗道而已。因此他说："我想来想去，只能假定说，一个民族在物质上、精神上与思想上对于人类，最少是本民族，有过重要的贡献，而这种贡献是继续有功用，继续在发展的，才可以被称为国粹。"[2] 明显地把有没有功用和国粹联系了起来，而且侧重物化的文明形态方面，比如书画、雕刻、丝织品、纸、筷子、豆腐，以及精神上所寄托的神，等等，完全不同于太炎先生的

---

[1]《国粹学报》1905 年第 1 期。

[2] 许地山：《国粹与国学》，台湾水牛出版社 1987 年版，第 162 页。

立说。所以许地山又说：

> 国粹在许多进步的国家中也是很讲究的，不过他们不说是"粹"，只说是"国家的承继物"或"国家的遗产"而已（这两个词的英文是 National Inheritance，及 Legacy of the Nation）。文化学家把一国优秀的遗制与思想述说出来给后辈的国民知道，目的并不是"赛宝"或"献宝"，像我们目前许多国粹保存家所做的，只是要把祖先的好的故事与遗物说出来与拿出来，使他们知道民族过去的成就，刺激他们更加努力向更成功的途程上迈步。①

许地山是小说家兼比较宗教学学者，燕京大学神学院毕业，曾在美国哥伦比亚大学和英国牛津大学研究宗教、哲学和民俗学。长期执教燕大，逝世前任教香港大学，1941 年逝世，只活了 49 岁。《国粹与国学》就是他逝世的前一年所写，《大公报》为之连载。许对国粹问题发言，他讲的肯定不是外行的意见。他没有完全否定"国粹"一词，但学理和事实上的保留态度昭然可见。他强调要把"粹"和"渣"分别开来，再把"粹"和"学"分别开来。对"国粹"的概念赞成也好，不赞成也好，何以要用"渣"这个不甚雅驯的概念来和"粹"相对应？而且并非许地山一人，包括鲁迅、胡适在内的许多文化身份显赫的

---

① 许地山：《国粹与国学》，台湾水牛出版社 1987 年版，第 165—166 页。

批评者，都有此想。

关键是国粹一词传到中国，它的词义已发生变化。日本明治维新时期以志贺为代表的本国主义者，是将"国粹"解释为民族性的，或者他们更愿视为一种无形的精神。如果把这样的解释移用到中国，我认为会发生困难。因为我们无法把中国或者中华民族的精神，用最简洁的话语来加以概括。以往人们常挂在嘴边的"地大物博、人口众多、吃苦耐劳"，以及"天行健，君子以自强不息"，或者现在说的"中庸为大"、"和而不同"、"天人合一"等等，当然都是有根据的好的语词，但如果说这就是中国的无形或者有形的精神，这就是中国的"国粹"，我们自己能认可吗？我们的历史太长了，其间民族与文化的变迁太频繁了。本来是汉族为主体的社会，可中间却多次被少数民族客换主位。因此唐朝、宋朝的精神和元朝、清朝就大不一样。尤其清朝，已经让民族精神的托命人知识分子没有了精神。另外的一些概括，例如说中国传统社会是以家族为本位、家国一体，儒家思想是中国传统社会的核心价值，三纲六纪是中国文化抽象理想的通性，这倒是真实不虚，学术界未尝有疑义。但这些可以称作我们的"国粹"吗？

清末民初以来，随着传统社会的解体，现代社会的始建，"家国"早已不"一体"了。儒家思想的核心价值地位已经崩塌。"三纲五伦"在没有皇帝的社会里，还能够发用吗？孔、孟、荀，易、老、庄，管、孙、韩，的确是我们伟大的思想家，是我们的骄傲，是我们民族的荣誉，是中华文化的经典之源，但他们是我们的,也是整个人类的,如果我们仅仅视为自己的"国粹",不是太小气了吗?况且学术思想就是学术思想,哲学就是哲学,作为文明体国家,那都是题义之中的事情,无非你有我也有,我的和你的"心理攸同",思想的理性表现形态却不相同——何"粹"之有。

所以,自太炎先生开始,中国早期谈"国粹"的学人,已经悄悄把"国粹"的内涵置换成与中国传统更相吻合的内容。章太炎的语言文字、典章制度、人物事迹"国粹"三项说,已经不能简单用民族精神或中国的无形精神来范围,与其称这三项为"国粹",不如叫"国故"更为恰当。事实正是如此,章太炎最喜欢的语词是"国故",而非"国粹"。所以他自己颇看重的一本书是《国故论衡》,而没有叫《国粹论衡》。"国粹"一词来到中国以后,如同明以后的儒学,走的是下行路线(余英时先生的观点),其精神价值层面逐渐淡薄,物化的价值大大提升。这就是为什么许地山尽量想举一些可以称作"国粹"的例证,却只举出书画、雕刻、丝织品、纸、筷子、豆腐等少数几项的原因。而吴稚晖则说:"这国故的臭东西,他本同小老婆、吸鸦片相依为命。"此本不学之诳语,不作数,但思考的方向,是下行而不是往精神层面走应是事实。如今有把京剧、中医、国画作为我们的"三大国粹"的流行说法,也体现了同样的意思。当然京剧、中医、国画这三项,我想是可以叫作国粹的。也可以再加上中国功夫。这样看来,许地山也许说对了,是否活着还真的是构成"国粹"的一个要件。光是作为遗产保存的文物，比如甲骨文、青铜器、秦砖、汉简、兵马俑、宋版书、武则天墓，还真的没有人叫他们"国粹"。

八、国学与国故

现在来说"国故"。这是章太炎先生发明的概念，解释起来比"国粹"、"国学"都容易。易言之，我们中国、中华民族所有过去时代的典故和故事，都可以叫作国故。典故和故事有口头的，有纸面上的，当然纸面上的多。所以谈国故离不开文字。太炎先生是货真价实的文字学家，他最有资格谈国故。可是国故这个词，现在也几乎不用了。你听哪一位以传统资源作为研究对象的从业人员，自称自己是研究国故的。其实章太炎先生也没有向别人说他是研究国故的，而是纸面行文，他选择了这个特殊的词汇。

所以传扬开，是由于两个特别的契机：一是1919年年初，傅斯年办的《新潮》出刊后，刘师培办了一个旨趣相异的《国故》月刊，两刊就国故问题展开过讨论，傅斯年、毛子水一起上阵；二是1920年胡适在他那篇纲领式的文章《新思潮的意义》里响亮地提出："我们对于旧有的学术思想，积极的只有一个主张，——就是'整理国故'。"他说：

这叫作"整理国故"。现在许多人自己不懂得国粹是什么东西，却偏要高谈"保存国粹"。林琴南先生做文章论古文之不当废，他说，"吾知其理而不能言其所以然！"

> 现在许多国粹党，有几个不是这样糊涂懵懂的？这种人如何配谈国粹？若要知道什么是国粹，什么是国渣，先须要用评判的态度，科学的精神，去做一番整理国故的工夫。①

试想胡适在五四过后的新文化运动的当口，是何等权威地位，他这样睥睨一切地大叫大嚷，能不发生影响么？何况两年之后北大国学门就成立了，"整理国故"成为国学门的基本旨趣。

胡适不同于章太炎的地方，是他明确提出了用科学的方法"整理国故"的口号。但对太炎先生，他不忘给予尊礼。他说："自从章太炎著了一本《国故论衡》之后，这'国故'的名词，于是成立。"②顾颉刚也说："整理国故的呼声倡始于太炎先生，而上轨道的进行则发轫于适之先生的具体的计划。"③

尽管如此，上世纪二十年代还是因了"国故"两字而有许多讨论，单是许啸天编的《国故学讨论集》，就有足足的三册。大家一致的看法是，国故就是我们以往历史文化的那些东西，对国故进行研究，就是国故学，也可以简称为国学。如同胡适在《国学季刊》的"发刊宣言"中所说：

> "国学"在我们心眼里，只是"国故学"的缩写。

---

① 胡适：《胡适全集》第1卷，安徽教育出版社2003年版，第699页。
② 胡适：《"研究国故"的方法》，季羡林编：《胡适全集》第13卷，第43—46页。
③ 《古史辨》第一册自序。

> 中国的一切过去的文化历史，都是我们的"国故"；研究这一切过去的历史文化的学问，就是"国故学"，省称为"国学"。①

胡适之先生果然讲的明白，我想我们对国学这一概念的义涵，完全可以达成一致了。

九、国学与现代学术分科

但事情还没有那样简单。当我们探讨国学的时候，有一个问题时时伴随着我们不肯离去，这就是国学和现代学术分科的关系问题。正是鉴于此，百年以还对国学的概念提出置疑的学人亦复不少。最具代表性的是何炳松先生，1929 年他发表的《论所谓"国学"》一文，提出的口号是："中国人一致起来推翻乌烟瘴气的国学！"理由有四：一、来历不明；二、界限不清；三、违反现代科学的分析精神；四、以一团糟的态度对待本国的学术。何炳松讲的要推翻国学的这"四大理由"，能否都站得住脚，是另一个问题，我们不妨先看两段他的论述文字，然后再作价值判断。

第一段文字：

> 我们知道德国对于世界学术上最大的贡献是科学和史

---

① 胡适：《胡适全集》第 2 卷，安徽教育出版社 2003 年版，第 7 页。

学，法国对于世界学术上最大的贡献是文学和哲学，美国对于世界学术上最大的贡献是各种新的社会科学，英国对于世界学术上最大的贡献是文学、经济学和政治学，日本对于世界学术上最大的贡献是东洋的史地学。他们对于世界的学术都是各有贡献，但是他们都绝对没有什么国学。我们试问自己既然自命有一种国学，那末中国国学的特质是什么？他的真价值究竟怎样？他们对世界学术究竟曾经有过一种什么贡献？假使我们自问对于中国国学的特质、价值，和他们对于世界学术的贡献，我们都一点不知道，那末所谓国学究竟是什么东西？[①]

第二段文字：

我们研究史学的人，为什么不愿专心去研究中国的史学，而要研究国学？我们研究文学的人，为什么不愿专心去研究中国的文学，而要研究国学？我们研究哲学的人，为什么不愿专心去研究中国的哲学，而要研究国学？我们研究天算的人，为什么不愿专心去研究中国的天文和算学，而要研究国学？我们当现在分工制度和分析方法都极发达的时代，是否还想要做一个"大坛场"上的"万物皆备于我"的朱熹？中国的史学还不够我们的研究么？史学家我们不

---

① 《何炳松文集》第 2 卷，商务印书馆 1997 年版，第 382 页。

屑屈就么？中国的文学还不够我们的研究么？文学家我们
不屑屈就么？中国的哲学还不够我们的研究么？哲学家我
们不屑屈就么？中国的天文算学还不够我们的研究么？天
文学家算学家我们不屑屈就么？[①]

何炳松上述第一段文字，意在探讨国学与世界各国学术的互动
问题。既然德、法、美、英等学术发达并且对世界学术有过重
要贡献的国家，他们都不以本国学问笼统自命，该是哪一学科
领域的贡献就是哪一学科领域的贡献，哲学就是哲学，史学就
是史学，文学就是文学，经济学就是经济学，政治学就是政治学，
科学就是科学，我们却以一个国学概括自己的全部学术，何炳
松认为"在现今科学昌明的时代，决不容许的"。他当然说的
有些绝对，但基本义涵不见得全无道理。

　　世界各国的学术，其为"学"，是相通的，甚至是相同
的，不同的是完成"学"的方法、途径和形态。中国哲学和
德国、法国以及英国的哲学，研究对象和试图解决的问题，
都离不开人、生命、宇宙、自然秩序，都想深入到"玄"或
曰"真际"的世界，并希望用玄理给出攸深的结论。中国哲
学的"近譬诸身"的讲求实际的特点，固然也，这在先秦儒
家那里表现得最为明显。但中国哲学也是从不回避对"玄
理"的探究的，这有《易》、《老》、《庄》"三玄"经典为证。

---

① 《何炳松文集》第 2 卷，商务印书馆 1997 年版，第 387 页。

朱熹哲学其实已经"玄"得可以了，他说的那个"理"，你能看得见摸得着吗？只不过还有些"拖泥带水"，在纯哲学家眼里还不够彻底而已。但中国哲学的论理形态又是与西方不同的，比如说中国先哲并不以追求体系为能事，而西方哲学恰恰需要体系化。但这丝毫不影响《易经》、老子、庄子、孔子、墨子，在世界哲学史上的地位。那么又何必用一个笼统的国学与人家各个学科相对应，而不是以哲学对哲学，文学对文学，史学对史学，然后加以比较研究，透过表现形态的"异"，寻找人类智慧结晶的"学"和"理"的大"同"呢。

何炳松的上引第二段文字，说的是现代学术分科的结果，已经使得国学独立义涵的应用性大为减弱。中国传统学术是经史子集"四部之学"，向现代学术转变以后，已为艺术、文学、史学、哲学诸学科所置换，总称作人文学科。中国古代原无社会科学，经济、法律等社会科学，民国以后才开始重建。现代社会国际间学术互动频繁，而学术互动都是分学科进行的，如果人家来的是哲学方面的代表人物，我们对之以国学，来的是史学或者文学团体，我们也对之以国学，岂非笑话。其实胡适当年在号召"整理国故"的时候就已经提出，要文学的归文学，哲学的归哲学，史学的归史学。因此对中国传统学问作分学科研究，比拢在一起的国学概念要切实得多。实际上也没有哪个现代学人以研究国学自许。假如你向一位研究古典文学或者哲学史或者历史学的学者发问，请教他如今治何学，他大约连古

典文学、哲学史、历史学这些现成的概念都不轻易用，而是更
具体的或唐代文学或明清小说，以及宋明理学或晚清诸子学，
乃至宋史、明史、清史等等，已经自己觉得不免空阔。他绝对
不敢说，他老先生是研究国学的。如果他讲了，你即使不会被
吓着，也会蓦地一惊。

　　国学这一概念其实是有局限的，我们使用的时候，需要
小心小心，切不可你也国学，我也国学，大家彼此一下子热起
来，更不要花费心思去选举"国学大师"。我们晚学不敢与闻
是自然的，我们的长辈恐怕也会望而却步。"国学大师"的名
号，不是谁都可以接过来的，二十世纪至今这一百年，能够荣
此称号者，除了章太炎和他的弟子黄侃（还可以加上王国维），
惟钱宾四、张舜徽足以当之。鲁迅诚然是大作家、大学者，但
如果你尊他为国学大师，他会站起来骂你一通。钱锺书先生，
我们都认为他的学问着实了得，可是你要称他为国学大师，他
肯定不会接受。还不是谦虚不谦虚的问题，很可能他并不认为
这是一项荣誉。即使陈寅恪，还是径直称他为史学家更为恰当。
九十年代初，百花洲出版社有《国学大师丛书》的拟议，来京
约请部分涉足传统学问领域的学人座谈，我当时就觉得名单开
列得过宽，鲁迅、蔡元培、贺麟、林语堂、张元济、欧阳渐，
都算作国学大师了。这些人当然都是了不起的大家，可就是不
宜于称他们为国学大师。盖国学有宽窄两重义涵，宽的就是胡
适所说的，凡研究一切过去历史文化的学问，就是"国故学"，
也就可以简称为国学。后来大家普遍接受的国学就是中国传统

学术的说法，其实也是比较宽的义涵。国学的窄一些的义涵，应与经学和小学联系在一起。不通经学，不明小学，国学大师的称号宜乎与其无缘。

曹聚仁在分疏二十年代的国学的时候，曾把北大国学门和无锡与上海的国学专修馆区以别之，他写道："国学之为物，名虽为一，实则为三。北京国学研究所之国学，'赛先生'之国学也。无锡之国学专修馆，冬烘先生之国学也。上海之国学专修馆，神怪先生之国学也。三者在理决无合作之余地，吾辈认明商标，庶不致误。"①他对上海、无锡两地国学专修馆的谥语，也许有偏，因而不足为据，但说北大国学门的国学是"赛先生"的国学，即科学的国学，是完全没有错的。我们今天是否已经发生了与"赛先生"成截然反对的国学，限于闻见，我无法判断，但如果国学"热"得失却章法，乱了方寸，预期"神怪"、"冬烘"之"国学"一定不会出现，则我不敢必也。引曹不必尽信曹，前朝历史，去之未远，诚之可耳。

十、"国学"立名的考察

国学是一个历史的概念。清末民初，二十世纪头一二十年，东西方文化冲突剧烈，传统和现代的整合漫无头绪，当时第一流的知识人士如章太炎如梁启超如胡适之，遂倡国学以激发种性的文化自觉，以至于北大、清华我国现代学术的重镇也起来

① 《国故学之意义与价值》，许啸天编《国故学讨论集》第一集，群学社，1927，页85。

推动。他们这样做是有充分理由的，历史作用早已昭然于当时后世。

现代的学科划分和学术分类是越来越细了，一个人能够在某个单独细小的子门类里做出学术贡献，就已经很不错了，哪里还能够真正做到明小学而且通四部。不仅不能，甚至也不一定需要。现代科学知识和东西方多元文明的吸取，仍然是青少年进学的基本需要。本民族传统文化资源的掌握自然必不可少，但中国传统文化和文化传统的概念，或两者加起来的中国文化的概念，比国学要开阔明朗得多。我们要把国学和传统文化区别开来，这是两个不同的概念。我们讲中国文化的特质，世界各个地方的朋友都喜欢听愿意看，也看得明白听得懂。但一笼统地讲国学，人家就懵懂了。

钱穆先生在他的著名的《国学概论》中，第一篇第一句话就说：

> 学术本无国界。国学一名，前既无承，将来亦恐不立。特为一时代的名词。[1]

可以被称作国学大师的钱宾四先生，都说国学这个名词是一个有时代性的名词，历史渊源既无从承继，将来恐怕也就难以成立。他说得再明白不过，像胡适给国学下的定义一样明白无误。

---

[1] 钱穆：《国学概论》"弁言"，商务印书馆 1977 年版。

不过，说国学的名称将来恐难以成立，未免太过于悲观。名称
还是能够成立的，问题在于赋于名称以什么样的内涵。

不仅钱穆先生，还有一位我本人敬之为二十世纪最大的儒
者，其为学的本我境界让梁漱溟、熊十力稍逊一筹的马一浮，
也持有与钱穆近似的看法。马先生深于玄言义理，讲求立身本
末，论学不入讲舍，儒佛兼通。蔡元培1916年请他到北大任
文科学长一职，他谢绝了。但抗战时期，国家处于危难之中，
他不得已应浙江大学校长竺可桢的邀请，先后在江西泰和、广
西宜山开国学讲座，阐扬"六艺之学"。《泰和宜山会语》一书，
就是他在两地讲论的结晶。

因所立之名叫"国学讲座"，所以讲论伊始，马一浮便先
对国学的概念作了诠释。他说：

> 国学这个名词，如今国人已使用惯了，其实不甚恰当。
> 照旧时用国学为名者，即是国立大学之称。今人以吾国固
> 有的学术名为国学，意思是别于外国学术之谓。此名为依
> 他起，严格说来，本不可用。今为随顺时人语，故暂不改
> 立名目。然即依固有学术为解，所含之义亦太觉广泛笼统，
> 使人闻之，不知所指为何种学术。[1]

马一浮先生同样说得再明白不过，即国学在他看来是一笼统不

---

[1]《马一浮集》第一册，浙江古籍出版社1996年版，第9页。

明确的概念，而且此一概念的产生是"依他起"，因此马先生连续给定了两个否定语词，一曰"不甚恰当"，二曰"本不可用"。这并不难理解，因为国学所"依"的那个"他"，是变化着的，"他"变化了，国学这个概念势必随之发生变化。马一浮先生对我国传统学术的名理以及佛学的义理，有极深湛的造诣，解一词名一物，都能从学理上疏证得令人信服。

果如马一浮先生所言，如今国学所依的那个"他"，即外国的学术早已发生不知凡几的变化，中国固有学术和中国传统文化，也已经在现代诠释中获得新的生命。国际间的学术文化的交流互动到了一个全新的时期。学术乃天下之公器的理念，从来没有像现在这样获得几乎全世界学界人士的认同。钱锺书先生喜欢的话语是："东海西海，心理攸同；南学北学，道术未裂。"言内之意也是表述的此情此理。

总之国学这一概念，是当我国近现代历史转型时期应时而生的一个特指名词，是"一时代的名词"（钱穆），甚至是"不甚恰当"的名词（马一浮）。如今历史已进入二十一世纪，我们在扬榷古今、斟酌中西、权衡利弊之后，主张"广泛笼统"的"国学"应该慎用。换言之，我们在新的历史文化背景下，须赋于国学以新的内涵。区区之意，尚待明学之君子正之。

十一、我的设想

不过在结束此长文的时候，我想提出一项建构国家未来学术以及文化教育大厦的设想。这就是学术界和致力于传统资源研究的从业人员，在使用国学的概念的时候，应该审慎，至少不应泛化和笼统化，尤其不应该把国学和整个历史文化混为一谈，也不必将国学等同于文史哲诸人文学科的综合。

我认为马一浮先生对国学的解释最符合国学的本义。他说国学就是"六艺之学"，即关于《诗》、《书》、《礼》、《乐》、《易》、《春秋》"六经"的学问。六经为超越于各人文学科之上的最高的学术经典，是中国文化最高的形态，是吾国人精神义理的原初结晶，是千百年来入于教、化于人的宝典而常读常新。因此我建议小学生的课程设置，应增加国学一科，名称就叫作"国学"，逐渐变成中小学生必修的一门课程。内容以"六艺"的义理为主，就是孔门之教。"六经"虽难读，但可以从《论语》入手。因为孔子讲的思想和"六经"是一致的。实际上"六经"都经过孔子的删订，甚至《春秋》相传即为孔子所作，所谓"孔子作《春秋》，乱臣贼子惧"。当然入于小学的课本，采择应该精要，注释宜于简明，不妨以白文为主。这样将来终会有一天，所有中国人的知识结构里面，都会有我们华夏民族最高端的文本经典为之奠基，使之成为中华儿女的文化识别符号。

马一浮岂不云乎："国学者，即是六艺之学。"

2006 年 10 月 15 日凌晨 2 点竣稿

原刊《中国文化》2006 年秋季号，同年 10 月 23 日《21 世纪经济报道》以《国学缘起：民族的回望与内省》为题予以连载

第八章　国学辨义

一、何谓国学

讨论国学，首在辨义。

到底何为国学？胡适说："自从章太炎著了一本《国故论衡》之后，这'国故'的名词，于是成立。"[1] 又说："'国学'在我们心眼里，只是'国故学'的缩写。中国的一切过去的文化历史，都是我们的'国故'；研究这一切过去的历史文化的学问，就是'国故学'，省称为'国学'。"[2] 这是胡适给国学下的定义。他把国学等同于国故学。问题是这个定义能不能成立？如果成立，则举凡研究一切过去历史文化的学问，都是国学。但历史文化这一概念所包含的内容未免太庞杂，哲学、法律、

---

[1] 胡适:《"研究国故"的方法》，季羡林编:《胡适全集》第 13 卷，第 43—46 页。

[2] 胡适:《〈国学季刊〉发刊宣言》，季羡林编:《胡适全集》第 2 卷，安徽教育出版社 2003 年版，第 7 页。

宗教、艺术、文学、语言、文字、风俗、习惯、礼仪、制度、工艺、服饰等等，都可以囊括在内。对所有这些内容的研究都可以叫做国学吗？胡适的定义，外延过于宽泛，内涵不够确定，所以没有被广为采纳。

后来大家比较一致接受的定义，是把国学和我国的固有学术直接联系在一起。以此，钱宾四先生《国学概论》之弁言提出："用意在使学者得识二千年来本国学术思想界流转变迁之大事，以培养其适应启新的机运之能力。"马一浮先生抗战期间在江西泰和讲国学，开宗明义也标示："今人以吾国固有的学术名为国学。"① 这已经是给定的与胡适不同的国学定义了。相当长时间以来，学界使用的事实上是后一个定义。不难看出，只就这两个定义所涵蕴的范围而言，国学概念的界定，已经经历了内涵收缩的过程。

盖一个概念的成立，其涵义不应过宽过泛，否则将造成概念的流失。因此之故，马一浮又给出了国学的新的定义。他认为定义国学为固有学术，内涵仍失之于宽泛笼统，仍然不容易把握，使人不明白是何种学术。所以他提出："今楷定国学者，即是六艺之学，用此代表一切固有学术，广大精微，无所不备。"② 也就是说，马一浮先生认为，所谓国学，就是"六艺之学"。"楷定"一词是佛家用语，马先生说："每下一义，须有法式，谓

---

① 马一浮：《泰和宜山会语·泰和会语》，《马一浮集》第一册，第9页。
② 同上，第10页。

之楷定。"^① 所以马一浮给出的国学即"六艺之学"的定义，态度既俨然郑重，学理意味也极深厚，惜时人未予重视耳。

"六艺"亦称"六经"，就是经孔子删订的六门原初经典，包括《诗》、《书》、《礼》、《乐》、《易》、《春秋》。我国学术的源头即在于此，中华文化的原典精神亦出于此。《乐经》不传，但《礼记》中有《乐记》一篇，其内容似尚可为继。其他"五经"的现存文本，中经秦火，除《周易》外，很难说与孔子手订旧稿为同一物（孔子所删订主要为《诗》、《书》、《礼》、《乐》）。但"六艺"文献的原真性质和原典精神，终无可疑。我们今天讲国学，重要的一点是回归"六经"。至于"六艺"在国人的精神世界可能发生的作用，《礼记·经解》引用孔子的话，有如下的概括："其为人也，温柔、敦厚，《诗》教也；疏通、知远，《书》教也；广博、易良，《乐》教也；絜静、精微，《易》教也；恭俭、庄敬，《礼》教也；属辞、比事，《春秋》教也。"概括的固是"六艺"本身的精神旨趣，但也都关乎生之为人所必须具备的各种修养和品德。换言之，"温柔敦厚"是人的品性，"疏通知远"是人的学识，"广博易良"是人的和乐，"絜静精微"是人的玄思，"恭俭庄敬"是人的礼敬，"属辞比事"是人的正见。《庄子·天下篇》解"六艺"又曰："《诗》以道志，《书》以道事，《礼》以道行，《乐》以道和，《易》以道阴阳，《春秋》以道名分。"马一浮先生认为上述孔、庄两

---

① 马一浮：《泰和宜山会语·泰和会语》，《马一浮集》第一册，第10页。

家对"六艺"的解释，简明而得其宗趣。

马一浮还说："有六艺之教，斯有六艺之人。故孔子之言是以人说，庄子之言是以道说。《论语》曰：'人能弘道，非道弘人。'道即六艺之道，人即六艺之人。"[①]从今天的角度言之，我们作为现代人，尽管为各种闻见的知识所包围，可是我们的精神血脉里亦不可没有"六艺之道"。而虽为现代人，又何妨也是受过"六艺"熏陶的"六艺之人"。所谓"六艺之人"，就是人的自性和"六艺之道"融而为一。长期受"六艺"熏陶濡染，可以使"六艺之道"回归人的性自体。因此在马先生看来，"六艺之教"应该成为中国人文化传承的精神血脉，如果条件具备，不排除也有可能成为人类的共同精神资源，使蒙尘已久的人类，革除习气，变化气质，复归本然之善。

马一浮先生是迄今最重视"六艺之学"的现代学者，当然也是将中华文化的最高典范"六艺"楷定为国学的现代学者。

由此可见，百年以来我们已经有过三个关于国学的定义：一是指国学为国故学，二是国学为我国固有学术，三是国学为"六艺之学"。比较起来，我个人更倾向于第三个定义，即马一浮提出的国学是"六艺之学"，这个定义能够准确地反映国学的基本义涵，也更容易与现代人的精神世界相连接。这是完全可以与东西方任何一国的学术区别开来的原初学术典范，是我国独生独创独有的民族文化的自性之原，同时也是中华学术的

---

① 马一浮：《泰和宜山会语·泰和会语》，《马一浮集》第一册，第11页。

义理渊薮。既可以为道，又可以为教，又可以育人。章学诚岂不云乎："六经之于典籍也，犹天之有日月也。"[1] 熊十力也说过："六经为中国文化与学术思想之根源，晚周诸子百家皆出于是，中国人作人与立国之特殊精神实在六经。"[2] 熊、马学术思想各有取径，但他们对"六经"的看法，属于"异"中之"同"者。马一浮也曾说过："六艺之教固是中国至高特殊之文化。"[3] 与熊的看法完全相通。

当然，研习"六艺之学"，需要有一定"小学"的根底，即要懂文字、音韵、训诂。也就是清儒说的，读书必先识字。所以经学和小学，应该是构成国学的两根基本支柱。所以我一再说，如果不懂经学，不明小学，便无法与国学结缘。而决不是背几首唐诗，念几篇古文，看过《三国演义》，读过《红楼梦》，就可以沾边国学。古诗文词，那是另外的修养，兹不具论。

二、国学和西学

我们现在所使用的国学的概念，实发生于晚清。至少梁启超和黄遵宪 1902 年的通信中，就已经使用国学一词了，但还不一定是最早。不久前看到余英时先生在"中研院"院士

---

[1] 《文史通义·答客问中》，叶瑛校注：《文史通义校注》，中华书局 2014 年版，第 441 页。

[2] 熊十力：《论六经》，《论六经·中国历史讲话》，中国人民大学出版社 2006 年版，第 104 页。

[3] 马一浮：《泰和宜山会语·泰和会语》，《马一浮集》第一册，第 23 页。

会议上的演讲，他说国学这个概念系由日本传来。"国粹"一词来自东瀛，拙《论国学》考订甚详，兹不重复。国学是否也是舶来品，相信英特先生自有依据。但英时先生提示的重要性在于，等于重新认定了国学是现代学术的概念，而绝非"古已有之"。

可是中国古代的典籍文献中，又确确实实有"国学"这个名词。例如《周礼·春官·乐师》里有"乐师掌国学之政，以教国子小舞"的记载。《文选》卷十六潘岳《闲居赋》李善注引晋人郭缘生《述征记》也有："国学在辟雍东北五里，太学在国学东二百步。"又引《尔雅》："国学教胄子，太学招贤良。太学在国学东。"另《唐大诏令集》所载《令蕃客国子监观礼教敕》亦云："夫国学者，立教之本。"这类记载上起先秦两汉下迄魏晋唐宋的典籍里多有。但这些文献记载里的"国学"一词，都是指国立学校的意思。也就是马一浮所说的："照旧时用国学为名者，即是国立大学之称。"[①]而现代国学的概念，则纯然是由于西学的传入，相比较之下才有此一新的语汇。这就如同中国文化，秦汉、魏晋、唐宋迄于明朝，何来"中国文化"这个名称？中国文化的内容内涵历史渊源，当然有而且富，但这个词这个概念本身原来却不曾有。晚清西方文化大规模进入中土，欧风美雨狂袭而至，知识人士重新检讨自己的传统，才有中国文化的概念的提出，用以和西方文化对比为说。"国学"

---

① 马一浮：《泰和宜山会语·泰和会语》，《马一浮集》第一册，第9页。

一词虽为旧有，内涵却迥然有别。也可以说，如果没有西学在清季的流行，国学的概念根本就不会以学术科目的面目出现。所以马一浮说国学是"依他起"，"意思是别于外国学术之谓"①，不愧为学理明通之见。

我们还可以梁任公1902至1904年撰写的《论中国学术思想变迁之大势》为例，旁证这一点。其最后一节写道："近顷悲观者流，见新学小生之吐弃国学，惧国学之从此而消灭。吾不此之惧也。但使外学之输入者果昌，则其间接之影响，必使吾国学别添活气，吾敢断言也。"②其将"国学"与"外学"与"新学"相对应，这和将国学与西学并立相应，是同一机杼。今天探讨国学问题，首先须要别择、区分、厘清国学的这一品格，即把现代国学的取义和古代的"国学"一名，严格地、毫不含混地区分开来，否则便一部十七史不知从何说起。

我所以特别强调此点，是因为相混淆的情形已经发生了。前些时，在2008年6月24日《文汇报》上，看到张汝伦先生一篇题为《国学与当代世界》的文章，其中援引据称是朱熹的一段涉及国学的文字，并作如下评述："说'国学''前既无承'也不妥当，朱熹就已说过：'国学者，圣贤之学也，仲尼、孟轲之学也，尧、舜、文、武、周公之学也。'只不过'国学'只是偶然为他提及，而未成为一个普遍流行的名词而已。"张

---

① 马一浮：《泰和宜山会语·泰和会语》，《马一浮集》第一册，第9页。
② 《中国现代学术经典·梁启超卷》，河北教育出版社1996年版，第120页。

文所谓"前既无承"云云，是钱穆先生的观点。钱穆在《国学概论》的卷首曾说："国学一名，前既无承，将来亦恐不立。"国学这个概念将来是否能够成立，显然是可以讨论的问题，汝伦先生尽可以畅述己见。但钱穆说国学一名"前既无承"，这是历史的全相本真，吾未见此前有任何学人提出过置疑。

然则张汝伦先生引来朱熹的一段话，是否就能够证明现代国学的概念是"古已有之"或"前既有承"？其实朱子笔下出现"国学"一词，例证正多。如《朱子文集》卷十七"备据国学进士唐季渊等状"、卷二十"因建书院，买田以给生徒，立师以掌教导，号为国学"、卷二十二"张世亨、刘师舆、进士张邦献、待补国学生黄澄四名出米赈济"、卷六十八"其有秀异者，移于乡学；乡学之秀，移于国学"、卷八十六"江南李氏因以为国学"、卷八十六"孝伯，国学进士"等，也都是国立学校之义。我取的是简引法，只凸现国学二字，但于文意无损。另外朱熹《四书章句集注》注《孟子·滕文公章句上》，在"夏曰校，殷曰序，周曰庠，学则三代共之，皆所以明人伦也，人伦明于上，小民亲于下"句下注曰："庠以养老为义，校以教民为义，序以习射为义，皆乡学也。学，国学也。共之，无异名也。"无论是"校"是"序"是"庠"，指的都是"国学"，即国家所属的教育机构。张文所引朱子语，我百查而不得，请朋友电脑搜索也未果。后承友人陈斐先生见告，张文所引并非朱子语，而是一位名朱宗熹的民国人士所言，曹聚仁刊于 1923 年 5 月 29 日《民国日报》上的《审订国学之反响》一文，引用了该朱宗熹氏的一封来信，此语即出自此信中。走笔至此，特向陈斐先生致谢。然则汝伦先生是将近人误为古人了。

"西学"在欧美西方世界也是一不存在的名词，完全是明清以还中国知识人士"重新发现"西方的一个发明。1898年张之洞发表《劝学篇》，提出"旧学为体，新学为用"，后来梁启超转引成为"中学为体，西学为用"，这里的"旧学"和"中学"，就相当于胡适最初概括的国学即国故学的义涵。"旧学"、"中学"、"国故学"、"国学"、"西学"，共同的毛病都是太宽泛笼统。所以百年以来使用的情形已发生极大的变化。"旧学"偶尔还用，"中学"已完全弃置不用。为何？笼统故也。国学就是国故学之说，也是因为太笼统，后来才有了经过分疏的国学定义，即国学指中国固有学术。但固有学术也还嫌宽泛笼统，于是精通儒佛义理的马一浮先生，重定"六艺之学"为国学的确指内涵。应该说，这是马先生的一大学术发明，惜时人未予重视耳。

"西学"这个名词虽未经学理分疏，但随着内涵和使用语境的变迁，跟初起之时早已义不同周。现在使用西学一词，对一般人文学者而言，主要体现为一种学问根底，包括英文等外域文字的掌握，德、法、英、意、美等国家的历史、文化、哲学、宗教、艺术的知识累积。还没见过一个学人称自己是研究西学的，如同也没见有人说自己是研究国学的一样。何兆武先生是人们熟识的学术大家，可是他对这一类问题另有看法。他一次对我说：他不赞成"中学"、"西学"的提法，所以也不赞成所谓的"国学"。每个国家都有"国学",都要去宣扬它的国学吗？马克思是哪国学？他本人是德国人，但著作却是在英国写的，它应该属于"英学"还是"德学"？我同意这样的说法，真理是放之四海而皆准的，不应该戴中学、西学、国学这种帽子。何兆武先生的西学根柢世无异词，他对中学、西学以及国学的看法，我个人虽亦未必完全赞同，但资深学者的反思不见得没有一定的参酌价值。

三、王国维、陈寅恪如何看学问的中西

其实一百年前，王国维就说过："学无中西也。"而且说："中国今日实无学之患，而非中学西学偏重之患。"还说："京师号学问渊薮，而通达诚笃之旧学家，屈十指以计之，不能满也。其治西学者，不过为羔雁禽犊之资，其能贯串精博终身以之如旧学家者，更难举其一二。风会否塞，习尚荒落非一日矣。"[1]然则百年后的今天，我们是否敢于说，现在已经不是"无学之患"，而是"中学西学偏重之患"？吾未敢必也。连今日之京师，"旧学家"和"西学家"的数量是否已多于百年前，吾亦未敢必也。

如果沿用静安先生的限制词，在旧学家前面加上"通达诚笃"四字，在西学家前加"贯串精博终身以之"的定语，则我又敢必矣——绝赶不上百年前的京师。甚至，我们现在的京师，还能否以"学问渊薮"称命，已然成一问题。兹还有一例，北

---

[1] 《〈国学丛刊〉序》，《王国维遗书》第四册之《观堂别集》卷四，第8页。

伐后罗家伦掌校清华，前去看望陈寅恪先生，并以所辑之《科学与玄学》相赠。寅恪先生口述一联："不通家法科学玄学，语无伦次中文西文。"上联义显，可不置论，其下联的"中文西文"，我以为是就中国文化和西方文化为说。实际上博雅如义宁，也是不以大而无当的文化中西为然的。当然学术思想是文化之幽深潜邃部分，不可与一般所谓文化划等号。文化的中西之说，喧嚣纷扰百有余年而终无结果者，就在此说过于笼统而不切于事情。

陈寅恪一生标举圣人"有教无类"之义，以文化高于种族的学说，化解胡汉，化解华夷，自然也可以化解吾人所谓之"中西"。其向罗氏所赠联，殆非出于学理之自然欤？虽然，一国有一国之文化，一族有一族之文化，异说固然异是，而同说，毕竟都是人类的文化，未尝不有尚同之一面。否则学者多有共识的比较文化学所谓"跨文化沟通"，岂不成了虚说呓语？就更不要说学问的研究方法的相互比较参证的必要了。

静安先生的《〈国学丛刊〉序》还有下面的话，亦值得我们深长思之。

特余所谓中学，非世之君子所谓中学；所谓西学，非今日学校所授之西学而已。治《毛诗》、《尔雅》者，不能不通天文、博物诸学；而治博物学者，苟质以《诗》《骚》草木之名状而不知焉，则于此学固未为善。必如西人之推算日食，证梁虞邝、唐一行之说，以明《竹书记年》之非伪；由《大唐西域记》以发见释迦之支墓，斯为得矣。故一学既兴，他学自从之。此由学问之事本无中西，彼鳃鳃焉虑二者之不能并立者，真不知世间有学问事者矣。①

何以我们古人的学术成果非要待西土的学说来证明？静安岂非重西轻中乎？自然非此。而是人类在面对共同的宇宙与社会人生的疑难问题时，其探索解决的办法，常有不约而同的奇思妙想，也就是其为学也，所探讨的真理应该是一个，只不过途径和形式容或不同罢了。也就是《易·系辞》引孔子的话所说："天下何思何虑？天下同归而殊途，一致而百虑。"所以，当寅恪先生把静安为学之方法概括为三目的时候，除地下实物和纸上遗文互相释证一目，其余两目，即取异族之故书与我国旧籍互相补正，取外来的观念与固有的材料互相参证，均与西学有关。

如果有人提出问题：我中华五千年文明，吾国学术自有传统，何以我们现代学术大家的研究，还要取资外域的典籍和学术观念？我只能用上引静安先生的话回答："此由学问之事本无中西，彼鳃鳃焉虑二者之不能并立者，真不知世间有学问事者矣。"可是我们现在的许多学术中人，已经痛感当今的中国是中西学问"偏重之患"了。其实学问研究，只要精深有创获

---

① 《〈国学丛刊〉序》，《王国维遗书》第四册之《观堂别集》卷四，第8页。

就好，无所谓偏重不偏重。中国学问研究得精深固然好，外国学问研究得精深同样好。因为无论从数量还是从质量上看，中国学人中还是研究中国学问的多而且成果明显。相比之下研究域外之学的少之又少，这与今天我国在世界上的地位以及国际间的交往对话的需求很不相称。

四、国学和分科

国学和现代学术分科问题，始终是探讨国学不能绕开的问题。胡适不是说国学就是国故学的省称吗？但他同时也说，用科学的方法整理国故，就是文学的归文学，史学的归史学，哲学的归哲学。文史哲已经化分为三科，那么国学属于哪一科？所以提倡国学最力的朋友，不得不向现代学术分科发出置疑。也许张汝伦先生是置疑行列里最强烈的一位。他在刊于《文汇报》的文章中写道："近代以来，我们在接受西方现代的学术分科的同时，也逐步接受了与之相应的僵硬的学科壁垒，以为文史哲是完全不同的三种学科，没有贯通研究的可能。"

文史哲分为三种学科，就会形成"僵硬的学科壁垒"，致使贯通研究成为不可能吗？

文史哲不分家，是就一个具体学人的学养和知识结构说的。作为研究对象，它们还是要分开的。二十世纪中国现代学术之文学的、史学的、哲学的各专业领域的研究，可以说是硕果累累，现代学术分科与有功焉。所谓如果坚持用学科区分来看待研究对象，就会导致对希罗多德和修昔底德及其著作，对索福克勒斯的悲剧《安提戈涅》，无法作政治学的、历史哲学的、美学的、思想史的、古典学的、社会学和法学的综合研究。我认为此种担心缺少学理和事实的依据。中文系的学人，就不能对《安提戈涅》作政治学和哲学的研究吗？历史专业的学人如果研究希罗多德和修昔底德，就不可以对之作哲学和伦理学的研究吗？莫非只有国学院的学人可以综合，其他系科的研究者就不能综合？事实上，分科后的文史哲学人，也必须有综合的学问根柢，这是人人都晓得的经验和道理。

张君还举中土载籍为例，说《汉书·艺文志》"也很难说它只是史学的文献而不是哲学的文献"。对文史学者来说，这是一个无意义的判断。岂止《汉志》，《左传》、《国语》、《史记》，哪个不既是历史著作，又是文学著作？张文还说："《庄子》显然既是哲学也是文学。可是，按照现代的学科区分，这些文本的有机意义被人为分割了。中文教授可能会对学生说，我只把《庄子》作为文学文本来研究，它的哲学思想可以去问哲学教授。而哲学教授同样会不管《庄子》的文字，而只管所谓的哲学。"我怀疑这些描绘更多是汝伦的想象之词。世间如果真的有这样的"中文教授"和"哲学教授"，则学术分科不仅不能代人受过，大学的聘师礼贤制度已然根本失去了准绳。所谓文本和文献的研究，无非是要对文本和文献进行分疏，打开来，拆开来，或者"分割"开来，作多角度的诠释，既分析，又综合。何止《庄子》，先秦诸家，孔、孟、荀、韩、老的著作，都有哲学的、思想的、文学的、美学的、语言学的多重义涵，文史哲各科谁可以得而专之？又岂止诸子，"四部"典籍，还不是文史学者和社会科学学者甚至自然科学学者共同取资研究的对象吗？退一步说，索性我们不作"现代的学科区分"，那么例如对《庄子》，我们又可能作怎样的研究呢？难道只能作笼统的"国学"的研究吗？

元稹和白居易的《新乐府》，当然是文学研究的对象，可是史学家陈寅恪恰好写出了《元白诗笺证稿》这样的史学的和文化社会学的著作。《柳如是别传》自然是史学著作，但所依据的资料反而以钱（谦益）、柳（如是）、陈（子龙）的诗文为主。"诗史互证"是史学的方法，也是文学的方法。这是文史哲的分又不分的特点。学科是分开的，但研究对象和取资的材料以及研究方法，显然又不必也不可能截然分开。学文学者可以不读哲学和历史吗？治史学者可以不熟悉哲学和文学吗？文史哲不分家，固然。但中国的学问传统，更主要是强调文史不分家，所以才有读书人家无人不晓的文史之学。老辈许多学人，例如缪钺、程千帆等，所精通者都是文史之学。而出文入史也就成了通常的为学次第。甚至还有源自东方朔的"文史足用"一说。文最简，史要深一层，经更深一层。经史高于文史。"哲"是被遗漏的，因为中国古代无哲学的名谓。说到底文史哲的分科不过是研究和知识整合的需要，总是分中有合，合中有分。但不分，以国学一科取而代之，又万万不可行。

何谓现代学术？何谓传统学术？我们可以给出很多分野，

作不同的界说。其中，重视学术分类应该是区别传统学术和现代学术的一个标志。我称王国维是中国现代学术的开山，原因之一是他对学术分类有充分的自觉。他曾说："今之世界，分业之世界也。一切学问，一切职事，无往而不需特别之技能，特别之教育。一习其事，终身以之。治一学者之不能使治他学，任一职者之不能使任他职，犹金工之不能使为木工，矢人之不能使为函人也。"① 又说："凡学问之事其可称科学以上者，必不可无系统。系统者何？立一统以分类是矣。分类之法，以系统而异。有人种学上之分类，有地理学上之分类，有历史上之分类。"② 拙著《中国现代学术要略》之第九章"传统学术向现代学术转变：通人之学和专家之学"③，专门探讨的就是此一问题。可以说，没有学术的现代分科就没有现代学术本身。对现代学术分科采取决绝的态度，我认为是非常危险的，因为它可以直接导致学术的倒退。

现代学术分科的代价自然不是没有，但分科主要带来的是学术进步这一点无论如何不能否定。弥补分科代价的方法，在学人是提倡厚植兼通，在学子是加强通识教育。也没有听说索性大家都回到前清以前，继续用四部标名，要求今天的学子必

---

① 王国维《教育小言十三则》，周锡山编校：《王国维集》第 4 册，中国社会科学出版社，2008 年，第 18 页。

② 王国维：《〈欧罗巴通史〉序》，周锡山编校：《王国维集》第 4 册，中国社会科学出版社，2008 年，第 473 页。

③ 生活·读书·新知三联书店，2008 年，第 103—109 页。

须通四部，窃以为这是天大的笑话。张汝伦先生说："中国传统的学术虽分经、史、子、集四部，但却要求学者能贯通这四部。在古代，只通一部或只治一部的人大概是没有人会承认其'有学'的。"这些大判断问题不少。即使传统社会，不通四部者也不在少数。中国古代的学科分类，最早是孔门德、言、政、文"四科"，《汉志》载刘向、刘歆父子标为《七略》，南朝阮孝绪分为《七录》，《隋志》始称"四部"。不论是"四科"抑或"七略"、"四部"，能通者也鲜矣。孔门弟子虽号称"皆异能之士"，其于"四科"，也是各有专长，如"德行"为颜渊、闵子骞，"政事"为冉有、季路，"言语"为宰我、子贡，"文学"则子游、子夏。然后是"问题生"一大堆，包括"师也辟，参也鲁，柴也愚，由也喭"等等。还没有一个能通"四科"。其实通四部的说法，是相当晚近的现代语文的说法。古代通儒多有，通四部则未也。故通儒不一定通四部。例如汉代列入《儒林传》的，是博士之学，即当日的经学专家。太史公、刘向、扬雄等，《汉书》里各自有专传，享受的是通儒的规格。但即使史迁、刘向、扬雄三大儒，和通四部也没有因缘。

我们不妨再以晚清以还的中国现代学术为例，本人虽然称那是乾嘉之后吾国学术的又一个高峰期，对一个个老师宿学的学养实绩赞美有加，但又有几人堪称通四部？我在《大师与传统》一文中说："古代的通儒，是通古今。现代的通儒，还要通中西。现代学者的所谓通，具体说包括三目：一是中西会通，这是二十世纪大师的共同特征；二是四部兼通，可以钱穆、张舜徽为代表；三是文史打通，陈寅恪、钱锺书的学术理念堪称典要。"语及兼通四部，我只举出了钱宾四、张舜徽两人，当然还应该包括章太炎，其他未可必也。真正说来，严（复）、康（有为）、梁（启超）、王（国维）、陈（寅恪）、胡（适）、蔡（元培）诸通儒，通则通矣，但所通在文史、在中西、在天人，而非在四部。细详通四部所悬置的鹄的未免过奢，准确地说，应该是学兼四部。但是，如果因为强调通人之学而贬低甚至抹煞现代学术学科分类的意义，也会陷入了学术史流变的严重误区。

现代学者的所谓通，主要不在于兼通四部，更主要是中西会通。一个国家的学术，如果离开了域外学术思想的参照与交流互动，自身的发展几乎是不可能的。还不简单是学术研究的分类问题，大学的学科建制也与此一问题息息相关。现在综合大学的文史哲各科大都单独立系立所，文学、哲学、历史三科系各有自己独立的渊源和师资力量。如果每个大学都设立国学研究院，那么和同一学校的文史哲各系科是什么关系？综合研究和分科研究的分工论不能构成正当理由。因为文学、哲学、史学领域的从业人员，也需要综合研究，也有成为通儒的学术追求。实际上凡以学术为职业者，不管何种类科，都是既需要专精，又需要会通。所谓国学"可以松动和消解由于现代学术分科产生的学术壁垒"，此义何解？是不是要根本取消大学文史哲等人文学的分类分科分系，而以国学一科系取代之？我虽不谋食于大学，亦不能不为大学忧也。

　　况且现在还是专家之学的时代，如果弃专业分工于不顾，大力推演所谓通人之学，势必凌虚蹈空，倡大言于天下，不知为学何似矣。我们的政学两界，本来有假大空的传统，难道欲以国学之名推波助澜乎？其实国学根柢好的学人，也未必就是通儒。也许恰好相反。如果泥于古而轻于今，只解释文句而不讨论问题，只知有中，不知有西，已是大大的不通。再将学术分科与通识教育对立起来，专家为专业所误，更是不通加上不通。

　　兹有一事，不能不予辨识。就是上个世纪二十年代的"国学流行"，特别是北大、清华的国学专门研究机构，到底因何而中断？人们不察，很容易以为是"由于国难而中断"，事实并非如此。北大国学门1922年成立，1927年停办，清华国学研究院1925年设立，1929年停办，并不是由于国难的原因。相反，1927至1937的十年间，正是我国各大学学术进入秩序状态的比较好的时期，许多成果都在这一时期出现。陈寅恪一生为学最稳定的时期，也是这十年。北大、清华两校国学专门研究机构的停办，非为他因，而是二十年代末、三十年代初两校的学科设置基本构建完成，文史哲各系科分工并立于当世，国学作为独立系科的位置遂发生动摇。

　　现在大学设立国学院，同样有此问题。或曰现在的国学院之设，意在培养通儒、培养国学大师。其不知通儒的造就与分科与否并无直接关联。国学大师百不一遇，那是时代知识系统与个人学养结构双重累积的结果，岂体制化的设计所能达致哉？

五、国学的"有用"和"无用"

国学有用吗？这要看对"用"如何理解。如果以能否推动现代化的建设，是不是有利于科学技术的发展，人们的生活质量可否因之而提升，环保意识可不可能因而增强，学术风气是否因此而变好，将这类指标作为衡量的标准，我可以肯定地说国学无此用。那么对于人文精神的建构，对于当代人伦理德行的提升，对现代背景下人类寻找迷失的精神家园，是不是有用呢？这要看对国学如何定义。如果定义为国故之学，那是专门从业人员整理研究的事情，于一般民众也不见得有直接的用处。如果定为为我国固有学术，那么进入此学术史领域的人就更少了。高深的专家之学，与普通大众何与？但如果定义为"六艺之学"，学理深了，但文献少了，而且有千年流行的"六经"的简要读本《论语》，人们可以通过各种方式直接阅读，也包括于丹的方式。这样的国学，当然有用。不仅有用，而且须臾不可离也。但其效果，也绝非速效，而是长期熏习陶冶培养，"百年树人"的事情，而且主要是见诸于从中小学开始的教育。

至于国学作为人文与社会科学从业人员的必要的学问根柢，其用处不言自明，无须赘论。就是其他领域以学问为职志的专业人员，包括对传统文化有兴趣的一般人士，如果有机会增益自己的国学知识和国学修养，也是有百益而无一害的。除此之外国学是不是还有其他更宏伟的用处？我就不得而知了。

但前面提到的《文汇报》上张汝伦先生的文章，却出人意表地提出了国学和人类命运的关系问题。兹事体大，转述怕违原意，兹抄录全部相关段落，以飨读者：

> 国学就是我们古人对他们面临的种种问题的思考和回答。其中有的只有历史价值，但也有的有永恒的价值，具有相当的现代相关性。人类今天生活在现代性危机之中，这个危机的最无可否认的表征就是人类第一次具有整体毁灭的可能，或用美国学者贾雷德·戴蒙德的话说："我们第一次面临全球崩溃的危机。"这并不仅仅因为现代科学技术提供了这种全体毁灭的手段，更是因为现代性已经将毁灭的价值因子渗透进人类生活的方方面面。现代性有其自身的逻辑，从它自身的逻辑是无法跳出它的毁灭进程的。好在我们的古人（并不只是中国古人，而是所有人类的古人）给我们留下了另外的可能性，给我们提供了另外一种思维的逻辑。今天提倡国学，已经不是为了要保国保种，而是为了避免人类集体毁灭，探索一种新的生存可能性。这当然不是说国学能救人类，而是说国学还能够提供今天人们需要的思想和智慧。

这就是说，当人类正面临"第一次具有整体毁灭的可能"的历史时刻，我们的国学可以扮演"为了避免人类集体毁灭，探索一种新的生存可能性"（虽然作者特别解释说"这当然不是说国学能救人类"）的历史角色。如果说学术思想终归有益于世道人心，人们应无异议。但如果说国学可以"避免人类集体毁灭"，则是一个尚待验证的假设的命题。

只有宗教家认为，宗教所扮演的是救赎人类的角色。佛教、印度教、犹太教、天主教、基督教、东正教、伊斯兰教，理论上都担负此种功能。但事实上宗教只能使个体生命的灵魂获得超越性解脱，也就是赐给泥于尘世的个人以天国或者来世的福音，至于整个人类因此全部得到救赎，尚未之见也。人类已经走上了不归路，是不可救的。而一国之学术思想可以有拯救人类的功能，足以"避免人类集体毁灭"，如此大胆的假设，我们在惊愕之余，只剩下无言以对了。

张君的文章还说："从上个世纪到今天，反对或质疑国学的人，归根结底都不是出于学理或学术的理由，而是出于政治的理由，就是认为国学不但无助于中国的现代化，反而有碍于中国的现代化。"此论未免过于独断。我举两个人，他们对国学概念的分疏与置疑，绝无法归入"出于政治的理由"一类。两位真正的国学大师：钱宾四和马一浮。他们说的"前既无承"和"本不可用"，都纯然出于"学理或学术的理由"。即使置疑最强烈的何炳松，曾与王新命等十教授发表《中国本位的文化建设宣言》，也全然是出于如何处理国学和现代学术分科的关系的考虑与权衡，反对摆"大擂场"，提倡"由博反约"的学问态度，何尝有一丝学术之外的"政治的理由"。还有拙《论国学》引录的许地山的《国学与国粹》，也纯然是出于学理和学术，绝无现在常见的那些"间杂"。可见汝伦先生不仅独断，显然也是以偏盖全了。

至于国学的学理义涵，我国传统的学术思想，特别是"六艺之学"是否也具有普世价值，这在今天应不成为问题。孔子的"仁者爱人"、"忠恕"、"己所不欲勿施于人"，当然应该是人类的共德。还有源于孔孟而由宋儒集大成的"主敬"，也是属于全人类的德律资源。不过西方传统中，同样有近似或者相同的价值资源。不是孰好孰不好的问题，而是对话互阐的问题。只不过我们的德律施行起来并不容易。连朱熹都发牢骚说："尧、舜、三王、周公、孔子所传之道未尝一日得行于天地之间。"[1] 陈寅恪的祖父陈宝箴也发为疑问："孔子之教，自为至中至正，而后世之真能效法以传其教者，复有几人？"[2] 本来文化的"大传统"和"小传统"是互补互动的关系，但在中国，民间的"小传统"总能滋生出一种误读乃至消解"大传统"的力量，把"道德的人"复位为"自然的人"。这种情形，作为"大传统"的托命人的知识人士是不是也负有一定的责任？比如尚高、好为大言等等。平心而论，张汝伦先生的文章就稍嫌言大尚高。为国学投身立命，其情可悯。但立为言说，竟然提出："今天提倡国学，已经不是为了要保国保种，而是为了避免人类集体毁灭，探索一种新的生存可能性。"这言论不是太大太高了吗？年轻人固然无法信服，年长的人就能服膺吗？那么外国人

---

[1] 《朱子文集》卷三十六，《朱熹集》第三册，四川教育出版社 1996 年版，第 1592 页。

[2] 1898 年 4 月 3 日南学会演讲。

呢？尽管他们的聪明不在我们之上，也大体能够明白此大言颇接近于宗教的警示语。

又不仅此。张君文中还有更具概括性的判语："青山遮不住，毕竟东流去。"此语不仅言大了，也言重了。钱穆、马一浮、何炳松、许地山几位对国学有所置疑的学者，他们可是真懂国学的大家，即使有些许微辞，也不至于被蒙上欲"遮住"国学这清江碧流的罪名。"纣虽不善，未如是之甚也。"司马长卿岂不云乎："非常之原，黎民惧焉。"

六、国学和宗教

尽管近来国学大热，还没有看到有谁把国学和宗教直接联系起来为说。但如果谈论国学带上宗教的警示意味，距离国学的"宗教化"亦非邈不可期。这导源于和国学有关的一些概念之间的混淆而未加分疏。

首先是国学和中国传统文化，这是两个不同的概念，在使用的时候宜有分别而不应加以混淆。盖传统文化的涵容面阔，而且文化是一个"松散的整体"（史华慈语），国学的涵容面要小得多。文化是指一个民族的整体生活方式及其价值系统，因此中华民族在传统社会的整体生活方式及其价值系统就是传统文化。但文化有物化的层面和精神的层面，国学自然属于文化的精神层面，但精神层面的文化包涵的内容依然很多，宗教、道德、法律、哲学、艺术、文学、风俗、习惯等等，都在其中。我们不妨采取排除法，至少宗教、法律、艺术、风俗、习惯，不属于国学的范围。因此可以得一结论，即中国传统社会的两大宗教佛教和道教，虽然是中国文化的重要构成，却不能认为是国学。也就是说，需要把"学"和"教"区别开来。宗教在一个民族的文化系统中所占的地位，人所能知。一个民族可以没有发达的哲学，却不可以没有宗教和信仰。

正因为如此，研究者在概括中国传统文化的特点时，常常以儒释道"三教"作为显例。不过这里产生一个问题，即儒家是不是宗教？我本人的看法是否定的。恰好我在研究陈寅恪对儒释道的"判教"态度时，发现寅老在《陶渊明之思想与清谈之关系》一文中，明确地写道："中国自来号称儒释道三教，其实儒家非真正之宗教，决不能与释道二家并论。"[1] 其态度断然而决绝。站在"判教"的立场，陈寅恪不能容忍把儒家和释、道二家同以宗教视之。但作为文化的历史叙述，"三教"之说，仍然是真实的存在。那么儒家何以有时也以"教"称？主要在于儒家虽然不是真正的宗教，但重视"教化"却是儒家贯彻始终的信条。"儒教"一词，实来源于儒家的"重教"。然而"教化"的"教"，教育的"教"，"重教"的"教"，易言之，《论语》"子以四教"的"教"、"有教无类"的"教"，和宗教的"教"名言虽一，义理内涵则完全不同。

兹有一历史事例可补正拙说。这就是 1913 年，康有为、

---

[1] 陈寅恪撰：《金明馆丛稿初编》，生活·读书·新知三联书店，2001 年，第219 页。

陈焕章等曾在上海发起成立"孔教会",尊孔子为"教主",同年 9 月 27 日(农历八月二十七孔子诞日)聚会曲阜,祭祝大成节,12 月 12 日向袁世凯大总统寄报"孔教会公呈",并"准予立案"。如果历史上的儒家一向是宗教,何必到民国以后才有此大倡孔教之举?此一事例反证儒家不是真正的宗教。而同年 12 月 9 日,章太炎被袁世凯软禁京城期间,开办"国学讲习所",特于讲所之墙壁张贴通告曰:"本会专以开通智识、倡大国性为宗,与宗教绝对不能相混。其已入孔教会而后愿入本会者,须先脱离孔教会,庶免熏莸杂糅之病。"此亦可见"学"与"教"的性质上的分庭而不能混而为一。

进而言之,儒释道三家各自都存在"学"与"教"的关系问题。儒家其作为"学"的义理内涵,就是通常所谓儒学,原发自先秦,整合变异于两汉,集大成于宋代。儒家的"教"的作用,则主要见之于以家庭为本位的社会结构之中,特别是历代公私所立之各级学校,其所施教,即为儒家之教。因此儒家本身的"学"与"教"是统一的,只是如视儒家为宗教,则儒学和"儒教"便不能统一了。而佛教作为信仰的对象的宗教,自有其独立的组织设施和场所,有固定的信众,有自己的戒律清规,是一单独的王国。至于佛教的义理,通称为义学和禅学,也可以称做佛教哲学,简称佛学,其蕴致高深幽渺,学者研求尚且难入,普通信众应可信而无与。道教是中国的本土宗教,其为"教",组织、设施、活动,自成一规定之体,虽不及佛教严密,徒众的信仰主要通过禳灾祈福或符箓丹铅的方式来呈现，而其作为"学"之义理，则又与"借来"的教主老子的思想二而为一，然而道家和道教又不宜混为一谈。

我引来这些"理"与"故"，意在说明儒释道三家固然是中国传统文化的思想基干，却并非都属于国学的范围。若以国学称之，则此种学说必须是本国所创生固有。因此佛学能不能全部纳入"国学"的范围，似尚存疑问。佛教是外来宗教，其学说之义理，至少大乘唯识之学的义理，应不在国学的范围之内。职是之故，陈寅恪在探讨外来学说能否发生"重大久远之影响者"，特以玄奘唯识之学为例。事实上，如果以佛学为国学，不仅离一般民众，离一般知识人士，也会变得远不可即。还可以换位到当下思考此一问题，如果今天之国学热，变成了佛教热、道教热，恐怕也不是国学提倡者所预期。所以马一浮先生不满意国学是固有学术的说法，认为这种主张"所含之义亦太觉广泛笼统，使人闻之，不知所指为何种学术"[1]。换言之，如果等同国学为固有学术，则儒乎？佛乎？道乎？将国学等同于任何一种单一的学术思想，则无论是指佛学或儒学或老庄之学，都不能满足国学之根本取义。说开来只有马一浮先生提出的国学即"六艺之学"的定义，于学理于学术流变过程均若合符契。

国学的诠释其实还有一个避免学问义理俗世化的问题，这在今天亦值得引起我们的注意。我所以特别强调要把国学和传统文化区别开来，把"学"与"教"（宗教的"教"）区别开来，

---

[1] 马一浮：《泰和宜山会语·泰和会语》，《马一浮集》第一册，第9页。

其初意即有鉴于此。现在什么都成为"国学"了，连古代的所谓"胎教"，也被认为是"国学"的一个范例。苟如是，则雕刻、泥塑、参禅、测字、占卜、医药、百戏，更不要说武术、书法、绘画，无一不可以成为国学。这在学理上是混淆了道与器、形上之学和形下之学的分别，无异于置国学于沙尘瀚海，结果是淹没乃至消解了国学。

七、国学无须"热"

我近来对国学和相邻概念所作之辨析，不是表示我反对国学，或者不要国学，而是主张国学要瘦身，无须太热。1988年12月15日，我在《中国文化》创刊词里写道："与学界一片走向世界的滔滔声不同，我们想为了走向世界，首先还须回到中国。明白从哪里来，才知道向哪里去。文化危机的克服和文化重建是迫临眉睫的当务之急。如果世界同时也能够走向中国，则是我们的私心所愿，创办本刊的目的也在于此。"盖目睹当时之学界，搬炒西方之观念方法已成一时之时尚，故本人有此刊之创办和此语之发出。不意我的浅学之见，竟与二十年后如今高倡国学之时贤所论，不无针芥之合。

不过我在创刊词里同时还提出："《中国文化》没有在我国近年兴起的文化热的高潮中与读者见面，而是当文化热开始冷却，一般读者对开口闭口大谈文化已感觉倦怠的情势下创刊，也许反而是恰逢其时。因为深入的学术研究不需要热，甚至需要冷，学者的创造力量和人格力量，不仅需要独立而且常常以孤独为伴侣。"时光虽已过去了二十年，现在我仍然是这样的主张。因此我不赞成国学过热。

如果承认国学是一种学术，则不论国故学的定义也好，固有学术的定义也好，"六艺之学"的定义也好，都无须也不可能太热。无论何种学问，太热了，绝非好事。当年的"鲁迅热"如何？过去以及如今的"红学热"又如何？前车侧辐之鉴，为学者不可不察。钱锺书先生说："大抵学问是荒村野老屋中，二三素心人商量培养之事。朝市之显学，必成俗学。"这当然是现代条件下不容易达致的境界。但"朝市之显学，必成俗学"的警语，却不能不认真看待。近年又有所谓"钱锺书热"、"陈寅恪热"，本人向所置疑。如果大家真心实意地喜欢国学，爱护国学，就请各位高文博学毋为时下这虚张的国学热多所推波助澜，尽量使国学的概念减肥瘦身，尽量以朱子"旧学商量加邃密，新知培养转深沉"为旨归。或至少做到，我们大家都莫以"避免人类集体毁灭"的"终极关怀"相期许，也不必用"青山遮不住"一类跨越时空的豪语为警吓。

上世纪二三十年代国学流行，而有钱宾四、马一浮诸大儒的冷静声音。他们哪里是反对国学，他们是在讲国学的时候，凭借学理来作概念的分疏。1936 年，浙江大学竺可桢校长多次拜访马一浮，欲聘为讲座，因各种原因未果。其中一个偶然因素，是最后在几乎达成的情况下，科学家竺可桢校长不愿接受马先生的一个不高的条件，即如果担任讲座，应称他为"国学大师"。1936 年 8 月 1 日的《竺可桢日记》对此有如下记载：

> 九点至青年路晤张圣征，应子梅之邀。谈及马一浮事，适圣征之兄天汉亦在座。据张云，一浮提出一方案，谓其所授课不能在普通学程以内，此点余可允许，当为外国的一种 Seminar。但一浮并欲学校称其为国学大师，而其学程为国学研究会，则在座者均不赞同，余亦以为不可。大师之名有类佛号，名曰会，则必呈请党部，有种种麻烦。余允再与面洽。①

竺校长所记自是信史应无疑问，可是于今思之，不免妙理玄规，迹近吊诡。马先生无非想有个名义。到大学去授课，讲者为谁呀？"教授"，马先生没有这个职称。"博士"，马先生更没有念过学位。称"马先生"，说他自学成才，听闻不雅。出于无策，他才想出了国学大师的名目。同时此演讲人也得有个单位呀？他显然借鉴了太炎先生讲学东京的办法，请柬下款写的就是"国学研究会"。不料两项提议均被婉拒。"国学大师"的不予采纳，是由于类似佛号。看来大度如竺可桢也不愿他的教师与二氏的法号相混。至于后一项，竺校长应该没有责任。因为当时他们都处身"党国"，每所大学都设有国民党的"党部"。"国学研究会"一名涉及社会团体组织，而国民政府的戡乱法还没有解禁，自然是不可用了。这第一项是"能诠"，本该解决的。第二项是"所诠"，情涉法理，以校长之尊，亦爱莫能助。

---

① 《竺可桢日记》一集，1936 年 8 月 1 日，上海科技教育出版社 2005 年版。

我引来这段掌故是想证明，马一浮先生虽置疑国学的立名，却并没有反对国学。实际上，他给出的国学乃是"六艺之学"的定义，是绝大的学术命题，是为民族文化血脉的传承拟千秋万代之计。此点，不是热不热的问题，而是需要现在就着手做起来的问题。

做什么？主要是一件事，即在小学、初中、高中、大学一二年级，正式开设国学课。课目的名称就叫"国学"，内容则以"六艺之学"的义理为主。本来我在《论国学》文章的最后一部分，提出的是只在小学开设国学课。后收到香港中文大学原校长、著名的文化社会学家金耀基先生的函示，其中涉及此建议的一段他是这样写的：

　　尊文《论国学》中"一点设想"，建议在小学设国学一科，内容以六艺为主。读来叫我又惊恐，又欢喜。此是文化教育绝大事情。此涉及为"价值教育"（或"伦理教育"）在今日（中西均然）垄断的"知识学"外寻求一位置，也是在今日学校（特别是大学）的课程中寻求一位置。我最欣赏尊文所说"这样将来终会有一天，所有中国人的知识结构里面，都有我们华夏民族最高端的文本经典为之奠基，使之成为中华儿女的文化识别符号"一段话。鄙意与尊见略有不同者，以为学校应不限于小学，中学、大学或更重要。国学内容则以《四书》（尤其是《论语》、《孟子》）为主。不知先生以为如何？

此信写于 2008 年 3 月 8 日，是他收到我寄呈的《论国学》一书之后，写来的回示。我完全赞同耀基先生的高见。的确不应限于小学，中学、大学应更为重要。而且他把此议提升到教育学的学理层面，认为此举是在垄断的"知识学"外，为"价值教育"或"伦理教育"寻觅一席之地。我之初意，不过冀图在未来中国人的知识结构中注入中华文化的原典精神，俾便日后每一个中华儿女的身上都带有中华文化的识别符号，经耀基先生这样一讲，其理据更加充分，而且还有教育之学理存焉。

何谓中华文化的原典精神？要之其神韵典要具在《六经》，也就是马一浮先生所说的"六艺"。马一浮说："学者当知六艺之教固是中国至高特殊之文化。惟其可以推行于全人类，放之四海而皆准，所以至高。惟其为现在人类中尚有多数未能了解，'百姓日用而不知'，所以特殊。故今日欲弘六艺之道，并不是狭义的保存国粹，单独的发挥自己民族精神而止，是要使此种文化普及的及于全人类，革新全人类习气上之流失，而复其本然之善，全其性德之真。方是成己成物，尽己之性，尽人之性，方是圣人之盛德大业。若于此信不及，则是于六艺之道犹未能有所入，于此至高特殊的文化尚未能真正认识也。"[①] 马一浮倡六艺之学、六艺之教、六艺之道，无异于寻找到一条既连接古今又能够沟通中西的对话途径，此不仅我华夏文化传承的需要，也是构建全球精神伦理的需要。马先生是鉴于对"六艺"精神

---

① 马一浮：《泰和宜山会语》，《马一浮集》第一卷，页 23。

脉理的研几深微，向国人和世人发出的一种现实的期许。故所谓国学者，乃是"六艺之学"也，经典之学也。

因此，如果现在的小学、中学和大学的一二年级设"国学课"而施以"六艺之教"，窃以为可行。问题是如何化难为易，编订出合适的教材。原则应该是简而不繁，由浅入深，以选本以白文为主，然后渐及于注。所深者理也，所繁者文也。入手还是通过《论语》、《孟子》、《大学》、《中庸》"四书"，而尤其以《语》、《孟》为取径，更为便捷。盖"四书"既是"六经"的引桥，又是将"六经"化难为易的范本。因孔、孟所论，均不出"六艺"之范围。二程子就曾说过："于《语》、《孟》二书知其要约所在，则可以观《五经》矣。"① 所以，小学应以诵念"四书"为主，初中巩固"四书"，同时初涉"六经"简选本，使诵念和讲解适当结合。高中在"四书"、"六经"之外，应兼及庄老诸子。都是简读、选读，并不复杂，也无须花太多的时间。大学一二年级可接触经解，顺便寻览学术史，包括宋明儒的著作、老庄等诸子的代表著作及前四史等。科目都叫"国学"，也都是选读选学，简读简学，并非要花很多时间，且以不影响其他学科和现代知识的吸取为条件。高中、大学一二年级宜适当增加文言文的写作练习。

苟能如此循序渐进，持之以恒，潜移默化，长期熏习，则中国文化的源头经典、固有的文化传统、民族的精神义理、古

---

① 《二程集》下册，中华书局 1981 年版，页 1204。

贤往圣的德传血脉，就和当代人不期然地连接起来了。显然这是教育部门应该及早做起来的问题。所以我认为，现在不需要"国学热"，而是需要"国学做"。

八、国学与诗学

国学不能扩大化。所有东西都变成国学，等于没有了国学。在我看来，国学首先是学问的根底问题。这个根底主要表现在两个方面：一个是经学，一个是小学。经学主要是"六经"，再扩展是十三经。其实十三经已经推衍开了，基本的还是"六经"，可称为本经。"乐经"不传，实际上是"五经"。宋代重视义理，重视的是"六经"的思想和义理。濂、洛、关、闽四大家，基本上都是回到"六经"，重构儒家的思想体系。所以要说国学，最主要的应该是经学和小学。要明经学，就得懂小学。小学是工具和路径，不懂小学，通经之路就走不过去，就没有能力研究经学。

至于一般的诗文写作，不应该包括在国学的范畴之内。唐宋以后，有学问的人写诗越来越多，对学者而言，有些诗可以看作是学的别体，但还不是学问本身。宋代理学根本的贡献，在于它不单是对孔孟思想的继承，还吸收了佛教特别是禅宗的思想，也吸收了道家和道教的思想，成为宋代的新学说——理学。陈寅恪把宋代理学称作"新儒家"，因为它跟先秦、跟汉代的儒学不一样。新在哪里？在于它吸收了各家思想，形成中国思想史上的一个奇观，一个大的思想汇流。朱子的学问，包括二程、周、张，都了不起。这是宋代思想的大格局。以诗来讲，宋诗的地位同样是很高的。讲中国诗的历史，唐了不起，宋也了不起。元代的诗其实也很了不起。明诗能轻视吗？明诗又是大家辈出。明诗有什么特点？明诗是返唐的，重新回到唐。明代的诗有唐诗的余韵。清诗又开一新局，清诗是返宋的。从清诗可以看到宋诗的神韵，最典范的代表就是晚清同光体诸大家。

作为"六经"之一的《诗经》，跟后来文人雅士写的诗，是不同的范畴。《诗经》是中国人文诗教的源头，博大渊雅，情礼圆融。在孔门，总是诗书并提，诗礼兼济。例如《论语·述而》："子所雅言，《诗》、《书》、执礼，皆雅言也。"这是将《诗经》视为最高的古典雅言的典范。而《论语·泰伯》记孔子之言又说："兴于诗，立于礼，成于乐。"则不仅诗、礼并提，乐也与之同论了。《论语·季氏》的一段记载，更关乎诗、礼之教的深远义涵，兹抄录原文如下：

> 陈亢问于伯鱼曰："子亦有异闻乎？"对曰："未也。尝独立，鲤趋而过庭。曰：'学诗乎？'对曰：'未也。''不学诗，无以言。'鲤退而学诗。他日又独立，鲤趋而过庭，曰：'学礼乎？'对曰：'未也。''不学礼，无以立。'鲤退而学礼。闻斯二者。"陈亢退而喜曰："问一得三，闻诗，闻礼，又闻君子之远其子也。"

陈亢即子禽，孔子的学生。伯鱼是孔子的儿子，名鲤字伯鱼。

陈亢以为孔子对自己的儿子也许有独授之秘，因此问他是否听到过特殊的教诲。伯鱼说，当一次孔子一个人在院庭站着的时候，他走过去，孔子问他："学诗了吗？"他说未学。孔子说："不学诗，就无法与人交往应对了。"于是伯鱼退而学诗。还有一次，当他趋而过庭的时候，孔子问他有没有学礼，回说没有学礼。孔子说："不学礼，无以立。"陈亢不禁喜出望外，说道："问孔鲤一个问题，却得到了三方面的启发，一是知道了学诗的重要，二是知道了学礼的重要，三是还知道了孔子对自己的儿子并没有特殊的传授，原来君子和自己的儿子并不特别的亲近。"

这段对话的更多深蕴衍义姑且不论，仅就孔门之教而言，则诗和礼显然同等重要，只是功能和效用有异。孔子还说过："诵《诗》三百，授之以政，不达；使于四方，不能专对；虽多，亦奚以为？"（《论语·子路》）意思是说，学习《诗经》，哪怕背得烂熟，却不能应用到政事上，遇到外交场合，又不能准确地引《诗》应对，你背诵的再多，有什么用呢？在春秋时期，各国之间的纵横捭阖，断章诵《诗》，是极重要的外交智慧，恰当的诵《诗》不仅可以显得庄严典雅，还可以见出你的教养和智慧。所以孔子在具体谈到《诗经》的功能的时候，强调："小子何莫学夫诗？诗，可以兴，可以观，可以群，可以怨。迩之事父，远之事君。多识于鸟兽草木之名。"这里是将诗教和"事父事君"联系起来的，也就是学诗直接关乎政事。

职是之故，《诗经》怎么可以和后来的诗人的诗、文人的诗同日而语呢。不管是陶渊明的诗，还是李白和杜甫的诗，抑或苏东坡、黄山谷的诗，尽管都是文学史上好得不得了的诗，是我们诗国里的璀璨明珠，但都不能和《诗经》并列齐观。说开来，《诗经》是"源"，后来的诗是"流"。刘勰《文心雕龙·宗经篇》写道："于是《易》张"十翼"，《书》标七观，《诗》列四始，《礼》正五经，《春秋》五例。义既挺乎性情，辞亦匠于文理，故能开学养正，昭明有融。然而道心惟微，圣谟卓绝，墙宇重峻，而吐纳自深。"① 此处的"开学养正"一语，最能见出《诗经》以及其他四经的特殊教育功能。其又说：《诗》主言志，诂训同《书》，摛风裁兴，藻辞谲喻，温柔在诵，故最附深衷矣。"② 并综合五经辞章义理的归旨而论之曰："至于根柢槃深，枝叶峻茂，辞约而旨丰，事近而喻远。是以往者虽旧，余味日新，后进追取而非晚，前修运用而未先，可谓太山遍雨，河润千里者也。故论说辞序，则《易》统其首；诏策章奏，则《书》发其源；赋颂歌赞，则《诗》立其本；铭诔箴祝，则《礼》总其端；纪传盟檄，则《春秋》为根。并穷高以树表，极远以启疆，所以百家腾跃，终入环内者也。"③ 这是说，后世的各种文体，包括百家之言，都无法逃过五经的影响，并不得不以五经为最高楷模。

刘勰《宗经篇》的结尾赞辞更归结道："三极彝训，道深

---

① 詹锳撰：《文心雕龙义证》上册，上海古籍出版社 1989 年版，第 58—62 页。
② 同上，第 68 页。
③ 同上，第 77—79 页。

稽古。致化归一，分教斯五。性灵镕匠，文章奥府。渊哉铄乎，
群言之祖。"①明言包括《诗经》在内的五经是后世所有立言的
宗祖。司马迁的《太史公自序》也说过："孔子脩旧起废，论诗书，
作春秋，则学者至今则之。"②"则之"，就是以之为典范的意思。
此正如马一浮所说，六经可以统摄诸子、百家、四部，反过来
诸子、百家、四部却不能统摄六经。也可以说，诸子、百家、
四部的学问，都是"六经"的流裔。那么汉赋、唐诗、宋词、
宋明诗、清诗，只能说是《诗经》的流裔了。

2008 年 7 月 4 日初稿、8 月 16 日再改稿、2011 年 3 月 6
日增补稿

全文原刊 2008 年 8 月 28 日上海《社会科学报》，简稿刊
于 2008 年 8 月 4 日《文汇报》，第八节原刊 2011 年 3 月 6 日《人
民政协报》，同年第 9 期《新华文摘》转载

① 詹锳撰：《文心雕龙义证》上册，上海古籍出版社 1989 年版，第 88 页。
②《史记》，中华书局国学文库本，2011 年版，第 2854 页。

第九章　国学与施教

最近几年，我们国内可以说有一点国学热。但有人说还不够热，也有人说已经过热，还有人说是虚热。不管虚热还是实热，我们的禹域之内，华夏圣土，久违了的国学在某种意义上确实有一点热，恐怕是不争的事实。但到底什么是"国学"？如何定义"国学"这个概念？学术界的看法不太一致。我们做学问的人，有一个心理原则，就是自己之所讲，必须是自己所信，而不在乎自己的讲法别人是否同意。揆诸各家之说，我最服膺的是马一浮的国学论。但马先生为国学所作的新立名，自有其历史渊源和学理依据，不了解题义的前缘，便无法了解它的前世今生。所以今天站在学术的立场谈论国学，必须从头说起，从历史流变中分疏其学理内涵。

一、"国学"一词的来历

"国学"这个概念,首先要区分历史上的国学和现代的国学。中国历史上很早就有"国学"这个语词,比如在《周礼·春官·乐师》里面,就有"乐师掌国学之政,以教国子小舞"的记载。到了汉代,仍然有国学一词,如《汉书·食货志》记云:"是月,余子亦在于序室。八岁入小学,学六甲、五方、书计之事,始知室家长幼之节。十五入大学,学先圣礼乐,而知朝廷君臣之礼。其有秀异者,移乡学于庠序;庠序之异者,移国学于少学。"[①]《后汉书》也有相关记载,其中东汉光武帝时期的大臣朱浮,"又以国学既兴,宜广博士之选,乃上书"[②]云云,语义至为明显。

《晋书》的帝纪则有东晋孝武帝太元十年(385)二月"立国学"的直接记载[③];《晋书·束皙传》更写道:"皙博学多闻,与兄璆俱知名。少游国学,或问博士曹志曰:'当今好学者谁乎?'志曰:'阳平束广微好学不倦,人莫及也。'"[④]此处的"少游国学",明显指学校无异,因为在那里他见到了博士曹志,并与之对话。否则如果是作为一门学问的"国学",他和兄长结伴到里边去"游",不仅措意不伦,而且那门学问里的人还

---

① 班固撰:《汉书》卷二十四《食货志上》,中华书局 1962 年版,第 1122 页。

② 范晔撰:《后汉书》卷三十三《朱浮传》,中华书局 1965 年版,第 1144 页。

③ 房玄龄撰:《晋书》卷九《孝武帝本纪》:"十年春正月甲午,谒诸陵。二月,立国学。"中华书局 1974 年版,第 234 页。

④ 房玄龄撰:《晋书》卷五十一《束皙传》第 1427 页。

跳出来和他说话,夸赞他"人莫及也",简直是活见鬼了。又《晋书》袁瓌本传载其上疏给晋成帝有云:

> 畴昔皇运陵替,丧乱屡臻,儒林之教渐颓,庠序之礼有阙,国学索然,坟籍莫启,有心之徒抱志无由。昔魏武帝身亲介胄,务在武功,犹尚废鞍览卷,投戈吟咏,况今陛下以圣明临朝,百官以虔恭莅事,朝野无虞,江外谧静,如之何泱泱之风漠然无闻,洋洋之美坠于圣世乎!古人有言:"《诗》《书》义之府,礼乐德之则。"实宜留心经籍,阐明学义,使讽诵之音盈于京室,味道之贤是则是咏,岂不盛哉!若得给其宅地,备其学徒,博士僚属粗有其官,则臣之愿也。①

袁瓌在此奏疏中提出的诉求,是希望国家能拨给"宅地",以改变"国学索然"的境况。然则此处国学之所指,显然是欲建立学校的意思,否则要宅地何为?所以下文才说:"疏奏,成帝从之。国学之兴,自瓌始也。"②应该是批准了他的建议,拨给了宅地,学校建立起来了。虽只是一封简短的奏疏,其于兴教立学所起的作用,岂可小视哉。

南朝的梁武帝,既笃信佛教,又苦嗜典坟,故力倡立学兴

---

① 房玄龄撰:《晋书》卷八十三《袁瓌传》,第2167页。
② 同上,第2167页。

教，至有"修饰国学，增广生员，立五馆，置五经博士"①之举。梁武的长子昭明太子萧统更以好文尚友著称，史载其三岁即"受《孝经》、《论语》，五岁遍读五经"，八九岁就能够讲《孝经》了。他讲完之后，还"亲临释奠于国学"②。这里的国学一语指的又是国立学校，所以才有到国学释菜祭奠的举动。释菜即舍菜，是为祭奠先师孔子的一种仪式。《礼记·月令》有载："是月也，毋竭川泽，毋漉陂池，毋焚山林。天子乃鲜羔开冰，先荐寝庙。上丁，命乐正习舞，释菜。"《礼记·文王世子》亦载："凡始立学者，必释奠于先圣先师，及行事，必以币。凡释奠者，必有合也，有国故则否。"又云："始立学者，既兴器用币，然后释菜，不舞不授器，乃退。"其义甚明。亦即释菜的举动，是古代学校的一种常规仪式，南宋朱熹在白鹿洞书院开讲前，也有此祭奠仪式。马一浮主讲复性书院，开学时也有类似礼仪。

由此可知，历史上关于"国学"一词的记载，其所指确是国立学校。汉晋如是，隋唐亦复如是。《随书·礼仪志》有载："仲春令辰，陈养老礼。先一日，三老五更斋于国学。皇帝进贤冠、玄纱袍，至璧雍，入总章堂。列宫悬。王公已下及国老庶老各定位。司徒以羽仪武贲安车，迎三老五更于国学。"③此处所叙是关于养老敬老的礼仪，七十岁、八十岁各有分别，国老和庶老亦有分别，但当这些老人到国学斋戒的时候，王公大臣等须

---

① 姚思廉撰：《梁书》卷三《武帝本纪下》，中华书局1973年版，第96页。
② 姚思廉撰：《梁书》卷八《昭明太子传》，第165页。
③ 魏徵等撰：《隋书》卷九《礼仪志四》，中华书局1973年版，第189页。

提前到国学去迎候，以彰显养老礼仪的隆重。在那里可以举行斋戒仪式，有品阶的显贵要提前在那里迎候，那么这个地方自然是场所，而非一门学问。《隋书·百官志》又载："国学，有祭酒一人，博士二人，助教十人，太学博士八人。又有限外博士员。天监四年，置五经博士各一人。旧国子学生，限以贵贱，帝欲招来后进，五馆生皆引寒门俊才，不限人数。大同七年，国子祭酒到溉等，又表立正言博士一人，位视国子博士。置助教二人。"①此又明示国学里面的人员安排设置。可以设置包括祭酒、博士、助教在内的各种人员，当然指的是学校了。两《唐书》则屡见"皇太子于国学释菜"的记载。②还有，江西白鹿洞书院的前身在晚唐就叫"庐山国学"，为避繁冗，不一一列举。

那么宋明呢？试看史载之例证。《宋史·真宗本纪》记载：大中祥符五年（1012）"冬十月戊午，延恩殿道场，帝瞻九天

---

① 魏徵等撰：《隋书》卷二十六《百官志上》，第724页。
② 《旧唐书》卷三《太宗本纪下》："丁丑，皇太子于国学释菜。"（中华书局1975年版，第59页）卷五《高宗本纪下》："癸未，皇太子弘释奠于国学。"（第91页）卷七《中宗睿宗本纪》："丁亥，皇太子释奠于国学。"（第159页）卷八《玄宗本纪上》："戊寅，皇太子诣国学行齿胄礼，陪位官及学生赐物有差。"（第180页）卷十一《代宗本纪》："二月丁亥朔，释奠于国学，赐宰臣百官飧钱五百贯，于国学食。"（第282页）卷四十五《舆服志》："景龙二年七月，皇太子将亲释奠于国学，有司草仪注，令从臣皆乘马著衣冠。"（第1949页）《新唐书》卷二《太宗本纪》："二十一年正月壬辰，高士廉薨。丁酉，诏以来岁二月有事于泰山。甲寅，以铁勒诸部为州县，赐京师酺三日。虑囚，降死罪以下。二月丁丑，皇太子释菜于太学。"（中华书局1975年版，第45—46页）等等，不可计数。

司命天尊降。己未，大赦天下，赐致仕官全奉。辛酉，作《崇儒术论》，刻石国学。"①将文章刻石于国学，当然这个国学是学校了。又《宋史·礼志》记载："至圣文宣王。唐开元末升为中祠，设从祀，礼令摄三公行事。朱梁丧乱，从祀遂废。后唐长兴二年，仍复从祀。周显德二年，别营国子监，置学舍。宋因增修之，塑先圣、亚圣、十哲像，画七十二贤及先儒二十一人像于东西庑之木壁，太祖亲撰《先圣》、《亚圣赞》，十哲以下命文臣分赞之。建隆中，凡三幸国子监，谒文宣王庙。太宗亦三谒庙。诏绘三礼器物、制度于国学讲论堂木壁。"②此段记载，前面叙述唐五代以来孔庙的祠位和从祀情况，然后说宋如何增修，而且太祖、太宗都曾往谒文庙，并下诏在国学讲堂的木壁上图绘礼器及制度。不仅说明此处的国学是学校，而且证明这所国学是设在文庙里。事实上唐宋以后，国学之建校，很多都设在文庙，已成为制度。《宋史·选举志》又载："大中祥符二年，以门荫授京官，年二十五以上求差使者，令于国学受业，及二年，审官院与判监官考试其业，乃以名闻。"③这说明当时的国学还担负有后备官员的培训任务。

明代关于国学的记载更多，盖缘于越到后来学校越发达故也。《明史·选举志》写道："科举必由学校，而学校起家可不由科举。学校有二：曰国学，曰府、州、县学。府、州、县学

---

① 脱脱等撰：《宋史》卷八《其宗本纪三》，中华书局1977年版，第152页。

② 脱脱等撰：《宋史》卷一百〇五《礼志八·文宣王庙》，第2547页。

③ 脱脱等撰：《宋史》卷一五九《选举志五·铨法下》，第3727页。

诸生入国学者，乃可得官，不入者不能得也。入国学者，通谓之监生。举人曰举监，生员曰贡监，品官子弟曰荫监，捐赀曰例监。同一贡监也，有岁贡，有选贡，有恩贡，有纳贡。同一荫监也，有官生，有恩生。"[①] 可见作为国立学校的国学，其地位之高。国家所立，谓之国学；府、州、县所立的学校，则不能称国学。而且府、州、县学校的生员，只有进入国学后才能得官，并有专门的职称曰监生。国学设祭酒、司业，负责诸生的管理和训导。永乐时期的宿儒胡俨，受命担任国子监祭酒，史载其"居国学二十余年，以身率教，动有师法"[②] 云。按明清的设学制度，国学和国子监是一而二、二而一的关系。大量外省才俊都是由乡举入于国学，尔后进入官员队伍。也有外国的王子或达官子弟来国学学习者。《明史·外国四·琉球传》记载：洪武"二十五年夏，中山贡使以其王从子及寨官子偕来，请肄业国学。从之，赐衣巾靴袜并夏衣一袭。其冬，山南王亦遣从子及寨官子入国学，赐赍如之。自是，岁赐冬夏衣以为常。明年，中山两入贡，又遣寨官子肄业国学。"[③] 中山王、山南王都是琉球分裂后的国主，直到永乐时期仍继续派子弟入于国学。而日本的王子滕祐寿者，也曾在明太祖时"来入国学，帝犹善

---

① 张廷玉等撰：《明史》卷六十九《选举志一》，中华书局 1974 年版，第 1675—1676 页。

② 张廷玉等撰：《明史》卷一四七《胡俨传》，第 4128 页。

③ 张廷玉等撰：《明史》卷三二三《外国四·琉球传》，第 8362 页。

待之"①。

兹可见中国历史上的"国学",从《周礼》开始,嗣后两千多年来不绝如缕,但无不指的是国立学校的意思,这和我们今天大家都在讲的国学,和现在有一点热的这个国学,概念的涵义所指、内涵和外延,完全不同,在学理上和在事实上两者均不容混淆。

二、现代国学如何发生

我们今天讲的国学,是跟西学相比较而存在的一个概念,一定意义上可以称作现代国学。现代国学的概念发源于何时?据我个人接触到的资料,至少在 1902 年,在梁启超和黄遵宪的通信中,他们已经在使用国学这个概念了。

1902 年这个历史时刻是这样的。1898 年是中国近代史上变法维新最火热的一年,特别是陈宝箴领导的湖南的改革,走在了全国的前面。但这一年的秋天,慈禧发动政变,扼杀了"百日维新"。当时走在改革前面的一些人,不少都受到了处分。谭嗣同等"六君子",遭遇了不幸。慈禧很不喜欢的康有为和梁启超,逃到了国外,否则和"六君子"将是同一命运。谭嗣同也是可以跑掉的,但他说改革如果需要流血,愿意从自己开始。戊戌惨剧改变了变革人士的命运,也改变了中国的命运。

第二年,即 1899 年,有义和团发生,清廷开始是镇压,

---

① 张廷玉等撰:《明史》卷三二二《外国三·日本传》,第 8344 页。

后改为利用。康、梁等许多维新人士跑到国外，被外国人保护起来。慈禧想废掉光绪的企图，也遭到外国人的非议。所以慈禧最恨洋人。义和团的一个指向，恰好是反对洋人，攻击耶稣教，两方在此点上有一致的利益。但利用的结果，事态闹大了，弄到许多地方杀洋人，攻打使馆，向外国人宣战。结果招致 1900 年八国联军打到北京，慈禧离京出逃。接着便是谈判、议和、赔款，慈禧又重新回到紫禁城。这个老太婆也不是毫无反省，对戊戌在案人员，除了康、梁，其余都不再追究。黄遵宪也是戊戌在案人员，1898 年在湖南担任盐法道，是陈宝箴改革的有力推手。政变后他受到了革职永不叙用的处分。陈寅恪的祖父陈宝箴和父亲陈三立，也是革职永不叙用。黄遵宪戊戌政变后在广东老家赋闲。这时梁启超流亡日本，两个人有很多通信的机会。黄遵宪在 1902 年 9 月写给梁的一封信里谈到，梁关于创办《国学报》的纲目写的很好，但他认为当时还不是办此种刊物的时候，宜"略迟数年再为之未为不可"[1]。可惜梁启超写给黄遵宪的信，我们无缘得以看到，只看到了黄的信，《黄遵宪全集》里面有此信的全文。

　　我们是探讨现代意义的国学如何发生，因此梁任公倡办《国学报》的时机合适与否，可以暂且不论。我们关注的是，在 1902 年的秋天，梁启超和黄遵宪这两位晚清思想界的翘楚，

---

[1] 黄遵宪：《致梁启超函》（1902 年 9 月），《黄遵宪全集》上册，中华书局 2005 年版，第 433 页。

就堂而皇之地使用"国学"一词了。其实如果再往前推上几年，1898 戊戌变法那一年，湖广总督张之洞当百日维新高潮之际，出版了一本著作叫《劝学篇》，该书外篇的第三节为"设学"，在谈到学校课程设置的时候，他说宜"新旧兼学"，应该"旧学为体，新学为用，不使偏废"。可是大家知道，在中国近现代思想史上，这个关键词不叫"旧学为体，新学为用"，而是"中学为体，西学为用"。这是在传播过程中出现的转换和转译。第一转换者是梁启超，他在 1921 年出版的《清代学术概论》一书里，说张之洞当时讲的"中学为体，西学为用"，得到很多人的推许，一时"举国以为至言"。梁启超转述张之洞思想的时候，使语词发生了变化。梁启超在清末民初的思想界有极大的影响力，经他一转述，大家便习焉不察地以为张之洞本来讲的就是"中学为体，西学为用"。我讲这段掌故是想说明，张之洞在《劝学篇》里讲的"旧学"，以及梁启超转述时讲的"中学"，跟 1902 年黄遵宪和梁启超通信中讲的"国学"，其概念的义涵大体是相同的。

也有学者认为，国学这个概念是从日本传来的。我没有查到依据。但国粹这个概念来自日本，应无疑问。日本明治维新的时候，有一个口号叫"脱亚入欧"，也就是欧化和西化。这个潮流走了相当一段之后，以志贺重昂为代表的本民族派知识人士创办了一本叫《日本人》的杂志，提倡本民族的精神，主张发扬日本民族自己独有的国粹。"国粹"这个词就是这样在日本产生的。当时许多中国留学生在日本，章太炎、梁启超等一些有日本经历的学者，面对西潮对中国的冲击，对"国粹"一词感同身受，殊可理解。章太炎的的著作中，经常使用"国粹"一词。"用国粹激励种性"就是章太炎提出的。1902年梁启超和黄遵宪讨论《国学报》的通信，梁也提出了"养成国民，当以保国粹为主义，当取旧学磨洗而光大之"[①]的思想。梁任公此处的"取旧学磨洗而光大之"的"旧学"一语，实与"国学"为同等概念。

三、胡适对国学概念的分疏

国学相当于中学，也相当于中国的旧学。但是最早提出这个概念的时候，学者们并没有对这个概念本身加以分疏。直到1923年胡适为北大国学门的《国学季刊》撰写发刊词，才第一次对这个概念作了分疏。北京大学国学门成立于1922年，第二年决定创办一种刊物，叫《国学季刊》，发刊词是胡适所写。胡适在发刊词里说："国学在我们的心眼里，只是国故学的缩写。中国的一切过去的文化历史，都是我们的国故，研究这一切过去的历史文化的学问，就是国故学，省称为国学。"[②]这是胡适给出的关于国学的第一个定义。依照胡适的看法，国学就是国故学,也就是研究所有过去的历史文化的学问。"国故"这个词，是章太炎的发明，辛亥革命前他旅居日本时写的一本

---

① 《黄遵宪全集》上册，中华书局2005年版，第433页。
② 胡适：《〈国学季刊〉发刊宣言》，季羡林编：《胡适全集》第2卷，安徽教育出版社2003年版，第7页。

书就叫《国故论衡》，该书正式出版在 1910 年。所以胡适说：
"自从章太炎著了一本《国故论衡》之后，这'国故'的名词
于是成立。"①

　　然而"国故"这个词，在五四前后所引起的学界的故事也
不少。首先是为了和傅斯年创办的《新潮》相抗衡，毛子水、
刘师培等办了一本《国故》月刊。两本刊物都创生于 1919 年，
前者在 1 月，后者在 3 月。两本刊物还为"国故"问题展开了
一场论争。《新潮》刊载的傅斯年的文章叫《国故论》，《国故》
月刊刊载的毛子水的文章叫《国故和科学的精神》。两方都是
北京大学的学人。其次是双方的观点虽然不同，但在主张要用
科学的方法"整理国故"这点上是相同的。再次是 1919 年 12 月，
胡适在《新青年》第 7 卷第 1 号上发表《新思潮的意义》一文，
大声呼吁"整理国故"，该文的副题就以"研究问题，输入学理，
整理国故，再造文明"②为标示。经胡适之先生这么奋臂一呼，
"整理国故"的口号从此便大行其时了。

　　问题是，定义国学为研究国故的学问，其内涵是不是有些
过于宽泛呢？因为举凡中国历史上的典籍、制度、语言、人物、
礼仪、习俗，总之所有过去的历史文化，都可以叫作国故，那
么研究中国历史上所有这一切东西当然都可以叫做国学了。但
如果说国故学就是国学，其定义涉及的范围显然过于宽泛，而

---

① 胡适：《"研究国故"的方法》，季羡林编：《胡适全集》第 13 卷，第 43—46 页。
② 胡适：《新思潮的意义》，季羡林编：《胡适全集》第 2 卷，第 691 页。

有失学理的严谨。一个概念，它的内涵过于宽泛，外延的边际扩展得过于遥远，这个概念的内容就要流失，而使概念本身缺乏学理的确定性。果然，到后来，一直到今天，学术界并没有延续使用国学即国故学的定义。甚至连"国故"这个语词，后来人们也很少提及，以致到了弃置不用的地步。大家不约而同地认可另一个关于国学的定义，即国学是指中国的固有学术。二十世纪三四十年代，学术界大都是这样的看法。即使在今天，文史方面的专业人士使用的其实也还是这个定义。

只不过由于近来国学走热，一些不很了解近现代学术流变的人士，起而无限扩大国学的内涵和外延，不仅回到了胡适的国学即国故学的提法，而且将国学的内涵扩大到整个中国历史文化。世界上的各文明体国家，哪一个没有自己的历史文化？能够说自己的历史文化就是这个国家的国学吗？显然是不通的。更主要是如此提出问题，无异是把学术和学术研究的对象混为一谈了，把国学和国学所要研究的历史资源混为一谈了。胡适其实说得很明确，即认为"研究这一切过去的历史文化的学问，就是国故学，省称为国学"。很明显，胡适是说国故学是一门学问，而"过去的历史文化"不过是国故学研究的对象，并未糊涂到以为"一切过去的历史文化"本身就是国学。

正如当胡适的这篇发刊宣言发表时，宋育仁为之所加的评点所说："历史完全只有材料，还说不到加工，更说不到制造的方术，何况原素、原质、化合种种学理，梦也想不到。"

不料如今谈论国学的人，却直接认定"一切过去的历史文化"，或者直称传统文化本身，就是国学。学理、逻辑、概念混淆到如此地步，却不以为非，反而放言阔论，我们还有什么好说的呢。殊不知，如果过分扩大国学概念的义涵的范围，甚至扩大到将学问和学问的对象混为一谈，不仅国学没有了，天下的所谓学问也就不存在了。这就如同说不要加工磨成面粉了，小麦拿来直接吞噬就可以了。钢铁也不必熔炼了，铁矿石直接取来制作工具武器就已经很好了。这样比喻，人们会以为是有悖常理的笑话，但秉持传统文化即国学主张的人们，其可笑的程度丝毫不亚于以小麦为面粉，拿矿石当钢铁。

四、马一浮重新定义国学

其实这个问题早在二十世纪三十年代末期，就已经有重量级的学者对当时流行的国学是中国固有学术的定义，给以深刻的检讨了。这位学者在二十世纪初，被友人称为读书最多的人，我则称他为儒之圣者，他是马一浮。

马一浮是浙江绍兴人，因为父亲在四川做县丞，他出生在四川。但在他五岁的时候，父亲不愿做官了，全家又回到上虞县长塘乡老家。他天赋极高。家里请的教师，是一位很有名望的举人，没过多久，这位举人就说这个学生我教不了。马一浮的父亲以为孩子对老师有什么不礼貌之处，后来见老师讲得恳切，只好同意其辞馆。马一浮十六岁的时候参加绍兴府的科考，考取了第一名。同考的鲁迅、周作人昆仲，都落在后面了。在当地很有影响的浙省贤达汤寿潜（民国后曾担任浙江总督及交通部长）因此看中了马一浮的才学，把女儿许配给了他。

马一浮母亲早逝，父亲在他和汤女结婚后不久也去世了。一年多以后，马一浮的新婚妻子也离开了人世。此后马一浮终生未娶。他 1883 年出生，1967 年辞世，享年八十四岁。年轻时他一度在上海学习英文和办翻译刊物。1903 年二十岁的时候，赴美担任清政府驻美使馆留学生监督公署的秘书，地点在美国北部的一个城市圣·路易斯。1904 年在日本停留半年。然后回国，专意读书。他读书之多，据说无人能及，被认为是当时中国最有学问的人。但他不轻易著述，也不入讲舍。1912 年蔡元培主掌民国教育部，聘请他担任秘书长。由于在读经和废止读经的问题上两人观点相左，马赞成读经，蔡主张废除读经。在教部任职不到一个月，马一浮就辞归杭州。1917 年蔡元培就任当北京大学校长，又想到了他的这位学问好的绍兴同乡，函请马一浮担任北京大学文科学长。马一浮回了一个电报，说"古有来学，未闻往教"，婉拒了。蔡元培这才另请陈独秀担任北大文科学长，同时聘请胡适作北京大学教授，都是在 1917 年这一年。北京大学成为新文化运动的摇篮，1919 年五四运动的发生，都跟这些人事布局有直接关系，这是后话。马先生不入讲舍，很少写文章，也不著书，但是没有哪个人不知道他的学问是一等的。

这种情况后来发生了变化。1936 年 4 月，大气物理学家、中央研究院院士竺可桢受命担任浙江大学校长，4 月 25 日接任，5 月 6 日就注意到此间有马一浮其人，知道马先生是杭州的瑰宝。于是决定立即请马先生来浙大任教，并接连三次登门拜请。本来马先生后来有所松动，却由于名分问题发生了周折。马先生做事情，是讲究名分依据的。你请我到浙江大学开讲座，那么我是谁呢？既不是博士，也不是教授，突然去开一个讲座，他觉得名分不够清楚。所以马先生提出来可不可以"国学大师"相称，以及授课的名义可否采用"国学研究会"的名称。此两项浙大方面包括竺可桢校长，都觉得不妥，认为"大师之名有类佛号"，而研究会更麻烦，需要呈请"党部"核准。竺可桢请联系的人不妨与马先生再行商量。但第二年就是1937年，日本人打来了，侵略势力渐及浙省，为了避寇，浙江大学1937年年底内迁到江西泰和。马一浮也在逃难，几门亲戚，几个私淑弟子，百余箱书，一站一站地转徙。先逃至桐庐，再逃至开化，不堪其苦。这时想到，如果跟浙江大学一起逃难，是不是会方便一些呢？

于是马先生给竺校长写了一封信，文言写的，婉转得体。开头几句是"在杭承枉教，忽忽逾年。野性疏阔，往来礼废，幸未见责"，然后说"自寇乱以来，乡邦涂炭"，听说贵校已经迁江西，而且"弦诵不辍"，可见"应变有余"，让人钦佩。接着说自己年迈力衰，已不堪流离之苦。而"平生所需，但有故书"，一路辗转，或遗或弃，即使"不为劫灰"，也会被老鼠吃掉，这是我最感难过的。下一步局势如何，不好预期，如果日人大举占领浙江，逃难的方向只有江西。但自己一向于"赣中人士，缈有交旧"，不知"可否借重鼎言，代谋椽寄"，使本人"免失所之叹,得遂相依之情"①。这些虽是以私相扰,但"推己及物,实所望于仁贤"。竺可桢校长得信,知道是不请自来,立即安排专人专车把马一浮接到泰和。

马一浮先生的国学讲座就是在这样的背景下在浙大开讲的。首讲在 1938 年 5 月 14 日下午三时,竺可桢校长亲临听讲。他先讲"横渠四句教",然后就以"楷定国学名义"为题,讲到底何谓国学。"楷定"是佛学的概念,就是范畴界定的意思。马先生说:

> "楷定"是义学家释经用字。每下一义,须有法式,谓之楷定。楷即法式之意,犹今哲学家所言范畴,亦可说为领域。故楷定即是自己定出一个范围,使所言之义不致凌杂无序或枝蔓离宗。老子所谓"言有宗,事有君"也。何以不言确定而言楷定? 学问,天下之公,言确定则似不可移易,不许他人更立异义,近于自专。今言楷定,则仁智各见,不妨各人自立范围,疑则一任别参,不能强人以必信也。②

又说:

---

① 马一浮:《致竺可桢(1938 年 2 月 12 日)》,丁敬涵校点:《马一浮集》第二册,第 579 页。
② 马一浮:《泰和宜山会语·泰和会语》,虞万里校点:《马一浮集》第一册,第 10 页。

楷定异于假定。假定者，疑而未定之词，自己尚信不及，姑作如是见解云尔。楷定则是实见得如此，在自己所立范畴内更无疑义也。[1]

马先生虽使用佛家义学的"楷定"一语，以明自己断判的义定而不自专，但绝非疑而不能自信；而是斩钉截铁，充满学理的持守精神，称在自己所立之范畴之内不存疑义。接着便追溯国学概念演变的历史，说道："照旧时用国学为名者，即是国立大学之称。今人以吾国固有的学术名为国学，意思是别于外国学术之谓。"[2] 所以他说这个概念是"依他起"，即有了外来学术之后，才有"国学"的提法。以致于马先生认为，严格地讲，"国学"这个名称"其实不甚适当"，"本不可用"[3]。但大家都这样讲，他也只好"随顺时人语"，不另外"立名目"，也使用国学的名称来讲论。

不过对以往的国学的定义，他不能认同。国故学即国学的定义不必说了，认为国学是中国固有学术的定义，他也觉得太宽泛。他说："依固有学术为解，所含之义亦太觉广泛笼统，使人闻之，不知所指为何种学术。"[4] 所谓中国固有学术，就是指中国历史上各个时期的学术思想，譬如先秦的诸子百家之学，

[1] 马一浮：《泰和宜山会语·泰和会语》，《马一浮集》第一册，第10页。
[2] 同上，第10页。
[3] 同上，第9页。
[4] 同上，第9页。

孔子、孟子、荀子、墨子、老子、庄子、韩非子的学术思想等等，一般称作子学。两汉行时的是经学。秦火之后，汉代重新搜集图籍，各种版本简错百端，六经之文的书写，文字也多有歧异。于是便请一些学者整理、研究、注释，并且授予"五经博士"的头衔，经学由此兴盛起来。魏晋时期知识人士喜欢思辨，又出现了玄学。隋唐时期佛学的中国化过程进入佳境。宋代有以朱熹为代表的理学。明代有王阳明的心学。清代乾嘉时期流行的学术思潮是朴学，主要通过考据的方法整理研究古代学术。晚清则是传统学术走向现代学术的转折期和过渡期。按照通常的理解，中国历史上的这些学术思想的出现及其流变，就是中国的固有学术。研究固有学术的学问就是国学，二十世纪二十年代、三十年代学术界的许多人都是这样看的。但固有学术牵涉的范围实际上也非常广泛。所以马一浮不赞成如此定义国学。他说这个解释也太过于笼统宽泛，中国固有学术的方面、家数、类别仍然很多，是指哪一个类别，哪一家的学术呢？至少作为主要流派的儒、释、道三家，分明地摆在那里，如果说国学是固有学术，那么是指单独的某一家还是全部包括？至于有人以经史子集"四部立名"，马先生说，"四部之名本是一种目录"，就像后来的图书馆图书分类一样，涉及的每一专门学问，"皓首不能究其义，毕世不能竟其业"[1]，如此的国学怎么研究呢。

为此马一浮先生提出了自己关于国学的定义。他说：

---

[1] 马一浮：《泰和宜山会语·泰和会语》，《马一浮集》第一册，第10页。

今先楷定国学名义。举此一名，该摄诸学，唯六艺足以当之。六艺者，即是《诗》、《书》、《礼》、《乐》、《易》、《春秋》也。此是孔子之教，吾国二千余年来普遍承认一切学术之原皆出于此，其余都是六艺之支流。故六艺可以该摄诸学，诸学不能该摄六艺。今楷定国学者，即是六艺之学，用此代表一切固有学术，广大精微，无所不备。①

也就是说，在马先生看来，所谓国学，应该指"六艺之学"。也就是《诗》、《书》、《礼》、《易》、《乐》、《春秋》，孔门之教的文本典籍系统，有别于礼、乐、射、御、书、数，后者我认为是孔门之教的实践课。"六艺"后来亦称作"六经"。但《乐》这一经不传，论者也有的谓没有形成文本，可备一说。所以习惯上又称"五经"。但"六艺"之名，汉代仍在使用。郑康成（郑玄）就写过《六艺论》，原文散佚，经注中残存一些段落。马一浮年轻时也有撰写《六艺论》的想法。

把国学定义为"六艺之学"，是马一浮先生的学理发明，是大学者的高明之见。因为"六艺"或曰"六经"，是中国学术的经典源头，是中国文化的最高型态，定义"六艺之学"为国学，可以使国学成为中国固有学术的经典之学。

---

① 马一浮：《泰和宜山会语·泰和会语》，《马一浮集》第一册，第10页。

五、马一浮国学论的学科整合意义

然而马先生在提出这个国学的新定义以后，并没有引起学术界的重视，甚至泥牛入海，悄无声息。自 1938 年 5 月到 2006 年 10 月，将近七十年的时间，始终没有人提起马一浮重新定义国学这一公案。

直到 2006 年 10 月，时光老人已经走过了六十八年的时间，终于有人拾起了这段尘封久远的学术公案。这就是笔者在 2006 年对国学的发生历史和源流演变作了一次比较细致的梳理，写成《论国学》一文，两万五千字，先在《21 世纪经济报道》连载，后全文发表于《中国文化》杂志 2006 年秋季号。此文的最后一节，笔者引来马一浮的国学定义，表示学理上的完全认同，并提议在小学设国学课，以"六艺"为主要内容。因为笔者近年在研究马一浮和他的学术思想，知道他言不轻发，发必有中。比较起来，国学即国故学的定义，以及国学是固有学术的定义，都没有马先生的国学即"六艺之学"的定义来得准确、深刻、无衍、无漏。这个概念所包容的内涵，不多也不少，无蔓也无失。而其他两个定义，即国学是国故学的定义，内涵漫延得太广不必说，即使国学为固有学术的定义，除了过于宽泛笼统之外，其现实操作层面也不无问题。我国固有学术属于学术史的范围，文史专业人士要想进入尚且需要多种准备，一般人士没有可能甚至也不必要与之发生干系。国学为"六艺之学"的定义就不同了，它是属于全体中国人的，中国人做人立国，其精神义理的根基就在"六经"。

现在一些设立了国学院的大学，正在致力于一件与学科建设有关的大事，就是希望教育部、国务院学科组正式批准设立国学一级学科，授予国学博士、国学硕士。据说已经有不少学界的朋友，包括比我年长的师友，都认为此议可行。其实此事并不可行。如果此议获得通过，中华人民共和国教育部决定设立"国学博士"，将是一个很大的误判，既是学科建设的误判，也是人文教育指导思想的误判，虽然也许只是一个集体无意识的误判。主张此议的朋友忘记了一条，就是如果设立"国学博士"，那么文史哲三大学科的博士，包括文学博士、历史学博士、哲学博士，还要不要存在？如果存在，国学博士涉及的研究对象和文史哲各科的研究对象，还有没有分别？这一点绝不是分科研究和综合研究所能解释的。就按很多人都可以接受的国学定义，认为国学是中国的固有学术，如果国学院的博士候选人论文写的是李白和杜甫研究，文学院的另一候选人写的也是李白和杜甫研究，且答辩皆予通过，为什么一个授予国学博士，另一个却授予文学博士？这个区分在哪里？哲学、历史学同样有此问题。假如写的都是王阳明，都写的很好，为什么给他国学博士，给另一位哲学博士？显然是说不过去的。在现代学位制度的背景下，如果不重新厘定国学的内涵，所谓"国学博士"其实是一个不通的概念。还有，如果设"国学博士"，那么要不要也设"西学博士"？我在一次会上表达自己对此一问题的看法，我说听说要设立国学博士，"梦溪期期以为不可也"。

只有在一种情况下，即接受马一浮先生的国学定义，认可国学是"六艺之学"，把国学看作是以《易》、《诗》、《书》、《礼》、《乐》、《春秋》"六经"为主要研究对象的经典学问，则"国学博士"的概念也许勉强还说得过去，而国学院的学科存在的合法性也随之增加。事实上，世界上各主要文明体国家，各大文明的开源经典，都是有别于学术分科而单独自立的经典之学。比如对《圣经》的研究，是可以独立为学的。又譬如对伊斯兰教的经典《可兰经》的研究，也是一门独立存在的经典专学。我们把对"六经"的研究作为一个独立的学问门类，完全能够成立。复按历史，我国汉以后的教育与学术，历来都是这样厘定的。经学作为单独的一科，而区别于诸子之学，以及集部之学和史部之学。能不能通经明道，是能否成为通儒的必要条件。

马一浮这位二十世纪的儒之圣者把国学定义为"六艺之学"，即认为国学主要是研究"六经"的学问，不失为一代通儒的慎思明辨之论。如果我们能够认同马先生的国学定义，以"六艺之学"即中国学术的经典源头、中国文化的最高型态，作为国学的基本义涵，那么国学和现代学术分科的重叠问题就可以适当化解。当然即便如此，也不一定非要设"国学博士"不可。文学博士、历史学博士、哲学博士等名称，毕竟是世界各国通行的人文学术分门类的学位名称，我们在设立人文学科学位的新名称的时候，宜乎参照世界通行的学位名称的公则，以利于学术交流和国际间的学术对话。

　　为什么清华大学 1925 年成立国学院，1929 年就撤销了？北京大学 1922 年成立国学门，1927 年也撤消了，原因何在？很多人以为，清华国学院撤销，是由于王国维 1927 年自杀，梁启超 1929 年去世，四大导师去其二，只剩下赵元任和陈寅恪，新的导师人选难以为继，于是不办了。那么北大国学门为什么也只存在了四年？实际上，是由于到二十年代末期，清华、北大两所现代学府，文史哲三科已经分立完成，各有建制完整的系所，研究和教学的师资力量也都很雄厚，在这种情况下，国学院单独存在的意义大大减弱。总之是现代学术分科使然，而非其他人事或时事的原因造成。

　　经学在中国古代历来是单独的，为先的，领军的，所以"四部之学"的类分以经为首。经学的取径入门须通过小学，即文字学、训诂学和音韵学。也就是清儒说的"读书必先识字"。因此"小学"理所当然地包括在以经学为主要义涵的国学范围之中。清代学者在音韵、训诂方面的成就，可以说前无古人。他们把清以前的中国典籍翻了几个过，每一部书的每一个字，他们都重新审视，包括某一个字最早的读法如何，汉代如何读，宋明的读法怎样，他们都考订得很清楚。单是研究《说文解字》的著作就有近百种，其中段玉裁的《说文解字注》最为学者称道，"说文段注"一直到今天仍是文字训诂的典要之作。另外还有桂馥的《说文解字义证》、朱骏声的《说文通训定声》、王筠的《说文释例》和《说文句读》，并称为清代"许学"的四大家。

《说文解字》是汉代许慎的一部字书，研究《说文》是一门专学，称为"许学"，这在学术史上是极为罕见的案例。按照钱锺书先生的说法，研究一本书可以成为一门标名的专学，历史上并不多见，研究《说文解字》而称"许学"，研究《文选》而称"选学"，堪称一书而名学的特例。而千家注杜（杜甫）、百家注韩（韩愈），却不能称为"杜学"或"韩学"。不过研究《红楼梦》而称红学，钱先生是认可的。如果认同经学和小学是国学的两根基本支柱，认同马一浮先生的国学定义，就与现代学术分科不发生矛盾了。而且这样并没有把国学的内涵狭窄化，而是找到了中国学问的宗基，归义于中国文化精神的大本，把国学还给了国学。

六、马一浮国学论的立教义旨

马一浮的国学论和他的六艺论是一致的。而"六艺论"包括"六艺之学"、"六艺之道"、"六艺之教"、"六艺之人"四个环节。六艺之学，即关于六经的学问系统，可以分开单论一经，也可以诸经合论。六艺之道，指六经的精神义理，依马先生的解释，所谓圣学，就是义理之学。他说："今当人心晦盲否塞、人欲横流之时，必须研究义理，乃可以自拔于流俗，不致戕贼其天性。"[①]六艺之教，是指用六经来教学育人。六艺之人则是指通过六艺之教所培育的经过六艺精神义理熏陶涵化的受

---

① 马一浮：《泰和宜山会语·泰和会语》，《马一浮集》第一册，第7页。

教者。

马先生以《礼记·经解》所引孔子的话，来诠解六艺之为教的大略精神义理范围。孔子的原话是："入其国，其教可知也。其为人也，温柔、敦厚，《诗》教也。疏通、知远，《书》教也。广博、易良，《乐》教也。絜静、精微，《易》教也。恭俭、庄敬，《礼》教也；属辞、比事，《春秋》教也。"① 到一个国家，从民情风俗方面可以看到这个国家的教育实施情况，可谓事理昭昭，概莫能外。国人待人接物如能表现出亲切和蔼的态度，那是《诗》教的收效。如果人们通达阔大，不斤斤计较于眼前的绳头小利，那应该是《书》教的结果。而《乐》教则使人亲和良善，《礼》教让人恭敬节俭。《易》教可正人心，使言行知所趋（吉）避（凶）。《春秋》教则比类照鉴，使人能够明是非而别善恶。这和《庄子·天下》篇所说的："《诗》以道志，《书》以道事，《礼》以道行，《乐》以道和，《易》以道阴阳，《春秋》以道名分"② ，为各自陈述解读的角度不同，义理旨归殊无不合。要之，六艺施教的重心在其价值论理的涵化，亦即因教以明六艺之道。以六艺之道涵化培育受教之人，所成就的就是为六艺之人。故马先生说："有六艺之教，斯有六艺之人。"③

然六艺之道，受教者不能全得，往往是"学焉而得其性之

---

① 《礼记·经解》，孙希旦撰：《礼记集解》下册，中华书局1989年版，第1254页。
② 《庄子·天下篇》，郭庆藩撰：《庄子集释》，中华书局2013年版，第937页。
③ 马一浮：《泰和宜山会语·泰和会语》，《马一浮集》第一册，第11页。

所近"，这就难免学六艺而有所遗。《礼记·经解》曰："《诗》之失愚，《书》之失诬，《乐》之失奢，《易》之失贼，《礼》之失烦，《春秋》之失乱。"[①]但马先生强调，所流失者并不是"六艺本体之失"[②]，而是学而只"得一察"而自失也。《庄子·天下》篇写道："天下大乱，贤圣不明，道德不一，天下多得一察焉以自好。譬如耳目鼻口，皆有所明，不能相通。犹百家众技也，皆有所长，时有所用。虽然，不该不遍，一曲之士也。判天地之美，析万物之理，察古人之全，寡能备于天地之美，称神明之容。是故内圣外王之道，闇而不明，郁而不发，天下之人各为其所欲焉以自为方。悲夫，百家往而不反，必不合矣。后世之学者，不幸不见天地之纯，古人之大体，道术将为天下裂。"[③]妙哉，庄生之论。天下学问的本末、精粗、大小之所发生的缘由，均为其析而言中矣。但六艺之道不同于一般的学问，它是一个整体，尽管"学焉而得其性之所近"也可以"适道"，但毕竟不是"天地之美"、"万物之理"，最多不过是"一曲之士"而已。马先生说，这种情况，"佛氏谓之边见，庄子谓之往而不反"[④]，究其原因，显然是不知六艺可以总体统摄一切学术所致。

　　马一浮先生认为，六艺统摄诸学是一个总纲，识得此纲领，方能进入六艺之道和六艺之教。六经的学问体系固然博大精

---

① 《礼记·经解》，孙希旦撰：《礼记集解》下册，中华书局 1989 年版，第 1254 页。
② 马一浮：《泰和宜山会语·泰和会语》，《马一浮集》第一册，第 12 页。
③ 《庄子·天下篇》，郭庆藩撰：《庄子集释》，第 938—939 页。
④ 同上，第 938—939 页。

深，但其精神义理并非难窥其奥。依马先生的思理："六艺之本，即是吾人自心所具之义理。"①又说："天下万事万物，不能外于六艺，六艺之道，不能外于自心。"②此即是说，六经的义理跟每一个人的理性心性都是相通的，不是凭空外加，而是生命个体完全可以自认自证。所以马先生又说："当知讲明六艺不是空言，须求实践。今人日常生活，只是汩没在习气中，不知自己性分内本自具足一切义理。故六艺之教，不是圣人安排出来，实是性分中本具之理。"③这也就是孟子讲的，"理也，义也"，是"圣人先得我心之所同然"（《孟子·告子上》）者。明白了此一层道理，领悟六艺的精神义理就不致畏难了。换言之，就是用六经的理性精神启悟每个人自我的觉悟，除却沾染的尘埃，去掉"习气"，使人的"性分中本具之理"显现出来。故马先生又说："圣人之教，使人自易其恶，自至其中，便是变化气质，复其本然之善。"④是的，六艺之教的终极指归，即在于使人"变化气质，复其本然之善"。难哉？不难也。孟子不是说"理义之悦我心，犹刍豢之悦我口"（《孟子·告子上》）吗？只不过我们普通人，在大多数情况下经常是"日用而不知"罢了。

对于六艺之教，马一浮先生实抱有至高的期许。他把立教的眼光投向了整个人类，满怀激情地写道："故今日欲弘六

① 马一浮：《泰和宜山会语·宜山会语》，《马一浮集》第一册，第54页。
② 马一浮：《泰和宜山会语·宜山会语》，《马一浮集》第一册，第55页。
③ 同上，第17—18页。
④ 同上，第19页。

艺之道，并不是狭义的保存国粹，单独的发挥自己民族精神而止。是要使此种文化普遍的及于全人类，革新全人类习气上之流失，而复其本然之善，全其性德之真，方是成己成物，尽己之性，尽人之性，方是圣人之盛德大业。若于此信不及，则是于六艺之道犹未能有所入；于此至高、特殊的文化尚未能真正认识也。"① 又说："世界无尽，众生无尽，圣人之愿力亦无有尽。人类未来之生命方长，历史经过之时间尚短，天地之道只是个'至诚无息'，圣人之道只是个'纯亦不已'。往者过，来者续，本无一息之停。此理决不会中断，人心决定是同然。若使西方有圣人出，行出来的也是这个六艺之道，但是名言不同而已。"② 马先生禁不住为之赞叹曰："圣人以何圣？圣于六艺而已。学者于何学？学于六艺而已。大哉，六艺之为道！大哉，一心之为德！学者于此可不尽心乎哉？"③

学者天天言道，道在哪里？说道在吾心，固不误也。但吾心之道，容易得一曲之偏。全体大用之道，或如庄生所说的"天地之美"和"万物之理"，可以说悉在六经。六艺之道与吾心合其德，方成得六艺之人。大哉！六艺之为道也。

七、马一浮国学论的施教内涵

如果我们认同马一浮重新给国学下的定义，即认为国学是

---

① 马一浮：《泰和宜山会语·泰和会语》，《马一浮集》第一册，第23页。
② 同上，第23页。
③ 同上，第21页。

"六艺之学"，具体包括经学和小学的内容，那么国学在今天的具体发用，特别是其施教内涵的展开，就是非常现实的问题了。

首先，它是一种学问根柢，是为学的大本，人文学者、文史学者，都需要有此根柢。所谓为学要知本末，"六经"就是学问的"本"，其余都是末。所谓做学问要明源流，"六经"就是源，其余都是流。所谓知终始，六经就是始。马一浮说的"六艺可以统摄一切学术"，就是这个意思。而且也可以知道，定义国学为"六艺之学"并不是要把国学儒学化，而是把国学复原为最高的经典之学。因为，诸家之学都可以从"六经"中找到渊源。实际上，谈中国人文，谈中国的文史之学，谈中国的学问，如果不懂得"六经"，不懂得"四书"，应该难以置喙。晚清大儒沈曾植就曾说过，没有念过"四书"的后生不具备与其交谈的理由和条件。

其次，六经不仅是中国学问的源头，也是中国人德范德传的渊薮，是中国人立身修德之基，同时也是中华立国的精神支撑。我们华夏民族，如无"六艺"为精神依据，便人不知何以为人，国亦不知何以为国矣。葛洪说过："五经为道德之渊海"，既是"治世存正之所由"，又是"立身举动之准绳"，"其用远而业贵，其事大而辞美，有国有家不易之制"①。斯又如一位古学先生所言："吾常昧爽栉梳，坐于客堂，朝则诵义文之《易》，

---

① 朱彝尊撰：《经义考》卷二百九十五《通说一》，第八册，"中央研究院"文哲研究所校点发行，1999年，第777页。

虞夏之《书》，历周公之典《礼》，览仲尼之《春秋》。夕则逍遥内阶，咏《诗》南轩，洋洋乎其盈目也，焕烂兮其溢目也，纷纷欣然兮其独乐也。当此之时，不知天之为盖，地之为舆，不知世之有人，己之有躯也。"[①]是为读经之乐，虽是古人的感受，亦不妨略资想象。

　　第三，以六艺之学为国学，则国学可以入于国民教育。2008 年，我继《论国学》之后，又写了《国学辨义》长篇论文，对国学入于国民教育的问题进而有所探讨。我主张小学、中学，大学的一二年级，作为通识教育的课程，都开设国学课。内容就是六经，而以《论语》和《孟子》作为入径。本来开始我提出的是在小学开设国学课，香港中文大学的金耀基先生（他是有名的文化社会学家，曾担任中文大学的校长）看到我的《论国学》一书，写信说，你提出了重要的问题，这一主张等于在现在通行的知识教育之外，补充上价值教育。但金先生说，何必只在小学呢？他说中学和大学也许更重要。我觉得他讲得非常正确，所以在《国学辨义》长文中采纳金耀基先生的高见，论述了小学、初中、高中、大学一二年级开设国学课的具体设想。当然六经的文字比较难读，但《论语》和《孟子》可以成为六经的入门阶梯。因为孔孟所讲的义理，就是六经的义理，这一点宋代的二程（程颢、程颐）和朱熹，他们讲得最清楚。二程子甚至说："学者当以《论语》、《孟子》为本。《论语》、《孟子》

---

① 朱彝尊撰：《经义考》卷二百九十五《通说一》，第八册，第 774 页。

既治，则《六经》可不治而明矣。"他们还做了一件思想史和教育史上的大事情，即把《论语》、《孟子》和《礼记》的《大学》、《中庸》两篇，编订在一起，名为"四子书"，简称"四书"。明清以后"四书"广泛流行于社会，成为普通中国人进学的教科书。

"六经"虽难，"四书"却读来方便。当然《大学》、《中庸》读懂也不容易，比较起来《语》、《孟》更好读一些。所以我主张在小学、中学和大学的一二年级开设国学课，不妨从《语》、《孟》入手，轻松一点，每周一节课，五十分钟，也不必看注释，主要是白文选读。小学就是《论语》和《孟子》，一二三年级也可以只读《论语》，四五年级再读《孟子》。开始选读，有了基础，再阅读全本。中学就可以读包括《大学》、《中庸》在内的全本"四书"了。高中再加上"六经"经文的选读。过去的教育，中国传统的教育，私塾的教育，书院的教育，基本的教材都是"四书"、"五经"这些东西。这样在百年之后，几百年之后，这些中华文化的最基本的经典就可以成为中华儿女的文化识别符号。它不会影响青少年对现代科技的吸收，不影响你将来选择的专业方向。我认为这是现代教育亟待需要解决的非常重大的问题，

第四，如果认可六艺之学为国学，现代教育系统所缺失的传道的问题，就有着落了。自从1905年废除科举制度（这是中国教育转型的一个分界线），其中衍生出一个非常大的问题，为人们习而不察，这就是教育和传道的问题。晚清开始我们采

取的西方的教育体制，主要是知识教育。当然这是不得不然的选择。因为我们必须往现代的方向走，不可能不采取现代教育体制，重视知识教育，否则我们的科学技术便不会发展。但现代以知识教育为重心的教育体制，丢失了一个东西，就是"道"。我们的传统教育，历来把传道放在第一位。所以韩愈的《师说》提出："师者，所以传道授业解惑也。"授业就是讲授专门知识，解惑是回答弟子的问题，但"传道"是放在第一位的，这是中国历来的教育传统。那么道者为何？传什么道？既不是老庄之道，也不是佛教之道，更不是基督教或天主教的道，而是中华文化最高经典里面的道。这个道在哪里？在《论语》,在《孟子》,但主要是在六经。六经的基本义理就是中国思想文化的天下大道。可惜现代教育制度建立以后这个道不传了，这是一个无可估量的损失。也许有人会讲，现代教育体制来自西方，不也是知识教育吗？人家不是也不传道吗？这个说法不对。西方也传道，只不过它有单独的系统，它的传道是通过教会。

第五，以六艺之学为国学，大中小学开设国学课，其中应当有文言文的写作练习一项。五四新文化运动，白话文代替文言文自是不可阻挡的潮流，也是文化与社会发展的必然之势。但彻底放弃文言、废弃文言，则不是明智之举。就像现代知识教育丢弃了传道一样，文言写作的基本废弃也是文化传承的一个损失。文言有什么好处呢？文言的重要好处是它可以保持文本书写的庄严。文言表达婉曲典雅，可以不失身份地曲尽其情。其实国家的重要文诰，重要的文件，包括庆典的告白，以及外交文献，适当使用一点文言，会显得更加典雅庄重。诚如马一浮先生在抗战时期对国家文制所期许的："飞书走檄用枚皋，高文典册用相如。中土如有复兴之日，必不终安于鄙倍。但将来制诰之文，必须原本经术，方可润色鸿业，此尤须深于《诗》、《书》始得。"[①]我所说的文本的庄严，就是这个意思，马先生已经专门示明了。

所以，如果定义国学为六艺之学，国学就可以入于国民教育。反之，如果定义国学为国故学，由于繁多而不知从何说起。即使定义为我国固有学术，那也不是很多人都需要涉猎的领域。那是研究中国学术史的人所研治的范围，不可能也不需要大家都"热"在其中。惟有六艺之学，关于六经义理价值的学问，那是与每一个人都相关的学问，应该成为国民教育的基础内容。如果一定要使用"国学博士"的称谓，那么其所作的学位论文，亦应该不出经学和小学的范围，而且获得此一博士学位的人应该少之又少。其他博士需要三年，这个以经学和小学为主要研究对象的学科，应该需要五年或者六年的时间。此外，国学教育也应该同时成为国学研究的对象。以此大学的国学院，应该有三部的设置：第一，经学部；第二，小学部；第三，国学教育部。按此思路，如此设置，百年来的国学与现代学术分科的纠结，便可以迎刃而解了。

---

① 马一浮：《示王子游》，《尔雅台答问续编》，《马一浮集》第一册，第 667 页。

八、学习国学从《论语》开始

马一浮国学论的另一贡献，是发现《论语》里面有"六艺"。他说："《论语》记孔子及诸弟子之言，随举一章，皆可以见六艺之旨。"①他的《〈论语〉首末二章义》一文，就是专为揭明此义而写。他写道："首章曰：'学而时习之，不亦说乎？有朋自远方来，不亦乐乎？人不知而不愠，不亦君子乎？''悦'、'乐'都是自心的受用。'时习'是功夫，'朋来'是效验。'悦'是自受用，'乐'是他受用，自他一体，善与人同。故'悦'意深微而'乐'意宽广，此即兼有《礼》、《乐》二教义也。"②又释"君子"一语云："《易》是圣人最后之教，六艺之原，非深通天人之故者不能与《易》道相应。故知此言君子者，是《易》教义也。凡言君子者，通六艺言之，然有通有别，此于六艺为别，故说为《易》教之君子。学者读此章，第一须认明'学而时习之'，学是学个什么；第二须知如何方是时习工夫；第三须自己体验，自心有无悦泽之意，此便是合下用力的方法。末了须认明君子是何等人格，自己立志要做君子，不要做小人，如何才够得上做君子，如何才可免于为小人。其间大有事在，如此方不是泛泛读过。"③

为何释君子而追溯到《易经》，马先生给出的理由是："孔

① 马一浮：《泰和宜山会语·泰和会语》，《马一浮集》第一册，第28页。
② 同上，第29页。
③ 同上，第31页。

子系《易》，《大象》明法天用《易》之道，皆以君子表之。"①
例如《乾》卦的《象辞》是："天行健，君子以自强不息。"《坤》
卦的《象辞》为："地势坤，君子以厚德载物。"乾、坤两卦均
以君子之名标领，可知"厚德"与"自强"是为君子之德也。
以往研究者释君子一名，有时以"位"称，有时以"德"称，
马先生则认为："君子者，唯是成德之名也。"②又说："君子但
为德称，不必其迹应帝王也。"③而《易经》涉君子一词，一般都
是"以成德为行"（《易·乾卦·爻辞》），这和《论语》中使用
的君子概念，是一致的。马先生以《论语》首章为例，证明《论
语》中有"六艺之旨"，应是真实不虚。至于《论语》的末章，
马先生说，"末章'不知命，无以为君子也'，是《易》教义；'不
知礼，无以立'，是《礼》教义；'不知言，无以知人'，是《诗》
教义"④，亦属谛言。马先生又说，"首章是始教，意主于善诱"，
末章是"终教，要归于成德"；"以君子始，以君子终，总摄归
于《易》教"⑤。

《〈论语〉首末二章义》在马先生只是示例，更系统的讲述
主要在《复性书院讲录》中。《群经大义》是马先生在复性书
院授学讲论的重头戏，共分七讲，曰《群经大义总说》，曰《论

① 马一浮：《泰和宜山会语·泰和会语》，《马一浮集》第一册，第29页。
② 马一浮：《泰和宜山会语·泰和会语》，《马一浮集》第一册，第33页。
③ 同上，第30页。
④ 同上，第31页。
⑤ 同上，第32页。

语大义》，曰《孝经大义》，曰《诗教绪论》，曰《礼教绪论》，
曰《洪范约义》，曰《观象卮言》，共二十余万言。而《论语大义》
置于群经释义之首，超过三万言。他的讲论方法，就是从《论
语》说六艺。当然与《〈论语〉首末二章义》不同，此篇是系
统论述。他说："六艺皆孔氏之遗书，七十子后学所传。欲明
其微言大义，当先求之《论语》，以其皆孔门问答之词也。据《论
语》以说六艺，庶几能得其旨。"①他分别以《诗》教、《书》教、
《礼》、《乐》教上中下、《易》教上下、《春秋》教上中下，阐
发《论语》中的六艺之旨。内容丰富详博，条例粲然，因非本
篇题旨的重心，具体释解分疏，不是本文的任务。我只想证明，
《论语》是可以直接通六艺的，《论语》反复讲述的义理，就是
六经的基本义理。因此欲学六艺不妨从《论语》开始。

　　马一浮关于《论语》通六艺的创解，哲学家贺麟先生评
价极高，写道："进一步他提出《论语》为总经，指出《论语》
中已包括六艺的大义。他以孔子言仁处，讲明《诗》教；以孔
子言政处，讲明《书》教；以孔子言孝弟处，讲明《礼》、《乐》
教；以孔子之言正名，为《春秋》大义；以孔子在川上章，于
变易中见不易，及予欲无言章，明示性体本寂而神用不穷，即
以此两章，讲明《易》教大义。提纲挈领，条理清楚，颇能融
会贯通。所以他《论语大义》一书，实最为他精要的纲。"②然

---

① 马一浮：《泰和宜山会语·泰和会语》，《马一浮集》第一册，第 137 页。
② 贺麟：《五十年来的中国哲学》，上海人民出版社 2012 年版，第 29—30 页。

则《论语大义》完全可以看作是马先生讲述《群经大义》的纲。这样我们就可以放心地提出,《论语》不仅是后人进入六经的途径,同时也是今天我们学习国学的最便捷的途径。

在今天,对大多数民众而言,学习国学主要不是要进入六经的学问体系,那是一个烦难的学问世界。没有文字学、训诂学、音韵学的相当准备,未免障碍重重。即使有一定的小学训练,不了解中国社会历史和制度变迁,特别是于学术流变的历史缺少整体的了解,进入六经的堂奥,也是困难的。所以我主张大学国学院的经学部,招生的人数不必多,学制需适当延长,最终以培养经学和小学专家或大师为职志。但一般的民众,包括大学生、中小学教师、公务员、企业员工,主要是学习六经的价值论理。也就是班固《汉书·艺文志》说的:"古之学者耕且养,三年而通一艺,存其大体,玩经文而已,是故用日少而畜德多。"学习国学,学习六经,主要是为了"蓄德"。

蓄什么德?近年我从《易经》、《礼记》、《论语》、《孝经》等中国最高经典中抽绎出五组概念,包括诚信、爱敬、忠恕、知耻、和同,都是直接关乎做人和立国的价值论理。我认为它们是中国文化的最核心的价值理念。诚信来自《易经》乾卦的爻辞,引孔子的话说:"君子进德修业,忠信所以进德也。修辞立其诚,所以居业也。"大家细想,人生在世,何求何为?"进德修业"四字可以概括无遗。还不是想在事业上取得成功,并在道德上修为自己?而进德的前提,是"忠信",修业的前提,是"立诚"。总之是诚信二字,可以使自己快乐自足,可以使自己事业有成，可以使自己立足天下而无愧忧。《论语》通六艺，其首章引曾子的话说："吾日三省吾身，为人谋而不忠乎？与朋友交而不信乎？"孔子则提出"主忠信"。既是孔门之教，又是六艺之旨。

"爱敬"一词连用，最早见诸《孝经》。其第二章引孔子语："爱亲者，不敢恶于人；敬亲者，不敢慢于人。爱敬尽于事亲，而德教加于百姓。"第十八章："生事爱敬，死事哀戚，生民之本尽矣，死生之义备矣，孝子之事亲终矣。"也是孔子的话。《论语》首章载孔子的话："道千乘之国，敬事而信，节用而爱人，使民以时。""爱敬"两字于此处全出。孔子答樊迟问仁，则曰"爱人"（《论语·颜渊》）。而子路问君子，孔子说"修己以敬"（《论语·宪问》）子张问如何行事，孔子的回答是："言忠信，行笃敬，虽蛮貊之邦行矣。"（《论语·卫灵公》）孔子谈礼仪的重要，又说："居上不宽，为礼不敬，临丧不哀，吾何以观之哉？"（《论语·八佾》）则礼的精神内核应该是"敬"无疑。"爱敬"这种价值论理，也可以由《论语》而通六经。

"忠恕"则直接来源于《论语》，即曾子说的："夫子之道，忠恕而已矣。"（《论语·里仁》）"忠"是推己，即看自己的"心"是否摆得正。"恕"是"及人"，即换位思考，将心比心。孔子对"恕"的解释，是"己所不欲，勿施于人"（《论语·卫灵公》）。我称恕道体现了中国文化的异量之美，已成为世界公认的道德金律。

"知耻"来自《礼记·中庸》，也是引孔子的话："好学近乎知，力行近乎仁，知耻近乎勇。知斯三者，则知所以修身；

知所以修身，则知所以治人；知所以治人，则知所以治天下国家矣。"我由此得出一个判断，即修身应该从"知耻"开始。

"和同"是我近年研究得最多也讲得最多的价值理念，其思想来自《易经》的《系辞下》："天下何思何虑？天下同归而殊途，一致而百虑。"而《同人》一卦则是专门演绎"与人和同"的一卦。2016年《文史哲》杂志第3期有我的《论和同》一文，两万余言，析论考证"和同"之义甚详尽，有兴趣的朋友可找来参看，此不多具。"和"是由"不同"组成，不同也能共处于一个统一体中，是为"和"。如果都是由"同"组合在一起，那就不成其为事物了。所以《国语·郑语》引史伯的话说："和实生物，同则不继。"史伯是古代的智者，他这句话道出了"和"、"同"关系的辩证法。由不同组成的"和"是多样的统一，故能更新，能发展，能再生。如果是"同"、"同"捆绑在一起，那就无所谓更新、发展和再生了。求之《论语》，则是孔子讲的："君子和而不同。"斯言体大，穷理尽性，无漏无遗。一个是"和而不同"，一个是"己所不欲，勿施于人"，我认为是孔子给出的，同时也是中国文化给出的人类麻烦解决之道。我有一篇文章专门论述此义，题目是《"和而不同"是中华文化的大智慧》。

关于"敬"的义理价值，2016年第3期《北京大学学报》刊有我的一篇特稿，名《敬义论》，三万字的篇幅，可以说将"敬"的义理发掘殆尽。我认为"敬"已经进入中华文化的信仰之维。

总之，诚信、爱敬、忠恕、知耻、和同，是六艺典籍中的最重要的价值论理，也是中国传统文化的最核心的价值论理。

所谓国学，就是通过立教来传育这些万古不磨的价值论理，以培养、熏陶、涵化新时代的"六艺之人"。《礼记·大学》开篇之"大学之道，在明明德"以此，"在新民"以此，"在止于至善"以此。这些价值理念不仅没有过时，而且恰合于今天的文化建设和价值重构。实际上，这些价值论理不仅适用于中国人，也适用于外国人，适用于全世界所有的人。当年马一浮在浙江大学开国学讲座的时候，曾经说过："此是某之一种信念，但愿诸生亦当具一种信念，信吾国古先哲道理之博大精微，信自己身心修养之深切而必要，信吾国学术之定可昌明，不独要措我国家民族于磐石之安，且当进而使全人类能相生相养而不致有争夺相杀之事。"①他说只有具备了此种信念，"然后可以讲国学"。马一浮先生的思想和信念，应该成为我们每一个致力于中国文化复兴的学人的思想和信念。

我们今天学国学，就是让这些高贵的精神论理跟我们的精神世界连接起来，跟我们中国人的精神血脉沟通起来，跟全世界人之为人的"本具之理"联系起来，形成现代的文化自觉，以复归人类的本然之善。

2016 年 11 月 21 日写讫于东塾

原刊《文史哲》2017 年第 3 期

————————

① 马一浮：《泰和宜山会语·泰和会语》，《马一浮集》第一册，第 4 页。

附　录

第一篇　到底什么是国学

国学概念的渊源与流变

"国学"这个概念中国历史上就有，《周礼》里面就有，《汉书》、《后汉书》、《晋书》里面都有"国学"的概念。唐代也有，你看庐山下面有个——现在也还叫——白鹿洞书院，这个书院最早是在南宋由朱熹建成，成为当时的"四大书院"之一。但是在朱熹之前，这个地方不叫白鹿洞书院，而是叫"白鹿洞国学"。白鹿洞国学是个什么意思呢？就是一所学校。可见，在中国历史上，"国学"这个概念是有的，"国学"这个名词是有的，但历来讲的所谓"国学"，都是"国立学校"的意思。

那么"国学"作为一个现代学术的概念是什么时候出现的呢？至少从我们现在掌握的材料，1902 年梁启超和黄遵宪的通信里面，就开始使用"国学"的概念了。要知道这两位都是 1898 年慈禧戊戌政变的时候被处罚的人员，梁启超跟他的老师康有为跑到海外；而黄遵宪，当时在湖南参加陈宝箴领导的湖南新政，也受到了处分。他有在日本的经历，有外交经验，很了不起的一个人。其实他很稳健，在湖南的时候就提出主张渐进的变革，反对激进的变革，这跟康、梁的激进是有区别的，但还是受到了处分。

慈禧太后政变后的晚些时候，被革职的黄遵宪回到广东老家，而这个时候梁启超在日本。他们在 1902 年有一封通信，梁启超写给黄遵宪的信我们看不到了，我们看到的是黄遵宪写给梁启超的信。黄遵宪在信里说：你提出要办《国学报》，我觉得现在还不是时候。办《国学报》是不是时候，我们可以暂且不管它。至少在 1902 年这一年，一个是梁启超，一个是黄遵宪——试想，他们在晚清，是何等样的地位，何等样的人物——他们提出并且使用了"国学"的概念。

而在 1902 至 1904 年，梁启超写《中国学术变迁之大势》，最后一节又使用了"国学"的概念。他说，现在有人担心，"西学"这么兴旺，新学青年吐弃"国学"，很可能国学会走向灭亡。梁启超说不会的，"外学"越发达，"国学"反而增添活气，获得发展的生机。他在这里再次用了"国学"的概念，而且把"国学"和"外学"两个概念比较着使用。

我们知道，在 1898 年——维新改革最高涨的时期——当年五月，晚清的大人物，湖广总督张之洞写了一篇大文章叫《劝学篇》。他在《劝学篇》的"外篇"里面有一节专门讲"设学"——设立学校。他说在课程设置的时候，要以"旧学为体，新学为用"。可是在 1921 年梁启超写《清代学术概论》，转述张之洞的主张，他说，自从张之洞提出了"中学为体，西学为用"，全国一时以为"至言"。认为这个话讲得太好了，谁都同意。请注意，他在转述的时候做了一个改变：张之洞本来是讲"旧学为体，新学为用"，他在《清代学术概论》里转述成为"中学为体，西学为用"。

从此以后，"中学为体，西学为用"这个判断，这个晚清以来学术思想史上的重要命题，就被所有研究文化研究历史的人记在脑子里了，而忘记张之洞在《劝学篇》里面本来讲的是"旧学为体，新学为用"。我们今天研究"国学"这个概念的渊源与流变，我可以说，张之洞在《劝学篇》里讲的"旧学"，梁启超转述的时候讲的"中学"，跟梁启超和黄遵宪 1902 年讲的"国学"的概念，几乎是同等概念，实际上就是中国的这套传统的学问。可是，当时虽然这么讲了，对于什么是"国学"，没有人作具体分疏。

时间一直到 1923 年，大家知道，1922 年，北京大学成立"国学门"，1925 年清华大学成立"国学研究院"，这个时间很重要。在 1923 年的时候，北京大学的"国学门"要出版一个刊物，叫《国学季刊》。北大这个《国学季刊》的发刊词请胡适之先生来写，胡适之先生就在这个发刊词里讲——他因为有西学的底子，又有中学的底子，他喜欢下定义——什么是国学呢？他说："国学"就是"国故学"的"省称"。"国故"是谁提出来的呢？他说自从章太炎先生写的一本书叫《国故论衡》，"国故"

431

这个词，大家就觉得可以成立了。

章太炎的《国故论衡》初版于1910年，分上中下三卷，上卷论小学，包括文字、声韵诸学。中卷要义在论训诂，因此有"明解故"上下篇，而以释"文学"为该卷之始。随后的"原经"是为经学史的典要之作。然后是"论式"，即文章学和文体学。最后"辨诗"，论有韵之文；次论丧仪，是为礼学。下卷论子学而重道家。要言之，章氏《国故论衡》一书，是论中国之学术的著作。胡适之《〈国学季刊〉发刊宣言》以国学为"国故学"的缩写，他只是使用了太炎先生的"国故"的概念，与《国故论衡》其书没有关系。值得注意的是，胡适对"国故"的概念给出了自己的解释，即认为"中国的一切过去的文化历史都是我们的'国故'"。那么什么是"国故学"呢？胡适说，"国故学"指的是"研究这一切过去的历史文化的学问"。而国学，则是"国故学"的省称。胡适显然认为，国故学也好，国学也好，都指的是学问。"一切过去的历史文化"，只是国故学或国学研究的对象，绝不能得出结论说："中国的一切过去的文化历史"或"一切过去的历史文化"就是国学。这里的大界限是，决不能把国学和国学研究的对象混为一谈。

胡适的所谓国学就是"国故学"的省称的说法，我们认可不认可是另一回事。事实上，胡适的这个国学定义，在二三十年代根本未被采用，甚至"国故"一词，后来也被弃置。但在学理上，他明确将国学和国学研究的对象作了区分。就是说，历史文化是后世乃至今天的学者从事研究的对象和历史资源，研究过程和研究出来的结论及学术建构，才是学问本身。因此任何将研究的对象，包括借以从事研究的资源和历史材料，当作学问本身的想法都站不住脚。如果试图把国学与传统文化划等号，胡适的文章著作里面绝对没有能够获得支持的立论依据。这是在中国现代学术史上，胡适之先生第一次对国学的概念作了分疏。

但是这个概念的内涵太宽，所以胡先生这个定义事实上没有被学术界采纳，后来很长时间，三十年代、四十年代——五十年代不讲这些了——后来到"国学"的概念继续讲的时候，都不见再有人说"国学"就是"国故学"的省称。也就是说，学术界没有采纳胡先生的定义。学术界不约而同地在三十、四十年代都认可"国学"的另一个定义，就是国学是"中国固有的学术"。什么是中国的"固有学术"呢？就是先秦的诸子百家之学，两汉的经学，魏晋的玄学，隋唐的佛学。当然唐代的文化内容多了，经学在唐朝也很发达，有孔颖达的《五经正义》，但唐朝佛学的地位格外突出。而到宋代，一个新的哲学流派出现了，就是理学，以朱子为集大成的理学。到明代，则出现了以王阳明为代表的心学。清代中叶的时候，主要是乾隆和嘉庆时期，学术比较发达，这时候的学问，以考据为主要特征，叫"朴学"，也叫"清代汉学"。

就是这样一个学术史的流变，大家觉得这就是"国学"。你看钱穆先生在北大讲国学的时候——后来整理成书叫《国学概论》。他首先讲，"国学"这个概念将来"恐不立"，然后说明，他书中讲的是"本国学术思想的流变和变迁"。而马一浮

先生给"国学"重新下定义的时候，也说："今人以吾国固有
的学术名为国学"。只不过他并不认可这个定义。因为人家会
问：你是指哪个时代的学术呢？先秦的，两汉的，魏晋南北朝
的，唐代的，宋代的，明代的，还是清代的？还有，你是指哪
一家的学术？讲中国的学术，不仅有儒学，还有道家，还有道教，
还有佛学，你是指哪一家的学术呢？所以，马先生觉得把国学
定义为"中国固有学术"，还是太笼统，太宽泛。

马一浮的国学新定义

1938 年 5 月，浙江大学的竺可桢校长请马一浮先生去开
了一个国学讲座。

竺可桢是大气物理学家，哈佛的博士，也是中研院的院
士。他 1936 年刚到杭州就任浙大校长，就听说此地有个马一浮，
学问超群，立刻登门拜望，邀请马先生到浙大来任教。马先生
拒绝了。要知道，马先生不愿在大学里任教，文章他也很少写，
观念上与当时的潮流不合。

不久，竺校长又带着人去了，再次恳请马先生来学校任
教，马先生又没有同意。第三次，他又去了。这个中国传统的
礼仪，事不过三，三次邀请，对方不好再拒绝了。于是谈到用
何种名义去开讲座，马先生想到是否可以用"国学讲习会"的
名义。因为马先生不是教授，也没有职称，他觉得需要有一个
合适的身份名义。他自己提出，或者可不可以就叫"国学大师"。
以马先生的学问和身份，"国学大师"当然没有问题。但是呢，

浙江大学的领导研究，说是以"研究会"的名义肯定不行，那是要成立"组织"了，需要上面批准。至于"大师"的名字，认为有点像佛教，也不好，就没谈成。

第二年，日本人打来了，浙江大学迁移到江西的泰和，马先生自己也去逃难了。开始他逃难到了桐庐一带，随后又到开化。几个亲戚，几个私淑弟子，一百箱书。他没有太太。马一浮先生这个时候想，如果跟浙江大学一起逃难是不是会好些？于是他给竺校长写了一封信——这封信写得措辞之典雅，表达意思之婉曲，只有马一浮写得出来。竺校长接到此信，立即将马先生接到了泰和，就在 1938 年 5 月的一天，开了国学讲座。

马一浮国学讲座的第一讲，就是从"楷定国学名义"开始，他提出，时下关于"国学"是固有学术的提法，还是太觉"广泛笼统，使人闻之，不知所指为何种学术"。所以他提出："今先楷定国学名义，举此一名，该摄诸学，唯'六艺'足以当之。""六艺"就是《诗》、《书》、《礼》、《乐》、《易》、《春秋》，即孔子之教。马一浮先生认为，国学就应该是"六艺之学"，这是他给出的新的不同于以往的国学定义。"六艺"就是"六经"，是中国学问的最初源头，是中国文化的最高形态。

马一浮提出这样一个国学定义，了不起之处在哪里呢？它可以跟教育结合起来。你讲"国学是中国的固有学术"，那是关于学术史流变的学问，专业人员研究起来尚且不无困难，你怎么可能叫社会科学、自然科学等其他学科的从业人员，都来关注这样一个"国学"呢？一般民众更不用说了。可是既然叫"国学"，就不能跟一般民众不发生关联。如果定义"国学"是"六艺之学"，就是"六经"，跟全体民众都会有关系。马先生的朋友熊十力先生就讲过，"六经"是中国人立国和做人的基本依据。你要了解"基本依据"这四个字，实际上是说中国人的精神源头和根底都在"六经"。所以把"国学"定义为"六经"的话，它就可以进入现代的教育。

国学和"六经"的价值论理

"六经"的文词很难读，怎么进入呢？但是我告诉大家，《论语》可以看做是"六经"的简约的、通俗的读本，因为孔子讲的思想，就是"六经"的思想。孔子阐述的义理，就是"六经"的基本义理。我把"六经"的基本义理概括为敬、恕、和、耻。我把"敬"放在了最前面。这个"敬"是什么？就是人的"自性庄严"。你看马一浮先生在《复性书院讲录》里面，主要讲的是一个"敬"字。"敬"是个体生命的庄严，是人性的至尊至重，是每个人都应该具有的，我甚至认为"敬"已经进入中华文化的信仰之维。

这种"自性的庄严"，是不是一般人不能实现呢？马先生当然实现了。陈寅恪一生提倡"独立之精神，自由之思想"，当然是"自性的庄严"的表现。马先生对这个"敬"字的解释有一极重要的特见，他说《论语》里讲"三军可以夺帅，匹夫不可以夺志"，"志"是什么？马先生说"志"就是"敬"。因此这个"敬"是不可以被"夺"的，已经构成个体生命的价值信仰，当然不可以"夺"了。

学者、知识人士应该有"自性的庄严"，一般人士、没有文化的人需不需要有"自性的庄严"？当然需要。我们看《红楼梦》，当贾赦要娶鸳鸯做妾的时候，鸳鸯坚决不允，做了很多极端的举动，包括破口大骂，甚至把自己的头发剪下来，所彰显的就是鸳鸯这个年轻女性的"自性的庄严"。孟子讲的"富贵不能淫，贫贱不能移，威武不能屈"的"大丈夫"精神，更是"人的自性庄严"的突出体现。人的"自性的庄严"，就是人的良知，匹夫匹妇都应该拥有，男女老少都应该拥有，有文化没文化都应该拥有。我们当下所缺的，就是这种人的"自性的庄严"。当代文化价值理念的建构，就中国传统这一块来说，我讲的以"敬"来带领的这些价值理念，包括诚信、忠恕、仁爱、知耻、和同等，应该是最重要的亟待填补的精神价值。

而以"六经"为内容的国学，就可以通过教育的环节，和全体国民联系起来。所以我主张在小学、中学和大学的一二年级开设国学课，在现代知识教育体系之外补充上价值教育。当然，文化价值的建构还有另外一个方面，就是现代文明的观念、途径、方式、礼仪，也需要填补建构。在这方面，中外的价值理念可以互阐。

第二篇　国学与民众相关才有生命力

——在第二届国学大典"重建斯文"论坛上的主旨演讲

　　今次论坛的主题，涉及"国学普及的使命与挑战"，我个人对这个题义很能认同。所谓国学普及，就是国学教育。问题是，具有怎样内涵和义涵的国学，才能与教育结合起来。这个问题关系到国学研究的一个症结，即到底什么是国学。百年以来，有过很多国学的定义，最主要的是三个。

　　第一个，胡适下的定义，他认为国学就是国故学的简称。这个定义等于把中国古代的所有跟文化有关的东西都包括在内了，显然过于宽泛。

　　第二个定义，认为国学是中国固有学术。包括先秦子学、两汉经学、魏晋玄学、隋唐佛学、宋的理学、明的心学、清的朴学等。这是学术史的课题，专家研究的对象，跟一般民众没有直接关系。

　　第三个定义，认为国学主要是研究"六艺"经典的学问，包括《诗》、《书》、《礼》、《易》、《乐》、《春秋》，就是人们常说的"六经"。这是中国文化原初的最高的文本经典，是中国的学术之源，相当于基督教尊奉的《圣经》，或伊斯兰教尊奉的《可兰经》，以及佛祖释迦牟尼所说的般若经藏。

"六经"的经典文本，都经过孔子的删订整理，有的很可能是孔子撰写。上世纪的大儒马一浮，称这些经典是中国文化的最高的特殊的形态。另一个大儒熊十力提出，中国人立国和做人的基本精神依据，都在"六经"。

把"六经"作为国学主要内涵的国学定义，它的不可动摇的学理根据在哪里？第一，它使中国文化的具有永恒意义的价值论理，成为国学的精神旨归。国学的学科特质，固然需要考据学的支撑，但主要的，国学应该是一门关乎智慧和义理的学问。第二，国学所代表的、所承载的、所传承的基本价值论理和它高贵的理性精神，是属于全体中国人的。按照马一浮先生的说法，国学既是六艺之学，又是六艺之道，又是六艺之教，又能够培育"六艺之人"。

所谓"六艺之人"，就是用中华文化的原典精神，用"六经"的价值论理，包括诚信、爱敬、忠恕、知耻、和而不同等价值理念，哺育出来的日新自强，忠信笃敬，己所不欲勿施于人，泛爱众而亲仁，好学、力行、有勇，既有"自性的庄严"，又知义懂礼的有教养的一代文明人。

这个培育"六艺之人"的过程，就是国学教育的过程。所以国学是属于每一个人的，是属于全体民众的，而不单是专业人士的研究对象，更不是博物馆里的古董陈列，而是活泼泼的有生命的传统智慧，同时也是能够在现代社会发用，可以开启人类良知的有现代意义的学科。

因此需要将国学和国民教育结合起来，需要在小学、中学和大学的一二年级开设国学课，使之成为青少年通识教育的一部分。需要推及到全体民众，使之成为公民修身课的主要内容。

"六经"文本自然难读，但《论语》和《孟子》，是"六经"的简要读本。孔子讲的思想，就是"六经"的思想。从《语》、《孟》入手，进入"六经"，相对比较容易。所以我近年一再讲，学习国学，应从《论语》开始。宋代大儒程颢、程颐就讲过：应该以《论语》、《孟子》"为本"，"《论语》、《孟子》既治，则《六经》可不治而明"。当然还应该加上小学，就是文字学、训诂学、音韵学部分，即清儒说的"读书必先识字"。经学是离不开小学的，小学是进入经学的阶梯。

现在很多大学有国学院，但还是把文史哲三科都包括在国学院之内了。那么，你跟同一个大学的文学院、历史学院、哲学院怎么区分？如果确认国学的内涵主要是经学和小学，国学院的目标就明确了。显然可以分为三部：一个是经学部，一个是小学部，还需要有一个国学教育部。国学教育部主要研究国学怎样与当代教育结合，如何编国学教材，国学怎样进小学、中学和大学的课堂。经学部和小学部，招的生员不必太多，以培养经学家、文字训诂及音韵学家为目标，造就高级的通儒人才。学成之后，他们既不是哲学家，也不是文学家或历史学家，而是经学家、小学家和国学教育家。这些人将来应该成为新一代的国学大师。学制也不应该同于一般的高等院校，应该是六到八年。

采取此种学术理念，国学和文史哲现代学术分科就没有矛盾了。申请国学的门类学科，所谓"上户口"，就可以名正言顺，得到相关部门认可应为期不远。否则国学院和文史哲学院培养的目标完全相同，国学院的存在价值就难免受到置疑。

国学研究应避免钻死胡同，不要一热起来全身都热，以为天下学问都在国学。国学之外还有百家之学，人文之外还有社会与自然的科学。世界眼光，国际视野，是断断不可少的。我们不是生活在宋朝，也不是清代的乾嘉时期，我们生活在现代的属于世界一部分的中国。任何轻视外国学术文化资源的想法，我认为都不可取。讲国学最好能懂外文。上一个世纪的大师很多都是既通古今，又贯中西。承继这个传统，今后的年轻人才有可能成长为不让前贤的第一流的人才。

第三篇 国学、传统文化与当代教育

一、关于传统文化

1 何谓传统文化

传统文化是个庞杂的范畴，以前并不这样笼统地标称，而是研究哪一部分就用这一部分的内涵加以标称。如经济史、政治史、法律史、宗教史、哲学史、艺术史、文学史等，都是研究历史文化的一个个具体领域，或一个方面。

把传统文化单标出来，是对传统和现代作了一个区隔。中国从传统走向现代的过程，是一个很长的历史过程。曾经作为社会发展阶段理论模式的"五种生产方式论"，学术界现在不再使用了。因为中国历史上没有出现过一个资本主义的社会阶段，而且被称为"封建社会"的阶段，延伸有两千多年。"封建"是特指概念，用以概括周秦或秦汉至清末的整个社会形态，显然不合适。那么中国的历史发展过程，就社会形态而言，应该作怎样的描述和区分呢？在一时找不到划分的准确概念标识的情况下，先以传统和现代作一个二分，是有道理的；尽管认真说来，对社会形态作这样的大分隔，在学理上会有很多遗漏，不是学术研究的最可取的方法。

2 传统文化包含哪些内容

传统文化所包涵的内容浩如烟海，宽博无垠。大量的文本典籍是传统文化中非常突显的部分。按传统的典籍分类，经、史、子、集四部类，每一部的书籍都多到不知凡几，汗牛充栋不足以形容。而地上地下的文化遗存，更是多得无法计数。何况还有非物质文化遗产的系列。如果简约地说，所谓传统文化，就是传统社会的文化，它们是能够看得见、摸得到的那一部分我们祖先的智慧结晶。

3 传统文化和文化传统

传统文化和文化传统不是同一个概念，传统文化背后的那个精神连接链，才是文化传统。文化传统是看不见的，它充溢流淌在不同民族的从古到今的人们的精神血液中。经过学者的研究辨析，用学术理念加以透视概括，可以发现其中包含着传统文化得以构成和传衍的规则、理念、价值、习惯、风俗和信仰。

4 文化的大传统和小传统

中国由于地域广袤，历史悠久，民间社会发达，不仅有儒家思想在汉以后成为文化的大传统的代表，同时由于地域和族群的不同生活状态，又形成了根脉深厚的文化的小传统。大传统指占据社会主流地位的思想形态，例如汉以后的儒家思想。文化的小传统主要指民间文化、民间艺术、民间礼俗和民间信仰。如果说儒家是在朝的思想形态，道家和道教、佛教思想，则是在野的思想形态。儒释道三家构成中国传统文化的主干，它们化合而成的思想新质，成为传统社会精神网络恒久不懈的支撑力量。

5 文化传统是一个松散的相对稳定的结构

传统不是凝固的沉淀物，而是流淌的河流。传统是一个松散的相对稳定的结构。承载着历史的惰性力而又不随顺时俗俯仰，是它天然生就的品格。但当异质文化之水悄然进入这条河流的时候，日积月累的结果，经过相遇相熟到彼此吸收溶解的过程，固有的传统会因之增加或减少，直至发生变异。此时，传统更新的历史时刻就来到了。但更新不是废弃自我主体，而是在旧传统中增加了新养分和新资源。所以大文化史家陈寅恪先生说，即使吸收西方的思想，也不应忘记本民族的历史地位。

6　儒家思想的包容性和儒释道三家的化分化合

儒家学说所代表的中国文化的大传统，由于魏晋南北朝至隋唐以来的佛教文化特别是禅宗思想的融入，产生了宋明理学，这是不同于先秦两汉儒学的的新形态，思想史家称之为新儒学。陈寅恪高度评价这一文化融会和思想合流的现象，认为是中国历史文化的"一大事因缘"。而儒家思想吸收道教的思想，以及道教吸收儒家和佛教的思想，在唐以后更日趋明显，终于形成儒释道"三教合一"的历史奇观。

追其原由，主要是居于主流地位的儒家思想具有包容性，同时这也就是中华文化的包容性。《礼记·中庸》提出，治理国家有需要遵行的"九经"，其中的一"经"即为"柔远人"，施行此一政策，能够收获"四方归之"的效果。东汉的佛法东传和明代的耶教来华，同为中华文化这一品格的见证；而汉唐两世的繁荣昌盛，则为中华文化这一精神品格提供了历史范例。所以王国维的《咏史》遥忆唐代的开放繁荣，写下这样两句诗："远人都有如归乐，此是唐家全盛时。"

7　文化传统的断裂与接续

凡是不肯接受异质文化流来流去，甚至拒斥外部世界互动的时候，都是国家情况不是那么美妙的历史时刻。传统是充满活力而又充满张力的文化综合体，传统不能割断，世界不能脱离，应成为我们恒久遵循的法理轨辙。

文化的大传统和小传统是互为影响的，大传统须通过和小传统结合，来增加自己的辐射力；小传统则有赖大传统的思想凝聚与品质提升。传统是从过去流淌到现今的精神河流，每个人都不自觉地站在传统的延长线上。

可是历史的一定时期，社会的精英人物一起站出来反传统，并且形成社会的潮流，传统也会因之发生断层。但时过境迁，人们又会自我反思，由反传统转变为自觉地接续传统。近一百年以来的中国，就是这样走过来的。现在又到了需要自觉地接续传统和如何让传统成为当代文化与社会建构的有益养分的历史时期。

8　文化典范和文化传统的传承

传统是通过各个历史时期创造出来的文化典范来承载和传承的。文本经典和典范性的文化遗存，里面集中藏有传统文化和文化传统的密码，文本经典的诵习和文物遗存的熏陶，不失为现代人接受和连接传统的有效方式。

和传统的因子连接紧密的大文化人，包括大艺术家、大文学家、大哲学家、大学者，他们所具有的德范与风义，和他们才华卓具的独创性的艺文杰作，能够起到为青年人提供精神模楷的作用。

但并不是所有的艺文人物和他们的创造物，都能达致这一境界，那些没有传统文化的根基，只靠猎奇和追求时尚的作者不足语此。

二、关于国学

1　国学和传统文化是两个不同的范畴

这里还须辨析传统文化和国学两个概念。这两个概念是不同的，不应该加以混淆。传统文化如前所说，是一个涵蕴多重的极为宽博的范畴，所以章太炎称之为"国故"，胡适之解释为所有过去的历史文化。而国学所涉及的，则是对传统文化进行深入的学术研究。简言之，传统文化是文化形态，国学是学问形态。中国传统文化是学问的研究对象，不能把学问对象和学问本身混为一谈。

2　历史上的"国学"和现代的国学

历史上的"国学"指国立学校

国学这个概念，首先要区分历史上的国学和现代的国学。中国历史上很早就有国学这个语词。比如在《周礼》里面，就有"乐师掌国学之政，以教国子小舞"（《周礼·春官·宗伯》）的记载。后来《汉书》、《晋书》、《隋书》、《唐书》、《宋史》、《明史》等史籍的记载，凡有国学一词，也都是指国立学校。

例如《隋书·礼仪志》："仲春令辰，陈养老礼。先一日，三老五更斋于国学。《隋书》卷二十六"百官志"又载："国学，有祭酒一人，博士二人，助教十人，太学博士八人。"明示国学里面的人员安排设置。可以设置包括祭酒、博士、助教在内的各种人员，当然指的是学校了。

《宋史》真宗本纪载："冬十月戊午，延恩殿道场，帝瞻九天司命天尊降。己未，大赦天下，赐致仕官全奉。辛酉，作《崇儒术论》，刻石国学。"将文章刻石于国学，当然这个国学是学校了。

《明史·选举志》："科举必由学校，而学校起家，可不由科举。学校有二：曰国学，曰府、州、县学。府、州、县学诸生入国学者，乃可得官，不入者不能得也。入国学者，通谓之监生。"

可见，中国历史上的"国学"，从《周礼》开始，嗣后两千多年来不绝如缕，但无不指的是国立学校的意思，这和我们今天大家都在讲的国学，和现在有一点热的这个国学，概念的涵义所指、内涵和外延，完全不同，需要在学理上和事实上将两者区分开来而不容混淆。

而现代的国学，是跟西学相比较而存在的一个概念。现代国学发生于何时？据我个人接触到的资料，至少在1902年，在梁启超和黄遵宪的通信中，他们已经在使用国学这个概念了。

再往前推上几年，1898戊戌变法那一年，湖广总督张之洞当百日维新高潮之际，出版了一本著作叫《劝学篇》，该书外篇的第三节为"设学"，在谈到学校课程设置的时候，张之洞提出，宜"新旧兼学"，"旧学为体，新学为用，不使偏废"。可是大家知道，在中国近现代思想史上，这个关键词不叫"旧学为体，新学为用"，而是"中学为体，西学为用"。这是在传播过程中出现的转换和转译。

第一转换者是梁启超，他在 1921 年出版的《清代学术概论》一书里，说张之洞当时讲的"中学为体，西学为用"，得到很多人的推许，一时"举国以为至言"。梁启超转述张之洞思想的时候，使语词发生了变化。梁启超在清末民初的思想界有极大的影响力，经他一转述，大家便习焉不察地以为，张之洞本来讲的就是"中学为体、西学为用"。

我讲这段掌故是想说明，张之洞在《劝学篇》里讲的"旧学"，以及梁启超转述时讲的"中学"，跟 1902 年黄遵宪和梁启超通信中讲的"国学"，其概念的义涵大体是相同的。

梁启超在《中国学术变迁之大势》一文中，其第八章的结尾处一段也明确使用了国学的概念。他说：

> 近顷悲观者流，见新学小生之吐弃国学，惧国学之从此而消灭。吾不此之惧也。但使外学之输入者果昌，则其间接之影响，必使吾国学别添活气，吾敢断言也。但今日欲使外学之真精神普及于祖国，则当转输之任者，必邃于国学，然后能收其效。

梁启超《中国学术变迁之大势》的一至六章，写于 1902 年，第七章阙如，第八章写于 1904 年。以此该文结尾谈国学的一段文字，应是 1904 年所写。

梁启超这段文字，行文中明确把国学与"新学"、"外学"相对应来使用。

此后——

1905 年，上海出版《国粹学报》。

1906 年章太炎在日本东京讲国学，鲁迅、周作人、钱玄同、沈兼士、朱希祖、许寿裳等后来的学界名流，都前往听讲。

1922 年北京大学成立国学门

1925 年清华大学成立国学院。

3 现代国学的概念界定与学理分疏

但是，到底什么是国学？直到 1923 年之前，学术界尽管使用，却没有人做过分疏。

1923 年，北大国学门出版《国学季刊》，请胡适为之写发刊词。胡适写道："自从章太炎著了一本《国故论衡》之后，这'国故'的名词，于是成立。"又说："'国学'在我们心眼里，只是'国故学'的缩写。中国的一切过去的文化历史，都是我们的'国故'；研究这一切过去的历史文化的学问，就是'国故学'，省称为'国学'。"(《〈国学季刊〉发刊宣言》)

这是胡适给国学下的定义。

但胡适的国学定义，并没有被学术界所采纳。甚至连"国故"一词，也遗落到一旁无人问津了。

当时学术界的共识，是认为国学就是中国的固有学术。所谓固有学术，指的是先秦的诸子百家之学、两汉的经学、魏晋的玄学、南北朝至隋唐的佛学、宋代的理学、明代的心学、清代中期的朴学（以考据为中心的学问）等。这样一来，国学便跟不同历史时期的学术等同起来了。

显然经过如此定义国学，只是一部分专业人士致力的领域，跟一般民众没有关系，甚至跟此专业领域以外的其他专业人士，也没有多大关系。而且传统学术在不同历史时期呈现出不同的形态，如果认为国学是固有学术，那么是指哪个历史时间段的学术？传统学术就其主脉来说，既有儒家的学术，也有道家和道教的学术，还有佛学的学术，那么是指哪一家的学术？

以固有学术等同于国学，内涵和外延未免太过于宽泛了。而当一个概念的内涵过于宽泛时，概念本身的既定内涵就会流失。

1938年5月，二十世纪的一位第一流的大儒马一浮先生，在浙江大学举办国学讲座的时候，他给国学下了一个不同于已往的全新的定义。他说：

> 今先楷定国学名义。举此一名，该摄诸学，唯六艺足以当之。六艺者，即是《诗》、《书》、《礼》、《乐》、《易》、《春秋》也。此是孔子之教，吾国二千余年来普遍承认一切学术之原皆出于此，其余都是六艺之支流。故六艺可以该摄诸学，诸学不能该摄六艺。今楷定国学者，即是六艺之学，用此代表一切固有学术，广大精微，无所不备。"（《泰和会语》）

这是马一浮对国学的重新定义。

六艺就是"六经"。指《易》、《诗》、《书》、《礼》、《乐》、《春秋》六种文本经典。《乐》这一经没有文本传下来,是为"五经"。但也有一种说法,认为《乐》本来就没有文本,它是跟《礼》结合在一起的,所以"礼乐"并称。尽管后来看到的是"五经",可是学者们习惯上仍然称为"六经",直到清代还是如此。"经"是晚些时候的说法,开始的名称叫"六艺"。

孔子教学生,就是以"六艺"作为教材。但当时有两种"六艺",《易》、《诗》、《书》、《礼》、《乐》、《春秋》是文本经典的"六艺",另一种是"礼、乐、射、御、书、数",我称之为实践课。这里的"书",指汉字构成的方式,包括象形、指事、会意、形声、转注、假借,后称为"六书",是为识字课。"数"是计算,射是射箭,"御"是驾车。

文本经典的"六艺"又称"六经",孔子之前就有了。

《周易》,相传是伏羲画卦,文王演易,孔子作传。所以《论语》里记载孔子的话,说"五十以学《易》,可以无大过矣"。《诗经》是周代的诗歌,最早有三千多篇,经过孔子的删订,存留305篇,所以《诗经》也称"诗三百"。《书》是《尚书》,是虞、夏、商、周在上古的文告、文献汇编。《礼》有三礼,包括《周礼》、《仪礼》和《礼记》。《春秋》是鲁国的一个大事纪,应该是孔子所作。如果不是孔子的原创,也是孔子在原有的一个大事纪基础上加工润色而成。因为记事简,措辞晦,寓意深,由此形成史家称道的所谓"春秋笔法"。

"六经"都经过孔子删订，是中国现存的最原初的文本经典，是古人智慧的最高结晶。马一浮称"六经"为中国文化的最高的特殊的形态。大哲学家熊十力则说，"六经"是现代人做人和立国的基本精神依据。这些大判断，时至今日也没有过时，反而愈见其见解独到。我们华夏民族，如无"六艺"为精神依据，便人不知何以为人，国亦不知何以为国。葛洪说过："五经为道德之渊海"，既是"治世存正之所由"，又是"立身举动之准绳"，"其用远而业贵，其事大而辞美，有国有家不易之制"。要之，六经不仅是中国学问的源头，也是中国人德范德传的渊薮，是中国人立身修德之基，同时也是中华立国的精神支撑。

"六经"里面有两个系统：一个是学问系统，一个是价值系统。学问系统比较烦难，但"六经"的价值系统是面对所有的人的。中国文化的基本价值、核心价值，可以说都在"六经"。特别是诞生最早的《易经》，固然是占卜之书，但它同时更是中国文化论理价值的渊薮。

近年我从以《易经》为代表的"六经"里面，也包括后来作为十三经组成部分的《论语》、《孟子》、《孝经》里面，梳理抽绎出五组价值理念：

诚信、爱敬、忠恕、知耻、和同

《周易》"文言"有两句话："君子进德修业，忠信所以进德也；修辞立其诚，所以居业也。"试想，人生在世，何欲何求？

无非是让自己修为得更好些，并希望事业有成，使成就感给自己带来快乐与荣誉。那么"进德修业"四个字可以说将人生志业的全部要义概括无遗。而"进德"靠的是"忠信"，事业有成靠的是"立诚"。

"爱敬"这个价值理念来自《孝经》。

《孝经》第二章引孔子的话写道："爱亲者，不敢恶于人；敬亲者，不敢慢于人。爱敬尽于事亲，而德教加于百姓。"[1] 第十八章又说："生事爱敬，死事哀戚，生民之本尽矣，死生之义备矣，孝子之事亲终矣。"[2] 这是说，事亲之敬，则是在敬之中有爱存焉，是在爱的感情里面含蕴有敬的精神。此种特有的爱敬，在事亲的过程中表现得最为充分彻底，所以称作"爱敬尽于事亲"，而且认为是"尽"了"生民之本"。所谓"本"，其实就是敬的"体"，亦即刘邵的《人物志》所说的："盖人道之极，莫过爱敬。"

视"爱敬"为"人道之极"，我认为这是中国古代哲人对人的情性的极为深刻入微的观察，也是对人的性体与人伦所作的一次具有形上意味的义理概括。

"敬"可以单独阐释。敬是人的自性的庄严，即自尊、自重、志不可夺。孔子说的"三军可以夺帅也，匹夫不可以夺志也"的"志"，就是"敬"，就是不可易、不可被夺的人的自我精神

---

① 《孝经注疏》，十三经注疏标点本，北京大学出版社，1999 年，第 5 页。
② 同上，第 61 页。

的庄严。我认为"敬"是一个终极价值，已经进入了中华文化的信仰之维。

"忠恕"，忠是推己，恕是及人。孔子以之为自己"一以贯之"之道。"忠恕"的"恕"，就是"己所不欲，勿施于人"，亦即将心比心、换位思考，自己不喜欢、不希望的事情不强加于人。"己所不欲，勿施于人"现已成为世界公认的道德金律。

"知耻"是《礼记·中庸》里的话，原文是"好学近乎知，力行近乎仁，知耻近乎勇"，并说知道这三者，就知道什么是"修身"了。耻感是人作人的不可或缺的从心理到生理的一种感受。所以做错了事，说了不合适的话，有了失礼行为，会感到不好意思。孟子讲的"四端"中的"羞恶之心"，就是"知耻"。按孟子的说法，如果没有"羞恶之心"，人就是非人了。同样，其他三"端"：恻隐之心、是非之心、辞让之心，缺了哪一"端"，在孟子看来，也都不具备人的资格。所以我提出，"修身"应该从"知耻"开始。

"和同"指"与人和同"。世界上，人与人之间的差异，并不像人们想象得那样大。所以不同的人，可以互相交流沟通；不同的文化，可以对话互阐，可以跨文化沟通对话。《易经》"系辞"的两句话："天下同归而殊途，一致而百虑"，把"与人和同"的思想概括无遗。《易经》的"同人"一卦，则是"与人和同"思想的全方位演绎。

六经里面这些中国文化的基本价值，是传统文化中的具有永恒意义的精神价值，永远不会过时，既适合于中国人，也适合于全世界所有的人，它们是永恒的价值，也是人类的共同价值。

我多年研习中国文化，逐渐悟到：中华文化能够贡献给世界的，我认为是人之为人的、群之为群的、家之为家的、国之为国的一整套精神价值论理。这些价值理念的精神旨归，是使人成为健全的人，使群体成为和谐的群体，使家成为有亲有爱有敬的和睦的家，使国家成为讲信修睦、怀柔远人的礼义文明之邦。

与人相处，则靠的是"和同"，即"君子和而不同"，即使不同，也可以共处于一个统一体中。所以我认为，一个是"己所不欲，勿施于人"，一个是"和而不同"，是中国文化的大智慧，事实上给出了人类麻烦的解决之道。

三、国学、传统文化怎样进入当代教育

弄清楚了国学和传文化的基本内涵，认识了它们的质性，国学、传统文化怎样进入当代教育，就比较容易解决了。

按照马一浮重新给国学下的定义，即认为国学是"六艺之学"，那么国学本来就包含有施教的意涵。

六艺的功能相，由三个部分组成：

六艺之学

六艺之道

六艺之教

六艺之学，指六经的学问体系。

六艺之道，指六经的价值论理。

六艺之教，即如何把六艺之道即六经的价值论理施之于教育。

国学在今天进入教育，说到底，就是进行中国固有的价值教育。

1　国学如何进入当代教育

施教的方法、途径，主要是文本的经典阅读。"六经"的文本读起来不无烦难，但《论语》事实上可以作为"六经"的简要读本。孔子讲的道理，其实就是"六经"的基本道理，只不过通过夫子的言传身教，化作了日用常行，变得更为亲切、近人、易入。如同马一浮所说，《论语》里面有"六艺"，《论语》可以直接通"六艺"。宋代大儒二程子（程颢、程颐）也说过："学者当以《论语》、《孟子》为本。《论语》、《孟子》既治，则《六经》可不治而明矣。"

《论语》是中国文化宝藏的宏明正学的第一代表，绝对堪称"思无邪"的最高传世圣典。

宋代的大思想家朱熹，把《论语》、《孟子》和《礼记》的《大学》、《中庸》两篇，编订在一起，名为《四子书》，简称《四书》。明清以后《四书》广泛流行于社会，成为普通中国人进学的教科书。"六经"虽难，《四书》却读来方便。当然《大学》、《中庸》读懂也不容易，比较起来《语》、《孟》更好读一些，尤其是《论语》。

因此我主张，修身从知耻开始；学习国学，从诵读《论语》开始。

2006 年，我写《论国学》，提出国学进入教育，首先应该让《论语》成为各级学校的教科书，而且主要以诵读白文（不加注释的文本）为主。期以几十年、上百年之后，使之成为中华儿女的文化识别符号。

香港中文大学的金耀基先生，他是有名的文化社会学家，也是著名的教育家，曾担任中文大学的校长。他看到我的《论国学》，写信说，你提出了重要的问题，这一主张等于在现在通行的知识教育之外，补充上价值教育。但金先生说，何必只在小学呢？他说中学和大学也许更重要。

金耀基先生来在信中写道：

尊文《论国学》中建议在小学设国学一科，内容以六艺为主。读来叫我又惊恐，又欢喜。此是文化教育绝大事情。此涉及为"价值教育"（或"伦理教育"）在今日（中西均然）垄断的"知识学"外寻求一位置，也是在今日学校（特别是大学）的课程中寻求一位置。我最欣赏尊文所说"这样将来终会有一天，所有中国人的知识结构里面，都有我们华夏民族最高端的文本经典为之奠基，使之成为中华儿女的文化识别符号"一段话。鄙意与尊见略有不同者，以为学校应不限于小学，中学、大学或更重要。国学内容则

以《四书》(尤其是《论语》、《孟子》) 为主。不知先生以
为如何?

我意识到金先生意见的重要，后来的文章，便接受他的高见，
提出了在小学、初中、高中、大学一二年级开设国学课的具体
设想。

具体说，小学一至四年级的国学课，主要是诵读《论语》。
先选读，逐渐读全本。小学五六年级，《论语》外，加入《孟子》
选读。初中，熟读《论语》，同时加上《大学》、《中庸》，以及《孟
子》选读。高中，巩固《论语》等四书的诵读成果，适当加入"六
经"的文本选读，以及文言文的写作练习。

五四新文化运动，白话文代替文言文，自是不可阻挡的潮
流，也是文化与社会发展的必然之势。但彻底放弃文言、废弃
文言，不是明智之举。就像现代知识教育丢弃了传道一样，文
言写作的基本废弃也是文化传承的一个损失。文言有什么好处
呢? 文言的重要好处是它能够保持文本书写的庄严。文言表达
婉曲典雅，可以不失身份的曲尽其情。其实国家的重要文诰，
重要的文件，包括庆典的告白，以及外交文献，适当使用一点
文言，会显得更加典雅庄重。

国学课是当代教育的通识课，也是公民的价值教育课，通
过此科课程来传授中华文化的天下大道。

2 传统文化的进入当代教育

一是精选诗词古文编入课本，作为教材；

二是地上地下文化遗存的观览和熏陶；

三是开设修身课（公民课）。

四、结 论

修身，从知耻开始。

学习国学，从诵读《论语》开始。

第四篇　与友人论国学书

惠示敬悉，所附之《国学概念的历史变迁及现实意义》一文，亦尝拜读。此文的文字叙述是清晰的，想要讲的思想亦称明确，文气很连贯。尤其没有将晚清以还兴起的现代国学的概念，与中国历史文献中的"国学"一词相混淆，令人感到欣慰。

此文的问题，有以下数端，兹略加研议。

第一，叙论现代国学概念的变迁，有几处关键论述，舍弃了定义国学概念的关键词，而用另外的叙论代替之。这对于以探讨"国学概念的历史变迁"的专文来说，易造成对文本本身立论的伤害。显例是页4对马一浮的国学观的概括。马先生的《泰和会语》有专门一节，曰"楷定国学名义"。其中提出："举此一名，该摄诸学，唯六艺足以当之。六艺者，即是《诗》、《书》、《礼》、《乐》、《易》、《春秋》也。"又说："今楷定国学者，即是六艺之学，用此代表一切固有学术，广大精微，无所不备。"为了明确概念，他还简而括之地附注写道："国学者，六艺之学也。"

我认为这是马一浮给国学下的不同于以往的新定义。但这段原著文本的关键论述，《变迁》一文没有引录。这是非常大的疏忽，望予重视。

第二，此文丢失了长期被使用的甚至获得一定共识的一个国学概念的定义，就是国学是中国固有学术。《国粹学报》诸人讲的国学，不无眷乱混淆，但也是以儒学与六艺为大端。郑实诸文所讲，实为学术之流变史也。他的最后一篇，是讲清学史。而钱宾四先生之《国学概论》的写作宗旨则是："用意在使学者得识二千年来本国学术思想界流转变迁之大事，以培养其适应启新的机运之能力。"是亦以本国之学术流变为国学。故马一浮辨明国学义涵，特以"今人以吾国固有的学术名为国学"为说。斯可证明，国学是中国固有学术的说法，在后"五四"时期的二三十年代，是学术界颇为流行的公论。例证可以举出更多，兹不具。

第三，章太炎的《国故论衡》初版于1910年，分上中下三卷，上卷论小学，包括文字、音韵诸学。中卷要义在论训诂，因立"明解故"上下篇，而以释"文学"为该卷之始。随后的"原经"是为经学史的典要之作。然后是"论式"，即文章学和文体学。最后"辨诗"，论有韵之文；次论丧仪，是为礼也。下卷论子学而重道家。要言之，章氏《国故论衡》一书，是论中国之学术也。胡适之《〈国学季刊〉发刊宣言》以国学为"国故学"的缩写,他只是使用了太炎先生的"国故"的概念,与《国故论衡》其书无关。

此处应注意者有二：一是胡适对"国故"的概念给出了自己的解释,即认为"中国的一切过去的文化历史都是我们的'国故'"；二是提出,"国故学"指的是"研究这一切过去的历史文化的学问",而国学则是"国故学"的省称。胡适显然认为,国故学也好,国学也好,都指的是学问。"一切过去的历史文化",只是国故学或国学研究的对象，绝不能得出结论说："中国的一切过去的文化历史"或"一切过去的历史文化"就是国学。

胡适的所谓国学就是"国故学"的省称的说法,我们认可不认可是另一回事。事实上,胡适的这个国学定义,在二三十年代根本未被采用,甚至"国故"一词,后来也被弃置。但在学理上,胡适并未犯糊涂。他明确将国学和国学研究的对象作了区分。就是说,历史文化是后世乃至今天的学者从事研究的对象和历史资源,研究过程和研究出来的结论及学术建构,才是学问本身。因此任何将研究的对象,包括借以从事研究的资源和历史材料当作学问本身的想法都站不住脚。如果试图把国学与传统文化划等号,胡适的文章著作里面绝对没有能够获得支持的立论依据。

章太炎那里更没有。太炎从来都认为,国学是一种学问。早期的《国故论衡》如此,已如上述。后来的四次国学演讲,亦复如是。盖太炎先生是近现代天字第一号的国学家,对文字学、音韵学、训诂学情有独钟。1906年东京讲国学,主要讲的是《说文解字》。嗣后的 1916 年被袁世凯软禁时讲国学、1922 年在上海讲国学、1933 至 1935 年在苏州讲国学，其学术架构大同小异，都是以小学开篇，次经学，次史学，次诸子，次文学。上海演讲特别提出，治国学须"通小学"。且讲了"哲学的派别"。就是说，太炎所论之国学，都讲的是"学"，而非"学"的研究对象。即文中所引毛、周二领袖的言论，周以国学与西学相对应，所言者是学；毛例举曾国藩的《经史百家杂钞》，则所重在"四部精要"。都未尝以国故、传统文化与国学同是焉。

第四，最主要是此文的立论要旨，值得讨论。看来文章主要想提出关于国学的新定义、新概念。

该文一则云："中国特色社会主义所谓'中国特色'，其根脉就是中华优秀传统文化，即具有时代特征的中国国学。"（页12）这似乎是说，"中华优秀传统文化"就是国学。

二则云："我们讲的国学"，"是中华传统文化的精髓，是中华优秀传统文化的简称和符号"（页 14）。此为更明确地给出结论，即认为国学是传统文化的精髓，是优秀传统文化的简称，也是优秀传统文化的符号。

文章结尾又重申："明确中国国学是中华优秀传统文化的简称和符号"，"有不可忽视的重要意义"（页 19）。

我认为提出中华传统文化就是国学，值得大大商榷。或辩之曰：我们说的是"优秀传统文化"，或"传统文化的精髓"。然而这两个限制性概念，其涵义实际上完全不同。何谓"传统文化的精髓"？学者的意见大体能够统一。这个概念显然指的是传统文化里面的学术思想，或曰我民族思维智慧的结晶。用以前本人著作中的话，我说学术思想是一个民族的理性之光。而此一方面的代表性的存在形态，当然是孔子和六经，当然是诸子百家之学。这个表述便回到了国学是中国固有学术的轨道上来。

　　而"传统文化的精髓"和"优秀传统文化"，这两种表述之间无论如何不能划等号。何谓传统文化？是为传统社会的文化。文化是什么？按我经常使用的定义，文化是指一个民族的整体生活方式和价值系统。传统文化就是传统社会中华民族的生活方式和价值系统。那么所说的"优秀传统文化"系何所指？指生活方式吗？生活方式包括谋生手段、使用的工具，以及居住、饮食、服饰、习俗等诸多方面。这其中哪些是优秀的？哪些是不优秀的？区别至难。文化的价值系统则包括艺术、文学、哲学、宗教、道德等类分和它的形上的精神性质。这一方面和学术思想为同中见异者。那么此一形上层面，哪些是优秀的？哪些是不优秀的？区别起来，也甚为不易。

　　哲学思想，古代有唯物主义哲学家，大多数都是唯心主义哲学家。他们哪个是优秀的？文学，明清大量写男女情事的小说，描写性的活动非常露骨，是否都不优秀？唐诗是否都优秀？六朝的宫体诗是否就不优秀？《金瓶梅》到底是好小说，还是不好的小说？所谓"优秀传统文化"，实际上是一个不容易鉴定的概念。六十年代对待传统最流行的口号是吸收其精华，扬弃其糟粕。后来知道，区分精华、糟粕原来如此之难，以至于近三十年研究者一般不再这样提出问题。

以此我认为，提出国学就是"优秀传统文化"，是一个内涵不能确指的概念。而一个概念能否成立的基本要求，是内涵充足无漏，外延边界清楚。更主要的，提出"优秀传统文化"是为国学的论述，显然是把国学和国学的研究对象混为一谈了。这个错误可不小。从学理层面而言，国学和传统文化是两个不同的概念。传统文化包含面极为阔大广袤，几乎无法穷尽；国学不过是研究传统社会历史文化的一种学问而已。所以胡适当年讲过去的一切历史文化是"国故"，研究"国故"的学问叫国故学，省称则为国学。宋育仁为之加评说："历史完全只有材料，还说不到加工，更说不到制造的方术，何况原素、原质、化合种种学理，梦也想不到。"虽然提出的是"优秀传统文化"的概念，但这"优秀"两个字，不能为等同国学与"传统文化"的不当立论增添任何说服力。

此文如果只是一个研究者的研习心得，概念合适不合适，所关至小。哪个刊物愿意发表或不愿意发表，都无关大体。可是此文看来是一份准备上报给有关主管方的文章，这就应该慎之又慎了。我们不能以不准确、不合适的学术观点，去引导国家的学术事业。我认为兹事体大，作为研究此学的学者，无法不直陈己见，是所关心也，是所尽一己之责也。

第五，如果说到"对国学概念的内涵界定"以及对国学的现实意义的阐述，则我敢说，本人近十年所下的功夫，可真是不少。2006 年，我在《世界经济导报》和《中国文化》同时发表《论国学》长文；2008 年，又在《文汇报》和《社会科学报》发表《国学辨义》；2014 年，三联书店出版的我的《马一浮与国学》，则是我研究国学的一本有系统的专著。其他单独研究国学与传统文化的关系的文章亦有数十篇。这些都属于专门研究国学的历史和国学概念的变迁的文章，总计应不少于三十万字。学术界很少有人像我这样，将国学概念的内涵与流变，论述得如此清晰。对国学与国粹、国学与国故、国学与西学，都作了追本溯源的探讨。

我不仅研究探讨国学的树义及其流变，在学理上和实践层面也提出了自己的主张。我最服膺马一浮先生的国学是"六艺之学"的定义，2006 年的《论国学》和 2008 年的《国学辨义》两长文，首次提撕此义并加以分梳。但我的国学研究并非止于此，而是有自己比较系统的学术新见。关于国学的概念，我提出应包括经学、小学、国学教育三部分内容。大学的国学院如果以此为国学的内涵，则与至今未获解决的国学院和文史哲三院的关系问题，当可迎刃而解。这是第一。第二，我由研究国学的内涵，进而研究六经的价值论理，提出爱敬、诚信、忠恕、和同、知耻是中华文化的具有永恒意义的价值理念。

"敬"的特殊义涵，我认为已进入中华文化的信仰之维，这是我近十年在学理上的一个发明。《北京大学学报》今年第 3 期以特稿形式刊出的我的《敬义论》，以三万言的篇幅,对"敬"之立义作了从前不曾有过的系统论述。《论和同》两万言，同时刊发在今年的《文史哲》第3期，也是有学理发明的第一次系统论述。《立诚篇》也会在近期刊出。学国学从《论语》开始，修身从"知耻"开始，是我提出的广被接受的学术特见。

其实早在六年前的总理座谈会上，我的发言就以《中国传统文化价值理念的现代意义》为题，重点阐释了敬、和、耻三组价值理念在今天如何发用。我的那次发言，有下面一段话：

> 我主张读一点经。建议在中小学设立国学课，主要以"六经"的内容为主，从《论语》、《孟子》入手，化繁为简，循序渐进。期以百年、几百年之后，使中华文化的源头经典"六经"，成为中华儿女的文化识别符号。晚清的大学者沈曾植说过，年轻人没读过《论语》，不大好对话。不懂《论语》，就不懂敬、恕、和、耻，也不懂仁、孝、忠、信。这些价值理念，在今天仍然重要而没有过时。

我最后说："如果抛弃中华文化的这些精彩的价值理念，中国人将找不到自己未来的精神归宿和文化家园。"

对中国文化价值理念的研究，近年我始终未间断过。这个题目后来我放在了"国学和六经的价值论理"的专题研究范围之中。认定国学的内涵首在中华民族的精神价值论理，是我研究国学的一项贡献。不仅大判断如此，而且从最早的文本经典中抽绎出最精要的几组价值论理，分别作系统阐述。不是说其他学人都没做，只不过我的确做得比较系统、比较准确，也许还可以说比较精要。

国学和国民教育结合，国学进课堂，我提出得也比较早，且有系统的实施方案。2012 年 7 月 7 日出版的《法制晚报》报道过我这方面的主张。其中写道："刘梦溪认为，我们的教育除了知识教育，价值教育少到近乎于无。中国传统的传道、授业、解惑，在吸收西方教育体系的同时，却遗漏了最重要的'传道'精神，导致了价值观的混乱。"其实这是我写的《国学与国民教育》的专论，2012 年 7 月 9 日的《科学时报》曾全文刊登。开始我本来提出，只在小学开国学课。香港中文大学原校长、著名的文化社会学家金耀基先生看到之后，对我的设想表示支持并给予补充。他说：

> 尊文《论国学》中"一点设想"，建议在小学设国学一科，内容以六艺为主。读来叫我又惊恐，又欢喜。此是文化教育绝大事情。此涉及为"价值教育"（或"伦理教育"）在今日（中西均然）垄断的"知识学"外寻求一位置，也是在今日学校（特别是大学）的课程中寻求一位置。我最欣赏尊文所说"这样将来终会有一天，所有中国人的知识结构里面，都有我们华夏民族最高端的文本经典为之奠基，使之成为中华儿女的文化识别符号"一段话。鄙意与尊见略有不同者，以为学校应不限于小学，中学、大学或更重要。国学内容则以《四书》（尤其是《论语》、《孟子》）为主。不知先生以为如何？

此信写于 2008 年 3 月 8 日，是他收到我寄呈的《论国学》一书之后，写来的回示。我完全赞同耀基先生的高见，后来的论述便不再限于小学，而是小学、中学和大学的一二年级一体为论。

还有，2015 年《国是咨询》总第 155 期刊出的我写的《教育机构不宜实施跪拜礼》，也是非常重要的国学文章，《国是咨询》刊载，是为有特见。

呵，以上一口气写成，言轻言重，出乎一心，仅供参酌而已。

不备，即请暑安。

刘梦溪拜白，2016 年 8 月 12 日。

第五篇　学兼四部的国学大师

——张舜徽先生百年诞辰述感

今年，2011 年，是张舜徽先生诞生一百周年。他 1911 年 8 月 5 日生于湖南省沅江县，没有进过学校，完全靠刻苦自学，成为淹贯博通、著作等身的一代通儒。我曾说章太炎先生是天字第一号的国学大师。章的弟子黄侃，也是当时后世向无异词的国学大师。章黄之后，如果还有国学大师的话，钱宾四先生和张舜徽先生最当之无愧。

一代通儒

钱宾四和张舜徽为学的特点，都是学兼四部，而根基则在史学。但同为史学，二人亦有不同，钱为文化史学，张则是文献史学。古人论学，标举才、学、识三目，又以义理、考据、辞章分解之。义理可知识见深浅，考据可明积学厚薄，辞章可观才性高下。学者为学，三者能得其二，士林即可称雅，兼具则难矣。盖天生烝民，鲜得其全，偏一者多，博通者寡。三者之中，识最难，亦更可贵。无识则学不能成其大，才亦无所指归。张先生的识见是第一流的，每为一学，均有创辟胜解，这有他的《周秦道论发微》可证。

道为先秦各家泛用之名词，但取义各有界说。儒门论道，一以贯之，忠恕而已，性与天道，孔子罕言。韩非论道，则云明法制，去私恩，而以儒家之圣言为"劝饭之说"（《韩非子·八说》）。管夷吾论道，无外无内，无根无茎，万物之要。老聃论道，强名曰大，道法自然。庄生论道，无为无形，可生天地。先秦诸家之道说，异非异是，释解缤纷。而《荀子·解蔽》"人心之危，道心之微"一语，尤为历来研究心性之学者所乐道。《尚书·大禹谟》"人心惟危，道心惟微，惟精惟一，允执厥中"十六字，虽出自"伪古文"，亦堪称中国思想的语词精要，至有被称作"十六字真传"者。

然张舜徽先生别出机杼，曰："余尝博考群书，穷日夜之力以思之，恍然始悟先秦诸子之所谓'道'，皆所以阐明'主术'；而'危微精一'之义，实为临民驭下之方，初无涉于心性。"[1]经过博考群书、日夜思之，而认为先秦诸家之道论乃帝王驭民之术，亦即统治术，这是张先生对于先秦思想文化史的一项极大判断。此判可否为的论？思想史学者必不然。但在张先生，

---

[1] 张舜徽：《周秦道论发微》，载《张舜徽集》，华中师范大学出版社 2005 年版，第 30 页。

足可成一家之言。因为它的立说，是建立在精密比堪抽绎诸家文本基础之上的，以诸子解诸子，旁征博引，巨细靡遗。即如道和一的关系，老云"抱一"，庄云"通一"，韩非云"用一"，管子云"执一"，《吕览》云"得一"。此何为言说？张先生写道："皆指君道而言，犹云执道、抱道、通道、用道、得道也。'道'之所以别名曰'一'者，《韩非·扬权篇》曰：'道不同于万物，德不同于阴阳，衡不同于轻重，绳不同于出入，和不同于燥湿，君不同于群臣，凡此六者，道之出也，道无双，故曰一。'韩非此解，盖为周秦时尽人而知之常识，故诸子立言，率好以'一'代'道'之名，无嫌也。"[1] 不能不承认纂解有据，而绝非腹笥空空之贸论也。

张舜徽先生的独断之识，见于他所有著述，凡所涉猎的领域与问题，均有融会贯通之解。以本人阅读张著之印象，他似乎没有留下材料之义理空白。他的学主要表现为对中国固有典籍烂熟于胸，随手牵引，无不贯通。如果以考索之功例之，则张氏之学，重在典籍之文本的考据比堪。二百万言的《说文解字约注》，又纯是清儒《说文段注》一系的详博考据功夫。《约注》一书，可见舜徽先生积学之厚。至于文法词章，置诸二十世纪人文大师之列，他也是可圈可点的佼佼者。他文气丰沛，引古释古，顺流而下，自成气象。为文笔力之厚，语词得位适节，

---

[1] 张舜徽：《周秦道论发微》，载《张舜徽集》，华中师范大学出版社 2005 年版，第 30 页。

断判出乎自然，五十年代后之文史学人，鲜有出其右者。这既得力于他的学养深厚，也和年轻时熟读汉唐大家之文有关。他尝着意诵读贾谊《过秦论》、《陈政事疏》等长篇有力之文，以培养文气。不过，张先生长于为文，却不善诗词韵语，或未得文体之全，但亦因此使张学无纤毫文人之气，实现了《史通》作者刘知几说的"耻以文士得名，期以述者自命"的"宏愿"。

学兼四部

古人为学所谓通，或明天人，或通古今，或淹通文史，或学兼四部。诸科域博会全通，则未有也。张先生于通人和专家之分别，规判甚严。他说以汉事为例，则司马迁、班固、刘向、扬雄、许慎、郑玄之俦，为通人之学；而那些专精一经一家之说的"博士"们，固是专家之学也。对清代乾嘉学者，他也有明确分野，指戴震、钱大昕、汪中、章学诚、阮元诸家为通人之学；而惠栋、张惠言、陈奂之、胡培翚、陈立、刘文淇，以治《易》、《毛诗》、《仪礼》、《公羊》、《左氏传》等专学名家，则为专家之学。即以张先生界定之标准，我也敢于说，他是真正的通儒，所为学直是通人之学。

张先生为学之通，首在四部兼通。他受清儒影响，从小学入手，即从文字、声韵、训诂开始，此即清儒所谓"读书必先识字"。再经由小学而进入经学。先生所治经，以郑学为圭臬，可知其起点之高。汉代经学发达，有五经博士之设。然家法成习，碎义逃难，终至经学为经说所蔽。逮汉末大儒郑康成出，打破今古文之壁垒，遍注群经，遂为"六艺之学"立一新范。故张先生之《郑学丛著》一书，未可轻看。此书正是他由小学而经学的显例。书中《郑学叙录》、《郑氏校雠学发微》、《郑氏经注释例》三章，尤为后学启发门径。但张先生虽治经，却不宗经，以经为史、经子并提，是他为学的习惯。要之，许（慎）郑（玄）二学实为先生为学之宗基，故能得其大，积其厚，博洽而涯岸可寻。张之洞《书目答问》谓"由小学入经学者，其经学可信；由经学入史学者，其史学可信"，已由张先生为学次第得到证明。至于子学，《周秦道论发微》为其代表，前已略及。明清思想学术，亦为先生所爱重，则《顾亭林学记》、《清代扬州学记》两书，是总其成者。集部则《清代文集别录》（上下册）、《清人笔记条辨》，识趣高远，宜为典要。

当然张先生学问大厦的纹理结构还是乙部之学，也可以说以文献史学为其显色。斯部之学，其所著《汉书艺文志通释》，《史学三书评议》、《广校雠略》、《中国文献学》、《中国古代史籍举要》、《中国古代史籍校读法》等，均堪称导夫先路之作。所以然者，因先生一直自悬一独修通史之计划，终因年事，未克如愿。晚年则有创体变例之《中华人民通史》的撰写。一人之力，字逾百万，艰苦卓绝，自不待言。仅第六部分"人物编"，政治人物 21 人、军事 11 人、英杰 12 人、哲学 19 人、教育 15 人、医学 15 人、科学 18 人、工艺技术 10 人、文字学 7 人、文学 16 人、史学 12 人、文献学 8 人、地理学 8 人、宗教 4 人、书法 12 人、绘画 12 人。各领域人物共得 200 人，逐一介绍，直是大史家功力，其嘉惠读者也大矣。而史标"人民"，复以"广大人民"为阅读对象，用心不谓不良苦。但以舜徽先生之史识史才，倘不如此预设界域，也许是书之修撰，其学术价值更未可限量。

沾溉后学

张舜徽先生一生为学，无论环境顺逆，条件优劣，从未中辍。每天都早起用功，又读又抄。抄是为了加深记忆。小学的根底，得其家传，是自幼打下的。十五六岁，已读完《说文段注》。中岁以后益增自觉，竟以十年之功，将三千二百五十九卷的"二十四史"通读一过。晚年学益勤。至二十世纪八十年代，先生已年逾七旬，仍勤奋为学，孜孜不倦：

> 天热，就在桌旁放一盆冷水，把湿毛巾垫在胳膊下；汗流入眼睛，就用毛巾擦一下再写。天冷，手冻僵了，就在暖水袋上捂一下，继续写下去。雨天房子漏水，就用面盆接住；水从室外灌进屋里，就整天穿上胶鞋写作。每晨四点起床，晚上睡的很晚。就是这样，经过十年苦干，整理出了一大批研究成果。①

意志、勇气和毅力，是张先生为学成功的秘诀。他认为"才赋

① 张君和编《张舜徽学术论著选》，华中师范大学出版社1997年版，页635。

于天，学成于己"。识则一半在天，一半在己。勤奋努力与否，至为关键。为将己身之经验传递给后学，1992年初冬，当其八十一岁之时，还撰写《自学成才论》上下篇，交拙编《中国文化》刊载，此距他不幸逝世，仅两周时间。

《自学成才论》之上篇写道："自隋唐以至清末，行科举之制达一千三百余年之久，而事实昭示于世：科举可以选拔人才，而人才不一定出于科举。以高才异能，不屑就范，而所遗者犹多也。清末废科举，兴学校，迄于今将百年矣。而事实昭示于世：学校可以培育人才，而人才不一定出于学校。以出类拔萃之士，不必皆肄业于学校，而奋起自学以成其才者济济也。"又说："自来豪杰之士，固未有为当时制度所困者，此其所以可贵也。"更标举孟子"待文王而后兴者，凡民也；若夫豪杰之士，虽无文王犹兴"之义，提出"虽无学校犹兴"才是廓然开朗、有志有为的"伟丈夫"。

张舜徽先生本人，就是"虽无文王犹兴"的豪杰之士，也是廓然开朗、有志有为的"伟丈夫"。《自学成才论》下篇，叙列王艮、汪绂、汪中等孤贫志坚的学术大家，开篇即云："自来魁奇之士，鲜不为造物所厄。值其尚未得志之时，身处逆境，不为之动，且能顺应而忍受之。志不挫则气不馁，志与气足以御困而致亨，此大人之事也。盖天之于人，凡所以屈抑而挫折之者，将有所成，非有所忌也。其或感奋以兴，或忧伤以死，则视所禀之坚脆，能受此屈抑挫折与否耳。"所陈义固是先生一生为学经历之总结，深切著明，气势磅礴，字有万钧。"自

477

来豪杰之士，固未有为当时制度所困"、"自来魁奇之士，鲜不为造物所厄"，屈抑和挫折预示着"将有所成"。试想，这些论断，是何等气魄，何等气象！真非经过者不知也。

张舜徽先生为学的这种大气象和真精神，垂范示典，最能沾溉后学。所谓学问之大，无非公心公器也。学者有公心，方能蓄大德；视学术为公器，才能生出大智慧。我与先生南北揆隔，未获就学于门墙之内。然我生何幸，当先生晚年董理平生著述之际，得与书信往还，受教请益，非复一端。八十年代末，《中国文化》杂志筹办之始，即经由先生弟子傅道彬先生联系，函请担任学术顾问一职，蒙俯允并惠赐大稿《中华人民通史》序，刊于《中国文化》创刊之第一期。九十年代初，拙编《中国现代学术经典》启动，尝以初选诸家之列目呈请教正，先生很快作复，其中一节写道：

　　细览来示所拟六十余人名单，搜罗已广，极见精思。鄙意近世对中国文化贡献较大者，尚有二人不可遗。一为张元济，一为罗振玉。张之学行俱高，早为儒林所推重，实清末民初，大开风气之重要人物，解放前一直为中央研究院院士。其著述多种，商务印书馆陆续整理出版。罗于古文字、古器物之学，探究广博，其传布、搜集、刊印文献资料之功特伟，而著述亦伟博精深，为王国维所钦服。王之成就，实赖罗之启迪、资助以玉成之，故名单中有王则必有罗,名次宜在王前。罗虽晚节为人所嗤，

要不可以人废言也（六十余人中，节行可议者尚多）。聊
贡愚忱，以供参考。闻月底即可与出版社签下合同，则
选目必须早定。此时合同未立，暂不向外宣扬。如已订
好合同，则望以细则见示。愚夫千虑，或可效一得之微
也。京中多士如云，不无高识卓见之学者，先生就近咨访，
收获必丰，亦有异闻益我乎？盼详以见告为祷。

张先生对罗振玉和张元济的推重，自是有见。我接受他的意见，
罗后来列入了，但张未能复先生命。张先生此信写于 1991 年
5 月 23 日。至次年 1 月 16 日，仍有手教询问《丛书》之进展
情形。而当我告知近况之后，张先生喜慰非常，又重申宜包括
张元济的理据。现将张先生这封写于 1992 年 4 月 13 日的来示
抄录如下，以资纪念，并飨读者。

梦溪先生大鉴：

得三月二十五日惠书，藉悉《中国现代学术经典丛书》
之编纂，布置就绪，安排得体，以贤者雄心毅力为之，必
可早望出书，甚幸事也！承嘱补苴遗漏，经熟思之后，则
张菊生先生（元济）为百年内中国文化界之重要人物，而
其一生学问博大，识见通达，贡献于文化事业之功绩，尤
为中外所推崇。其遗书近由商务整理出版甚多，可否收入，
请加斟酌。往年胡适丞尊重之，故中央研究院开会，必特
请其莅临也。承示《中国文化》第五期即可出书，此刊得

贤者主持，为中外所瞩目，影响于学术界者至深且远，我
虽年迈，犹愿竭绵薄以贡余热也。兹录呈近作二篇，请收
入第六期，同时发表。好在文字不多，占篇幅不多，并请
指正！专复，即叩

近安！

张舜徽上

四月十三日

此可见张舜徽先生对《经典丛书》的悉心关切。可惜他未及看
到丛书出版，就于 1992 年 11 月 27 日遽归道山，终年八十一岁。
他其实还在学术的盛期。他走得太早了。张先生写给我的最后
一封信，落款时间为 1992 年 11 月 9 日，距离他逝世仅十八天。

辛卯端午后七日于京城之东塾

原刊《光明日报》2011 年 6 月 20 日

第六篇 公私学校不宜施行跪拜礼

最近十年来的国学热、传统文化热，是文化传承和文化重建不得不然的现象。它根源于百年以来不间断地反传统，特别是对十年内乱期间"大破四旧"、"跟传统彻底决裂"思潮的一种反弹。极而反之、"反者道之动"，情理自在自成，如是而已。但传统文化、文化传统、国学与教育、礼仪与道德，其义理内涵及化迹型态，极为深邃复杂，今之学者分疏起来，犹感匪易，化入现行教育体制或成为可以践行的当代人的生活伦理，更是知难行亦难的艰辛旅程。

好在中国有广大博厚的民间社会，当占据社会主流的价值系统"礼崩乐坏"的时候，还可以在民间找到那些文化的碎片，即所谓"礼失求诸野"。因此虽经过长期地对文化的大、小传统的污名毁弃，我民族的文化传统仍然还能断而相续、不绝如缕。新儒家将后五四时期的传统文化形容为"花果飘零"，固为的论。但根脉尚存，只要有培育的土壤，重新着花结果，并非不可期待。有意思的是，正如改革开放的经济起步是从农村和长三角、珠三角的民营企业的兴起开始的一样，我国文化小传统的重建，也是首先从那些经济改革先行一步的地区开始的。早已被弃若敝屣的民间习俗、民间文化、民间信仰如同雨后春笋般恢复起来。吾民族文化的再生能力，可谓具有强韧的特性。

民间习俗、民间文化、民间信仰，在文化学理论上称为文化的"小传统"。而"大传统"则是指社会占据主流位置的思想型态，例如汉代中叶以来的儒家思想。五四"反传统"主要是反思和试图整合文化的"大传统"，民间社会的"小传统"未曾发生深层的动摇。当下我们所致力的，是在民间"小传统"先期重建之后，再一次对大传统的整合与重建。这是一个接续民族文化的精神血脉、重建我国固有文化价值信仰的文化扬厉过程。我们高兴地看到，百年时日从未曾有过的文化人和国家中枢，正在合力创造文化重建的新世局。新的文化复兴的曙光已经在华夏圣土露出潜发的微茫。

尽管如此，我个人仍然不能赞同公私学校施行跪拜礼。最近北京一所书院，因开学典礼施行学员跪拜方式而引发舆情争议。院方的回应是，此种方式系"学生表达敬意"，是"对中国传统文化中师徒关系的诠释和传承"，属于"双向的情感生成过程"。窃以为此论不具说服力。盖跪拜方式缘于古代原初的生活方式。桌椅产生之前，人们经常的习惯是席地而坐。坐姿则或盘膝，或双膝着地而将臀部轻置于足跟。当对坐交谈，为对方的言论所折服时，会自然前倾以示倾服之意。深度折服，则会不自觉地前倾至于前额及地。后来由此形成特定的礼节礼仪，当几案桌椅发明之后，依旧保持下来，以致衍生出诸多的跪拜方式。

《周礼·春官》记载大祝掌管祈福求祥之礼，对"九拜"的方式作了分别，其中包括稽首、顿首、空首的分别。稽首为头至地而有片刻停留，顿首为头及地旋即抬起，空首为拜头至手而不至地。礼仪分别繁缛而严格。后来朝廷施行的跪拜，则不仅是礼仪，而且是对皇权的臣服。唐宋还好，跪拜尽礼之后，大臣奏报言事，可以站立平身而谈，有时还会赐坐。明代时兴"廷杖"，稍不如意，当场便没完没了地打屁股，臣僚们的尊严扫地以无。清朝极而一律跪地奏事，臣和君变成奴才和主子的关系。所以辛亥革命后民国建立，孙中山立即明文规定废除跪拜之礼，是为空前的社会进步，即历来的守旧者也鲜见持有疑义。作为"礼"的残留，只有社会的少数行道，例如艺人收徒、匠人传艺等，有时会施以此礼，广大公私学校则完全废止了跪拜的方式。1939年马一浮创办的复性书院举行开讲礼，也只是向孔子致礼，以及师生间互礼，都是鞠躬而未跪拜。

民国废跪拜，取而代之的是鞠躬，简洁恭敬，男女均可施行，为全社会所接受。也有的喜欢拱手抱拳，互相致意，亦不失雅饬，但仅限于男性。握手拥抱是西方的礼节，一部分人愿意为此，社会亦不反对，所谓礼并行而不悖也。从细想来，握手真不如鞠躬好。手是否清洁暂且不论，即握手时间的长短，也不易做得允当无疵。但无论如何不能重新施行废止百年的跪拜礼。至于祭祀敬神，又当别论。孔子当年尚且说："殷因于夏礼，所损益，可知也；周因于殷礼，所损益，可知也。"（《论语·为政》）殷、夏之间，周、殷之间，礼仪秩序还有废除和增加的变化，难道正在为现代化而竭心尽力的中国，还要固守早已废除的陈旧而不合时宜的"古礼"而不肯更化吗？

大家一定记得《诗经》里的名句："周虽旧邦，其命维新。"《礼记》的"大学"篇，更引汤之《盘铭》说："苟日新，日日新，又日新。"这同样是对中国文化的真精神的绝好概括。我们今天承继中华文化，弘扬中华文化，均离不开新时代的创新。所以才说"周虽旧邦，其命维新"呵！

原刊《国是咨询》2015 年第 3、4 期合刊

第七篇 返归"六经",承继万古不磨的精神价值

——答《儒风大家》编者曾繁田提出的问题

《儒风大家》编者按 丙申年的冬末,笔者有幸登门拜访刘梦溪先生,向刘先生求教治学经历和学术旨趣。言谈话语之间即能体会到,刘先生治学、著书也是性情使然,其胸怀间既有文人的意趣,更有士人的心志。近年来,刘先生倾注心力阐扬"六经"的价值论理,他主张:承继这些万古不磨的精神价值,形成现代的文化自觉,以恢复人之所以为人的本然之善。

曾繁田:20 世纪 80 年代末、90 年代初,您主持编纂了《中国现代学术经典》,这套书总计 2500 多万字,收入中国现代学者 44 家,希望刘先生谈谈这方面有关的情况。

刘梦溪:《中国现代学术经典》这套书,前后用去我六七年的时间。现在时过境迁,不好以成败得失论过去的事情了。

我的收获是，使我有机会系统接触 20 世纪的第一流人文学者，对中国现代学术的知识谱系，有了比较系统的了解。虽然我重点研究的个案是王国维、陈寅恪、马一浮、钱锺书，但他们之外的很多学者我都写过研究文章，有专论，也有通论。而且我的个案研究，都是在 20 世纪中国现代学术的大背景下进行的研究，视野总的来说比较开阔。

中国学术思想史历史悠久，早在周秦时代，自觉的学术思想就已经大规模地出现，后来经过先秦子学、两汉经学、魏晋玄学、隋唐佛学、宋明理学、清代汉学、晚清新学等，各个阶段都有标志性的学术思想。梁启超写过一篇文章《学与术》，他写道："学也者，观察事物而发明其真理者也；术也者，取所发明之真理而致诸用者也。"学，揭示研究对象的因果联系，以知识为基础，在学理上有所发明；术，则是理性认知的具体运用，以及追寻理性认知的途径和方法。

一个民族、一个时代的文化氛围，既表现在社会风气方面，也表现在学术思想方面，二者相互影响。20 世纪末，大家普遍关注一个问题，就是 21 世纪将会出现怎样的变化，以及如何因应这些变化。我认为从学术史的角度回望 20 世纪的中国，有助于当下的思考和选择。因为特定时代的学术精英的深层思考，往往蕴藏着超越时代的信息。

曾繁田：后来经李泽厚先生提议，围绕中国现代学术思想的研究召开了一次专题研讨会，戴逸、庞朴、汤一介、李泽厚、

李慎之、余敦康等著名学者应邀参加。可否请刘先生回顾一下
当时的景况。

刘梦溪：那是一次恳谈会，主要是讨论我的一篇文章《中国现代学术要略》，这篇文章最初是我为《中国现代学术经典》写的总序，后来《中华读书报》以四个整版的篇幅分两次连载，在学术界引起了较大反响。1996 年底李泽厚从海外回来，他读了这篇文章，认为提出了许多有关思想史、学术史的大问题，就提议找些朋友来议一议。于是就在我家里举行了那次恳谈会。

开那个会大家都是有备而来，争论得很热烈。从下午 3 点一直谈到 6 点半，晚餐时继续谈。尽管有茶有饭，不能说招待不周，但是这些人物聚在一起，一定不能指望他们光说好话。我作为文章的作者，也很愿意听到各种不同意见的交错讨论。

当时庞朴说："你写大师，有一个基本的问题，你是仰着看的。马一浮，是神仙了，这不行。不光马一浮，所有人，你都是仰着看。要站在前人的肩膀上看，要有这个魄力，这是个大毛病。"而余敦康就反驳说："过了半个世纪，重新接受民国时期的经典，大有好处。20 世纪从 1897 年算起到 1997 年，这 100 年我们耽误了太多的时间。说仰视，没有俯视——我们受到的教育，最糟的就是只有俯视，没有仰视。你汤一介、庞朴，都是俯视。你有什么资格来俯视？"当时气氛有点紧张。幸亏李慎之插话，说他既不"仰视"，也不"俯视"，而是"窥视"。大家都忍不住笑了！

《中国现代学术经典》这套书，各个分卷的编校，都是学术界的有来历的人物，譬如余嘉锡、杨树达卷，有李学勤先生参加，董作宾卷，有裘锡圭先生参加，他们是古文字学方面的两位大专家。康有为卷的编校者是朱维铮，萧公权卷的编校是汪荣祖。章太炎卷是陈平原，梁启超卷是夏晓虹，也是年轻的名家。1992年我到哈佛大学参加学术研讨会，应余英时先生邀请访问普林斯顿大学，他对这套书的选目也提出了中肯的建议。张舜徽先生、汤一介先生等，都有具体的意见向我提出。过后很久我才得知，季羡林先生曾让他的助理为他诵读刊在《中华读书报》上的四版文章，一字不漏地读全文，这让我非常惶愧。通过编这套书，中国现代学者最具代表性的著作，我大体上都比较熟悉了。

曾繁田：所谓"现代学术"，它和"传统学术"的根本区别是什么呢？

刘梦溪：现代学术的内涵，从学者的角度看，对学术有独立的诉求，而在观念和方法上又对20世纪以来的域外学术思想有所吸收和借鉴，这应该是一个标志；重视学术分类，是又一个标志。1904年王国维发表《红楼梦评论》，是用西方的哲学美学思想来阐释《红楼梦》的悲剧精神，我想传统学术就不能完全范围了。所以我认为王国维是现代学术的开山。至于传统学术，自然可以抽绎出很多特征，这个我文章中写到了。譬如把做学问和做人结合起来，就是中国学术原有的传统。我国的学术传统，"尊德性"和"道问学"并行不悖，甚至把做学问归结到做人里头。钱穆说："中国传统，每认为学属于人，而非人属于学。故人之为学，必能以人为主而学为从。当以人为学之中心，而不以学为人之中心。"

以人为中心，还是以学为中心，是传统学术和现代学术的一个分别。我国宋明以前和清前期的学术，基本上都是以人为中心。乾嘉时期，学的独立价值有所突显。后来学术精神和学术方法开始转变，逐渐从以人为中心向以学为中心过渡。直到晚清吸收了西方的学术观念以后，才真正意识到学术应该有独立的价值。

曾繁田：学术思想的多元化，是您在论著中反复论述过的，在这方面是否也有一些利弊得失值得总结？

刘梦溪：多元并立是中国学术的固有传统，但并立的各家并不采取彼此根本排斥的态度，而是在保持自存自立的同时，各家之间能够相互吸收。显例是作为中华文化主脉的儒释道三家，它们彼此是这样的既分立又合作的关系。包括汉代的今文古文之争、宋明的理学和心学之别、清代的汉学和宋学之辩，也都是分而能合的趋势。这种特征根源于一种哲学理念，就是《中庸》所说的"万物并育而不相害，道并行而不相悖"，或者如《易经》的《系辞》讲的："天下同归而殊途，一致而百虑。"

影响中国学术思想发展的因素很多，其中不同学术思想之间的争论与融合，是值得注意的现象。社会结构和风俗习惯的影响，政治权力的干预，地域和人文环境的涵育，以及学者个人的家学与才性，都是发生作用的因素。按照学术思想自身的发展规律，必然走向学术独立。但这条路在中国传统社会无法完全走得通。学术独立是现代学术的基本特征。中国传统学术的另一显著特征，是经世致用的思想始终处于学者共识的位置上。过分强调经世致用，就不会把学术本身作为研究的目的了。

曾繁田：您讲过，由于研究马一浮而进入了宋学的领域，请先生讲一讲对宋明理学的总体看法。

刘梦溪：从魏晋南北朝到隋唐时期，儒释道三家并立的格局已经形成，而宋明理学，实际上就是儒、释、道三家思想的合流。宋明理学的出现，标志着传统社会占主流地位的儒家思想，发展到一个新境界。陈寅恪先生称宋代新儒学的出现及其传衍，是中国思想文化史上的一"大事因缘"。

宋明理学的代表人物首推朱熹，具有体系性的哲学思想，在朱子那里形成了。哲学需要有一个"空架子"，这是哲学家金岳霖的话。到了朱子，哲学的这个"空架子"可以在他的著作中看到。他反复分疏"理""气"，追寻"事"与"理"的孰先孰后。中国学术史上没有多少人像朱熹那样，对抽象的范畴、概念那么感兴趣。朱熹是太注重学问了，他的很多书信也大都以讨论学问为主，连日常小事也用学问提撕，不断辨析省察。朱子是宋明理学的集大成者。

与朱子同时的陆九渊，是心学的代表人物，他13岁的时候，就写下"宇宙便是吾心,吾心便是宇宙"的名言,足以振聋发聩。后来又有"六经注我,我注六经"的大胆说法。陆九渊曾讲学于象山书院,所以陆学也称象山之学。明代的王阳明,承继象山之学,而又有新的系统的学理建构,成为心学的集大成者。"致良知"和"知行合一"是王学的最重要的学理发明。王学主张"心"即"理",明确提出:"圣人之学,心学也。"他有一段话至为关键:"学贵得之心。求之于心而非也,虽其言之出于孔子,不敢以为是也,而况其未及孔子者乎? 求之于心而是也,虽其言之出于庸常,不敢以为非也,而况其出于孔子者乎? "他的口头禅是:"尧舜所学何书? "陆、王心学展现出了学者的自由境界和独立精神。

宋明学术思想从理学发展到心学,是儒学史上一次大的变异。理学往外走,心学往内走。阳明学作为儒学的一脉,多少有些"离经叛道"的性质,但是"知行合一"又符合孔子"文行忠信"的教育主张。阳明学不像朱子学那样得到官方认可,但是在士林的影响却很大,到晚明几乎成笼罩之势。晚明的阳明学,有些已经变得空疏浮泛,导致学者不满,所以清代学人对宋明理学多有批评。顾炎武说:"昔之清谈,谈老庄;今之清谈,谈孔孟。"戴震说:"宋以来儒者,以己之见,硬坐为古贤圣立言之意,而语言文字实未之知。"

曾繁田:晚清适逢"三千年未有之大变局",而刘先生又提出,晚清学术有两条基本脉络,愿闻其详。

刘梦溪：晚清新学可以说是传统学术向现代学术的过渡，主要有两支："政治化新学"以康有为为代表，接续清代的今文学派；"启蒙派新学"以严复为代表，主要是译介西方学术。今文学派与现实政治相接，倡导者最终成了革命者，热衷于变革政治秩序。而在西学东渐的大背景下，一些受西学影响的人成了现代思想启蒙的先驱，他们翻译引入西方的学术思想，希望用新思想唤醒民众。

康有为是清代今文学派的集大成者，他的主要打击对象是刘歆，目的是托古改制，为变革维新做思想层面的准备。结果思想准备成功了，政治变革失败了。尽管如此，康有为在晚清思想界的影响不可低估，所以康的《新学伪经考》被梁启超称为"思想界之一大飓风"。

王国维早期醉心于西方哲学和美学，特别是叔本华和康德的哲学。对于吸收外来思想为我所用，王国维相当重视，也相当自觉。后来他在罗振玉影响下转而研究古史，走的是实证派史学的路子，与疑古思潮大异其趣。而严复翻译的《天演论》，则给中国知识界带来了巨大的激动和兴奋。"物竞天择，适者生存"这句话，成为晚清思想界耳熟能详的流行话语。

曾繁田：刘先生讲过，中国传统学术向现代学术转变，有两大意外的契机，就是甲骨文和敦煌遗书。

刘梦溪：是的，甲骨文字的发现，有了甲骨学；敦煌遗书的发现，有了敦煌学。当时还有两种发现也很重要，就是汉晋竹简和内阁大库档案。清末这四大发现，拓展了学术研究的领域，创造了与世界对话的契机，还影响到人文社会科学各个学科，使得不同学科都有交错的回应。

可以说，中国现代学术是以王国维为开山的，他的学术尤其得力于清末的新发现。在王国维看来，疑古思潮具有怀疑态度和批评精神，有可取之处，但是对于古史材料占有得并不全面，尤其地下发掘这一块，疑古学者所知甚少。他说："虽古书之未得证明者，不能加以否定，而其已得证明者，不能不加以肯定。"基于甲骨文、敦煌遗书这两项新的发现，王国维走上了正面诠释古典的道路，提出了著名的"二重证据法"，主张用"地下之新材料"补正"纸上之材料"。

这样的新理念一经提出，学界纷纷响应。这就扶正了疑古学派的某些偏颇，并且对 20 世纪学术进程产生了正面影响。陈寅恪在《王静安先生遗书序》里总结说："一曰取地下之实物与纸上之异文互相释证，二曰取异族之故书与吾国之旧籍互相补正，三曰取外来之观念与固有之材料互相参证。"说的是王国维，也代表陈寅恪自己的学术观念和方法。

曾繁田：刘先生研究陈寅恪超过二十年，并且您从事陈寅恪研究，旁及王国维，上溯陈宝箴、陈三立。您为何如此重视陈寅恪？

刘梦溪：陈寅恪先生主张并且一生坚守"独立之精神，自由之思想"，这对我产生了极大的影响。我今年 77 岁，到了望八之年。我们这一代人亲身经历了20世纪50年代以后的学术环境，也看到了经历了各种运动，知道专心向学是多么难能可贵。

"独立之精神，自由之思想"，最早是陈寅恪在《王观堂先生纪念碑铭》中提出的。他说："士之读书治学，盖将以脱心志于俗谛之桎梏，真理因得以发扬。"又说："先生之著述，或有时而不章。先生之学说，或有时而可商。惟此独立之精神，自由之思想，历千万祀，与天壤而同久，共三光而永光。"嗣后，陈先生在他的著作中反复申说这种精神。20世纪50年代初他写《论再生缘》，表彰一位弹词小说作家陈端生，提出："无自由之思想，则无优美之文学。"后来写《柳如是别传》，这是陈寅恪先生晚年最大的著述，七八十万言，表彰明末清初的一位妓女出身的"奇女子"，称颂她的气节。当然这部书的写作，在我看来是"借传修身"，通过写柳如是，实际上是撰写明清文化痛史。陈先生在此书的缘起中明确提出，他的撰写的旨趣，也是要"表彰我民族独立之精神，自由之思想"。2017年我会出版一本新书，叫《陈寅恪论稿》，其中的一章就是专门研究《柳如是别传》，题目是《陈寅恪与〈柳如是别传〉的撰述旨趣》。

主张学术独立是中国现代学术最重要的传统之一，当时第一流的人物很多都是此种主张的提倡者和拥护者。王国维就说过，学术发展"存于其独立而已"，还说"吾国今日之学术界，一面当破中外之见，而一面毋以为政论之手段"。萧公权说得更直白："所谓学术独立，其基本意义不过就是尊重学术，认学术具有本身的价值，不准滥用它以为达到其它目的之工具罢了。"只不过，陈寅恪先生把此种主张保持到了至纯至洁的地步。

1953 年，陈先生往日的一个弟子南下广州，到中山大学探望陈寅恪，试图说服老师北上就任科学院历史第二所所长。当时陈寅恪先生口述了一篇《对科学院的答复》，其中再次重申："我认为研究学术，最主要的是要具有自由的意志和独立的精神。""没有自由思想，没有独立精神，即不能发扬真理，即不能研究学术。""独立精神和自由意志是必须争的，且须以生死力争。""一切都是小事，惟此是大事。"可见陈先生为了坚持此种主张，已经到了天地不能拔的境界。

曾繁田：马一浮研究是刘先生又一治学兴趣，您尤其看重马一浮的"国学论"。

刘梦溪：当时因为编《中国现代学术经典·马一浮卷》，读了马一浮大部分著作，就觉得我自己的性分跟马一浮的思想不无针芥之合。后来便仔细阅读了他的全部著作，开始对马一浮的学术思想有了系统了解。马的学术思想，可分为"六艺论"和"义理名相论"两部分，他的基本学术理念，是"六艺"可以统摄一切学术。主张儒佛会通，用佛学来阐释儒学，是他的主要治学方法。儒学，主要是宋儒的思想，特别是朱熹的思想，与马有直接的渊源。因此我研究马一浮，不得不跟着他进入宋学。佛学这一块，也需要熟悉，应该说下的功夫也不少，但进入的深度远远不够。倒是由宋儒返归六经，这个路径，我是跟马先生走到了义理的深处。

　　"六艺"就是"六经",即《易》《诗》《书》《礼》《乐》《春秋》六种中国最早的经典文本,孔子之前就有了,但都经过孔子的删订。马一浮认为,所谓国学就是"六艺之学",这个结论让我最能服膺。因为学术界对到底什么是国学有各种界说。我近十年对这个问题做了系统的梳理和检讨。国学这个词汇,古代就有,《周礼》里已经有"乐师掌国学之政,以教国子小舞"的记载。但所有古代出现的"国学"一词,都是指国立学校的意思。现代意义的国学,比较早的是出现在1902年黄遵宪和梁启超的通信中。梁启超给黄遵宪的信中提出了想办一张《国学报》的想法,黄遵宪认为还不是时候。这里的国学,就是指现代意义的国学了,即与西学相区分的中国自己的学问,与当时流行的旧学、中学几乎是同等的概念。

　　关于现代国学的定义,追溯起来,主要有三个。一个是胡适提出来的,认为国学是"国故学的省称",即研究历史文化这些"国故"的,就是国学。但这个定义没有传布开来,后来连"国故"一词也很少用了。第二个定义是学术界比较公认的,就是认为国学是指"吾国固有之学术",很长时期,大家都是这样使用的。现在有人认为,国学就是传统文化,这是把学问和学问的研究对象混为一谈了,当然不能成立。国学的第三个定义,是马一浮提出来的,即认为国学是"六艺之学"。比较起来,马先生的定义最能彰显国学的特定内涵。2015年,我出版的《马一浮与国学》一书,对国学的流变有专门的讨论。国学是国故学的定义,内涵太过庞杂,不便于具体应用。国学是固有学术的定义，也太宽泛。何况固有学术包括先秦的诸子百家之学、两汉的经学、魏晋的玄学、隋唐的佛学、宋的理学、明的心学、清中叶的考据学，这是学者研究的专门领域，跟一般民众不容易发生关联。既然叫国学，就应该和全体民众有关系。

这涉及国学和教育结合的问题。按马一浮的定义，把国学定义为六经，而六经有两个层次的系统：一是学问系统，二是价值系统。所谓国学教育，恰好应该把国学的价值系统和当代社会的价值建构结合起来。所以马一浮有"六艺之道""六艺之教"和"六艺之人"的论述。国学所要传布者，就是"六艺之道"，施行国学教育的过程就是进行"六艺之教"的过程，教育的结果和目标，则是培育和造成现代的"六艺之人"。而且，只有把国学定义为"六艺之学"，才有可能使国学成为和现代的文史哲各学科不发生抵触的独立的学科。中华文化的最基本的价值理念都在"六经"。"六经"的文本比较难读，但有个简易的方法，就是读《论语》。按宋代二程的说法，《论语》和《孟子》是进入六经的门径，甚至讲过，如果《论语》读得好，也可以不必读"六经"。马一浮更提出，《论语》里面有"六艺"。所以我的一个看法是认为，学习国学，应该从《论语》开始，这是学习国学的正途。

近年我从"六经"里面，也包括后来进入十三经的《论语》《孝经》里面，抽绎出五组价值理念，有诚信、爱敬、忠恕、知耻、和同等。我认为这些价值理念是永恒的价值理念，既适用于古代，也适用于今天；既适用于中国人，也适用于全世界所有的人。因此也可以说，它们既是永恒的价值，同时也是普世的价值。我们学习国学，就要让这些高贵的精神价值，让这些万古不磨的精神价值，进入我们每个人的精神世界，跟我们的精神血脉连通起来，跟全世界人之所以为人的根本道理关联起来，形成现代的文化自觉，恢复人类的本然之善。

曾繁田：刘先生专门写过一组文章，《敬义论》《立诚篇》《论和同》《论"知耻"》等，我们感到"和同"这个观念，在当今世界有非常重要的价值。

刘梦溪：是的，"和同"这个价值理念在今天显得特别重要。"天下何思何虑？天下同归而殊途，一致而百虑。"这是《易经》的《系辞》引用的孔子的话。意思是说，尽管思考的方式和选择的途径不同，人们终归要走到一起。《易经》很重视"同"，最突出的是上经第十三卦《同人》，直接演绎的就是"与人和同"的价值理念。《国语·郑语》记载史伯的话，也有："和实生物，同则不继。"其中"生"和"继"两个动词至关重要。"生"是指在原来状态下生长出新东西。"不继"就是不能延续和发展。光是"同"，只希望"同"和"同"相加相叠，"同"和"同"在一起互相取暖，其结果是"不继"，即没有新生了。

孔子说的"君子和而不同"，指出了"和"必须包含着诸多不同，多样而又统一，不同而又共处于一个统一体中。一个是"和而不同"，一个是"己所不欲，勿施于人"，我认为是中华文化贡献给世界的大智慧，给出了人类难题的解决之道。

曾繁田：孔子说："狂者进取，狷者有所不为。"刘先生近年写了专门的著作，系统讨论"狂者精神"。您怎样看待"狂""狷"的精神价值？

刘梦溪：孔子的思想期许，是希望中庸之道能够得到人们的普遍承认并能够践行。但中庸在孔子所生活的春秋时代几乎行不通，孔子自己也感到了施行的困难，他说："中庸其至矣乎！民鲜能久矣。"中庸是很高的思想境界，一般人很难做到，即使做到也难于持久。《中庸》还引孔子的话说："人皆曰'予知'，择乎中庸，而不能期月守也。"很多人自以为明智，可是如果按中庸的标准行事，大约连一个月也坚持不了。

在这种情况下，孔子提出："不得中行而与之，必也狂狷乎！狂者进取，狷者有所不为也。""狂者"敢想、敢说、敢做，行为比一般人超前；"狷者"不赶热闹，不随大流，自有主张。从现代观点来看，"狂者"展现出意志的自由，而"狷者"展现出来的是意志的独立。

我以为，孔子的狂狷思想在中国思想文化史上具有革新甚至革命的意义。特别是秦汉以后，"狂者精神"已经成为创造力的源泉。凡是"狂者精神"得到张扬的历史时期，大都是人才辈出、生机勃发的时代。而一旦"狂者"精神开始收敛，"狷者"开始回避，社会就陷于沉闷，精神就失去光彩，创造力也受到束缚。

本文系曾繁田先生采写，经本书作者润正定稿，原刊《儒风大家》2017 年第 1 期

后　记

　　本书的主干部分是对六经的价值论理的研究，这是我近年一直专注的题点。由于同时也还在作其他领域的题目，不是一口气写成。《论狂狷》成稿最早，写于 2009 年，已经是十余年前的旧因缘了。《原忠恕》最晚，去年 6 月始定稿。都发表过。《论狂狷》连载于 2010 年《读书》杂志第 3、4、5 期，《敬义论》和《论知耻》刊载于《北京大学学报》，《论和同》和《原忠恕》经《文史哲》刊出，《立诚篇》发表于《中国文化报》。现在把它们组合在一起，就成为稍见统系的一本书了。叙论《六经的价值论理》是为总论，此六篇为六经价值论理的分论。

　　所谓"六经"，是后来的说法，起始只以《易》、《诗》、《书》、《礼》、《乐》、《春秋》称。《庄子·天运篇》引孔子的话说："丘治《诗》、《书》、《礼》、《乐》、《易》、《春秋》'六经'"，突兀地衍出"六经"二字，可以断定，绝非当日之孔子所能出得口者。"六经"的名谓,实起自汉代,《史》、《汉》两书多有出现,但仍不及单提《易》、《诗》、《书》、《礼》、《乐》、《春秋》者多。说是"六经",能看到的只有"五经",《乐》这一"经",竟神不知鬼不晓地迷失了,从古及今,地上地下,谁也没有看到过。尽管如此,直到清儒、民国迄于今天,学者仍不免以"六经"称之。其实,爬梳六经载籍,《乐》的文本固然遍寻不得,"乐"则随处可见,而且经常诗、乐联袂,礼、乐并提。因此不妨假设,也许《乐》潜入到《诗》和《礼》里面去了。

"六经"之中,《礼》有《周礼》、《仪礼》、《礼记》"三礼",《春秋》有《左传》、《穀梁传》、《公羊传》"三传",加上《易》、《诗》、《书》,是为九经。唐代有帝廷送"九经"给国立学校的隆仪,被视为鼓励文教的大举措。当年朱熹重建庐山白鹿洞书院,就曾向朝廷请过九经。《论语》、《孝经》、《尔雅》是唐代增入的,成为十二经。至南宋,又将《孟子》扩入,十三经由是立名。但细详,《尔雅》是解释"六经"语词的工具书,类同于《说文解字》,属于小学的范围。《孟子》是子书,尤不宜以子乱经。《春秋》三传是"传",也不该和《春秋经》混同。"三礼"则有另外的复杂情况。这是经学的一个又一个的未了公案,这里且不说它。我想强调的是,"六经"是十三经的祖经,是中国经学的本经。

研究经学,本经最重要。"六经"是中国文化原初的文本经典,是中国学术最早的思想源头。《大学》云:"物有本末,事有终始。"就经学而言,六经就是"本",六经就是"始"。《大

学》又说："知所先后，则近道矣。""道"在哪里？"道"在
"六经"。"六经"之原，则为大《易》。《易·系辞》云："《易》
与天地准，故能弥纶天地之道。"道者何？孔颖达总各家之说，
说道是一、道是无、道是太虚，不自觉地向老子靠拢。《系辞》
又云："一阴一阳之谓道，继之者善也，成之者性也。仁者见
之谓之仁，知者见之谓之知，百姓日用而不知，故君子之道鲜
矣。"道虽不可见，但如同孔疏所说："观其道之妙趣，谓不为
所为，得道之妙理也。"《咸》卦的彖辞写道："观其所感，而
天地万物之情可见矣。"《系辞》又说，"圣人之情见乎辞"，则
"见乎辞"者，必有"妙理"存焉。"辞"的直指是"爻辞"和"系
辞"，泛指应包括六经原典的全部本文。《系辞》又云："形而
上者谓之道，形而下者谓之器。"前面孔疏说的"道之妙理"，
当为形上之道；而"百姓日用而不知"，应是即器、即物、即
事的可明之道。孔子笔削、删订、整理六经的一大贡献，是将
六经的价值论理化作了日用常行。马一浮说《论语》里面有
"六艺"，《论语》可以通"六艺"，就是这个道理。我们还可以
加一句：《论语》也是方便开启"六艺"奥府的锁钥。"六艺"
就是六经，马先生使用的是《易》、《诗》、《书》、《礼》、《乐》、
《春秋》统称的初名。

本书抽绎出来并加以阐释的六组价值理念，包括爱敬、忠
恕、诚信、知耻、和同、狂狷等，其义理之所从出，都缘自孔
子和六经。本来六经的本文中，没有看到正面含义的狂狷表述，
但《尚书·洪范》第六畴标举"三德"："一曰正直，二曰刚克，

三曰柔克。"正直为"中"义，刚克和柔克则为狂义和狷义。以此孔子提出的"不得中行而与之，必也狂狷乎"，实亦有六经的出典。所以本书反复为说，中国文化的主要价值理念悉在六经，而且这些价值论理是恒在的，永远不会过时。试想，"立诚"、"立敬"、"忠恕"、"忠信"、"行己有耻"、"和而不同"，这些人之为人的共德，怎么可能过时呢？所以我称它们是中国文化万古不磨的精神价值。

本书共九章，一至六章分论六经的价值论理，七、八、九三章专论国学。两部分分立而不能分离。盖无论按何种定义，经学和小学都是国学的两根主要支柱。何况马一浮还提出，"国学者，即是六艺之学"的大判断。第七章《论国学》，写于2006年，首刊《中国文化》当年秋季号，《21世纪经济报道》以《国学缘起：民族的回望与内省》为题予以连载。第八章《国学辨义》成稿于2008年7月，同年8月4日《文汇报》刊载简稿，全稿由上海《社会科学报》于8月28日刊出。第九章《国学与施教》始刊于《文史哲》杂志2017年第2期，凤凰网"国学版"全文连载。此三章要在辨章学术，考镜源流，对国学概念的渊源流变及其义涵作一系统的梳理。附录之七篇文字，则是对国学论的补充，也可以看做是七、八、九章的阅读链接。国学研究的归宿在于怎样让国学进入当代教育。所以马一浮不仅阐扬"六艺之道"，而且提出"六艺之教"的问题，此义本书第九章《国学与施教》，以及附录之第三篇《国学、传统文化和当代教育》，有系统论说。

　　需要申明的是，认为国学的内涵主要包括经学、小学和国学教育，绝不意味将国学和儒学等同起来。在我看来，作为经学本经的六经是超越于诸学之上的最高经典，与诸子，与四部，与百家，与文史哲各科门，均不类同。也就是马一浮所说的，六经可以统诸学，诸学不能统六经。如果说儒家和六经有不解之缘，则老子和道家与《周易》的关系，那可真是"剪不断，理还乱"。这是另外的研究课题，此处不能多赘。

　　现在，持续多年的国学热已然消歇，除了一些或虚体或实体的国学院依然在困知勉行，国学的内涵，国学的前世与今生，国学的未来展望，学界中人似乎已失去关注的兴趣。甚至以此为题义的研讨会和论坛，也大有销声匿迹之势。呜呼！当代学术之骤冷骤热兴衰起伏，有如是乎，有如是乎！

　　　　　2021 年 3 月 23 日岁在辛丑二月十一记于东塾